本书系国家社科基金项目（一般项目）"基于职工福利提升视角的深化重点国有林区改革研究"（项目批准号19BGL161）的资助成果。本书出版受中央高校基本科研业务费专项资金项目"基于'双碳'背景下国有林区治理转型研究"（项目批准号BLX202221）资助。

光明社科文库
GUANGMING DAILY PRESS:
A SOCIAL SCIENCE SERIES

·经济与管理书系·

深化重点国有林区改革研究
——基于职工福利提升视角

乔丹　等丨著

光明日报出版社

图书在版编目（CIP）数据

深化重点国有林区改革研究：基于职工福利提升视角 / 乔丹等著. -- 北京：光明日报出版社，2024.4

ISBN 978 - 7 - 5194 - 7917 - 6

Ⅰ.①深… Ⅱ.①乔… Ⅲ.①国有林—产权—经济体制改革—研究—中国 Ⅳ.①F326.22

中国国家版本馆 CIP 数据核字（2024）第 083448 号

深化重点国有林区改革研究：基于职工福利提升视角

SHENHUA ZHONGDIAN GUOYOU LINQU GAIGE YANJIU：JIYU ZHIGONG FULI TISHENG SHIJIAO

著　　者：乔丹　等

责任编辑：李　晶　　　　　　　　　责任校对：郭玫君　王秀青

封面设计：中联华文　　　　　　　　责任印制：曹　净

出版发行：光明日报出版社

地　　址：北京市西城区永安路 106 号，100050

电　　话：010-63169890（咨询），010-63131930（邮购）

传　　真：010-63131930

网　　址：http://book.gmw.cn

E - mail：gmrbcbs@gmw.cn

法律顾问：北京市兰台律师事务所龚柳方律师

印　　刷：三河市华东印刷有限公司

装　　订：三河市华东印刷有限公司

本书如有破损、缺页、装订错误，请与本社联系调换，电话：010-63131930

开　　本：170mm×240mm

字　　数：450 千字　　　　　　　　印　　张：27.5

版　　次：2024 年 4 月第 1 版　　　　印　　次：2024 年 4 月第 1 次印刷

书　　号：ISBN 978 - 7 - 5194 - 7917 - 6

定　　价：99.00 元

本书参著人员

主 要 著 者： 乔　丹　柯水发　李红勋

其他参著人员： 纪　元　夏天超　袁婉潼

　　　　　　　　朱烈夫　袁雪婷　吕晓萱

前　言

　　深化国有林区改革是新时代林业改革的重点任务。重点国有林区改革已进入攻坚期，为实现国有林区高质量发展，全面深化国有林区改革势在必行。自2014年4月1日起，全面停止东北国有林区木材的商业性采伐（简称"停伐"），2015年2月，党中央、国务院印发了《国有林区改革指导意见》，正式启动重点国有林区深化改革工作。在此背景下，国有林区森工企业积极响应停伐政策，努力探索出路，虽取得了一定的成绩，但仍面临诸多问题和挑战，其中最迫切也最值得关注的是国有林区的民生问题。民生是重点国有林区深化改革的关键和基础，也是改革需要考虑的核心目标取向。停伐使木材产业相关的职工需要转岗，地区不稳定因素增加。2016年5月，习近平总书记亲临黑龙江省伊春市视察调研，提出"林区三问"，即林区经济转型发展怎么样？林区生态保护怎么样？林场职工生活怎么样？习近平总书记特别强调了"国有林区森工应全力保障和改善民生"。

　　重点国有林区职工是重要的民生主体，也是重点国有林区改革的重要参与者和核心利益关系人。林区职工福利的提升是国有林区改革成功的重要衡量指标。在重点国有林区改革的进程中，他们的福利状况有了哪些变化？哪些因素对其福利会产生影响？哪些因素是关键影响力量？在深化改革的进程中，有哪些改革需求？要提升林区职工福利，需要建立和完善哪些福利保障体系？这些都是值得高度重视和密切关注的问题。因此，基于林区职工福利视角来开展深化重点国有林区改革极为必要和重要。不仅有利于深化国有林区改革，解决国有林区的生态问题和民生问题，还可以促进森林资源保护和林区经济的高质量可持续发展。

　　本书共包括八章，第一章介绍了研究背景、研究意义、研究方法、数据来源等；第二章主要介绍了重点国有林区改革及管理体制的变迁过程，尤其是政企分开的历程与困境；第三章基于实地调研所得数据，对重点国有林区职工福利状况进行了分析，探讨了重点国有林区职工福利排斥问题及影响效应；第四章在文献综述的基础上，构建了重点国有林区职工福利评价体系，并基于测算数据分析探讨了天然林停伐政策对重点国有林区职工福利的影响效果及作用机制；第五章在前面分析研究的基础上，运用渐进 DID 模型，对政企分开改革对重点国有林区职工经济福利的影响进行了量化分析；第六章进一步基于问卷数据剖析了职工对改革的认知、满意度及需求分析，并针对产业转型困境探索了破解之道；第七章在既有研究的基础上，系统构建了重点国有林区职工福利提升的保障体系，并针对提升林区职工福利和保障林区民生、深化国有林区改革和完善林区治理体系提出了具体的对策建议；第八章总结全文研究得出结论，并总结了本研究的创新特色和不足之处。另附有三个附件，附件一为重点国有林区改革与职工福利研究综述，附件二为重点国有林区深化改革与职工福利调查问卷，附件三为重点国有林区改革大事记。

本研究所取得的主要研究结论如下：（1）重点国有林区改革与发展意义重大，其管理体制历经多次变革仍待创新。重点国有林区事关我国经济发展、生态安全、粮食安全、木材安全和国防安全等，在新时代发展的背景下，我国林业的经济发展也进入了新时代，多功能定位日趋明显，这就要求重点国有林区在传统低效的管理制度上要有创新性的变革。重点国有林区管理制度经历了几次变革之后存在一些尚待破解的问题和难题，比如，重点国有林区的传统政企合一导致权责利不清，林区的产权主体错乱，森工集团的内部管理机构运转模式仍待优化。未来重点国有林区需要与时俱进，顺应新时代发展，不断创新和完善管理体制，真正使重点国有林区的管理制度也迈入新时代。（2）重点国有林区职工福利水平先下降后上升。本研究基于阿玛蒂亚·森的可行能力理论，从政治自由、经济条件、社会机会、透明性保证和防护性保障五个维度选取相关指标构建了具体的重点国有林区职工的福利测算体系，发现 2014 年至 2017 年间重点国有林区职工的总体福利水平呈现先下降后上升的趋势。天然林全面停伐政策实施前后，重点国有林区职工的居住条件、医疗和交通等基础公共设施以及享受政策的其他补助金几乎没有什么变化，一直处于低水平状况；职工所能享受的行政服务、职业技能培训、社会保障和环境污染变化情况处于先下降后上升的趋势；人均消费支出、贷款方式、社会保险的缴纳和低保补助金额处于波动发展状况。（3）重点国有林区存在职工福利排斥问题。在重点国有林区经济转型的进程中，特殊的历史背景和复杂的身份构成导致林区职工面临着普遍的福利排斥，具体包括外在制度层面的结构性排斥和职工内在层面的功能性排斥。一方面，事业、企业编制待遇存在差异，现有的社会保障制度覆盖不全，职工缺乏合理有效的权益表达渠道，导致在福利制度的提供层面存在排斥。另一方面，林区职工在知识技能、健康状况等人力资本水平上的不足，以及其封闭、高度同质化的社会网络，加剧了职工发展的公平失衡。重点国有林区职工的福利排斥问题不仅对林区的持续稳定发展造成威胁，也对林区职工的生产生活造成了一定的影响。(4) 天然林停伐政策在短期内对职工家庭人均收入产生了负向影响。基于计量实证模型研究发现，短期内天然林全面停伐政策对林区职工的家庭人均收入确实会带来负向的影响，并且对不同职业类型的职工收入带来的影响不同。停伐政策实施后，由于国家和企业采取相关措施来改善林区职工的福利水平，管理人员或干部本身素质和能力与木材采伐等工作的联系不那么紧密，受益于相关政策措施，收入水平有所提高。但与木材联系较为紧密的采伐运输工人和木材加工工人的收入水平受全面停伐政策的影响为负外部性，收入水平下降。在案例研究的过程中发现，职工的福利与企业的发展息息相关，不同林业企业的职工福利变化存在差异，主要由以下几点原因造成。一是不同企业的历史遗留问题不同，二是福利改善方式存在差异，三是产业转型过程中的资本筹措方式不同。(5) 重点国有林区政企分开程度不断提升，但仍有历史遗留问题未解决，且各森工集团推进路径存在差异。截至 2020 年，四大森工集团平均政企分开程度为 0.84，较 2018 年的 0.59 提高了 42.37%。其中，内蒙古森工集团政企分开程度最高，吉林森工集团政企分开程度最低。这表明内蒙古森工集团在社会职能剥离中较为彻底，而吉林森工集团的社会职能剥离仍存在较多问题。此外，各大森工集团在职能机构、固定资产以及人员移交方面也存在着差异。普遍来说，职能移交占比较高，而人员移交占比最低。这表明，目前地方政府在接收社会职能时存在着"只要职能不要人"的共性现象。森工企业所认为的"人随事走，钱随人走"与地方政府"不要职工"的态度形成了持续博弈，成为社会职能移交中最大的难点与痛点。(6) 重点国有林区在政企分开体制变革过程中存在路径依赖，导致多重依附关系形成并延续至今，影响职工经济福利状况。受历史因素影响，重点国有林区是单位制贯彻最彻底的区域，制度变迁过程中的路径依赖导致国有森工企业、政府和林区职工间存在"剪不断、理还乱"的多重依附关系。国有森工企业对国家的优惠政策存在一定制度依附的同时，企业办社会下当地政府对于森工企业也有着强烈的经济依附。林区职工一方面在经济上依附于企业而存在，另一方面对于国家给予自己编制的身份认同及其附带的一系列福利存在的身份依附。以上种种复杂的依附关系最终使得难以彻底分开的政企关系影响到林区职工经济福利的提升和林区可持续发展。(7) 政企分开体制变革不彻底对林区职工经济福利会产生异质性影响。本研究通过建立渐进 DID 模型，构建影响效应变量，分析政企分开体制变革对于林区职工经济福利的影响，实证结果表明：政企分开不彻底对于林区职工经济福利整体存在一定的边际负向作用，且政企分开程度对于不同森工集团下职工经济福利有异质性影响。具体而言，政企分开对于内蒙古森工集团和伊春森工集团职工经济福利的变化是有正向影响的，而对于吉林森工集团和长白山森工集团的职工经济福利存在负向影响效果。对于政企分开较为彻底的地方，政企分开程度越高，对其经济福利的积极作用就越大；而对于后者，两个集团在社会职能移交的过程中仍然有重重困难，企业资金缺口比较大，政企分开不彻底加剧了其转型的阵痛。基层一线职工作为较为庞大的群体，林业职工的特殊性和边缘化导致其成为弱势群体，这种高弹性的脆弱性使其福利水平对于政企分开的影响较为敏感。(8) 政企分开体制变革通过企业发展、社会公共服务供给以及身份转变情况对林区职工经济福利产生一定影响。具体而言，社会职能移交后若能为森工企业减负，激发企业生产活力，替代产业发展良好，能够直接增加企业效益进而提高职工的收入；若社会职能剥离不彻底，加之森工企业自身发展有限，森工企业所需要承担的统筹外人员的支出会加重企业负担，继而又平摊到在岗职工个人经济福利上，对职工经济福利产生消极影响。另外，当社会职能移交到地方政府后，一方面曾经的隐性经济福利不复存在，职工的生活成本支出传递；另一方面则是尽管有些社会职能移交到地方政府，但由于地方政府财力能力有限，公共服务的提供较之前有所差距，进而导致职工家庭支出传递，并对职工经济福利产生一定消极影响。由于身份连锁效应，职工身份的转变会使与身份相关的经济福利待遇受到影响，进而影响到职工家庭的经济福利。(9) 在政企分开这一改革过程中，整体是一个多元主体进行博弈的过程，涉及中央政府、森工企业和地方政府。在假定中央政府、地方政府和森工企业三个参与主体都为有限理性的条件下，三方均从各方利益最大化角度出发，对构建的演化博弈模型进行求解，研究发现，当满足一定条件时，构成系统的演化稳定策略，这意味着系统理想模式为中央政府推行新制度、地方政府积极配合、森工企业全然接受。(10) 大多数职工对政企分开政策、社会职能移交以及天然林全面停伐等政策均较为了解。近年来，国家在实施林草工程的过程中，林区职工的获得感增强，通过对职工进行兜底安置、提高补助标准等，林区民生总体上得到改善。一是职工对提高薪资待遇的诉求较多，二是要求完善社会保障和公共基础设施，间接表明诉求越多的变量存在着更大的改善空间。（11）基于历史因素与现实发展需求，我国重点国有林区产业转型势在必行。重点国有林区产业转型升级的具体内容实际上在纵向维度上实现从国有林区，国有林业局下属的最小企业到森工集团再到整个国有林区的所有产业的总体转型升级，从横向维度上实现林业产业间转换、产业内升级、行业内外转移（林业向非林业）的综合调整。基于"制度—政府—企业—职工"分析框架，制度障碍是形成转型困境的根本原因，地方政府、森工企业、林区职工三大行为主体则面临各自的重重转型困境。为破解困境，需要中央与地方政府共同承担成本，"输血"与"造血"缺一不可。（12）有必要系统构建重点国有林区职工福利提升的保障体系。重点国有林区改革涉及包括林区政府、林业企业以及林区职工、林业人口等多方利益主体，为更好地保障林区森林保护与生态修复，必须妥善解决林区职工转岗就业、林业人口收入增长、社会保障等民生问题。特别是要系统构建提升林区职工福利的保障体系，即国有森林资源所有权、经营使用权、管理权、监督权、处置权、收益权"六权"分置的产权运作体系、资源有偿流转交易及利益分享体系、职工转岗或退出的利益保障体系、配套法律政策及服务体系、参与式的职工福利评测体系等。同时提出稳步提高职工工资水平及福利保障待遇、通过加强培训等措施不断提高职工就业能力、进一步加大对林区基础设施建设的重视和投入力度、进一步完善重点国有林区医疗保险和养老保险保障体系等一系列提升林区职工福利和保障林区民生的相关建议。为进一步促进重点国有林区深化改革和林区治理体系完善，以实现国有林区的高质量发展，本研究提出了一系列深化林区综合管理体制改革、促进林区社会职能剥离、加强重点国有林区森林经营、促进林区产业转型的一系列深化重点国有林区改革和完善林区治理体系的相关建议。

与以往同类研究相比，本研究的主要学术创新和边际贡献体现在：（1）较为系统地总结了重点国有林区的改革发展历程和管理体制演变历程；（2）较为系统地构建起一套重点国有林区职工福利理论体系、评价体系和测度方法，基于阿玛蒂亚·森的可行能力理论等相关理论，选取了相关的能力性指标，不再局限于利用功能性指标来构建福利评价体系，较为全面地衡量重点国有林区职工的福利水平；（3）创新性地提出重点国有林区职工福利排斥状况、形成路径及影响，丰富和发展了福利排斥理论；（4）创新性地系统揭示了重点国有林区多重依附现象及破解策略，提出重点国有林区森工企业、政府和职工多利益主体间的多重依附关系机理，丰富和发展了路径依赖理论；（5）创新性地提出了政企分开程度测度方法，参考市场分化程度和产业转移程度的测量方法，结合多重依附关系和实地调研情况，使用赫芬达尔指数法对政企分开程度进行测度；（6）创新性地构建了天然林停伐政策和对重点国有林区职工福利的影响分析框架，从木材采运体系和加工体系两条路径构建了全面停伐政策对重点国有林区职工的具体影响机制，探究不同企业之间职工福利差异性的原因；（7）创新性地构建了"政企分开对重点国有林区职工经济福利影响"的理论分析框架，明确提出了收入导向、成本分摊、支出传递和身份连锁四条影响路径，系统揭示了深化政企分开改革对国有林区职工福利的影响机理；（8）基于"东北国有林区民生监测"项目数据和本课题团队前往重点国有林区进行实地调研获得的重点国有林区职工问卷调研数据，通过构建渐进双重差分模型对天然林停伐政策和政企分开的影响效应进行了计量实证分析，并结合案例研究进行了补充验证；（9）较为系统地构建了重点国有林区治理体系和职工民生福利保障体系。

本研究有利于充实福利理论的扩展运用和福利评价实践，有利于丰富劳动经济学理论体系与实证运用，同时对于丰富林业经济学和区域经济学相关理论也具有积极的理论意义。此外，本研究相关成果对于促进重点国有林区民生问题的有效解决具有重要意义，可为解决重点国有林区民生问题提供方案参考，可为国家出台具体的国有林区后续改革方案提供决策支持。最后，本研究也可为从事国有林区相关研究的师生提供研究借鉴。

当然，由于著者的能力和水平有限，本研究也存有一些不足，书中若有错漏之处，还望读者朋友们海涵指正！

特别感谢国家林业和草原局发展研究中心、龙江森工集团、吉林森工集团、内蒙古森工集团、长白山森工集团和伊春森工集团等对本研究调研工作和数据资料搜集所提供的大力支持！

特别感谢中国人民大学农业与农村发展学院、北京林业大学经济管理学院和光明日报出版社对本书出版的支持！

本书系国家社科基金项目（一般项目）"基于职工福利提升视角的深化重点国有林区改革研究"（项目批准号 19BGL161）的资助成果。本书出版受中央高校基本科研业务费专项资金项目"基于'双碳'背景下国有林区治理转型研究"（项目批准号 BLX202221）资助。在此特别致谢！

目　录
CONTENTS

第一章

绪　论①

第一节　研究背景

第一，重点国有林区是国家最重要的生态安全屏障和森林资源培育战略基地，在经济社会发展和生态文明建设中发挥着不可替代的重要作用。东北、内蒙古重点国有林区是中国天然林分布的主要区域，且生物多样性最为丰富，在森林资源恢复与应对气候变化中彰显着重要作用，是中国生态建设战略的重要版图之一（Huang，2019；Ke et al.，2020）。第9次全国森林资源清查结果显示，重点国有林区现有森林面积为2647.23万公顷，占全国森林总面积的15.63%。森林蓄积为285189.96万立方米，占全国森林蓄积的16.72%；天然林蓄积为274219.37万立方米，占林区森林蓄积的96.15%，占全国天然林蓄积的20.06%（国家林业和草原局，2019）。习近平总书记明确指出，国有林区为中国经济独立、国家安全和民生改善等做出了不可磨灭的历史性贡献。重点国有林区在长期的发展历程中，有相当长的一段时期是国家重要的木材生产基地，在新中国成立初期为国民经济恢复做出了重大贡献。在追求生态文明建设的大环境下，中国的生态安全和木材安全备受关注。2018年国家林业和草原局对储备林进行了长期的建设规划（2018—2035年），指出要进行木材战略储备基地规划建设，重点国有林区在规划蓝图中是满足经济社会发展和实现生态文明的重要区域（国家林业和草原局，2018）。如此可见，重点国有林区无论是在历史贡献上还是在未来发展中，都起着重要作用。

第二，重点国有林区"三危问题"仍有待解决，民生问题值得关注。2016

---

① 本章著者：柯水发、乔丹、李红勋。

年 5 月，习近平总书记亲临黑龙江伊春林区视察调研，强调"国有林区森工应全力保障和改善民生"（沈洋，2016）。截至 2020 年年底，林区在册职工共有36.48 万人。自新中国成立后，重点国有林区被开发以来，通过对森林资源的培育保护和管理利用，逐步形成了依赖森林资源而生的一体化森工企业。长期受传统木材采伐利用思想的影响，重点国有林区长期以木材采伐为主，忽视了森林的可持续经营和利用，最终对森林资源造成了巨大的破坏。这导致国有林区森林资源在数量和质量上急剧下降，林地生产力低下，生态环境问题突出（刘琳等，2015）。这不仅造成了天然林资源枯竭和生态系统的脆弱，同时，对于长期依赖森林资源而生的森工企业而言，也增加了其生产经营的困难。森工企业的产业发展状况和绩效会直接影响林区职工的经济福利待遇，进而导致林区民生问题显现。林区生态系统、经济系统和社会系统的危机，严重削弱其国家生态安全保障功能。目前，东北、内蒙古重点国有林区已成为中国森林资源危机、经济发展水平落后、社会矛盾问题突出的地区（温铁军等，2007；王迎，2013；尹晓宇等，2013）。2020 年全国两会提出持续重点关注民生问题，然而重点国有林区由于长期不科学地消耗木材，直接导致天然林资源维系、企业发展、职工生活保障三方面的问题（"三危问题"）。森工企业生产原料的切断，导致原有僵化体制难以继续，职工福利难以保障，亟须改制。尽管天保工程自实施以来，对富余职工进行了妥善安置，林区职工工资水平有所提高，但仍然在横向比较上有较大差距，福利保障存在较大空间。如图 1-1 和图 1-2 所示，2001—2019年以来，重点国有林区在岗职工平均工资远低于国有单位就业人员平均工资和农、林、牧、渔业国有单位就业人员平均工资，仅在 2018 年开始基本与农、林、牧、渔业国有单位就业人员平均工资持平，但较整体国有单位就业人员平均工资仍有很大差距。从职工工资的增长率来看，国有单位就业人员的平均工资增长率在近 20 年内基本处于稳步增长的状态，而重点国有林区在册职工的平均工资增长率波动较大，甚至在 2004 年和 2006 年出现了负增长的现象，且在2018 年开始又呈现下降的趋势。在林区职工由"伐木人"变为"护林人"这一角色的转变过程中，作为森林资源的直接保护者，其福利状况对当地森林资源的保护有着至关重要的作用。在生态文明建设的重要战略背景下，保障林区民生福利，是实现可持续经营森林资源、增加森林碳汇的现实要求。

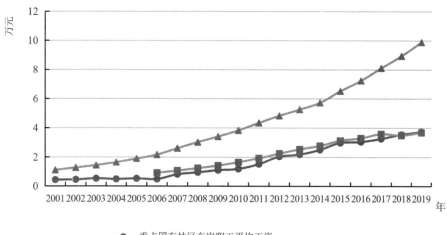

图 1-1 重点国有林区在岗职工总体平均工资基本情况

数据来源：中国劳动统计年鉴(2002—2020)，中国林业统计年鉴(2001—2019)

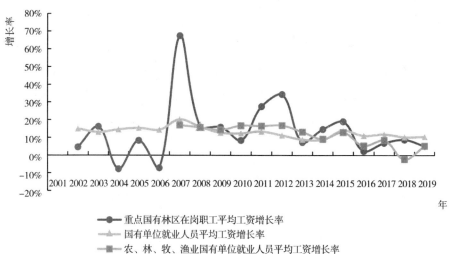

图 1-2 重点国有林区在岗职工平均工资增长率对比情况

数据来源：中国劳动统计年鉴(2002—2020)，中国林业统计年鉴(2001—2019)

第三，重点国有林区政企分开不彻底，产业发展受限停滞。国有企业改革已持续近40年，虽有一定成效，但距离改革目标仍有一定距离（杨瑞龙，2018）。"十四五"规划提出要加快推进国有企业改革，中共中央①、国务院在2015年出台《深化国有企业改革的指导意见》，要求切实破除体制障碍，建立现代企业制度，政企分开是现代企业制度的核心要求。深化国有林区改革是新时代林业改革的重点任务，是推进林区可持续发展的必要方式。重点国有林区改革已进入攻坚期，为实现国有林区高质量发展，全面深化国有林区改革势在必行。在这样的背景下，重点国有林区森工企业积极响应停伐政策，努力探索出路，虽取得了一定的成绩，但仍面临诸多问题和挑战（Qiao et al.，2021）。历史发展所遗留下来的资源与发展之间、固化与转型之间的复杂矛盾，使得这些国有林区都不同程度地陷入森林资源枯竭、管理体制不顺、经济发展困难的三重困境。重点国有林区社会、经济、生态三个系统所暴露出来的问题，阻碍了林区的经济发展和社会稳定。在诸多问题中，最迫切也最值得关注的是国有林区的民生问题。民生是重点国有林区深化改革的关键和基础，也是改革需要考虑的核心目标取向。全面停伐政策实施后，重点国有林区各森工企业的职能定位已经从原有的以木材生产为主转型成为以生态建设为主，虽然部分国有林区的支柱产业仍为第二产业，但是第三产业增长趋势乐观、潜力巨大，这表明国有林区产业转型升级已逐步展开，具备林区多元化发展的条件（朱震锋，曹玉昆，2015；Ke et al.，2019）。与此同时，也有很多学者表示虽然国有林区的产业结构呈现出乐观的优化趋势，但优化速度较为缓慢（曹玉昆等，2018），具体表现在林业产业总产值下滑严重，林业第三产业发展滞后、速度缓慢，产业结构仍有待完善等方面（耿玉德，万志芳，2006；柯水发等，2018）。尤其是在全面停伐的背景之下，森工企业传统产业发展受到严重冲击。为尽快扭转产业落后、林区萧条的弱势现状，国有森工企业亟须强化森林资源管理体制改革，理顺社会事业管理体制，创新企业经营管理体制，释放森工企业发展活力。国有森工企业应成为真正仅履行经济职能的企业，不需要承担额外的社会职能，切实将政府职能与企业职能分开，尽快建立起适应市场化发展的现代化企业，对森林资源进行持

---

① 习近平：决胜全面建成小康社会，夺取新时代中国特色社会主义伟大胜利——在中国共产党第十九次全国代表大会上的报告［EB/OL］.中国政府网，2017-10-27.

续保护和经营。

第四，重点国有林区政企分开程度存在异质性，社会职能移交出现瓶颈。2021年4月，李克强同志对全国剥离国有企业办社会职能和解决历史遗留问题等方面进一步作出重要部署，强调要因地制宜、因企施策（庞博，2021）。重点国有林区森工企业与其他国有企业一样是传统计划经济体制下的产物，是适应传统重工业优先发展战略的需要和高度集中统一的计划经济体制而产生的。国有森工企业承担社会职能，与地方政府职能混杂、权责不清，长期以来一直处在错位的状态下。国有林区改革方案的出台为森工集团改革提供了契机和支持，为响应国家号召，不断建设生态文明和改善民生，分离森工集团企业办社会职能改革有重要意义。为解决林区社会职能"政府缺位不到位，企业越位不归位"这一不符合社会发展规律的问题，方案要求将林区所有企业办社会职能和职工移交属地管理。社会职能移交属地后，企业实现了减负、社会资源得到整合、公共服务实现了均等化。同时，按照国家社会保障"社会化"的要求，全面完善了林区社会保障体系。各森工集团陆续开展了"放权让利"等现代企业制度化改革，进行政企分开、剥离副业等。各森工集团政企分开程度受到当地历史发展背景、经济社会情况、领导人特质等多种因素影响，其开展时间和分开程度均有所不同，存在一定的异质性，且存在社会职能移交不彻底的困境。2016年，国务院正式下发了《关于印发加快剥离国有企业办社会职能和解决国有企业历史遗留问题工作方案的通知》，同年国务院联合相关部门又出台了《关于国有企业职工家属区"三供一业"①分离移交工作指导意见的通知》。在此之前，吉林森工集团自2005年开始进行包括"三供一业"的社会职能移交。然而，由于资产与人员移交不同步，已经移交出去的供热与供电所分流的人员生活费用仍由森工集团承担，而未能够成功移交的医院和供水更是出现双重费用，这对于森工集团来说是一个长期的财政负担。在保险方面，除医疗保险外，其他保险均存在欠缴断保的问题。但内蒙古森工集团自2007年新班子组建后，通过调整机制，理顺管理体制，截止到2020年9月30日已全面完成社会职能移交任

---

① "三供一业"是指企业的供水、供电、供热和物业管理。"三供一业"分离移交是指国企（含企业和科研院所）将家属区水、电、暖和物业管理职能从国企剥离，转由社会专业单位实施管理的一项政策性和专业性较强、涉及面广、操作异常复杂的管理工作。

务，职工安置问题较吉林森工集团有更为妥当的解决。在社会成本负担方面则更加复杂，社会职能移交后，如果人员被接收，例如，部分森工企业的社会管理职能部门人员，其岗位会转换为公务员身份，其利益不仅不会受到影响，反而会因为其身份编制的转换而增加福利。但如果不被地方政府所接收的人员则成为富余职工，其福利就会有明显的下降。对于其他基层职工而言，作为森林资源保护的主体，职工个体身份转变后，自身福利的丧失最终会对森林资源管护产生潜在不利影响（朱洪革等，2019）。民生监测数据验证了社会职能移交对职工福祉会带来消极影响。林区职工的个人福利保障与森林资源紧密联系，将两者结合在一起才能更好地从根本上管护好资源。目前政企分开改革考虑到了改革成本一次性支付的问题，但是对于其分摊问题没有考虑到，从长期发展来看，改革成本的分摊问题是更加需要商榷的问题。总体上在重点国有林区改革中，义务教育、公检法等机构和人员的移交较为顺利，而幼儿园、卫生医疗、社会公益性岗位的社会职能在移交过程中出现了地方政府不愿意接收，或者只能移交而人员不接收等问题，形成了新的富余人员。如此，改革不彻底的现状使得重点国有林区陷入了制度改革的困境（罗小芳，卢现祥，2013），出现不少林区福利受损群体。

在深化重点国有林区改革的进程中，林区职工的福利状况发生了哪些变化？哪些因素对其福利会产生影响？哪些因素是关键影响力量？在推动政企分开的进程中，他们面临哪些新的改革困境，有哪些新的改革需求？为更好地提升林区职工福利，需要建立和完善哪些福利保障体系？据此，基于林区职工福利视角来开展深化重点国有林区改革极为必要和重要。这不仅有利于深化重点国有林区改革，解决重点国有林区的生态问题和民生问题，还可以促进森林资源保护和林区经济的高质量可持续发展。

第二节　研究问题与研究价值

一、研究问题

民生问题一直以来都是国家关注的重点，天然林全面停伐政策实施后，林区民生问题更是重中之重。在国有林区改革的过程中，"促进就业增收，保障职工基本生活，维护林区社会和谐稳定"是党和国家一直以来在国有林区改革过程中坚持的基本原则。天然林全面停伐政策实施后，学者们对政策实施背景下的家庭生计类型分化、收入、居民满意度等方面进行了研究，但都较为笼统，没有区分对不同职工群体的影响以及缺乏具体的政策路径和作用机制，没有全面地衡量林区职工的福利水平变化。

在国有林区改革研究方面，一些学者开展了相关研究，徐晋涛等（2006）认为国有加工业改革进展迅速，家庭式经营管理和市场化手段成为森林资源管护和经营的基本制度要素。张道卫（2006）分析了黑龙江省国有林区管理体制存在的政企合一、高度集权、森林资源权属不清、缺乏激励和约束等问题。

目前国内外对国有林区职工福利影响的相关研究还相对较少。停伐政策的影响主要集中在经济产出、政府财政收入、就业、生态环境、绩效等几方面，方法运用一般采取描述统计、计量分析和制度分析框架等（朱震锋等，2014；曹玉昆等，2016）。从国有林区职工福利的研究视角来看，目前国内的研究主要从职工就业及收入、贫困、社会保障等这几个福利相关方面开展。

从国有林区职工收入方面看，总体情况是林区职工平均收入有纵向提高但是横向比较仍偏低甚至达到贫困水平（张蕾等，2007；姜雪梅等，2011；王玉芳，2014）。从收入分化角度上看，全面停伐后龙江森工职工家庭收入结构大体不变，但收入差距逐渐拉大（韩竺君等，2016）。具体分类方法各有所长，如收入分为高中低三类；职业分化为林业专业化、林业补充型、林业依赖性和生计多样化四种，均对本研究有启示意义（刘璨等，2006；朱洪革，2016；胡士磊，2016）；还发现停伐对收入分化产生了正向影响。

前人在国有林区改革和林区职工福利研究方面已有部分成果，为本研究奠定了一些基础。但基于林区职工福利视角来研究国有林区深化改革的研究成果还较为鲜见。因此，本研究的开展极为必要且重要。

本研究拟具体回答如下问题。

1. 重点国有林区政企分开和管理体制经历了哪些变革历程，目前分开不彻底的困境是什么？其背后的原因是什么？如何对政企分开程度进行测度？

2. 重点国有林区职工福利状况如何，如何进行合理测度？重点国有林区职工是否存在福利排斥现象，有哪些成因和影响？

3. 天然林停伐政策对职工福利变化产生了哪些影响？对不同职工群体的福利影响是否存在差异？影响具体体现在哪些方面？

4. 政企分开不彻底对于重点国有林区职工经济福利产生了哪些影响？政企分开体制变革对于重点国有林区职工经济福利的影响机制有哪些，具体路径是什么？

5. 如何进一步深化重点国有林区改革提升林区治理水平？如何进一步推动政企分开，加快社会职能剥离，提升职工经济福利，以促进林区社会经济全面可持续发展？

6. 如何构建重点国有林区的职工福利水平保障体系？

二、研究价值

本研究意义显著。主要研究价值体现在如下方面。

1. 理论价值，主要体现在：（1）有利于福利理论的扩展运用和福利评价实践的充实丰富。目前国内外对国有林区职工福利还没有成熟系统的研究，其评价指标体系的构建在国内也尚未达成共识，本研究将进一步改进和完善国有林区职工福利的评价体系，为福利经济学提供更多的实证样本和理论依据。（2）有利于丰富劳动经济学理论体系与实证运用。国有林区职工是一群较为特殊的群体，他们区别于城镇居民，亲近森林资源，可以从事农牧林业生产活动，但又不同于农民，以工资性收入为主，因此将国有林区职工纳入研究范围，关注国有林区职工的就业、收入及福利待遇问题，一定程度上丰富了劳动经济学的研究范畴。（3）对于丰富林业经济学和区域经济学相关理论也具有积极的理论意义，可为国有林区改革提供理论基础。

2. 实际应用价值，主要体现在：（1）对促进国有林区民生问题的有效解决具有实践价值。只有先解决好国有林区职工的生存和发展问题，才能解决好森林资源的保护和培育问题。本研究将有利于进一步了解职工福利各方面所受到的影响，为解决国有林区民生问题提供决策参考。（2）为国家出台具体的国有林区改革方案提供实证支持。本研究将基于林业职工和利益相关方调查结果和分析结论，从多维度提高国有林区职工的福利水平，为未来寻找国有林区改革方向积累丰富的经验，为国有林区改革模式提供新的思路。

第三节　研究目标、研究内容与研究思路

一、研究目标与研究内容

1. 完善国有林区职工福利理论研究。从理论上界定国有林区职工福利的概念和内涵，对林区职工停伐以来的经济福利、环境福利和社会福利进行描述性分析。在文献研究和实地调查基础上构建国有林区职工福利评价指标，具体研究变量的选取或根据调研的实际情况来设定和调整。比较不同类别林区职工的福利变化，并通过与当地城镇居民和农民群体的比较，证实该福利评价体系的针对性和合理性。

2. 揭示天然林停伐政策和深化政企分开改革对国有林区职工福利的影响机理。天然林停伐政策和政企分开对国有林区职工福利是如何产生影响的？有哪些直接影响、间接影响和潜在影响？有哪些短期影响和长期影响？有哪些正面影响和负面影响？存在着怎样的传导机制？以上都有待解释清楚。本研究将在实地调研和文献研究基础上，总结分析停伐对国有林区职工福利的具体影响机理和影响效果。

3. 开展职工福利视角下深化改革政策需求及供给分析。结合量化实证分析有显著影响的政策，并基于职工典型调查和与利益相关方访谈，对深化国有林区改革的后续政策需求及供给均衡状况进行评估和博弈分析，筛选出深化国有林区改革的政策方向和实现路径，并提出促进国有林区改革和完善国有林区治理体系的相关建议。

4. 尝试系统构建起提升林区职工福利的保障体系。在实地调研和与典型人物访谈的基础上，运用头脑风暴法，结合文献研究，提出相应的保障体系，即国有森林资源所有权、使用权、监管权和经营收益权"四权"分置的产权运作体系、资源有偿流转交易及利益分享体系、职工转岗或退出的利益补偿体系、配套法律政策及服务体系、其他参与式的职工福利评测体系等，为后续深化改革提供政策决策参考（见图1-3）。

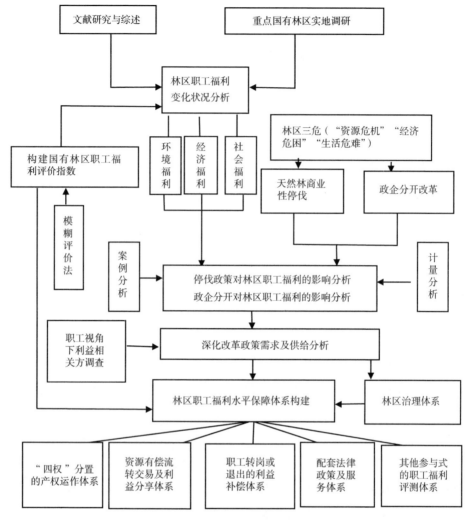

图1-3 研究目标和研究内容

二、研究思路

本研究基于林区职工福利视角，以福利经济学、制度经济学、劳动经济学、林业经济学、林业政策学为理论基础，首先，分析了我国重点国有林区管理体制及深化政企分开改革状况，并从国有林区职工这一特殊群体入手，通过实地调研获取微观层面的相关数据，对停伐前后国有林区职工福利的影响进行描述性分析，构建和完善林区职工福利的综合评价体系，并基于该福利评价体系分别测算出停伐前后国有林区职工的福利水平变化；其次，在实地调研和文献研究基础上，总结提出天然林停伐政策和政企分开改革对林区职工福利的影响机理，进而基于问卷调查数据，运用计量经济学研究方法，实证分析具体的影响关系和影响结果，并基于实地调查，分析职工的深化改革政策需求和政策供给状况；最后，提出一套促进深化国有林区改革的林区治理体系和提升国有林区职工福利水平的保障体系，为促进国有林区的深化改革和林区高质量发展，解决国有林区民生问题提供决策参考（见表1-1）。

表1-1 研究思路

主要研究内容	拟解决问题	重点难点	数据资料获取	主要研究方法
1. 重点国有林区管理体制及政企分开改革分析	国有林区经历了怎样的变革历程？政企分开如何测度？	构建政企分开测度指数	实地调研、文献查阅	文献分析、典型案例分析
2. 重点国有林区职工生产生活福利状况分析	什么是林区职工福利？如何科学有效测度？	构建福利评价指数	实地调研、文献查阅	描述统计分析、典型案例分析、文献分析
3. 停伐政策和政企分开对林区职工福利的影响分析	已有的改革举措如何影响职工福利？	测度不同因素对职工福利的影响状况	问卷调查、实地调查、座谈访谈	多元统计回归模型分析、工具变量法、案例分析
4. 基于职工调查的深化改革需求及供给路径分析	基于福利视角深化改革的方向和重点是什么？	政策需求和供给分析	问卷调查、参与式访谈和座谈	描述统计分析、博弈分析
5. 提升职工福利的保障体系建构	保障体系和后续政策设计	体系的系统性和可行性	实地调查、访谈、研讨	头脑风暴法、文献分析

三、本研究的重点和难点

1. 国有林区职工福利的科学内涵和评价指标。目前关于国有林区职工福利的研究还相对较少，因此本研究需要对国有林区职工福利进行较为系统和清晰的界定。在此基础上较为系统地构建国有林区职工的福利评价体系，在进行模糊评价时，选取哪些维度来评价国有林区职工的福利水平，在评价时如何对这些维度进行选择和区分，都需要依据理论细致地分析和研究。

2. 停伐后配套政策对国有林区职工福利的影响程度测算。要回答停伐后出台的一些配套政策对国有林区职工是否有影响及如何影响的问题，就要尽可能全面地找出影响国有林区职工福利的因素。在问卷设计的过程中，除了要考虑职工个人特征、家庭特征、工作特征外，还要充分考虑停伐补助、转岗安置、接续产业扶持等相关政策变量。在所有的因素中，哪些因素对国有林区职工福利变化起到关键推动作用，这些都是亟待回答的问题。

3. 用双差分（DID）模型方法分析停伐政策和政企分开所带来的福利变化。采用双差分模型法需通过调查获取两期面板数据，数据获取存在难度，因此在厘清研究逻辑的前提下进行科学合理的调查设计尤为关键。

4. 基于职工调查及相关利益方调查，在兼顾林区生态目标的前提下，较为系统地提出提升林区职工福利的保障体系。

第四节　核心概念界定

一、国有林区

国有林区的概念范围可以从多角度来理解。首先，国有林区是指森林资源归国家所有的地理区域，是新中国成立初期，国家为满足国民经济建设对木材等森林资源的需求而开发建设的森林片区。国有林区指的是在集中连片的森林上进行林业经营并且形成人口共同地域属性的区域。国有林区具备以下特征：有集中连片的所有权归属国家的森林、有经营主体在其中生产生活的特殊地理区域、以涉林生产经营管理活动为核心、有涉林企事业组织和相关管理机构设置、有配套社会服务体系。

国家的开发范围包括东北、西南、西北的 9 个省、自治区，共建立 138 个国有林业局（其中企业局 135 个，营林局 3 个），从事专门的木材采伐加工任务。国有林区的横向构成包括东北、内蒙古重点国有林区，西北国有林区，西南国有林区和零散分布的国有林地。第九次全国森林资源清查（截至 2018 年）显示，全国林业用地 32368.55 万公顷，其中国有森林地就有 13081.45 万公顷，占比达到 40.41%；全国森林面积总计 21822.05 万公顷，其中国有森林面积 8436.61 万公顷，占 38.66%。重点国有林区经营总面积 32.7 万平方公里，森林覆盖率 79.38%，森林蓄积 25.99 亿立方米。重点国有林区的纵向构成包括森工集团、下属国有林业局或林管局、下属企事业单位。

国有林区同时兼具了经济性质和社会性质，它既是一种资源，又是一种资产，具备公共产品和私人产品的双重属性。人与自然、人与人之间的关系如何处理，自然效益与经济效益如何权衡，都是我们在面对国有林区时需要思考和注意的问题，这也给国有林区管理带来了困难性和复杂性。

二、国有森工企业

国有森工企业是指由国家在国有林区投资建立，最初主要从事木材采运生产，而后逐渐发展为集营林、采运、林产品加工、多资源开发利用于一体的综合性国有林业企业（耿玉德，张朝辉，2012）。早期叫作林业局或林管局，后又改名为林业局有限责任公司，也有的仍称林业局。作为一类特殊的国有企业，国有森工企业集经济属性、社会属性和生态属性于一身，是以追求生态建设和森林资源合理利用为目标兼具事业属性和企业属性的特殊经济组织。

三、政企分开

政企分开主要是关于政府与国有企业之间关系的讨论，主要围绕其角色定位、职能行使、相互耦合不断发展，其变迁在市场经济中是相对的、多维度的动态演化过程（夏小林，2015）。受波兰社会主义市场经济改革学家布鲁斯（Virlyn W. Bruse）分权思想的影响，要建立起垂直管理体制与市场媒介相结合的管理模式（Brus and Laski，1989）。银温泉（1998）将政府相关文件和学术界对于政企分开的含义分成三层后分析其每一层的可行性，最终指出政企分开的严格含义应是学界所认同的"国家所有者职能与社会经济管理职能分离"，从某种程度上来说，也可以理解为履行政府职能与资产经营者的政资分离。通过对政府和国有企业职能的调整，合理分工，使其保持"一臂距离"的看法被广泛接受（夏小林，2015）。政企分开是通过对政企关系调适，使其最终发展到适应市场化发展，权责分明、高效运作的理性状态（刘宇，2019）。

在国有森工企业建立之初，受地理位置和历史背景因素影响，重点国有林区逐渐形成所谓的"企业办社会"的现象。2015 年，在中共中央、国务院印发的《国有林区改革指导意见》中明确提出要推动政企分开，做好各项社会职能移交。将除企业与生产经营相关的经济职能以外所承担的额外政治职能与社会职能剥离到地方政府，具体包括公安局、检察院、法院（简称"公检法"），供水、供电、供热及物业（简称"三供一业"）、市政环卫、教育医疗、离退休人员管理等一系列社会职能。而重点国有林区政企分开的核心正是要将本应是政府的职能从森工企业中剥离出来，将社会公共服务机构移交到当地政府，对国有森工企业人员实施社会化管理，仅保留森工企业的生产经营的经济职能，为其在市场经济的竞争中减负创造有利条件。根据重点国有林区特性，并结合国有企业相关研究，本研究将政企分开定义为森工企业将"公检法""三供一业"、医院和教育等社会职能剥离到地方政府。具体见图 1-4。

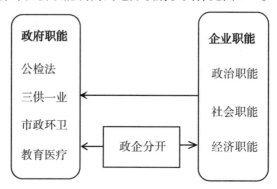

图 1-4　重点国有林区政企分开示意图

四、天然林全面停伐政策

2014 年 4 月 1 日，国家颁布了全面停止天然林商业性采伐政策（简称"停伐政策"），该政策首先在黑龙江省国有林区试点推行实施。从 2015 年 4 月 1 日起，东北、内蒙古重点国有林区（包括黑龙江、吉林和内蒙古）实施了天然林全面停伐政策（王旭东，2015）。实施天然林全面停伐政策不仅有利于恢复和保护森林资源、维持森林生态系统的稳定性（刘向越等，2017；徐文茹等，2018），也有助于保障国土生态的安全性（李铁英，白冰，2017），加快重点国有林区改革的步伐。

五、福利

本研究中，福利是一个广泛的概念，包括经济福利、环境福利和社会福利，经济福利是指各种经济收入，包括工资、补贴、补助及奖励收入等；环境福利指工作环境条件、生活居住环境条件、劳动保险保障条件等；社会福利指适应度、满足感、满意度、幸福感等。本研究聚焦重点国有林区职工的社会福利，是指一种集体的福利状态，涵盖为了提高人们的物质和精神生活而采取的在收入、就业、健康、居住条件、社会保障等多方面的举措。在实证研究部分，本研究主要关注职工的经济福利，且在经济福利中重点考虑职工家庭人均可支配收入以及社会保障状况，包括养老保险与医疗保险参保情况。

第五节　研究对象与研究区域

本研究的研究对象包括：重点国有林区改革措施和重点国有林区职工两方面，重点研究天然林停伐政策及政企分开改革对国有林区职工的福利影响。

本研究区域主要聚焦东北、内蒙古重点国有林区。国有林区是为我国提供木材和保障生态而在新中国成立初期开发建立的区域，包括东北、西南和西北等具有森林资源优势的区域。重点国有林区则主要在东北、内蒙古地区。本研究的研究区域覆盖前述六大森工集团，考虑到内蒙古森工集团和大兴安岭林业集团的一些林情和改革的特殊性，本研究选择吉林森工集团、长白山森工集团、伊春森工集团和龙江森工集团作为重点区域，也是课题组问卷调查和案例研究的主要区域。

一、吉林森工集团

吉林森林工业集团有限责任公司（简称"吉林森工集团"），经原国家计委、体改委、经贸委批准于 1994 年成立，其前身是 1950 年经中央人民政府政务院批准成立的吉林省采伐公司，1954 年改称吉林森林工业管理局，直属于国家林业部，管理全省森工企业。是全国首批 57 户现代企业制度试点大型企业集团，全国六大森工集团之一。目前，吉林森工集团辖区总经营面积 130.5 万公顷，有林地面积 121.77 万公顷，森林蓄积 1.9 亿立方米，森林覆盖率 93.4%。集团所辖林区人口 70 万人，林业人口约为 25 万人，集团在册职工约 5.5 万人。吉林森工集团在白山地区共有 6 个林业局，吉林地区有 2 个林业局，集团共下辖 8 个林业局。

二、长白山森工集团

长白山森工集团坐落在延边朝鲜族自治州，成立于 1995 年，为国有独资企业，由省国资委履行出资人职责，是全国六大森工集团之一。目前长白山森工集团下辖总经营面积 223.3 万公顷，占延边州行政面积的 54%，林地面积 223.3 万公顷，森林面积 212.2 万公顷，森林蓄积 3.42 亿立方米，森林覆盖率达 92.97%，在册员工为 31416 人。长白山森工集团下辖共有 9 个林业局（国有森工企业）。

三、内蒙古森工集团

内蒙古大兴安岭林区自 1952 年开始实施有计划的开发建设，1991 年被国务院确定为全国首批 57 户试点企业集团之一，与林业管理局为"一套机构，两块牌子"。2017 年 2 月，设立内蒙古大兴安岭重点国有林管理局，现有二级单位 44 家，在岗职工 4.6 万人，代管离退休人员 10.4 万人。内蒙古大兴安岭国有林区经营面积为 10.67 万平方公里；森林总面积达到 837 万公顷，森林蓄积 9.4 亿立方米；森林面积以省为参照排全国第 11 位，森林蓄积、每公顷蓄积均排全国第 7 位，森林蓄积年增长量 2000 万立方米。水资源总量 192.6 亿立方米，占呼伦贝尔市的 60.9%，占自治区的 39.6%。内蒙古森工集团下辖 19 个林业局。

四、伊春森工集团

黑龙江伊春森工集团有限责任公司（简称"伊春森工集团"），在全国六大森工集团中，虽组建集团公司最晚，但开发建设最早，1946 年就建立了第一批森工局，1948 年转为大规模开发建设，1950 年设立伊春森林工业管理局，1964 年经党中央批准实行"政企合一"体制（林管局与市政府一套班子、合署办公）。伊春森工集团位于黑龙江省东北部、小兴安岭腹地，林区经营总面积 351.24 万公顷，森林覆盖率 87.6%。2018 年 10 月原林管局被实质性撤销，集团公司正式挂牌并实行"省属市管"体制，即由省政府作为出资人，授权伊春市政府履行出资人职责。目前森工集团在册职工人数一共为 7.58 万人，在册在岗职工人员数为 4.39 万人。集团下辖 17 个林业局，其中 13 个与当地区政府合署办公，现已彻底结束"政企合一"体制。

五、龙江森工集团

中国龙江森林工业集团有限公司（以下简称"龙江森工集团"）于 2018 年 6 月 30 日由原中国龙江森林工业集团（总公司）改组成立，为大型国有公益性企业。

龙江森工集团下辖 2 个林区分公司、23 个公益类子公司、5 个商业类子公司、7 个直属森林经营单位、17 家院墙企业、4 所中高职院校、2 家三甲医院以及其他 11 家事业单位。林区人口 83.9 万人（其中林业人口 77.7 万人），职工 12.48 万人，退休人员 18.45 万人。龙江森工集团纵贯小兴安岭、完达山、张广才岭，森林经营总面积 658.56 万公顷，占黑龙江省总面积的 14.5%，其中有林地面积 557.61 万公顷，活立木总蓄积 6.56 亿立方米，森林覆盖率 84.67%。

六、大兴安岭林业集团公司

2020 年 4 月 2 日，大兴安岭林业集团公司在黑龙江省大兴安岭地区加格达奇区成立，林区总面积 8.35 万平方公里，森林面积 688 万公顷，森林覆盖率 86.20%。集团经营面积 7.98 万平方公里，占林区总面积的 95.57%。大兴安岭林业集团公司是我国面积最大的集中连片重点国有林区，是国家北方生态屏障和木材资源战略储备基地，作为目前国家林草局体量最大、职工人数最多的直属机构，肩负着维护国家生态安全、粮食安全和国防安全的政治责任和历史重任，生态区位非常重要。

第六节 研究方法与数据来源

一、主要研究方法

1. 文献研究法。本研究系统查阅了黑龙江、吉林、内蒙古及 6 大森工集团的林业统计年鉴、规划文件、工作报告等文献资料，并针对这些文献开展了文献综述、归纳和推演工作。

2. 描述统计分析方法。本研究基于《中国林业统计年鉴》《中国统计年鉴》《中国劳动统计年鉴》等公开数据以及微观层面的农户调研数据，对重点国有林区职工经济福利现状进行了较为系统的描述统计分析。

3. 计量分析方法。本研究使用 2018—2020 年民生监测微观数据和企业层面的数据进行计量模型构建。在使用赫芬达尔指数法对政企分开程度进行了评价后，建立渐进 DID 模型，分别分析了停伐政策和政企分开对职工经济福利的影响，并进行了平行趋势检验和安慰剂检验等稳健性检验。为探讨政企分开程度对于不同集团和不同工作类型的职工的异质性，本研究采用分组回归进行检验。最后，通过构建中介效应模型检验前文理论框架所述的影响机制。

4. 案例分析法。基于实地调研所收集到的资料，选取具有代表性的林业局，通过案例分析，构建天然林全面停伐政策和政企分开对职工福利的具体影响路径和影响机制。

5. 比较分析法。比较分析法是根据可比性原则，在对收集到的相关数据资料进行整理、分组的基础上，运用各种经济效益指标进行对比分析的一种方法，又称对比分析法。本研究通过对重点国有林区政企关系的制度变迁历程进行对比分析，以文献收集查阅和实地调研资料获取为基础，从历史沿革对不同森工企业进行比较分析。同时也基于历史数据对林区职工福利变化状况进行了分析，并与城乡居民的福利水平进行了比较。

6. 定性比较研究方法（QCA）。为探究不同森工企业在实施政企分开过程中的社会因素和历史因素，笔者在调研的同时开展典型人物访谈调查。主要访谈内容为受访者对重点国有林区政企分开体制变迁的理解，以及目前社会职能移交对职工经济福利变化的看法。通过对比微观民生监测数据，对最终形成的16个典型案例进行分析。通过定性比较研究方法和案例分析方法，补充验证政企分开对职工经济福利的影响路径。

二、数据来源

（一）数据获取的主要方法

1. 实地调查法。本研究采取问卷调查获取相关数据，面向龙江森工、伊春森工、吉林森工和长白山森工四大森工集团职工，通过典型分层抽样方法，完成了620份问卷调查，其中有效问卷580份。

2. 半结构化访谈法。在实地调研中按照提前设计好的访谈提纲对林区职工进行深度访谈，收集案例分析的材料，直观具体地了解天然林全面停伐政策对不同类型林区职工在收入、就业、社会保障等方面的影响。

3. 文献检索。通过CNKI、百度文库等检索平台查阅、收集和整理相关文献资料。

（二）主要数据来源

1. 问卷调查数据。一是主要来源于国家林业和草原局2018年5月至2020年8月"东北国有林区民生监测"数据。二是来源于本课题团队前往重点国有林区进行实地调研所获得的重点国有林区职工问卷调研数据。

2. 调查访谈资料数据。该部分数据来源于本课题团队于2020年8月26日至8月31日、2021年7月6日至7月13日两次前往吉林森工集团，2020年10月22日至10月27日前往长白山森工集团，2021年7月14日至7月24日前往内蒙古森工集团，2021年7月26日至7月31日前往伊春森工集团，针对林区职工进行问卷调查及半结构式深度访谈形成的典型案例资料。

3. 座谈调研资料。与上述访谈资料获取时间相同，本课题团队分别于2020年8月、10月和2021年7月与当地森工集团和森工企业各部门进行深度座谈。并前往各森工集团、企业档案室和图书馆收集查阅改革历程、企业发展等相关资料，并进行系统化整理。

4. 公开年鉴数据。1999—2019 年历年《中国林业统计年鉴》、2000—2020 年历年《中国统计年鉴》《中国劳动统计年鉴》《黑龙江统计年鉴》《吉林统计年鉴》《内蒙古统计年鉴》《伊春统计年鉴》和第九次《全国森林资源清查》等数据资料。

5. 其他文献资料。公开发表的期刊论文、学位论文、研究报告等。

（三）课题组资料收集和数据采集情况

1. 课题组曾 7 次组织课题组成员前往吉林森工集团、长白山森工集团、伊春森工集团、龙江森工集团、内蒙古森工集团及下属的 20 个林管局调研，共开展问卷调查 680 份，收回问卷 620 份，有效问卷 580 份。现已完成录入，建立了一个国有林区深化改革与民生调查数据库。此外，在实地调研中较为系统地收集了各森工集团和林管局深化改革和林区民生的相关数据资料。

2. 课题组积极参与国家林业和草原局的"东北国有林区民生监测"项目和"重点国有林区'十四五'规划"研究项目，参与了 2015—2018 年民生监测调查数据的整理与分析，并参与了 2019 年和 2020 年各森工集团下属林业局所上报的改革与民生调研上报材料分析工作，较为系统地获得了珍贵的相关数据资料。

3. 课题组有 3 人到国家林业和草原局实习，实际参与东北重点国有林区监测项目工作的开展，并曾随项目组赴伊春森工集团和内蒙古森工集团，参与国家林业和草原局所组织的生态建设、产业发展和基础设施等专题调研，较为系统地收集了相关研究资料。

4. 此外，课题组还扎实开展了与国有林区研究相关的一系列文献资料（如期刊论文、学位论文、著作、政策文件、研究报告、相关统计年鉴数据等）的收集、研读与梳理工作。

第二章

重点国有林区改革及管理体制变迁①

第一节　新中国成立以来重点国有林区的贡献与地位

一、国有林区在经济中的作用和地位

新中国成立之初，为了生产木材和管理森林，我国分别在东北、内蒙古、西南、西北森林资源丰富的地区建立国有林区，在黑龙江、吉林、内蒙古、云南、四川、青海、陕西、甘肃、新疆9个省、自治区共建立了138个国有林业局，其中在黑龙江、吉林、内蒙古3省区范围内的87个国有林业局组成了重点国有林区。包括六大森工（林业）集团公司，下辖87个森工企业局（林业局），现有林业职工34.8万人，森林覆盖率79.38%，森林蓄积量25.99亿立方米，在我国生态建设全局中具有举足轻重的战略地位。重点国有林区肩负我国生态文明建设和产业发展的重要使命，天然林资源丰富，战略地位突出。森林面积2 600万公顷，森林蓄积25.99亿立方米，分别占全国国有林的35.24%和27.78%。

国有林区是我国未来木材生产的重要基地，以天然林为主的国有林区是提供木材资源的重要基地，其中135个森工企业承担着国有林区以及全国的主要木材生产任务。1949—2000年的52年中，全国生产木材22.6亿立方米，国有林区135个森工局生产木材就有11.74亿立方米，超过全国木材产量的1/2，占全国林业系统木材产量的2/3（翟中齐，2003）。

重点国有林区为国家经济建设做出了重大贡献。林区木材是重要且珍贵的可再生资源，木材储备与生产仍是林区长远的重要战略目标任务。重点国有林

---

① 本章著者：乔丹、柯水发、纪元、李红勋。

区累计生产木材 12.3 亿多立方米，占全国同期商品木材总产量的近一半（刘雄鹰，2019）。且林区木材生产的潜力很大，还有待挖掘。

在林业总产值方面，2019 年，东北、内蒙古重点国有林区的企业总产值为602.51 亿元，三次产业结构比 40.21：14.53：45.2，林业旅游与休闲服务在第三产业产值中占比最大，东北、内蒙古重点国有林区林下经济产值为 186.08 亿元。而近 20 年来，林业总产值在国民生产总值的比重总体来说呈下降趋势，从2000 年的 0.93%下降至 2021 年的 0.57%。近 20 年来，国有林区总产值呈上升趋势，占全国林业产值 20% 左右。国有林区产值占全国林业产值的比例，从2002 年至 2003 年有较大的上升幅度，2003 年至 2013 年这十年比较稳定，接近20%，但 2014 年后占比下降。详细数据见表 2-1。

表 2-1　国有林区产值占全国林业产值比例及全国林业产值占全国 GDP 比例

	国有林区总产值（亿元）	全国林业总产值（亿元）	国有林区产值占全国林业产值比例（%）	全国 GDP（亿元）	全国林业产值占全国 GDP 比例（%）
2021 年	498.63	6507.70	7.66	1143670.00	0.5690
2020 年	491.72	5961.60	8.25	1015986.20	0.5868
2019 年	602.51	5775.70	10.43	990865.11	0.5829
2018 年	818.06	5432.60	15.06	919281.10	0.5910
2017 年	761.78	4980.60	15.29	832035.90	0.5986
2016 年	723.73	4635.90	15.61	746395.10	0.6211
2015 年	723.53	4358.40	16.60	688858.20	0.6327
2014 年	760.54	4190.00	18.15	643563.10	0.6511
2013 年	758.67	3847.40	19.72	592963.20	0.6488
2012 年	662.38	3407.00	19.44	538580.00	0.6326
2011 年	575.54	3092.40	18.61	487940.20	0.6338
2010 年	509.82	2575.00	19.80	412119.30	0.6248

	国有林区总产值（亿元）	全国林业总产值（亿元）	国有林区产值占全国林业产值比例（%）	全国 GDP（亿元）	全国林业产值占全国 GDP 比例（%）
2009 年	441.67	2324.40	19.00	348517.70	0.6669
2008 年	400.12	2180.30	18.35	319244.60	0.6830
2007 年	340.41	1889.90	18.01	270092.30	0.6997
2006 年	296.45	1610.80	18.40	219438.50	0.7341
2005 年	265.27	1425.50	18.61	187318.90	0.7610
2004 年	256.39	1327.10	19.32	161840.20	0.8200
2003 年	229.76	1239.90	18.53	137422.00	0.9023
2002 年	76.49	1033.50	7.40	121717.40	0.8491
2001 年	87.52	938.80	9.32	110863.10	0.8468
2000 年	84.47	936.50	9.02	100280.10	0.9339

数据来源：中国林业和草原统计年鉴；中国林业统计年鉴。

在产业格局方面，各林区加快产业结构转型优化，实现了从木材生产为主向生态建设和依托林区资源综合发展的转变。表 2-2 列举了 2019 年东北、内蒙古重点国有林区森工企业的产值情况。近 20 年来，重点国有林区的三大产业结构发生变化。以 2019 年东北、内蒙古重点国有林区 87 个森工企业的主要木材产量为例，全国木材产量共 236246 立方米，远低于 2000 年国有林区 135 个木材采运企业合计产量 12076480 立方米，下调幅度超过 98%。木材产量锐减促使重点国有林区必须调整产业结构，培育新型非木质替代接续产业，以构建新形势下的林区产业格局。从产业结构调整的实际情况来看，经过 10 多年的转型探索，重点国有林区大力发展特色种植养殖、森林食品、生物经济及森林旅游等非木质经济，鼓励林区职工开展林下资源多种经营，一定程度上促进了林区产业转型发展。三大产业结构也从 2003 年的 47：38：15 调整为 2014 年的 43：29：28。

第一、第二产业比重下降，以森林旅游业为代表的林区第三产业发展迅速。2014年重点国有林森林旅游业产值突破60亿元。

表2-2　2019年东北、内蒙古重点国有林区森工企业产值情况（按现行价格计算）

指标名称	合计（单位：万元）
林业产业总产值	6025070
一、第一产业	2422875
（一）涉林产业合计	1625463
（二）林业系统非林产业	797412
二、第二产业	875390
（一）涉林产业合计	250078
（二）林业系统非林产业	625312
三、第三产业	2726805
（一）涉林产业合计	1124707
（二）林业系统非林产业	1602098
补充资料：竹产业产值	37957
林下经济产值	1860773

数据来源：中国林业和草原统计年鉴。

国有林区改革对于生态扶贫至关重要。重点国有林区全面停伐后，各森工企业多渠道创造就业岗位，使得6.9万名职工重新上岗，并对4.2万名职工进行兜底安置。另外，完成林区棚户区改造13.3万户，林区职工社保缴费补助标准不断提高，职工医疗、养老保险基本实现全覆盖。林区职工收入由2014年的2.64万元增长至2018年的4.12万元，较改革前增长了1.48万元。林草系统在岗职工年平均工资由2014年的3.45万元增长至2019年的6.41万元，2019年相比2014年增长了85.80%。各林区加快产业结构转型优化，实现了从依靠木材生产为主向生态建设和依托林区资源综合发展的转变。妥善安置林业富余职工

101 万人，其中长期在岗职工达到 92.9 万人，有效改善了职工的生活水平，为生态扶贫做出贡献。

二、国有林区在生态中的作用和地位

国有林区是我国重要的生态安全保障。国有林区广袤的森林是国家生态安全、粮食安全的天然生态屏障，对于保护和改善我国的生态环境具有重要的作用。国有林区主要分布在我国大江大河的源头、生态区位重要的山区、沙区、海岸线等，特殊的地理位置使其在我国可持续发展战略中具有举足轻重的地位。国有林区作为天然的生态屏障对我国的水资源以及大江大河的水利设施发挥长期效能具有极其重要的作用。但随着生态屏障的生态功能减弱，林分质量下降，国有林区林缘回退。国家近几年的林业政策在一定程度上缓解了国有林区生态功能下降的问题，但随着砍伐造成的生态破坏，生态环境的恢复仍然处在一个有限的程度。生态系统结构需要一个适当的措施恢复，以防系统功能破坏导致不堪设想的后果。

国有林区是集森林、灌木、草原、湿地等多样性生态系统于一体的丰富系统。其中最重要的森林系统是许多野生动植物的栖息繁殖地，同时也蕴含着丰富的其他资源。这些资源具有重大的科研价值、保护价值和巨大的开发利用潜力。然而我国许多地方已经出现了严重的生态危机，国有林区几乎成了最后一块生态基地，尽管这块基地曾以从未有过的速度被大量采伐利用，其生态功能极度弱化，生物多样性受到了严重破坏，但其现有的资源存量，在保护物种和维护生物多样性上，仍具有十分重要的地位和作用（邢红，2006）。国有林区生态环境优美、自然禀赋优良，具备建立健全生态产品价值实现机制的基础和优势。国有林区是生态产品价值实现的重要实践场域。

国有林区是国家"双碳"目标实现的重要潜力优先区域。林业碳汇是指通过植树造林、加强森林经营管理和恢复森林植被等行动，增加森林储碳能力，将经核定的减排量挂牌出售，控排企业或单位通过购买碳减排量来抵消其工业碳排放的过程，对实现碳中和目标具有重要意义。国有林区林业本身具有"绿色""清洁"的性质，是我国乃至世界的巨大"碳库"。林业碳汇是典型的生态产品，具有多重效益，不仅对减缓和适应气候变化具有双重功能，而且有利于保护生物多样性、改善生态环境，同时在扶贫解困、增加林业收入等方面有着重要作用。

自从 2015 年全面停止天然林商业性采伐，以内蒙古大兴安岭国有林区为代表的国有林区在转型发展的探索过程中，积极开展林业碳汇交易的创新实践，提升森林生态效益，增强林区增汇减排功能，带动林区经济转型和职工增收致富，真正将绿水青山变为金山银山，将"碳库"变为"钱库"。

国有林区是生态修复和国家公园建设的重点区域。从生态修复的角度看，2015 年，中共中央、国务院印发的《国有林区改革指导意见》，使我国的森林资源管护和生态环境改善进入了一个全新的阶段，砍树伐木不再是林区的工作重点，森林资源的保护和积蓄、生态环境的修复将成为其主要任务。《国有林区改革指导意见》为国有林区在生态上确定了明确的目标，对于国有林区来说，就是到 2020 年区分不同情况有序停止天然林商业性采伐，重点国有林区森林面积增加 550 万亩左右，森林蓄积量增长 4 亿立方米以上。从国家公园建设的角度看，在《国有林区改革指导意见》文件中提到了利用森林资源发展森林旅游，探索建立国家公园。建立国家公园体制是生态文明和美丽中国建设具有全局性、统领性、标志性的重大制度创新，具有重要的里程碑意义。在国有林区的各个国家公园中，农牧民通过生态补偿、公益性岗位、发展特色产业等增加了收入，也增强了保护生态的获得感和荣誉感，更加积极投身国家公园建设中。

国有林区是"两山理论"重要的生动实践基地。我国重点林区（内蒙古大兴安岭林区等）不断在更大范围践行"两山理论"，建设"两山理论"实践创新基地，积极探索"两山"转化的有效途径。以内蒙古大兴安岭林区为例，与开发建设初期相比，到 2018 年第九次全国森林资源连续清查，该林区有林地面积增加 393 万公顷，森林蓄积增长 3.71 亿立方米，森林覆盖率提高 18.29 个百分点，实现了森林资源越采越多、越采越好，建设"两山理论"实践创新基地，具备良好的物质与制度基础。

三、国有林区在社会方面的地位和作用

长时间的开发利用使重点国有林区具有自身的特点——为满足林区职工的生产生活需要，在重点国有林区开发初期，林区逐步完善和充实了社会服务职

能，形成了林区社会，即"先有林区，后有社会"。这意味着，在重点国有林区，林业企业既是所在地政府和公共服务机构，又是森林资源的管理者和利用者，形成了政企、政事、事企合一的管理体制。国有林区保障林区干部职工的基本生活、维持林区社会的正常运转，森工企业承担着社会管理、森林资源管理和采伐经营的职能，为林区提供公共服务。

林区从业人员包括全部职工、再就业的离退休人员、私营业主、个体林农、林业科教专业人员等，2000 年至 2020 年重点国有林区从业人员占全国林业从业人员的比例在 20% 到 41% 之间波动（表 2-3），总体呈现下降趋势，但林区从业人员所占比重仍较大，林区在保障民生方面意义重大。

表 2-3　重点国有林区从业人员占全国林业从业人员的比例

年份	重点国有林区从业人员（人）	全国林业从业人员（人）	重点国有林区从业人员占全国林业从业人员比例（%）
2020 年	258701	1123188	23.03
2019 年	285306	930000	30.68
2018 年	309724	1021216	30.33
2017 年	315285	1059881	29.75
2016 年	335054	1180888	28.37
2015 年	358385	1204304	29.76
2014 年	403156	1227780	32.84
2013 年	419135	1281649	32.70
2012 年	437629	1329057	32.93
2011 年	445980	1353961	32.94
2010 年	465734	1396494	33.35
2009 年	426066	1316405	32.37
2008 年	439495	1325304	33.16

续表

年份	重点国有林区从业人员（人）	全国林业从业人员（人）	重点国有林区从业人员占全国林业从业人员比例（%）
2007 年	482471	1374843	35.09
2006 年	513367	1394450	36.82
2005 年	536321	1424048	37.66
2004 年	579286	1465026	39.54
2003 年	609583	1508654	40.41
2002 年	576195	1591965	36.19
2001 年	621299	1693766	36.68
2000 年	699383	1816752	38.50

　　国有林区改革关系民生问题。2015 年 2 月，时任中共中央政治局委员、国务院副总理汪洋在内蒙古国有林区调研时强调，推进林区改革，必须坚持以改善民生为前提，突出重点、稳步推进，多渠道促进职工就业增收，解决过渡就业安置问题，加强有针对性的职工技能培训，加大民生安置力度，全面改善和提高林业职工的生产生活条件。当前，职工群众生产生活条件持续得到改善。多渠道创造就业岗位，通过增加管护岗位、鼓励自主创业等途径妥善安置职工，职工社会保障基本实现全覆盖。职工生产生活和居住条件得到改善，林区防火应急道路、管护用房等重要设施明显改善，棚户区居民住房条件显著改善，近 2 万户职工从深山远山搬入中心城镇。

　　国有林区是共同富裕推进需要重点关注的特别地区。国有林区广阔的地域、丰富的自然资源并没有让国有林区经济实现快速发展，反而落入了"富饶的贫困"陷阱，成为制约该地区经济发展的"诅咒"。当前国有林区已然成为一个相对落后的区域，是我国推进共同富裕应该给予重点关注的特殊地区。新时代林区振兴与转型发展成为一个特别重要的时代课题。

　　国有林区发展关系我国戍边固防和兴边富民。兴边富民行动是党和国家充分把握国家经济社会发展全局、统筹考虑边境地区发展现状而提出的一项国家边境建设系统工程。近年来，由于诸多因素的影响，我国戍边人口数量锐减，老龄化等现象十分突出，严重影响了边境地区的经济社会发展和戍边固土。作为我国未来重要的生态经济支撑带，国有林区转型发展是不可回避的现实问题，国有林区对改善边境地区各族人民群众的生产生活条件，巩固各民族平等团结的大好局面，维护祖国边疆的安全稳定，增进中外睦邻友好关系发挥了重要作用。如大兴安岭地区作为国家重点林区，不仅承担着培育森林资源、维护生态平衡的重任，还担负着 786 公里中俄边境线的戍边任务。

总之，新中国成立以来，我国国有林区的主体功能定位经历了从木材供给到多功能供给，再到生态服务供给的变迁。国有林区事关我国经济发展、生态安全、粮食安全、木材安全和国防安全等。此外，国有林区通过创造就业岗位等方式，在切实减少贫困、增加收入等方面，具有十分突出的贡献。这些都是我国加速发展林业的有利条件。我们应该从战略高度认识国有林区的重要性。

第二节　重点国有林区改革发展的历史进程

一、林区完全计划经济阶段（1949—1984 年）

国有林区指的是在集中连片的森林上进行林业经营并且形成人口共同地域属性的社区，它既包括广袤的森林自然资源也包含生活在这片区域上的林业职工人员的一系列生活、文化、教育、医疗等社会性行为。1947 年我国颁布的《中国土地法国有大纲》以及 1950 年颁布的《中华人民共和国土地改革法》中提出了森林收归国有，建立森工企业局，并提出"先生产、后生活""先建企、后建政"等要求。在这种特殊的历史条件下，逐渐形成了国家林区政企合一的管理体制，符合当时的实际情况，具有时代的合理性，也对推动林区经济社会发展起到了巨大作用。因此，林区政企合一管理体制的行政过程可简要概括为按照"先开发、后建设""边开发、边建设"的思路，逐步形成了"先有林业企业，后有社会和政府"的格局（李蕊，2016）。

从新中国成立之初到社会主义建设时期，国家对林业建设和木材生产提出刚性要求，此时的林业生产尚不具备"现代化"意蕴，而是以木材利用开发为最根本、最主要的目的。20世纪50年代我国对林业发展的"第一次定位"：将国有林区定位为以追求木材生产为中心的"森工采运企业"。1949—1986年，国家为了开发建设国有林区，投资128亿多元。1986年，国有林区木材生产的主要工序和筑路施工已基本实现了机械化作业，森工企业有职工100多万人。截至1986年，国有林区共为国家提供商品材9亿立方米，营造人工林252.3万公顷，上缴利税117亿元。

从20世纪50年代国家筹备开发大兴安岭林区起，我国便开始了以政府为主导，以森工企业、国有林业局等为主要组织制度，以木材采伐为中心的大规模森林资源开发。同时围绕木材生产开发，建立了相关生活服务性设施，形成了林区社会。整体呈现一个边生产、边开发、边建设的局面，森林木材资源减少，林区人员增加，社会逐步形成。

国有林区的管理体制则可以用"政企合一"四字概括，蒋敏元（2005）将其延伸为"政企合一、企事合一、司企合一、企社合一"，也有的学者说是"党政企"三者合一。该管理体制的形成与当时完全的计划经济体制密切相关，全民所有制是林区治理制度的主要形式。张志达（2008）将其形成过程概括为"先有森工企业，后有林区政府"，即森工企业既开展其本职工作（森工企业的经营生产），同时又行使政府的行政管理职能，森工企业利用经营收入供养林区政府，提供给它管理社会所需的资金。

在这个阶段，国家是最大的垄断经济主体，森林治理以国有产权为基础。即林区的保护、开发利用和其他所有环节都以国家指令性计划和行政手段干预来实现，完全不允许市场机制发挥作用。

在新中国成立之初、社会主义建设的特定历史背景下，森林治理这种"党政企合一""四权合一"的管理体制适合当时的形势，具备其时代的合理性，能推动林区经济社会发展。这种高度集中、计划指令性质的统一管理方式很好地把人力、物力、财力快速集中起来，带动早期林业发展、林区建设。初步形成了相对独立的国营林业和森林工业体系。但是其弊端也在后期日益凸显：以企代政、以企代事的越位行为与日俱增，体制内权利义务关系、职能和责任划分不清，导致森林资源过度开发、职工自主性缺乏、工作效率低下、政企都不能很好发展主业等问题出现（赵元生，1997；崔海兴，2010；刘长青，2007）。

二、林区计划体制改革阶段（1985—1994 年）

1985 年，中共中央、国务院发布《关于进一步活跃农村经济的十项政策》，决定国营林场也可实行职工家庭承包或与附近农民联营，开放木材市场，就此揭开了林业改革的序幕。国家早期下达的木材生产任务过重，各项上缴指标超过合理水平，导致森林资源超负荷开采，森工企业面临着"可采林木资源危机和林业企业经济危困"。"两危"困境的出现使人们开始思考合理的管理制度，探索改革之路。

该阶段其实是市场经济逐渐深入原本牢固的计划经济体制的过程，组织制度和产权制度没有动摇，但市场经济的运行规则开始参与林业管理。尤其是1989—1992 年社会主义市场经济体制目标最终确立阶段，在邓小平南方谈话及中共十四大召开后，全党在经济体制改革的目标上已形成共识，国有林区的改革也更多向着该方向发展。1990 年，国家物价局、林业部发布《关于提高东北、内蒙古国有林区统配木材价格及加强对木材非统配价格管理的通知》，决定从 10 月 10 日起建立林价制度；1993 年林业部印发《关于在东北内蒙古国有林区森工企业全面推行林木生产商品化改革的意见》，全面推行林价制度，这是森工企业由计划经济向商品经济、市场经济转变迈出的一大步；同时明确了企业作为经营者的主体地位，从指令性计划向指导性计划转变，下放给企业更多在劳动、工资、销售等方面的权力；推行承包经营责任制和相应的激励制度，充分发挥个人的主观能动性。国务院于 1991 年 12 月正式批准在东北、内蒙古国有林区组建四个企业集团，这是我国林业森工企业开始从计划经济走向市场经济的重要标志之一。

从严格意义上来说，该阶段是一个过渡性质的阶段，市场经济与计划经济体制在不断碰撞调整，森林治理体制与管理机制虽然发生了一些好的变化，但并无根本转变（产权制度和组织制度仍然不变），这就导致政企分开、权力分置的思想并未在实践中取得很好的效果，开始出现更深层次的矛盾，并且这些矛盾一直延续到 21 世纪初期都未解决。林区劳动者遭受了巨大的福利损失和生存风险，以往国有企业职工身份内含的各种福利乃至基本生活得不到保障，陷入了"职工生活危难"的境地，即国有林区面临着"三危"的问题（温铁军等，

2008）。

三、林区市场经济体制建立阶段（1995—2008 年）

这一阶段市场经济与计划经济的关系变得更加和谐，经济效益和社会效益明显提高，在改革上取得了不错的成效。该阶段国家对林业发展进行了两次定位，分别是 1995 年的"第二次定位"，提出"林区既是基础产业，同时还是公益事业"；2001 年的"第三次定位"，强调林业和国有林区是生态建设的主体，从以木材生产为中心转向以生态效益优先，特别是在重点国有林区开展新时代林业建设，即国有林区的经营开始"向建设和培育森林生态系统转变"（雷加富，2003；王忠林，2003）。国家体改委和林业部于 1995 年共同制定并颁布了《林业经济体制改革总体纲要》，明确了将森林资源划分为商品林和公益林进行分类经营；林业部于 1996 年发布了《关于开展分类经营改革试点工作的通知》，进一步明确了分类经营的改革方向；2003 年财政部和国家林业局尝试生态效益补偿基金的试点工作，将森林经营外部性内部化，进一步加大市场的作用，也为后续生态补偿机制的发展提供了初步探索经验；同年林业部发布《关于国有林场深化改革加快发展若干问题的决定》，要求深化重点国有林区和国有林场管理体制改革。

该阶段的林业经济运行机制和森林治理管理体制都发生了较大的变化，包括运行规则的市场化、组织制度的多元化、产业结构的合理化等。1998 年，国有林区先行试点开始实施天然林保护工程（"天保工程"）。这一类改革措施在很大程度上确实缓解了国有林区的困境，雷加富（2006）更是认为该工程是国有林区的救命工程。"天保工程"可以改善生态环境、实现可持续发展，而且将彻底解决森工国有林区的生存与发展。2000 年，"天保工程"正式启动，重点国有林区木材产量逐年下调。以黑龙江国有重点林区为例，木材产量下调幅度超过 85%。但是配套改革不到位，体制性、结构性矛盾仍然突出，再加上缺乏真正深层次的改革，导致林区职工各种保障和福利减少，生活陷入危困境地，国有林区的"三危"问题愈演愈烈（温铁军，2007）。有学者总结，当时国有林区存在的主要问题有林区人口增加过快，单一消耗木材的落后经济结构对森林资源压力过大；早期大规模开发建设造成生产、生活投资大量欠账，企业社会负担沉重，难以持续经营；经济改革滞后，经济危机逐年加剧，企业发展艰难；林业管理体制不适应当下形势，经营机制不灵活，政企不分、政事不分（石峰，2009）。

在这一阶段，许多学者都对国有林区管理体制改革进行了积极探索，提出了不同的观点。大致可以分为以下五类：（1）孔明（1998）、吴晓松（2009）和王志伟（2011）等为代表的分类经营观点，认为应建立与分类经营相适应的国有森林管理体制，即先将国有林区的森林资源划分为公益林、商品林、基础性林业经营主体和商品性经营主体，并建立相应的经营制度；（2）资源产权改革观点，其核心是将国有森林资源资产的所有权主体与行政管理主体分离，做到产权清晰、权责明确；（3）中国可持续发展林业战略研究项目组（2002）提出了"三权分立"的观点，推进政企分离，实现林业行政主管部门、森林资源管理机构和林业企业的权力分置，王毅昌（2005）也认为国有林区管理部门要进一步创新组织结构，完成政府、资源管理和企业经营的专业化分工；（4）林业生态特区观点，在国有林区发展林业生态基地，将国有林区的政府机构按照县级建制设立，强调区域内外生态建设和环境改善的重要职责（王永清，2005）；（5）内部政企分开观点，适用于改革过渡时期，着重强调政企分开，使国有森工企业的经营体制和林业特点相吻合（张蕾，1998）。

四、完善林业市场经济体制阶段（2009年至今）

随着市场化进程的不断推进，森工企业的负担日益加重，职工收入福利日渐下降，固有体制弊端逐渐暴露，成为阻碍国有林区社会经济发展的重大难题之一。2009年，中央林业工作会议对重点林区改革工作提出明确要求；2013年8月，中央领导对重点林区改革工作作出重要指示，明确要求改革方案应经中央政治局常委会审议，从各种程度上将林区改革工作提高到国家高度；2013年11月，党的十八届三中全会将健全国有林区经营管理体制列为生态文明体制改革的重大举措。

2015年2月，中共中央、国务院印发《国有林区改革指导意见》，该文件的发布标志着重点国有林区深化改革启动，文件明确了国有林区管理体制改革的目标和指导思想，明确指出改革的方向及路径，全面规划与启动国有森工改革，提出"剥离企业的社会管理和公共服务职能，交由地方政府承担"。在该文件的指引下，各国有林区管理体制开始进行大范围改革，推动"以木材生产为主"向"以生态修复和建设为主"转变，实现既能保障国有林区生态安全功能，又要从长远发展上保障国家木材战略储备的要求。此后，国有林区改革开始大范围、向着统一目标推进。根据《国有林区改革指导意见》，该阶段对森林资源的定位已发生根本性改变，彻底转向以保护为主。

从 2015 年 4 月 1 日起，东北、内蒙古重点国有林区的天然林商业性采伐全面停止，这标志着重点林区以牺牲森林资源为代价的发展历史彻底结束，从此进入了全面保护发展的新阶段。到 2019 年，重点国有林区改革取得重要进展，生态保护成效不断提升。重点国有林区每年减少 373.4 万立方米木材产量，每年少消耗 630 万立方米森林蓄积。

2016 年 5 月，习近平总书记亲临黑龙江视察调研，强调国有林区森工应以生态保护建设为中心，深化体制机制改革，优化林业供给侧结构，加快转型步伐，全力保障和改善民生，维护国家生态安全、粮食安全、木材安全，加快将绿水青山、冰天雪地转化为金山银山。

可以说，实施"天保"工程和推进国有林区改革是当下破解重点国有林区问题的两个重要方法，也是我国在探索森林治理机构、管理制度上的有益尝试，更是推动林区转型发展、体制机制创新的强大动力。

新中国成立以来，国家及相关部委针对重点国有林区改革与发展出台了一系列相关政策（见表 2-4）。

表 2-4　新中国成立以来重点国有林区主要相关政策梳理

时间	政策	主要内容
1957 年 1 月	《国营林场经营管理办法》	对国营林场、社队林场进行规范管理
1993 年 2 月	《关于在东北、内蒙古国有林区森工企业全面推行林木生产商品化改革的意见》	从市场经济角度，完善森工企业的管理体制，为企业转型奠定基础

时间	政策	主要内容
1996 年 9 月	《关于国有林场深化改革加快发展若干问题的决定》	首次提出分类经营的管理模式，确定林业的发展方向，合理构建森工企业的改革方案
2010 年 2 月	《中共中央 国务院关于加大统筹城乡发展力度 进一步夯实农业农村发展基础的若干意见》	开展国有林区管理体制和国有森林资源统一管理改革试点
2015 年 3 月	《国有林区改革指导意见》	因地制宜逐步推进国有林区政企分开；注重民生改善、维护稳定，妥善安置国有林区富余职工，确保职工基本生活有保障
2016 年 8 月	《黑龙江省国有企业职工家属区"三供一业"分离移交工作方案》	全面推进黑龙江省国有企业职工家属区"三供一业"分离移交工作
2016 年 8 月	《吉林省国有企业职工家属区"三供一业"分离移交工作实施方案》	加快完成国有企业"三供一业"社会职能移交工作，注重妥善安置从业人员
2016 年 11 月	《关于深入推进实施新一轮东北振兴战略加快推动东北地区经济企稳向好若干重要举措的意见》	推动东北地区国有林区、国有林场改革，将东北地区国有林区全部纳入国家重点生态功能区；支持林区发展林下经济等新兴产业
2018 年 11 月	《黑龙江省人民政府办公厅关于印发黑龙江省农垦政府行政职能移交及办社会职能改革实施方案等 4 个农垦改革配套文件的通知》	加快推进国有林区职能移交工作，确保解决富余人员安置保障问题

第三节 重点国有林区管理制度变革历程与困境

重点国有林区的管理制度是指在现有国有林区区域之上决定人们行为规范的组织、运行规则以及它们构成的社会构架，包括正式制度和非正式制度。管理制度的设立主体是国家，目的是更好地促进林区内林业及其他要素的良性发展，协调林区各利益主体的关系，最大程度发挥林区的作用，包括了林区的人力资本、物质资本、自然资源资本等多重资本。具体来说，管理制度包括了国有林区的产权制度、组织制度、运行机制、治理规则等，规划了林区内人、组织、人与自然、人与人、人与组织之间的关系，协调其利益关系。

一、管理制度变革历程

（一）缘起与起步阶段：林业部统管（1949—1957 年）

新中国成立之初，为了对森林资源进行大面积采伐以及集中性治理，国家将集中连片的天然林资源划归国有林区。为满足国家工业发展需求和适应全民消耗木材供应，林业开始了大面积的采伐森林。

20 世纪 50 年代的国有林区是由政府管理主导的模式，并在此基础上设立了森工企业、国有林业局以及国有林场作为主要的组织制度。这个阶段的林区边发展林业木材产业边完善生活基础设施，企业不仅承担着林区的经济生产经营活动，还负责满足林区职工的生活服务等需求，因此企业是一个内容繁多、职能庞杂的科层组织机构，在边生产、边开发、边建设这样一个围绕木材开发的社会中伴随着森林资源的减少、林区职工的增加。

1954 年，国家撤销各大行政区的林业主管部门，并于 1956 年成立林业部和森林工业部，实行两部分立，在精简管理内容的同时实现了管理职能的加强。以吉林森工集团为例，其始建于 1950 年 4 月，主要管理国有森工企业，隶属于东北森林工业局。在 1952 年 8 月，改为由东北人民政府林业部直接领导。1954 年 6 月改称吉林森林工业管理局，直属林业部领导，符合起步阶段的时代特点。

以上制度变迁过程反映了该时期国家对国有林区的建设处于初步形成阶段，该时期建立了大量的国有林场，形成了一批国有森林工业企业以及高度集中的国有林区管理体制。

(二)　第一次变革：下放至各省管理 (1958—1992 年)

各大森工集团历史变革以及中国林业大事记等资料显示，1958 年，在国家经济体制改革的背景下，林业部和森林工业部两部合并，将森工企业管理权下放到地方，扩大地方管理权限，合并各省的森工和营林体制。森工管理局和森工局由林业部下放省管后，同年 5 月由于历史原因，吉林森工集团与吉林省林业厅也开始了三合三分的发展历程。

1962 年 11 月，国家成立东北林业总局，负责东北、内蒙古国有林区林业全面工作，整个森工国有林区实际是由国家直接管理 (黄元，2015)。1967 年 9 月，国家将林业总局下放给省政府，实行国家和省双重领导 (黄元，2015)。

第一次变革的阶段属于管理体制初步探索阶段，计划经济主导下的国有林区虽然集中了人力、财力和物力等外部条件，但相关的森工企业并没有形成明确的权利义务划分，并由此产生了一系列的矛盾和弊端。

(三)　第二次变革：试点建立现代企业管理制度 (1993—2002 年)

这一阶段主要是国有林区在森工企业经营机制方面的改动，在转换适合市场经济的国有林区管理制度后企业活力有所增强。

国家于 1993 年正式进行首批 57 户大型企业集团建立现代企业制度试点，经省政府同意、国家三部委批准，吉林森工集团于 1994 年 3 月正式运营，正厅级建制，直接隶属省政府管理。1998 年，国家启动了"天保"工程，投入巨额资金用于森林资源保护和分流安置林区职工，为森工企业现代管理制度的建设提供了有力支撑。"天保"工程正式启动实施，标志着森工的发展由经济主导型进入了生态效益优先，生态、经济、社会效益协调发展的新的历史时期 (党凤兰等，2002)。1998 年吉林省委八届二次常委会会议，将省森工总局以"省级授权、部门派出、系统管理、内部分开"的形式予以职能定位，授权省森工总局行使所辖重点国有林区的行政管理职能，总局资源局行使所辖林的森林资源管理职能 (黄元，2015)。

这一时期的变革主要是在市场经济的影响下国有林区所进行的体制上的突

破与创新。在政企职能方面做了详细的划分，森工总局在市场机制的作用下发挥了现代企业制度的作用，多种产业都有所发展。

（四）第三次变革：二次改制完善现代企业制度阶段（2003—2014 年）

二次改制阶段主要是关于传统森工企业建立现代企业制度并完善的阶段。2004 年，吉林省成立省国有资产监督管理委员会，代表吉林省政府行使集团的出资人职能，集团成为省国资委管理的省属大企业集团之一。2005 年，中国吉林森林工业（集团）总公司改制为中国吉林森林工业集团有限责任公司，建立了现代企业制度。2006 年 11 月 16 日，新公司正式揭牌成立，以此为标志，中国吉林森工集团进入了第二次创业新的历史阶段。同年 6 月，延边州政府将延边林业国有资产授权给延边林业集团公司经营，依法行使出资人职能，与州林管局实行合署办公，人员、职能、资产"三分开"。自 2012 年开始，内蒙古森工集团（林管局）与原国家林业局驻内蒙古森林资源监督专员办、大兴安岭森林公安局连续多年开展打击毁林开垦、非法侵占林地专项行动，有效震慑了非法侵占林地等违法行为。2013 年 6 月，吉林延边林业集团变更为长白山森工集团。

这个阶段的变革主要是围绕着森工集团完善现代企业制度历程来进行体制创新的，合署办公这一举动实现了人员的有效利用，避免了职能上的混杂，有效提高了森工集团的经营效率。

（五）第四次变革：深化管理体制改革阶段（2015 年至今）

中共中央、国务院于 2015 年印发《国有林区改革指导意见》，标志着新一轮深化国有林区改革实践启动。2015 年 4 月 1 日，内蒙古大兴安岭林区等多个国有林区全面停止了天然林商业性采伐，彻底实现了由木材生产为主向生态保护建设为主的历史性转变。

2016 年，中共黑龙江省委、黑龙江省人民政府印发《大兴安岭重点国有林区改革总体方案》，重点推进政事企管办"四分开"。整体改革推行情况良好，在推进国有林管理机构组建、推进区划调整、剥离政社职能等方面都取得了较好的成效；不过改革并非一蹴而就，在这一过程中也面临着各种问题：区划及财政体制问题导致的地方经济发展受限与政企分开不彻底，剥离企业办社会职能资金导致的林业政社性人员待遇偏低，林业局办社会机构内部的超编、以工代干、退休人员的各种剥离和待遇问题，公共服务和社会管理主体、执法机构的合适选择问题，科教文卫、离开林区职工的返岗等隐性问题，等等。伊春林业发展集团股份有限公司于2016年10月正式成立，大兴安岭林业集团公司于2020年4月揭牌，标志着国有林区改革走出了坚实的一步。2018—2019年龙江森工集团下辖的23个森工林业局基本完成了公安、检察、法院、教育等社会职能的移交。最为特殊的伊春森工集团挂牌成立最晚，且其政企合一体制最为根深蒂固。2019年7月开始，伊春森工集团逐步推进与属地政府"分立分离"改革，至2020年年初彻底结束50多年来的"一套班子、两块牌子"的历史，迈入政企分开运行的新时代。目前下属林业局虽公检法职能仍未完全剥离，但已全面厘清了政企、政事、企事、管办之间的关系，做好了相关职能移交准备，按要求推进完成移交。

根据各个森工集团的部门划分以及森工企业的布局可以看到国有林区划分下的五大森工集团都有着不同的分工体系，但大部分都将林业局作为一个独立的部门运营，与林业子公司等共同管理林区的生产生活。同时林管局下设林场、林业局和林产工业企业等来明确各个环节的职责，以防止权、责、利不清情况的出现。但森工集团中仍旧存在政企不分的情况，以龙江森工集团为例，企事业单位隶属于林管局部门，集团中同时存在企业部门和事业单位部门，部门之间的权力归属不清晰不明确，大大降低了管理人员的办事效率，机构人员的设置存在冗余的情况，造成人力资源的浪费。长期以来的计划体制也阻碍着林区管理制度的变革，缺乏制度上的创新、管理上的突破，在一定程度上阻碍着国有林区的发展。

国有林区森林资源分类经营结构（图2-1）具有以下几个作用：一是初步建立省级以下垂直领导的森林资源管理体系。国有林管理机构设定为正处级，实行省级以下垂直领导的管理体制，分别由吉林省林业厅、内蒙古大兴安岭林业管理局、黑龙江省森工总局和大兴安岭林业管理局直接管理。二是依法赋予国有林管理机构森林资源管理职能。国有林管理机构负责辖区国有森林资源的调查、监测，审核森林经营方案；监督和管理辖区木材运输、木材经营（加工）；征收森林植被恢复费等国家规定的费用；监督、检查辖区林下资源的开发利用；依法行使林业行政处罚权。三是合理确定人员编制，理顺经费渠道。国有林管理机构都按照履行职责的需要合理设置内部科室，合理确定人员编制，实行定岗定员、优化配置。四是建立了科学的运转机制。在试点森工企业局，对国有森林资源实行委托经营新机制，由国有林管理机构负责委托森工企业经营，并实施监管。没有管理分局的意见和文件，林业局涉及林地和林木的生产经营活动就不能进行，从程序上阻止了违法采伐林木和违法使用林地行为的发生。

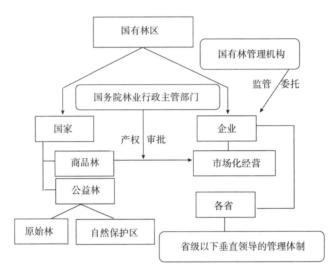

图 2-1　国有林区森林资源分类经营结构图

二、国有林区管理制度尚待破解的困境

（一）管理体制机制不顺

国有林区经历了几十年的发展变革，在管理体制方面仍旧存在一些关系权责不清的缺陷。在国家、省和森工集团之间有"政企不分、政事不分、事企不分"等问题，三者的关系是一种宏观管理体制下的政企合一，这种体制的形成与新中国成立初期，我国在林区的开发建设过程中先发展森工企业，后发展林区政府的发展理念是紧密相连的，在这种管理体制下，很容易带来森工集团与政府之间的行为越位、职能错位等问题。森工企业的社会负担严重影响了森工集团的企业经营和经济发展，难以对森林资源进行有效开发和生态管理，企业

往往会过于注重经济效益以满足林区职工的社会需求，从而不得不牺牲生态效益。

森工企业的内部体制也存在着一定的问题，因此不能只注重宏观上的体制改革，森工企业内部体制机构等的改革也不容忽视。林区长期以来的计划体制导致林业生产缺乏竞争以及经济利益的驱动，林业的生产经营缺乏效率，对传统经营模式产生依赖。尤其在森工企业内部体制机构方面，存在着管理上的人员冗余，闲置人员的存在加大了森工企业的管理难度。森工企业内复杂的职能结构安置过多林区职工，人员管控比较困难。

（二）管理主体及责权利不清

重点国有林区森林资源的产权归国家所有即全民所有，国家林业和草原局代表国家行使所有权，履行出资人职责。国有林区的集体林权制度在政企不分的环境中管理权和经营权没有明确分离，导致林业产业经营缺乏自主性，新型经营主体也因缺乏经营权而难以产生。目前，重点国有林区森林资源监督管理体制不顺，森林资源名义上是归国家所有，实际上由森工企业自管自用，政企不分、责权不清，国家对森林资源的保护、培育和利用缺乏有效监控（贺景平，2007）。

（三）管理机构运转不畅

国有林区的管理机构在设置上同样存在着政企不分的问题，主要是由于长期以来在计划经济体制下形成的管理及机构复杂、权责不清以及办事效率低等问题。同时，国有林区"先开发，后建设"的形成过程使得国有林区产生了"先有林业企业，后有林区社会和政府"的格局。国有林区这种公检法、文化教育、医疗卫生、邮政电信、商粮供销的政企合一的林区机构在很大程度上阻碍了林区的经济发展，必须将国有森工企业所承担的政治职能剥离出来交由相应的政府机构来进行管理，才能逐渐缓解管理机构运转不畅的问题。

（四）管理方法落后

国有林区发展的落后伴随着管理方法的落后，政企合一这种体制下的森林资源管理低效，初期计划体制的实行导致林区产业结构单一，国有林区封闭式的管理进一步加剧了管理方法的改革与创新的需求。

三、国有林区管理制度深化变革的对策

（一）管理理念革新

国有林区建设初期是以木材生产和获取经济利益为主，是在满足国家工业化建设的需求下发展起来的国有林区社会，林区内职工大多数缺乏生态文明建设的意识。国有林区不仅仅是国家木材储蓄基地，更是国家的生态安全屏障和维护国家生态安全最重要的基础设施。因此，国有林区管理体制的变革必须进行管理理念的革新，要将保护生态放在管理理念的首要位置，努力实现林区发展方式的根本转变，实现从养人到养生态的根本转变，实现国有林区体制机制的根本转变，真正建立起以森林资源保护为中心的体制机制。

（二）管理制度创新

国有林区长久以来的政企合一管理体制需要创新来促进发展，针对政企合一存在的问题，管理制度的创新首先就要全面剥离企业办社会职能。其次要确保林管局保护管理森林资源的主体地位，林管局对林区的管护权在一定程度上有效保护了森林资源。

国有林区管理制度可以从以下三方面转型：（1）林区社会管理方式实行由企业管理到政府管理的转型；（2）林区资源管理方式实行由企业管理到国有机构管理的转型，资源监督方式落实管办分开的转变；（3）森工企业与国有林政府机构建立契约关系，实行森林资源的有偿使用，政府购买服务在经营环节上引入市场化机制，实现林区经济转型。

（三）管理机构重塑

管理机构的重塑需要理顺中央与地方、政府与企业的关系，实现政企、政事、事企、管办分开，林区政府社会管理和公共服务职能要进一步强化，使森林资源管护和监管体系更加完善。有必要加强国有林经营管理机构和资源监管机构的整合，理顺管理职能，厘清国有林管理机构与地方林业部门及森工集团

的关系。

（四）管理方法变革

国有林区管理局要创新管理方法，将森林资源管理权与经营权分开，转变企业经营者的认识，增强企业的生态保护意识和资源保护意识。依靠管理方法的变革加强各个地方林业局依法保护管理森林资源的责任感，增强工作人员的积极性和森林经营的质量意识，明确森工企业和林区政府之间的关系，相互约束，有效遏制破坏森林资源的行为。

在新时代发展的背景下，我国林业的经济发展也进入了新时代，这就要求国有林区在传统低效的管理制度上要有创新性的变革。目前，国有林区面临着环境背景、资源状况、经营模式、经济结构、增长方式的历史性转变，尤其是天然林保护工程实施以后，原有管理国有林区制度安排已经不能适应国有林区的变化，这对国有林区的发展提出了迫切要求，也为国有林区的制度变迁创造了机遇和条件（邢红，2006）。

国有林区管理制度经历了几次变革之后仍旧存在一些尚待破解的问题和难题，国有林区的传统政企合一导致的权责利不清、林区的产权主体错乱，森工集团的内部管理机构运转模式存在问题，林区社会发展的落后导致管理方法和管理原则缺乏创新等管理困境。面对以上问题，国有林区要顺应新时代发展，在林区社会实行独立的林业管理，进一步将管理制度和管理方法专业化；发展林下经济，减少单一的木材加工产业，将林区经济与市场结合，在保证森林资源不被破坏的前提下实现资源的充分利用，提升经济效益；在保护资源的同时进行森工企业的内部改革，精简行政机构，实现人尽其用，提高林区职工积极性，促进林区管理效率的提升。

第四节 重点国有林区政企分开的历程、困境与破解

一、重点国有林区政企关系变革历程

重点国有林区主要分布于东北的东部山地和大兴安岭、小兴安岭山地以及

长白山一带，主要覆盖了吉林省、黑龙江省和内蒙古自治区西北部。重点国有林区的开发建设源于森林资源的开发和利用，其建立和形成是由于新中国成立初期经济的迅速恢复和发展。作为一个依托于天然林资源发展的区域，重点国有林区不仅仅是单一的地理区域，而是集生态系统、经济系统和社会系统于一体的多功能复合体。华尔德（Andrew G. Walder）（1996）对国有企业政企关系进行探讨时，认为起源在于社会发展阶段的政治统治性。正如田毅鹏（2004）针对东北这一特殊区域所提出的"典型单位制"这一概念。单位制的研究不仅要在历史背景下进行追溯，更是要将其放置于特定区域内进行分析。因此，针对重点国有林区这一特殊的资源型企业，本研究将其单独拿出，置于其时空背景下进行分析。重点国有林区建立之时所承担的特殊作用是国家意志的体现，其发展历程是与国家政治经济体制变迁紧密相连的，本研究从近代开始进行分析，将其分为近代"混战"下集权关系的铺垫、"单位制"下政企合一体制的形成、现代企业制度下政企分开的探索这三个阶段。

（一）近代"混战"下集权关系的铺垫

"林业之兴废，关系国家之盛衰，而林政之修明，端赖专官之治理"，对这一片广袤东北林区的经营不仅仅是单一地对森林的简单开发和利用，其中更包含东北区域的人文经济等方方面面。加之林业经营专业性强，东北地域辽阔，所涉及的范围较广，地理位置的特殊性又增加了事务处理的繁杂性。因此，为了对东北林区进行有效管理，设立专门管理机构是极其必要的。尽管近代时期的中国处于半殖民地半封建社会下，但在不同阶段统治者的治理之下，近代东北林业管理体制经历了从初期萌蘖、雏形建立到不断完善的发展过程。

近代东北是大国博弈的战场，经历了清政府、沙俄、日本和伪满洲国统治，初步形成了管理体制的雏形，1897年，吉林将军设立吉林交涉局，负责包括森林在内的若干重大事务。东北林区的开发时间可追溯到1896年沙俄开始修建东清铁路时期，自东北森林开禁以来，清政府开始对东北林区进行管理。由于享有得天独厚的天然林资源，日本对这一片茫茫林海觊觎已久。1905年日俄两国私下签订《朴茨茅斯条约》，将东北划为日本管辖，并强迫清政府承认日本在鸭绿江右岸有采伐森林的权力，而后清政府又被迫签订中日合办的鸭绿江采伐公司，实权完全掌握在日方。此后，日本开始对长春以南地区进行经营，并从鸭绿江流域开始逐渐将森林采伐向长白山推进。1907年吉林交涉局在吉林改为行省后改名为吉林省交涉总局，成为一个非专业林业管理机构，而后清政府又单设吉林全省林业总局，为加强林业管理，总局下又分设两个分局。此时，吉林省候补道（地方行政官员）担任首任总理，负责管理全省林业事务。伐木工人则是采用中间人担保的形式进入林区工作，包括伐木所用工具材料、伐木工人的日常生活品等均由总局和分局垫款后再以伐木酬劳作为冲减。此时的林业局是兼有森林经营和林业行政管理于一身的半行政、半企业性质，需要负责林区的森林利用保护以及林业生产、税收等多种职责。

众所周知，植树节是为纪念孙中山先生而设立的，孙中山先生对于森林的管理与利用在早年间已有较为全面的论述。除基本的如何开发利用森林、建造森林、山林测量等，森林民生和森林行政这两大板块也包含其中。民国以前并没有设立专门的林业管理机构，中华民国建立以后才设立了实业部，林业行政由农务司主持，而后成立农林部，由山林司负责林业行政工作。东北三省大多为国有林区，尽管农林部明文要求除了已经隶属于私人的以外，国内的森林均属于国家，但仍然未能完全贯彻中央的决定，基本上延续了各自为政、各行其是的管理模式，并相继在吉林设立林务局，在哈尔滨设立林务分局（后又因军阀割据而不断调整）。总而言之，民国三年（1914）所公布的《森林法》中对国有林的管理进行了明确规定，即实行中央与地方相结合的"条块结合"的方式。与清末时期的管理相比较，民国时期对于森林的管理无论是在管理体制、组织结构，还是责任归属方面，都有了明显的改善。

1916年，日本假借解决吉林省地方财政困难，趁机获取了吉林省的林场权，创立了一系列中日"合办"林业公司，包括华森、吉林兴林、黄川等。史料记载，鸭绿江采木公司总局下设包括帽儿山、长伴山、通化等分局，为满铁（南满洲铁道株式会社）的运营提供了大量源源不断的木材供给。鸭绿江采木公司虽被称为公司，但其实是兼有政府和企业性质的官办企业。该采木公司既享有对森林的经营权，又享有对管辖地区的管理权，甚至也包括管辖外地区的管理权，可以说权限非常大。这一时期，东北林区的林业经营被满铁、大仓、三井、东拓这四大财阀垄断，各种林业产业、木业公司纷纷成立起来。1931年"九·一八"事变之后，东北全境的森林资源完全被日本攫取，在日方掌控后将5家伐木公司合并为日满共荣企业株式会社。日本在战败前夕，为躲避抗日联军，甚至采用"剃光头"的皆伐作业对林区森林资源进行烧毁砍伐。日本在侵华的14年里，对东北这一片广袤的优质木材大肆抢掠，森林面积破坏总计超600万公顷。这一举动对森林资源造成了无以复加的破坏。

1932年伪满洲国成立以来，经日本授意后，伪满洲国对东北林区实施了完全"国有化"，实行严格有计划的采伐。当时对于东北林区的管理体制编制在新中国成立后也被继承性沿革下来。

纵观东北近代林业管理体制发展，从清末时期的官督商办再到官商合办，尽管曾一度有俄国强行私人租借森林的现象，但仍然奠定了政府和林区企业共同管理森林的政企合一的体制基调。尤其是在伪满洲国时期，东北森林的管理权被高度集权于国家，在日方的实权操控下更是实行"国有化"管理。可以看出，东北国有林区范围内的森林企业都具有以下两个特点：一是都直接隶属于中央；二是其成立目的在政治上是确保国有或是政府的至高地位，在经济上则是防止林利外流（郑宇，2017）。

（二）"单位制"下政企合一体制的形成

新中国成立初期，中国经济基础薄弱，整体发展水平不高，百废待兴。为快速改变中国当时一穷二白的局面，加强生态建设和森林资源利用，国家选择东北这一富饶且森林资源极其丰富的区域进行投资，并建立起东北重点国有林区。东北重点国有林区的管理既延续了新中国成立前的管理模式，更多地借鉴了苏联计划经济体制的管理模式，这种"半军事化管理"为国有林区政企合一的形成打下了牢固的基础。

1947年，东北在解放前，其生产已经由原来的分散型生产转变到有领导的计划型生产。1948年，东北全境解放后，作为第一个全部解放了的最大的革命根据地，为加强城市工作和重点发展重工业，东北行政委员会特地增设了东北工业部。在新中国成立初期，集中力量办大事是快速发展经济的第一要义。1962年，东北林业局在哈尔滨成立。在这一时期，国有林区是由国家直接进行管理的。1967年，各省成立林业总局，国家通过实行权力下放到省，对林区实行双重领导。因此，在计划经济体制下，将资金进行集中并按需分配，为重工业发展和国防建设做出重要贡献。国有林区的体制改革在各大集团虽有差异，但整体改革趋势基本一致。基本是经历了早期的国家直属单位，到省属直管单位。

就此，何谓单位，或者说何谓单位制？这是中国计划经济体制下所形成的一种极其特殊的制度，是一种将正式制度与非正式制度相结合的体制。1958年，人民公社的建立是在以发展生产力这一根本目标的基础上形成的完全公有制的所有制制度，由于城市与农村边界尚未清晰，因此在福利体制上采取了以单位制为基础，涵盖了职工及其家属的各种需求的集体福利制度。也就是说，计划经济体制下，国有森工企业是直接对全民职工各种福利全权负责的。这种体制长期延续下来成为东北林区"政企合一"特征的关键要素。国有企业是城市发展的根基，在承担相应的经济职能的基础上，还要承担一定的政治和社会职能。当时企业无论大小，都会形成"大而全，小而全"的社会福利体系，除了基本的工资生活保障之外，还要提供包括教育、医疗、食堂、图书馆等各类社会服务。这种"从摇篮到坟墓"的企业包办一切的福利保障服务是计划经济体制下"企业办社会"现象的真实写照。关于单位制的研究，在这一时期，国家将森林资源和权力高度集中，并通过森工企业对职工进行一定的支配，久而久之，形成了"小企业，大社会"的状况。国有森工企业在政治上依附于国家的优越体制和政策制度，国有森工企业职工及其家庭更是完全在经济上依附于森工企业，如此形成了"庇护—依附"的类似"父与子"的紧密关系。

总体上来说，在1978年改革开放以前，国有林区内的所有单位在计划经济体制下以木材生产为目标，为林业生产服务，为国家经济建设进行多方位的全面管理，逐渐形成了"先有林区，后有政府"的"企业办社会"现象。当时国有森工企业的运行完全围绕国家要求运转，有些单位是事业性质，有些单位是政府行为，人员编制由省里制定或企业制定。各单位经费由国家分配后再由林业局负责。这一历史时期下林业局局长既是林业领导又是地方长官，也就是俗语所说的"两套班子、一套人马"。国有林区政企合一由此彻底形成并长期延续，林区职工进入"剩余型福利"阶段，且影响至今。

（三）现代企业制度下政企分开的探索

1986年被学界认为是社会转型的重要节点，这一时期提出的国有企业改革是市场化改革进程中的重要内容之一。改革开放以来，随着市场经济体制的逐步确立与完善，多种所有制经济的发展，市场化和私有化在社会发展中逐步被广泛接受，社会化福利初现。对重点国有林区而言，包括公检法、教育、医疗、"三供一业"等一系列社会公共服务职能的承担主体需要进行调整。

以市场为基础的经济体制的建立，将固有体制彻底打破，由此伴随的人民公社的衰落以及从前"铁饭碗"和"大锅饭"的不复存在，政企合一开始走向政企分开的道路。政企分开是社会主义市场经济体制建立的基本要求，国有林区政企合一体制势必要打破，这种政企不分的管理体制，社会管理职能与资源管理职能的界限模糊对国有林区的发展和国有企业的改革会造成一定的阻碍。实施政企分开，是明晰政府与企业属性，明确二者角色定位的关键。重点国有林区的政企分开主要是在社会职能移交方面进行改革，将原有加在森工企业身上的社会服务职能移交到地方政府，使其仅承担森林资源管理职能和企业生产经营职能。建立"产权清晰、权责明确、政企分开、管理科学"的现代企业制度，除了基本的移交社会职能之外，深化辅业改制和理顺社会保障体系也是其中的重要改革内容及目标。

从吉林森工企业政企分开的探索到伊春森工集团的挂牌成立，国有森工企业一直在突破政企合一体制的束缚，推进现代企业制度的建立健全。吉林省作为国有林区的改革先行者，在 2005 年率先开启了政企分开的改革，开始社会职能的剥离，改国有独资公司为国有控股、内部职工参股的有限责任公司。吉林森工集团前身为 1950 年经中央人民政府政务院批准成立的吉林省采伐公司，1954 年改称吉林森林工业管理局，管理全省国有林业局，归国家林业部直属，1994 年正式组建吉林森工集团，隶属省政府，而后经历了三次政企关系的调整。与其紧密相关的是吉林省内的另一家国有森工集团——长白山森工集团，由于地处延边州这样一个依林而立的少数民族自治州，在行政管理上与吉林森工集团存在交叉。从新中国成立初期的延边林务局到延边州下属林业局管辖，后又经吉林森林工业管理局管理，再到延边林业集团公司成立。其间，与延边州林业管理局合署办公，2006 年，延边州政府将延边林业国有资产授权给延边林业集团公司经营，依法行使出资人职能，与州林管局实行合署办公，但是职能、人员和资产三分开，开启了政企分开改革之路。2013 年，为加快建立现代企业制度，长白山森工集团正式成立。作为省属州管的国有企业，长白山森工集团于 2015 年进一步推行政企分开，加快剥离各项社会职能。

内蒙古大兴安岭林区自 1952 年开始在国家计划下实施开发建设，并于 1991

年被国务院确定为全国首批 57 户试点企业集团之一，与林业管理局为"一套机构，两块牌子"。林区先有林业、后有政府，形成了以林业自身投入为主的对内全包全管、对外自成体系的特殊体制。随着计划经济向市场经济转变，按照国家和自治区管理体制、规范经营模式的改革部署，国有森工企业开始逐步探索推进政企分开改革，剥离企业办社会职能改革。从 2016 年起至 2020 年，国有森工企业已将社会职能全部剥离，顺利完成了政企分开体制改革。伊春市作为全国典型的林业资源型城市之一，因林而生、因林而建，施业区与行政区高度重合，林业建设与地方发展高度融合，形成了政府统筹、林地互补、共建共赢的发展格局。早在 1948 年伊春林区开始进行大规模开发建设，1950 年成立伊春森林工业管理局，1958 年建立伊春市，1964 年经党中央、国务院批准，开始实施"政企合一"体制，即市政府与林管局合一。2018 年，伊春森工集团公司正式挂牌成立，并实行"省属市管"体制，为贯彻国有企业深化改革，落实国有林区改革方案，伊春森工集团统筹推进管理体制改革，理顺社会事业管理体制，逐步分离政府行政职能与社会公共服务职能，协调推进行政区划改革和机构改革，"四分开"改革后将 13 个"政企合一"区域机构进行重新调整设置，同时推进"南四局"社会职能的剥离工作。2020 年，延续了长达半个多世纪的"政企合一"体制在伊春森工集团正式退出历史舞台。各森工集团主要相关历史沿革状况见表 2-5 至表 2-8。

表 2-5　吉林森工集团主要相关历史沿革

政企关系调整阶段	年份	主要相关调整大事记
第一次合分	1950	吉林省采伐公司成立
	1954	更名为吉林森林工业管理局，管理全省国有林业局，隶属林业部
	1958	吉林森林工业管理局与林业厅合并，形成隶属省政府的政企合一体制
	1963	成立吉林林业管理局，隶属林业部。林业厅仍执行合并前管理地方林业的职能

续表

政企关系调整阶段	年份	主要相关调整大事记
第二次合分	1970	林业厅并入吉林林业管理局革命委员会，后更名为吉林省革命委员会林业局和吉林省林业厅
	1983	省政府成立吉林省林业工业联合公司，直接管理全省当时全部17个森工局，林业则对地方林业实施管理
第三次合分	1985	吉林省林业工业联合公司整体并入林业厅
	1994	中国吉林森林工业集团有限责任公司正式组建，隶属省政府
	2002	形成以吉林森工集团为母公司，8个林业局为子公司的母子公司体制
	2004	吉林森工集团成为省国资委出资的集团
第三次合分	2005	吉林森工集团按照国有企业改革进行改制，形成以8个林业局为主要子公司的有限责任公司

注：根据调研资料整理所得。

表2-6　长白山森工集团主要相关历史沿革

政企关系调整阶段	年份	主要相关调整大事记
第一次合分	1946	延边林务局成立
	1950	延边专员公署建设科改为农林科
	1955	延边朝鲜族自治区改称为延边朝鲜族自治州，自治区原林政处改为自治州林业处，管辖各县市林业
	1959	延边朝鲜族自治州林业管理局成立，统管全州各森工企业局
	1962	撤销延边朝鲜族自治州林业管理局，成立吉林省林业厅驻延边林业办事处和延边朝鲜族自治州林业处。各森工企业局隶属吉林森林工业管理局，各县（市）林业隶属自治州林业处
	1971	成立延边朝鲜族自治州林业局，统管州内各县（市）林业生产建设

续表

政企关系调整阶段	年份	主要相关调整大事记
第一次合分	1984	9 户国有森工企业由省林业厅直管，延边州政府下属州林业局管辖 8 个县（市）林业局。延边林业管理局成立，为省直二级局建制
第二次合分	1998	吉林延边林业集团公司成立
	2001	延边州林业管理局与延边林业集团公司合署办公
	2006	延边州政府与延边州林管局实行"一合三分"
	2013	吉林延边林业集团更名为长白山森工集团，与延边林管局合署办公
第三次合分	2018	延边州林业和草原局组建，州林业管理局撤销

注：根据调研资料整理所得。

表 2-7　内蒙古森工集团主要相关历史沿革

政企关系调整阶段	年份	主要相关调整大事记
第一次合分	1952	林区开发建设，政企合一体制建立
	1991	作为全国首批 57 户试点企业集团之一，与林业管理局"一套机构，两块牌子"，政企合一体制建立
	1995	在内蒙古大兴安岭林管局基础上整合经营职能，组建了内蒙古森工集团，同时保留林管局及其林业行政事业职能
第二次合分	2008	开始打破"政事企管办"一体化体制，实施社会职能改革
	2016	落实国有林区改革任务，剥离"三供一业"职能及人员
	2017	成立内蒙古大兴安岭重点国有林管理局
	2020	恢复内蒙古森工集团并完成林区社会管理和公共服务职能的全部移交

注：根据调研资料整理所得。

表 2-8　伊春森工集团主要相关历史沿革

政企关系调整阶段	年份	主要相关调整大事记
第一次合分	1948	伊春林区开发建设，建立共和国第一批森工局
	1950	伊春森林工业管理局设立
	1964	中央批准实行"政企合一"体制
	2018	集团公司正式挂牌，中央批准实行"政企合一"体制
第二次合分	2019	17 个林业局公司完成改制
	2020	彻底结束"政企合一"体制

注：根据调研资料整理所得。

重点国有林通过企业改革，从根本上打破了林区国有经济的旧体制，力争突破政企合一体制的束缚，加快建立健全现代企业制度。

为什么东北地区是国有企业改革"铁锈化"最为严重的地区，而国有林区又是东北地区最难攻克的区域？东北国有林区政企合一体制的根深蒂固早在近代就已经出现端倪，为林区政企合一的体制做好了铺垫。而后在新中国成立初期受国家政策主导，为开发天然林区而选择将社会系统融入自然资源系统，进而形成了政企合一体制。随着社会主义市场经济体制的建立和林区长远的发展，政企合一体制的不适应性逐渐暴露，因此开始走向政企分开的道路，剥离各项社会职能，积极融入市场经济中。

二、重点国有林区政企分开现状①

随着市场经济的逐渐深入，市场化程度的逐步提高，国家对深化国有体制改革提出要求，国有林区开始走向现代化企业的建设之路。各大森工集团根据各自历史情况、自然地理状况等开始政企分开，起始时间不同，目前各项社会职能移交情况完成度既有共性，也存在差异。社会职能移交作为国有林区政企分开的核心内容，与林区职工民生福利息息相关，东北重点国有林区自 2005 年

---

① 政企分开现状数据来自实地调研的访谈资料和档案资料。

起就已经有部分森工企业开始逐步进行政企分开，剥离社会职能，但仍然面临一些困难，包括人员、资产等移交不彻底的问题难以解决，对职工生活福利造成了一定的影响。本部分主要对目前国有林区四大森工集团社会职能移交情况进行总结分析。

重点国有林区的国有森工企业从经营管理体制上来看，可以分成两种类型，一种是彻头彻尾的"政企合一"体制，另一种则是虽然在名义上是"政企分开"，但实际上仍保留有"政企合一"特征的国有森工企业。正如前文所述，东北重点国有林区是在特定的历史条件和背景下所形成的，当时该地区是完全未开发的一片广袤的天然林区，基础设施不完善，地方财力也不足，因此形成了"小政府，大企业"的现象，这也是政企合一体制在重点国有林区根深蒂固的原因之一。为保障林区职工的基本生活和林业企业的基本生产活动，林区开始逐步建立公安、消防、法院、医院、学校、物业、食堂等一系列公共基础设施，形成一个自给自足的"小社会"。如此一来，国有森工企业要在承担自身作为企业的经济职能外，还要承担额外的政治职能与社会职能，"企业办社会"现象正是由此而来。为加快建立现代化企业，进一步落实国有企业深化改革，2015年《国有林区改革指导意见》的出台，明确指出截至2020年，基本理顺中央与地方、政府与企业的关系，加快实现政企分开，推动林区企业改制，尽快剥离各国有森工企业社会职能。

重点国有林区在初期开发时，就是以"先开发、后建设"进行建设的，而后长期下来逐渐形成了"先有国有森工企业，后有林区政府和社会"的一种特殊格局，即"企业办社会"的模式。在计划经济体制下，政企合一体制能够达到快速高效地对林区的森林资源和生产资源进行配置和优化。但随着市场化进程的不断推进，森工企业的负担日益加重，职工收入福利日渐下降，固有体制的弊端逐渐暴露，成为阻碍国有林区社会经济发展的重大难题之一。2015年，重点国有林区深化改革正式启动，提出要将企业承担的社会公共服务职能剥离到地方政府的要求。按照指导意见剥离社会职能的要求，森工林业局需要移交的社会职能包括公安、检察、司法、消防、医疗、教育、市政环卫、供热、供电、供水、物业等社会公共服务职能。自天然林保护工程实施以来，中央财政通过转移支付对重点国有林区进行补贴。单从体制上看并没有真正理顺政企关系，社会职能移交仍不彻底。

　　吉林森工集团的政企分开推行较早，是东北重点国有森工集团最早开始尝试的。吉林森工集团自 2005 年起就已在国企改革浪潮中勇于尝试，对集团进行股份制改造，由国有独资公司转变为国有控股有限公司，建立起现代企业制度，形成国有控股、职工参股的多种所有制经济并存的法人治理结构。吉林森工集团的"四全部、一改造"中包括要将社会性职能全部移交地方、确保职工劳动关系的身份。目前集团原来承担的森林公安局、检察院、法院和学校已经全部移交完毕，现在承担的主要有"三供一业"、医院和离退休人员社会化管理这几项任务。截至 2020 年，11 户企业共有 28 个移交项目，现在已经完成 24 个。

　　长白山森工集团剥离社会职能工作起步也比较早，从 2006 年陆续开启了移交工作。截至 2020 年，已完成了 101 家社会职能单位的剥离移交，集团所承担的森林公安局、检察院、法院和学校已经全部移交完毕。目前仍然承担供水、供电、物业、市政、社区、消防、医疗、退休人员管理机构 8 项社会职能共 75 家。在移交职工方面，首先尊重员工意愿，遵循对从事社会职能的员工优先聘用的原则，对于选择留在企业的人员，由各个林业企业负责妥善分流安置，不影响职工的收入和各项福利。

　　内蒙古国有林区政企分开改革效果较其他林区更好。内蒙古森工集团 2008 年开始剥离企业办社会职能，其下辖的 19 个森工林业局，在 2008 年就已将公安、学校、医院移交给地方政府，职能、人员、资产全部移交完毕。内蒙古森工集团按照 2015 年国家颁布的《国有林区改革指导意见》，2016 年，林区养老保险经办机构在业务上由自治区直管。2015 年至 2016 年，"三供一业"和市政环卫等社会职能开始移交给地方政府。森工林业局与地方政府签订了关于这些社会职能移交的协议。按照协议，职能、资产、机构完全脱离森工林业局并归于地方政府，移交职工保留森工企业职工身份，档案和关系仍暂留国有森工企业，意味着其养老保险等社会保障渠道不变。计生、住房公积金管理等社会职能移交属地；"三供一业"及市政环卫等公共服务职能、人员和资产划归属地政府国资部门，移交机构为 22 家，剥离移交职工 4411 人，账面资产 6.76 亿元。2020 年 3 月，对林区应交未交、应剥离未剥离的林区城镇消防、退休人员社会化管理、代管企事业单位退休人员等职能，全部剥离移交属地政府，移交消防监管机构 20 个，消防中队 15 个，移交退休人员实行属地街道和社区社会化管理 9.3 万人，森工集团代管事业单位退休人员 8205 人划入剥离范围，实现社保基金与财政补助资金并轨发放。截至目前，内蒙古森工集团所辖林区社会管理和公共服务职能全部移交地方政府。

最为特殊的伊春森工集团挂牌成立最晚，其完全依赖于林业而生，依附于林业而存，且其政企合一体制最为根深蒂固。2019 年 7 月，伊春森工集团逐步推进与属地政府"分立分离"改革，至 2020 年年初彻底结束了 50 多年"一套班子、两块牌子"的历史，迈入政企分开运行的新时代。目前下属林业局虽然公检法职能仍未完全剥离，但已全面厘清了政企、政事、企事、管办之间的关系，做好了相关职能移交准备，按要求推进完成移交。目前存在的问题是被接收的人员工资按照临时工标准支付，养老和医疗保险也由自己支付。对于伊春森工集团，要分成两个部分来看，一部分是一直以来严格实行政企合一体制的13 个林业局；另外一部分则是"南四局"。在森工集团层面，原林管局 94 项行政职能和所属 14 家社会事业单位划归市政府，各项企业经营职能划归集团，林管局被实质性撤销。在 13 个原"政企合一"局公司层面，有序推进相关局公司与属地政府"分立分离"，一共剥离行政职能 403 项，移交社会事业单位 247家，全部企业经营职能及相关单位划归林业局。在"南四局"公司层面，共剥离移交行政职能 284 项，移交中小学校 13 所，公安、检察院、法院分别移交属地和市院、市局，其余仍然由国有森工企业代管的社会职能，以管办分离方式进行管理。"南四局"的情况与其他森工企业情况类似，政企分开是把政府职能从企业中剥离出来。而其余的 13 个林业局则是政府机关往外剥离企业，将林业相关部分直接单独剥离，成立了林业局公司。因此这 13 家林业局企业政企分开比较彻底。"南四局"目前公检法和教育已经移交，而"两供一业"（供热、供电、物业管理）、医疗、城镇环卫受限于高额的改革成本，尚未顺利移交完毕。

截至 2020 年，内蒙古森工集团已顺利剥离相关社会职能，完成社会职能移交的全部工作。吉林森工集团和长白山森工集团均完成了公检法和教育的移交工作，"三供一业"主要是在人员方面的移交还未谈妥。医院方面的移交仍在推进，其他相关职能也在努力洽谈中。伊春森工集团 13 个林业局已经完成政企分开改革，"南四局"公检法和教育的移交工作也已经完成，其他的社会职能仍需要进一步规划完成移交。

三、重点国有林区政企分开的困境

2020年东北国有林区政社性补贴为7.33亿元。具体而言，伊春森工集团目前在岗职工中48.25%从事政社性岗位，每年用于政社性支出的资金占当年支出资金的30%以上。内蒙古森工集团2016年至2020年累计承担移交"两供一业"人员工资及各项费用9.33亿元，承担公安后勤及消防、社会保险、计生、退休人员管理等未剥离社会职能支出14.43亿元。吉林省两大森工集团"三供一业"剥离移交需要对相关设施维护改造，18个国有森工企业需要承担50%的改造费用，大约9.7亿元。除此之外，吉林省森工企业每年还要承担已退休、未推公转制的公检法人员工资补差810万元。此外，森工企业职工社保支出过度依赖中央财政安排的社保补助资金。虽然缴费基数一直在提高，但仍跟不上各地社会平均工资上涨的步伐，加之森工企业替代产业发展慢、无力承担本应依法依规缴纳的社会保险比例，导致森工企业的社会保险缴费欠账较多。总体来说，目前重点国有林区政企分开仍然不彻底，社会职能移交过程中有三个问题：一是资产和人员分离接收问题，导致森工企业仍要承担人员的生活费用支出；二是难以盈利的社会服务，包括医院、环卫等无人接收；三是离退休人员的移交属地问题未完全解决，森工企业仍然需要负担这部分统筹外人员的支出费用。具体困境总结如下。

（一）森工企业改革资金缺口大

长期的政企合一体制导致森工企业自行组织、承担社会职能，弥补"政府缺位"，致使自身处于集"政治、经济、社会职能"于一身的无所不能的状态。而全面停伐政策的实施，使得单一依赖于森林资源和木材采伐的森工企业受到了重创，更加难以承担改革的巨额成本。包括前文所述的设备维修费用、厂房修缮费用等。由于具有典型单位制的诸多特点，如封闭性、排他性和依赖性，国有森工企业一直负重前行，承担着林区大大小小的行政与社会职能。医院和"三供一业"等职能在移交中设备更新的成本较大，森工企业难以负担。以吉林森工集团为例，供热、供水和物业改造需省财政补助资金5695万元。国有森工企业承担着离退休、改制人员、供暖、物业等高额的社会费用。为帮助森工企业轻装上阵，要求深化国有林区改革，积极推动政企分开改革。然而，过高的改革成本与森工企业难以继日的资金缺口形成矛盾，造成了改革过程的阻滞。以致目前重点国有林区社会职能移交不彻底成为通病，仍需承担许多机构职能的费用支出（曹玉昆等，2021），造成了改革的路径锁定。

（二）地方政府接收能力薄弱

正如前文所说，国有林区"小政府、大企业"的特征明显，最直接的结果就是地方政府会强烈依附于森工企业。长期以来"企业办社会"的现象造成了林业企业承担了过多的社会职能，而地方政府在财力和能力上均弱于森工企业。除在职能移交过程中，地方政府因财力不支而与森工企业长期博弈，即使是在协商移交后，仍暴露出新的社会问题。比如，某些林业局将环卫等社会职能移交到地方政府后，职工反映基础设施和林道清理效果大打折扣，最后还是由森工企业来承担该部分职能。在医院接收方面，地方政府也只同意接收仍在经营且有利润的医院，对于无法继续经营及盈利的医院是不予接收的。此外，包括人员、设备等各方面的接收问题，无一不是由于地方财力有限所造成的。地方政府所提出的"只要职能，不要人员，不承担费用"的要求也受限于自身能力，最终造成了森工企业继续承担这些被迫成为"富余人员"的职工，继续为其支付生活费。

（三）人员身份复杂移交困难

涉及社会职能移交的项目繁多，其人员也存在多样化，导致在移交时身份的变动也是个棘手的问题。各森工集团虽然开始时间有所不同，但总体上来说，公检法和教育的社会职能均已移交，只是在人员编制上各集团存在差异。此外，各大森工集团共同面临的突出问题是剩余未移交的社会职能。医院、供水、供电、供暖、市政环卫等社会职能的移交工作虽也在开展，但只是与地方政府签订了协议，还未真正移交。除资产更新的巨大成本外，协议中明确标明地方政府只要职能，不接收移交职工数或仅接收个别技术人员的条款对于企业来说无疑是增添了长期负担。公检法和教育的移交比较顺利是由于其工资待遇属于平调，身份上并无变动，其经济福利并不会受到影响。同时，森工企业无须承担任何改革成本，完全由政府承担。而其他的社会职能需要由某一利益主体负担改革的成本，比如，职工身份变动后的工资差额。森工集团和林业局利益分配不均、体制僵化导致民生问题突出，转型产业难以接续，政企分开不彻底致使林区间的福利排斥和福利碎片化现象严重。项目组在实际访谈和问卷调查中发现，吉林森工集团下属林业局职工对于自己职工身份存在不满，主要是对于自己基本福利保障的担忧，目前社会保障等出现连年断保情况，与其他森工集团林业局相比福利下降极其严重。长白山森工集团林业局职工对于目前经济收入的满意度较吉林森工集团地区满意度稍高，但是仍然存在社会职能移交过程中企业负担成本过高、人员接收不顺畅的问题。

重点国有林区的特殊性在于，它是一个完整且相对独立的社会体系。因此，深化国有林区改革应充分考虑上述特殊性。作为一个独立的封闭小社会，先有企业再有政府的状态使得政府、企业和职工三者之间依附性极强，对制度的强依附性导致其在政企分开的过程中阻碍重重，对职工的经济福利产生潜在影响。企业的社会职能尚未彻底剥离，冗员无法转移，掣肘了森工企业活力的释放，这都将成为重点国有林区发展的沉重包袱。加之受历史和自然条件影响，林区职工有强烈的自我身份认同，这就导致森工企业改革需要额外支付成本来保障林区职工福利，维护林区稳定发展，如此一来，在无形中就会增加企业负担。因此，只有彻底分离好办社会职能，解决历史遗留问题，才能推动重点国有林区社会、经济、生态的协同发展。

四、政企分开改革困境的成因分析

（一）路径依赖的形成

保罗·大卫（Paul A. David）和阿瑟（Arthur）在总结技术路径依赖理论中提出自我强化有四条路径，诺斯（Douglass C. North）在此基础上指出在制度变迁过程中，同样具有报酬递增机制，某种制度一旦确立，继而会沿着既定制度持续推行并且实现自我强化，最终导致了路径依赖的形成。作为政企合一体制最为顽固的地区，重点国有林区在制度变迁与社会转型的过程中，路径依赖特征明显，使改革陷入了单位治理的制度之困。

作为特殊的资源型国有企业，历史形成且曾受惠于此的体制模式会在"惯

性"的思维下出现路径固化，进而在其制度改革中必定会形成路径依赖。深化
国有林区改革，重建国有林区体系，需要对原有体制进行调整与重建。这不仅
仅关系到多利益主体之间的博弈，更是对其内部机制、人员观念等的重构。无
论是从职工个体，还是森工企业甚至是在顶层设计上，都会受到路径依赖的桎
梏。历史原因下所形成的"大单位、小社会"的特殊社会管理方式使森工企业
在体制变革中出现如图 2-2 的路径依赖问题而导致林区改革的三重困境。

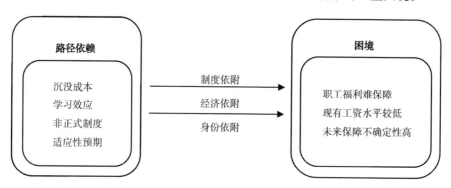

图 2-2　重点国有林区路径依赖

第一，沉没成本。重点国有林区在建立之时的成本消耗巨大，对于社会职
能的履行投资成本较高，包括对于医院、学校、消防、"三供一业"等的固定成
本等投入较高，这导致在社会职能移交中，这部分资产由于变成沉没成本而形
成路径依赖。第二，学习效应。国有林区职工在林区内长期生活工作，所接受
的技能培训大多与林木生产等相关，转岗至其他非林岗位的职工，其前期所受
的林木相关技能效用较低。单位制下所形成的劳动关系契约化在长期林区治理
体制下固化并相互熏陶。第三，非正式制度。制度变迁中的协调效应是为巩固
正式制度而逐渐形成的非正式制度，对于行为主体有更大的长期影响。林区职
工长期以来对森林资源的依赖性和历史使用所形成的依附思想和能力弱化，造
成观念的滞后，进而加剧了路径依赖。第四，适应性预期。原有的政企合一体
制已被林区内职工所接受并对其有美好的预期，固有体制一旦突然被打破，人
们会根据历史对未来进行判断，极易造成路径锁定。个体行为准则的惯性在长
期生产生活中逐渐形成了非正式制度的逻辑关系，长此以往多利益主体间的依
附关系会伴随着改革的路径依赖而不断加深。最终制度变迁过程中路径依赖的
存在而导致国家、地方政府、森工企业与林区职工间所存续至今的制度依附、

经济依附与身份依附凸显，最终影响到了职工的福利，体现在其现有工资水平较低和未来保障不确定性高两方面。

（二）多重依附关系的存续

"单位制"这一制度是在新中国成立初期特殊的政治经济背景下所形成的。其宏观体制特点是在政治层面体现为高度集权，在经济方面实行计划经济（路风，1989）。单位虽特指工厂、商店、机关事业和企业（于显洋，2001），但在本质上是一种实现广泛社会整合和社会资源分配的组织形式（王沪宁，1995）。个人的大小事宜，包括个人收入、住房、保险等与自身利益密切相关的事情均由单位负责解决，尽管在社会主义再分配中，受产权所属不同的影响，不同单位职工会由于资源分配的差异性而导致其在工资及相关福利分配上有所区分（华尔德，1996）。但在单位内部达成了共识，单位成员也认为这些福利保障和社会服务是与自己"身份"紧密相连的，是作为"家长"对"子女"的义务而理所当然地接受。

作为一种在主流意识形态和价值观上建立起来特殊的组织和机构形态的存在（李汉林，渠敬东，2002），单位制的特殊性主要体现在：一是对外的功能合一性，除了基本的经济功能外，单位还兼具政治和社会等多种功能；二是对内的非契约关系，即各生产要素主体间依附的关系；三是根植于资源的不可流动性，这种在单位中沉淀下来的资源，使得个人作为社会成员的权利过分依赖于家长式的单位，同时，单位也依赖于父爱主义的依附关系（路风，1989；2000）。刘平和王汉生（2008）认为一些大型国有企业随着计划经济体制的取缔，其内部的结构和权力也在重组后形成了"新单位制"，传统的单位制已逐渐消失。但也有学者认为尽管表面上单位制随着政治、经济、社会体制的变革发生变化，但其内部结构与制度逻辑仍然存在（孙立平，1994；田毅鹏，2021）。田毅鹏（2004）以东北老工业基地作为研究对象，提出了"东北现象"与"典型单位制"问题。高度集中的计划经济体制长期制约了工人的创业文化，形成了"等、靠、要"的心理，这对于未来会有长期持续的影响（刘平，2004；刘元春，2007）。

东北重点国有林区作为资源型国有企业，根深蒂固沿革下来的政企合一体制的背后正是"单位制"的存在。"单位制"作为历史沿革下中国社会结构共同发展的产物，最早由国外学者华尔德对中国特殊历史环境下所形成的"单位制"进行解构，并于 1986 年提出"单位依附"理论。重点国有林区是在计划经济体制下最早一批成立且历时最长的国有企业，国有林区的发展实际上是以"先有企业，再有社会"的方式开始的。第一，国有森工企业是为国家建设和国民经济恢复而成立的，其发展过程中不仅依靠着得天独厚的森林资源，同时依靠着国家政策的倾斜，对国家存在一定的制度依附，而地方政府对国家的制度依附则是从古至今的普遍现象。第二，林区的社会系统依附于企业生产系统，也就是说地方政府与企业之间关系紧密。森工企业代替地方政府承担着社会职能，形成"企业办社会"现象。加之林区森林资源和其他可开采资源的稀缺性，使得林区经济结构和社会发展存在单一性的限制。这种资源稀缺性导致地方政府对于森工企业存在经济依附。第三，林区职工依附于企业和国家，一方面，职工对于企业包办一切的依附，包括住房、工资、其他保障和物资分配等经济依附；另一方面，职工对于国家给予自己事业编制或是公务员编制这一系列福利的身份依附。这也正是单位人在生活方式与文化心理等微观领域有典型的共同体情结的体现。早期来说，"政企合一"有其历史必然性和合理性，但随着林区资源消耗，林区"三危"现象出现，这种体制的弊端也逐渐显现。国有森工企业作为现代化企业，利润最大化的经营目标与额外的社会职能承担之间形成矛盾，企业的巨大财政和精力负担同时掣肘了企业的良性发展，最终对职工造成一定影响。由此在历史的发展中，国家、国有森工企业、地方政府和职工形成了如图 2-3 所示的多重依附关系。

五、多重依附关系的破解

为深化国有林区改革，进一步破解制度依附，需要通过组织嵌入重构林区管理体制。国有林区改革和停伐政策的出台加速其走向市场化，然而在体制变迁过程中社会职能移交受限较多，政企分开仍然不彻底。森工集团虽然依赖于国家的优惠政策和财政支持，但同时仍需代理国家承担社会责任。因此，应通过构建国家林草局、国资委、地方政府、森工集团和具体社会职能承接主体之间的利益协调机制，实行各主体共担林区深化改革成本，避免各行为主体之间长期博弈，阻碍国有林区政企分开进程。此外，要明确各方在社会职能移交中

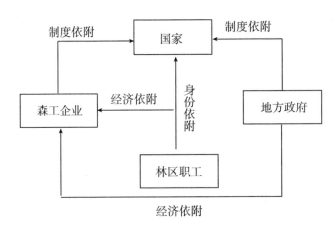

图 2-3　重点国有林区多重依附关系图

的职责，做到权责明确；统筹协调国有林区各利益主体关系，推进社会职能彻底移交；改革和创新林区经济体制，通过引入多元投资主体和政府以及社会资本合作建立专项资金用于林区道路改善升级，以及医疗、教育和养老等社会保障事业的持续发展。

深化国有林区改革，进一步破解制度依附要从经济嵌入上重建林区产业体系。在天然林全面禁伐后，林区企业转型势在必行。一方面要在合理保护资源的基础上放活企业对森林资源的经营使用权，激活企业造血功能，实现生态资源价值；另一方面要适度放宽林地利用政策，打破绿色转型发展的基本建设用地掣肘局面，推动林区绿色产业的成功转型和持续发展，为全面推进新时代社会主义新林区产业体系的构建探索新路径，积累新经验，走向共同富裕。

深化国有林区改革，进一步破解制度依附要从文化嵌入上重塑林区文化认知。在单位制日益式微和市场经济活跃的背景下，企业要致力于将林区职工融入更为开放和包容的场域中，积极引导其打破固有思维定式从而适应新环境，并为在不断变化的社会环境中需要适应新身份的职工提供社会延续及自我价值感。职工在自我认知上要发生转变，不断提升自我能力以应对外界冲击，破除依附心理和依赖行为。同时，进一步关注和统筹不同林区和不同身份编制人员的工资水平差异，兼顾公平和效率，通过优化工作绩效管理提高职工工资差异的合理性，并让职工充分理解不同岗位职工工资差异的客观存在，同时重视调节职工之间的心理落差。

国有林区是我国重要的生态功能区，也是我国推进高质量发展和共同富裕应该着重关注的特殊区域，国有林区森工企业集团承担着国有企业的经济责任和政治责任，也承担着资源型企业的资源保护和生态保障责任。国有林区的森工集团有必要加快现代企业治理体系建设，有效破解各利益主体间的多重依附关系以进一步推动国有林区健康可持续发展。"单位制"下所形成的多重依附关系在早期国家发展中有其必要性与合理性，然而依附的弊端在社会变革中逐渐暴露，成为掣肘企业内生活力的因素。

在生态文明建设的重要转型期，东北重点国有林区对于维护我国国土生态安全、经济发展与社会稳定的意义重大，对实现碳中和负有重要使命。林区的发展是在历史的演变下由"计划走向市场"和由"政企合一走向政企分开"的关键时期，要将其置于我国经济新发展的时代机遇下，从内生制度分析多利益主体间的多重依附关系，因地制宜、因时而异，才能彻底和更好地破解国有林区深化改革困境，促进国有林区高质量转型发展。

第三章

重点国有林区职工福利状况分析[①]

民生问题一直以来都备受关注，福利是民生话题的重要范畴。职工福利既与企业发展息息相关，又和职工自身密不可分。福利既可以为企业树立良好的形象和信誉，提升企业效益；也可以激发职工的积极性，提高自身素质。截至2018年，东北重点国有林区共有职工39.5万人。东北重点国有林区森工企业既是森林资源的使用者和管理者，又是员工福利的保障者，对于森林资源保护利用和职工福利、生活水平有重要影响。

一直以来，我国实施的天然林保护工程、全面停止天然林商业性采伐和国有林区改革等一系列举措都对林区从业人员民生状况产生了重要影响。但随着天然林保护工程和全面停止商业性采伐政策的实施，森工企业经济效益不断下降，富余人员逐渐增加，长期积聚的就业矛盾集中显现出来（张宇崴，2014），森工企业面临着劳动力外流的现象，从业人员面临着离岗甚至失业的风险。失业问题一直是东北重点国有林区面临的突出问题，不仅影响森工企业自身发展状况，也会影响从业人员的收入和福利保障，进而影响东北重点国有林区的可持续发展。

因此，东北重点国有林区的职工福利问题值得研究，本研究以职工福利为着眼点，旨在分析东北国有林区森工企业从业人员薪酬、养老保险和医疗保险方面福利的变化，并与其他国有林区进行比较分析，探究五大森工企业（为保证数据年份连续，本研究将六大森工集团中的伊春森工集团相关数据合并至龙江森工集团）在职工福利保障方面的差距和不足，并提出一些合理的建议举措，以期更好地提高从业人员的生活水平和保障从业人员的福利，进而促进森工企业的全面发展，推动东北重点国有林区的发展。

---

① 本章著者：袁婉潼、夏天超、乔丹、柯水发、李红勋。

64

第一节 重点国有林区森工企业从业人员福利分析

一、东北重点国有林区及森工企业从业人员变化分析

本部分将基于《中国林业统计年鉴》的统计数据，以东北重点国有林区五大森工企业的就业现状为基础，从在岗和离岗人数两个维度具体分析从业人员变化情况，探究劳动力变化的原因，为后文分析奠定基础。

2018年，东北重点国有林区年末在册职工数总计达到39.5万人，其中，在岗职工总数达30.97万人，离岗人数达8.53万人。接下来具体分析五大森工企业在岗和离岗人数变化情况。

（一）在岗人员变化

总体上，从1999年至2018年五大森工企业在岗人数都显著减少，大量劳动力离开森工企业，外流至其他地区、行业、企业，甚至处于失业状态。如图3-1所示，龙江森工集团在岗人数远远高于其他四大森工企业，龙江森工集团在岗人数波动幅度较大，其他四大森工企业波动幅度较小，尤其是2008年之后，除了龙江森工集团外，其他四大森工企业在岗人数大体上呈缓慢下降趋势。近20年，五大森工企业各自在岗人数下降幅度很大。龙江森工集团在岗人数从1999年的34.65万人下降至2018年的17.68万人，减少了48.98%；内蒙古森工集团在岗人数从1999年的10.01万人下降至2018年的5万人，减少了50.05%；吉林森工集团在岗人数从1999年的6.93万人下降至2018年的1.66万人，减少了76.03%；长白山森工集团在岗人数从1999年的6.93万人下降至2018年的2.1万人，减少了69.67%；大兴安岭林业集团在岗人数从1999年的12.56万人下降至2018年的4.52万人，减少了64.01%。

1998年天然保护林保护工程启动后，东北重点国有林区就业形势发生了重大变化，森工企业的经济效益不断下滑，富余人员迅速增加，由于森林资源有限、木材限产、岗位有限，部分职工下岗，部分职工当时待岗却因企业转制无

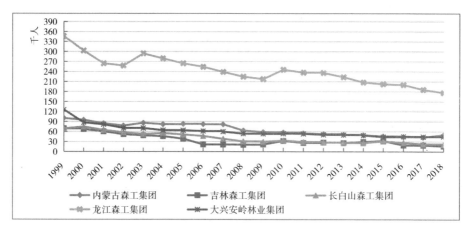

图 3-1　东北重点国有林区森工企业在岗人数统计

数据来源：中国林业统计年鉴（1999—2018）。

法及时缴费最终还是面临下岗的境地，导致在岗人数从 1999 年开始都有所下降；进入 21 世纪后，企业和职工自身都意识到自身文化水平需要提升，职业技能和能力也有待加强（张宇崴，2014），职工参加了一些技能培训课程，但技能培训力度不足并且大都流于形式，可能短期内会提高劳动力的从业率，但从长远来看，职工无法适应岗位的能力要求，加之不断加大的林区企业改革力度和落后的森工企业经营与管理体制，职工无法适应市场的变化（牛毓山，2008），面临着失业问题，在岗人数慢慢减少，呈现递减趋势。

（二）离岗人员变化

总体而言，1999 年至 2018 年，五大森工企业离岗人数都呈现曲折波动的趋势，除内蒙古森工集团离岗人数有所上升之外，其余四家森工企业离岗人数都有所减少。如图 3-2 所示，龙江森工集团离岗人数远远高于其他四大森工企业，龙江森工集团和大兴安岭林业集团离岗人数波动幅度较大，在 2002 年和 2010 年有明显下降，在 2006 年离岗人数达到最高值；其余四家森工企业离岗人数呈现小幅度波动现象。在近 20 年间，内蒙古森工集团离岗人数大大增加，内蒙古森工集团离岗人数从 1999 年的 1.96 万人上升至 2017 年的 8.55 万人，增加了336.36%；吉林森工集团离岗人数从 1999 年的 2.61 万人下降至 2018 年的 0.98万人，减少了 62.55%；长白山森工集团离岗人数从 1999 年的 2.73 万人下降至

2018 年的 1.21 万人，减少了 55.52%；龙江森工集团离岗人数从 1999 年的 9.37 万人下降至 2018 年的 6.307 万人，减少了 32.67%；大兴安岭林业集团离岗人数从 1999 年的 2.94 万人下降至 2018 年的 290 人，减少了 99.01%。

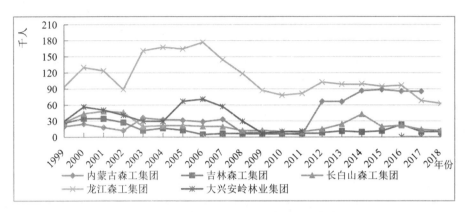

图 3-2 东北重点国有林区五大森工企业离岗人数

数据来源：中国林业统计年鉴（1999—2018）。注：各图表中的缺失值是因数据不足各表最小单位、不详或无该项数据的原因无法显示。

东北重点国有林区的离岗人数变化一方面在一定程度上反映了林区资源经济"两危"、林区改革进程、林区政策调整对林区人员变化产生的重大影响，另一方面也体现了森工集团在工资、福利保障等方面投入的不足，对人才的重视与栽培程度不够。各森工集团人员变化差异主要成因在于各森工企业集团人力资源禀赋状况和林区改革方向及进程的异质性。但总体而言，整个东北重点国有林区确实存在人员流失的问题，这一方面可能有助于森工企业的深化改革，促进人力资源结构优化，但另一方面如没有有效地加以重视也有可能会对国有林区的可持续发展构成隐患。

二、东北重点国有林区森工企业从业人员福利的历史变化分析

（一）在岗职工平均工资变化

随着时代的发展，森工企业在岗职工水平受经济发展、政策措施、技术进步等多方面的影响，工资有了显著性增长。本研究分析比较的在岗职工平均工资皆指年平均工资，其中：

$$在岗职工平均工资 = \frac{在岗职工工资总额}{在岗职工总人数}$$

截至 2018 年，东北重点国有林区在岗职工平均工资为 3.55 万元。如图 3-3 所示，从 1999 年至 2018 年，东北重点国有林区五大森工企业在岗职工平均工资有了跨越式的增长，呈现稳步增长的趋势。从 1999 年至 2018 年，内蒙古森工集团在岗职工平均工资增长了 8.23 倍；吉林森工集团在岗职工平均工资增长了 7.29 倍；长白山森工集团在岗职工平均工资增长了 8.74 倍；龙江森工集团在岗职工平均工资增长了 8.5 倍；大兴安岭林业集团在岗职工平均工资增长了 9.26 倍。由此可见，内蒙古森工集团在岗职工平均工资增长幅度最快，龙江森工集团在岗职工平均工资增长幅度最慢，且龙江集团在岗职工平均工资远低于其他四家森工企业，只有 3.02 万元。从业人员工资水平与企业经济效益有直接联系，东北国有林区全面禁伐后森工企业经济效益下降，此时森工企业应注重自身经营管理方式、技术创新、产业多样化等多方面的因素来提升自身经济社会效益，保障职工的权益（韩雪、耿玉德，2014）。

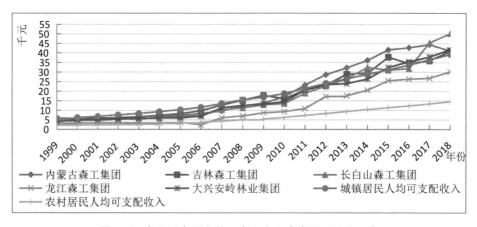

图 3-3　东北重点国有林区森工企业在岗职工平均工资

数据来源：中国林业统计年鉴（1999—2018）。

与城乡居民人均收入①相比，2010 年以前，城镇居民人均可支配收入高于东北重点国有林区五大森工企业，2010 年之后，五大森工企业在岗职工平均工

---

① 2013 年前农村居民收支数据来源于独立开展的农村住户抽样调查。从 2013 年起，国家统计局开展了城乡一体化住户收支与生活状况调查，2013 年及以后数据来源于此项调查。与 2013 年前的分城镇和农村住户调查的调查范围、调查方法、指标口径有所不同。

资开始出现超过城镇居民人均可支配收入的现象，但城镇居民人均可支配收入水平始终高于龙江森工企业在岗职工平均收入水平。从1999年至2018年，农村居民人均可支配收入均低于东北重点国有林区五大森工企业在岗职工平均工资。2006年以前，五大森工企业在岗职工平均工资与农村人均可支配收入差距不大，尤其是龙江森工集团在岗职工平均收入水平与农村居民人均可支配收入水平无太大差异。随着时间的推移，五大森工企业从业人员的工资水平明显持续提高，农村居民人均可支配收入水平与森工企业在岗职工平均工资收入差距不断拉大。与农村居民相比，森工企业在岗职工有明显的收入优势。

总体而言，东北重点国有林区五大森工企业的在岗职工平均工资收入水平不断提高，皆高于农村居民人均可支配收入水平，且收入差距拉大态势明显。各森工企业在岗职工平均工资收入水平存有差异，有些高于城镇居民人均可支配收入水平，有些低于城镇居民人均可支配收入水平，有些与城镇居民人均可支配收入水平基本持平。

（二）参加基本养老保险状况

从业人员的福利构成是多元的，不仅包括工资收入，还包括基本养老保险和医疗保险等社会保障等方面。本部分先从参加基本养老保险人数和比率来研究五大森工企业从业人员参加基本养老保险状况。其中：

$$参加基本养老保险率 = \frac{年末参加基本养老保险人数}{年末全部在册职工人数 + 年末离退休人员人数}$$

截至2018年，东北重点国有林区从业人员年末参加基本养老保险人数达到37.68万人。如图3-4所示，一方面，从柱形图可以看出，从2002年至2018年，五大森工企业从业人员参加基本养老保险人数有所波动，且波动趋势相似，除了龙江森工集团从业人员参加基本养老保险人数略微有所上升外，其余四家森工企业参加基本养老保险人数大幅度下降。龙江森工集团从业人员参加基本养老保险人数从2002年的22.3万人上升到2018年的23.64万人，只增加了1.51%，虽然数据显示，从2002年至2018年，龙江森工集团从业人员在册职工减少了10.72万人，但参加养老保险人数的增加在一定程度上显示了该企业职工参加基本养老保险的意识是有所提高的，风险防范意识不断增强；内蒙古森工集团从业人员参加基本养老保险人数从2002年的13.05万人下降到2018年的

5.01 万人；吉林森工集团从业人员参加基本养老保险人数从 2002 年的 8.18 万人下降到 2018 年的 2.64 万人；长白山森工集团从业人员参加基本养老保险人数从 2002 年的 8.43 万人下降到 2018 年的 3.13 万人；大兴安岭林业集团从业人员参加基本养老保险人数从 2003 年的 8.43 万人下降到 2018 年的 4.26 万人。2010 年以来，龙江森工集团从业人员参加基本养老保险人数呈下降趋势，一直以来，东北重点国有林区实行"政企合一"的管理体制，在国有林区逐步实行"政企分开"的过程中职工未能及时改正自身工作态度，应对风险的意识比较薄弱（孙思博钰等，2019）；其余四家森工企业参加基本养老保险人数基本呈现稳定状态，吉林森工集团、长白山森工集团和大兴安岭林业集团从业人员近几年参加基本养老保险人数相近。

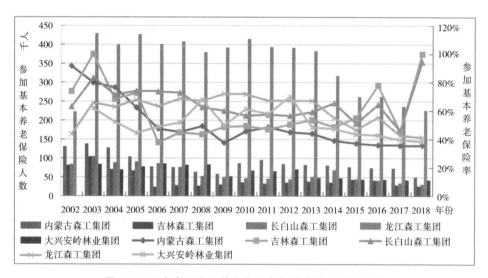

图 3-4 五大森工企业从业人员参加基本养老保险状况

数据来源：中国林业统计年鉴（2002—2018）。

另一方面，从折线图可以看出，五大森工企业从业人员参加基本养老保险率的波动幅度较大。从 2002 年至 2009 年，内蒙古森工集团从业人员参加基本养老保险率的下降幅度较大，从 91.54% 下降至 37.46%，2009 年之后，参加基本养老保险率略微有所回升后呈缓慢下降的趋势，直至 2018 年是五大森工企业中参加基本养老保险率最低的，只有 35.54%。吉林森工集团和长白山森工集团从业人员在 2003 年皆达到峰值，参加基本养老保险率分别为 100% 和 83.2%，而后吉林森工集团从业人员参加基本养老保险率呈现断崖式下降，在 2006 年达到最低值，只有37.73%的从业人员参加基本养老保险，一定程度上说明从业人员对参保的重视程度不足和林区基本养老保险保障不足。2007年至2016年，吉林森工集团从业人员参加基本养老保险率呈缓慢上升的趋势，但在2017年陡降至45.62%，2018年又陡升至100%，波动幅度巨大。2003年至2017年，长白山森工集团从业人员参加基本养老保险率呈缓慢下降的趋势，从83.2%下降至45.93%，但在2014年和2016年有明显的增长。龙江森工集团从业人员在2002年至2003年参加基本养老保险率有显著的提升，增加了22.23%，从2003年开始呈小幅度波动的趋势，直至2014年，参加基本养老保险率有大幅度变动，2018年最终降至41.28%。大兴安岭林业集团从业人员参加基本养老保险率总体上呈小幅度波动，但在2008年、2012年有两个增长点，参保率分别达到67.8%和70.1%，在2018年参加基本养老保险率只有38.29%。总体来说，从2002年至2018年，内蒙古森工集团、龙江森工集团和大兴安岭林业集团从业人员参加基本养老保险率下降，且五大森工企业从业人员参加基本养老保险率的差距不断缩小，直至2018年，参加基本养老保险率只在40%左右；吉林森工集团和长白山森工集团从2002年至2017年参加基本养老保险率呈下降趋势，但2018年陡增，几乎所有从业人员都参加了基本养老保险，从业人员养老得到较好保障。一直以来，东北国有林区沿袭着政企合一的管理体制，林业职工对森工企业产生较强依赖性，从基本就业岗位、日常生活到退休养老等都依赖于森工企业，综合素质偏低（韩雪、耿玉德，2014），从业人员参保意识不强。总结而言，东北国有林区参加基本养老保险人数随着林区改革人员分流和养老保险体制变革总体呈现减少态势，各森工企业的基本养老保险参保率差异化特征明显，呈不规律波动状态。

（三）参加基本医疗保险状况

本部分主要从各大森工集团从业人员参加基本医疗保险人数和参加医疗保险率来分析东北重点国有林区五大森工企业参加基本医疗保险福利状况。其中：

$$参加基本医疗保险率 = \frac{年末参加基本医疗保险人数}{年末全部在册职工人数 + 年末离退休人员人数}$$

截至2018年，东北重点国有林区年末参加基本医疗保险人数达到38.83万人。如图3-5所示，一方面从柱形图可知，从2009年至2018年，五大森工企业从业人员参加基本医疗保险人数总体上呈现先上升后下降的趋势。内蒙古森工集团从业人员参加基本医疗保险人数从 2009 年的 5.87 万人下降至 2018 年的 5.01 万人，下降了 14.63%；吉林森工集团从业人员参加基本医疗保险人数从 2009 年的 4.17 万人下降到 2018 年的 2.64 万人，下降了 36.72%，其中，2012 年参加基本医疗保险人数达到最高点，有 8.81 万人，与 2011 年相比，增长率高达 121.17%；长白山森工集团从业人员参加基本医疗保险人数从 2009 年的 5.44 万人下降到 2018 年的 3.13 万人，下降了 42.6%；龙江森工集团从业人员参加基本医疗保险人数从 2009 年的 44.74 万人下降到 2018 年的 23.53 万人，下降了 47.42%；大兴安岭林业集团从业人员参加基本医疗保险人数从 2009 年的 9.1 万人下降到 2018 年的 4.52 万人，下降了 50.3%，该集团是五大森工企业中下降幅度最大的企业。

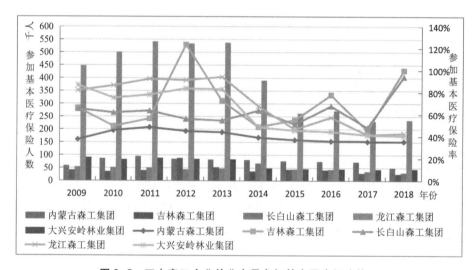

图 3-5　五大森工企业从业人员参加基本医疗保险状况

数据来源：中国林业统计年鉴（2009—2018）。

另一方面，从折线图可以看出，从 2009 年至 2018 年，内蒙古森工集团、龙江森工集团和大兴安岭林业集团从业人员参加基本医疗保险率不断下降，吉林森工集团和长白山森工集团从业人员参加基本医疗保险率从 2009 年至 2017 年呈下降趋势，但 2018 年陡增，接近 100%。内蒙古森工集团从业人员参加基本医疗保险率始终是最低的，并且波动幅度较小，到 2018 年，从业人员参加基本医疗保险率只有 35.54%。吉林森工集团从业人员参加基本医疗保险率波动幅度较大，在 2012 年、2018 年有两个较高的增长点。其中，2012 年吉林森工集团从业人员参加基本医疗保险率高达 123.6%，超过 100%，这可能是由于统计年鉴中缺乏待岗人员数据或者其他原因，2018 年几乎无离退休人员，参加医疗保险率达到 100%。长白山森工集团从业人员参加基本医疗保险率波动较大，从 2009 年的 65.35% 增长到 2018 年的 94.25%。龙江森工集团从业人员参加基本医疗保险率在 2009 年至 2013 年保持较高的水平，基本上是五大森工企业从业人员参保率最高的，覆盖率都高于 80%，2013 年从业人员参加基本医疗保险率高达 94.21%，一定程度上显示该企业对医疗保险的重视程度较高，注重对从业人员的福利保障。大兴安岭林业集团从业人员参加基本医疗保险率在 2009 年至 2013 年也保持较高的水平，覆盖率保持在 80% 左右。但受 2014 年全面"停伐"的影响，五大森工企业从业人员参加基本医疗保险率在 2014 年、2015 年都受到一定的影响（孙思博钰等，2019），龙江森工集团从业人员参加基本医疗保险率在 2013 年至 2015 年下降了 47.58%，影响较大。直至 2017 年，五大森工企业从业人员参加基本医疗保险覆盖率低于 50%，有待提高。2018 年，吉林森工集团和长白山森工集团参加基本医疗保险率大幅度上涨，接近 100%，其余三大森工企业依然维持在较低的水平。总结而言，参加基本医疗保险人数随着林区改革人员分流和林区医疗保险体系推进总体呈现先升后降趋势，各森工企业从业人员参加基本医疗保险率存有差异，总体而言，基本医疗保险保障工作取得了一定成效，但仍需进一步稳定推进和持续保障。

三、与其他国有林区从业人员福利水平的横向比较分析

除了对东北重点国有林区五大森工企业进行比较外，本部分主要针对与东北重点国有林区外的其他国有林区进行比较，即与四川、云南、陕西、甘肃和新疆国有林区的从业人员福利水平进行横向比较，以期为推动五大森工企业更好地发展提出合理的建议。其中，五个省区国有林区从业人员福利水平是指各地区国有林管局或国有林业局从业人员福利水平情况。

（一）在岗职工平均工资比较

本部分主要比较在岗职工平均工资水平变化状况。如图 3-6 所示，四川、

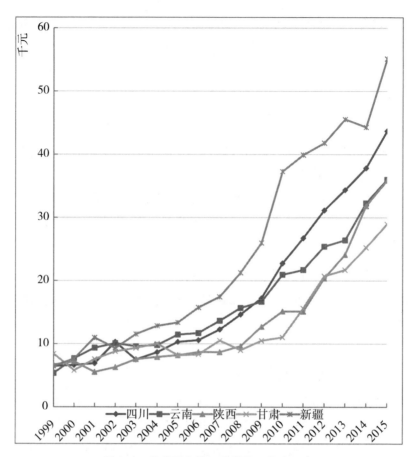

图 3-6　其他国有林区在岗职工平均工资

数据来源：中国林业统计年鉴（1999 —2015）。

云南、陕西、甘肃和新疆国有林区在岗职工平均工资稳步上升，但差距不断扩大。四川国有林区在岗职工平均工资缓慢上升，从 1999 年的 0.65 万元上升到 2015 年的 4.37 万元，年增长率是 13.76%；云南国有林区在岗职工平均工资在 1999 年是最低的，从 0.54 万元上升到 2015 年的 3.6 万元，年增长率是 13.81%；陕西国有林区在岗职工平均工资从 1999 年的 0.67 万元上升到 2015 年的 3.59 万元，年增长率是 12%；甘肃国有林区在岗职工平均工资从 1999 年的 0.84 万元上升到 2015 年的 2.9 万元，年增长率只有 9.76%；新疆国有林区除了 1999 年和 2002 年低于其他国有林区外，其他年份在岗职工平均工资都高于其他四个省区国有林区，且到 2015 年，在岗职工平均工资最高，达到 5.51 万元，年增长率是 15.26%。可见，甘肃国有林区在岗职工平均工资发展比较缓慢，且水平较低，政府和企业应给予关注；新疆国有林区在岗职工平均工资是这五省区国有林区中发展较好的，且实现稳定增长，值得借鉴。五省区国有林区在岗职工平均工资从1999年的最大差距为0.3万元上升为2.61万元，差距不断扩大。

联系前述图表可得，与东北重点国有林区五大森工企业在岗职工平均工资相比较，1999年至2004年，五个省区国有林区在岗职工平均工资远高于东北重点国有林区五大森工企业在岗职工平均工资。从2005年开始，五大森工企业中开始出现高于其他五省区国有林区在岗职工平均工资的现象。从2009年开始，除了龙江森工集团外，其他森工企业和国有林区在岗职工平均工资都开始高于1万元，最高的新疆国有林区在岗职工平均工资达到2.6万元，远高于龙江森工集团的0.87万元。到2015年年底，农村居民人均可支配收入低于五大森工企业和其他国有林区在岗职工平均工资；龙江森工集团、甘肃国有林区和长白山森工集团在岗职工平均工资处于最低水平，在2.5万元至3.1万元之间，低于城镇居民人均可支配收入；大兴安岭林业集团、吉林森工集团、陕西国有林区和云南国有林区在岗职工平均工资处于3.1万元至4万元之间，高于城镇居民人均可支配收入；内蒙古森工集团、四川和新疆国有林区在岗职工平均工资高于4万元，高于城镇居民人均可支配收入。总体来说，东北重点国有林区森工企业在岗职工平均工资与五省区国有林区在岗职工平均工资都在逐步提高，差距也在不断缩小。

（二）参加基本养老保险状况比较

本部分主要从参加基本养老保险人数和参加基本养老保险率来进行比较。如图3-7所示，一方面，从柱形图可以看出四川国有林区从业人员参加基本养老保险人数呈现先上升后下降的趋势，并且四川国有林区从业人员参加基本养老保险人数是最多的，但也是下降幅度最大的，从2002年的5.07万人下降到2015年的1.38万人，减少了72.71%；陕西国有林区从业人员参加基本养老保险人数总体呈小幅度波动的趋势，从2002年的7225人下降到2015年的4218人，下降了42.62%；新疆国有林区从业人员参加基本养老保险人数是最少的，总体呈小幅度波动的趋势，从2002年的3545人下降到2015年的2347人，下降了33.79%；云南国有林区从业人员参加基本养老保险人数也是呈现先上升后下降的趋势，2005年达到最高点，人数达1.37万人，从2002年的2552人上升到

2015 年的 4580 人，上升了 79.54%；甘肃国有林区从业人员参加基本养老保险人数总体来说较为稳定，从 2002 年至 2003 年从业人员参加基本养老保险人数陡增 7366 人后，每年从业人员参加基本养老保险人数基本维持在 1.8 万人左右，一定程度上反映了企业发展较为稳定，对职工的福利保障较好。

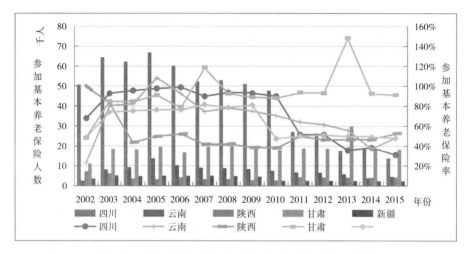

图 3-7　其他国有林区从业人员参加基本养老保险状况

数据来源：中国林业统计年鉴（2002—2015）。

　　另一方面，从折线图可以看出，四川、云南、陕西、甘肃和新疆国有林区从业人员参加基本养老保险率波动较大，2002 年至 2015 年，云南和甘肃国有林区从业人员参加基本养老保险率上升，四川、陕西和新疆国有林区从业人员参加基本养老保险率下降。云南国有林区从业人员参加基本养老保险率从 2002 年的 23.27% 上升到 2015 年的 48.32%，基本医疗保险覆盖率提高了一半，但在 2002 年至 2005 年，云南国有林区从业人员参加基本养老保险率涨幅巨大，而后开始逐年缓慢下降；甘肃国有林区从业人员参加基本养老保险率从 2002 年的 49.04% 上升到 2015 年的 91.01%，增幅巨大，总体来说，甘肃国有林区在基本养老保险方面做得比较好，覆盖率一直都比较高，除有两年可能数据统计有误差外，基本维持在 90%；四川国有林区从业人员参加基本养老保险率在 2002 年至 2010 年较为稳定，基本养老保险覆盖率基本维持在 90%，最高达 98.76%，但在 2011 年，从业人员参加基本养老保险率显著下降，只有 51.47%，直至 2015 年，四川国有林区从业人员参加基本养老保险率只有 31.06%，是这五省区国有林区从业人员参加基本养老保险率最低的；2002 年，陕西国有林区从业人员参加基本养老保险率是最高的，达到 99.3%，但之后两年陡降，2004 年从业人员参加基本养老保险率只有 43.6%，而后一直处于较低水平；新疆国有林区从业人员参加基本养老保险率在 2002 年至 2009 年保持较为稳定状态，在 70% 至 80% 之间浮动，但 2010 年从业人员参加基本养老保险率显著下降至 47.36%，而后为 50% 左右。其中，云南国有林区从业人员 2005 年参加基本养老保险率为 108.43%，高于 100%，可能是统计有误或有别的原因。甘肃国有林区从业人员 2007 年、2013 年参加基本养老保险率分别为 118.32% 和 147.76%，这可能也是由于上述原因或者是年末全部在册职工人数缺乏待岗职工人数导致数据过大。

与五大森工企业参加基本养老保险率状况相比，2003 年至 2009 年，除了陕西国有林区外，四川、云南、甘肃和新疆国有林区从业人员参加基本养老保险率远远高于五大森工企业从业人员参加基本养老保险率，差距较大，可见五大森工企业对从业人员参与养老保险的重视程度还不够，从业人员自身意识也不足，林区的养老保险保障工作还有待进一步推进。从 2010 年开始，五个省区国有林区从业人员参加基本养老保险率开始出现显著下降的趋势，而五大森工企业保持稳定发展的水平，龙江森工集团和大兴安岭林业集团开始出现高于除甘肃外其他四大省区国有林区从业人员参加基本养老保险率的现象。直至 2015 年，甘肃国有林区从业人员参加基本养老保险率一直保持较高水平，达到 91.01%，而五大森工企业和其余四个省区国有林区从业人员参加基本养老保险率差距逐渐变小，且水平较低，四川国有林区从业人员参加基本养老保险率最低，只有 31.06%，内蒙古森工集团从业人员参加基本养老保险率次之，为 37.05%，其余森工企业和国有林区从业人员参加基本养老保险率在 50% 左右，总体覆盖率不高，有待提高。

（三）参加基本医疗保险状况比较

这一部分主要从参加基本医疗保险人数和参加基本医疗保险率状况来进行比较。如图 3-8 所示，一方面，从柱形图可以看出，除了陕西国有林区从业人员参加基本医疗保险人数有所上升外，其余四省区国有林区从业人员参加基本医疗保险人数都有所下降。四川国有林区从业人员参加基本医疗保险人数远高于其他四大省区，但下降幅度最大，从 2009 年的 5.5 万人下降到 2015 年的 1.81 万人，下降了 67.14%；云南国有林区从业人员参加基本医疗保险人数从 2009

年的 9614 人下降到 2015 年的 6459 人，下降了 32.82%；甘肃国有林区从业人员除 2013 年参加基本医疗保险人数突然达到 2.98 万人，其余年份较为稳定，在1.8 万人左右，从 2009 年的 1.91 万人下降到 2015 年的 1.82 万人，下降了4.84%，下降幅度最小；新疆国有林区从业人员参加基本医疗保险人数从 2009年的 5499 人下降到 2015 年的 4844 人，下降了 11.91%。总体上，五个省区国有林区从业人员参加基本医疗保险人数高于参加基本养老保险人数，五个省区国有林区对医疗保险的重视程度高于对养老保险的重视程度。

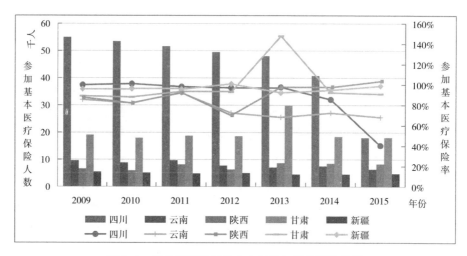

图 3-8 其他国有林区从业人员参加医疗保险状况

数据来源：中国林业统计年鉴（2009—2015）。

另一方面，从折线图可以看出，总体来说，这五个省区国有林区从业人员参加基本医疗保险率较高，除了甘肃国有林区波动幅度较大，其他国有林区从业人员参加基本医疗保险率较为平稳。四川国有林区从业人员参加基本医疗保险率变化幅度最大，从 2009 年的 100% 下降到 2015 年的 41%，应引起重视；云南国有林区从业人员参加基本医疗保险率呈缓慢下降趋势，从 2009 年的 85% 下降到 2015 年的 68%；陕西国有林区从业人员参加基本医疗保险率在 2012 年达到最低点，只有 70%，其余年份保持较高水平；甘肃和新疆国有林区从业人员参加基本医疗保险率保持在 90% 左右，覆盖率较高，但甘肃在 2013 年达到148%，新疆在 2010 年达到 101%，都超过 100%。可能是《中国林业统计年鉴》年末在册职工人数缺乏待岗人数所致。但总体上，参与基本医疗保险率的高水平一定程度上展示了政府、企业和从业人员对基本医疗保险的重视程度较高，基本医疗保险改革和保障工作取得实效。

与五大森工企业从业人员参加基本医疗保险率状况相比，2009 年至 2013 年，龙江森工集团和四川、陕西、甘肃和新疆国有林区从业人员参加基本医疗保险率都保持较高水平，很多年份都高于 90%，且都较为稳定；大兴安岭林业集团参加基本医疗保险率次之，高于除云南外的其他四个省区国有林区从业人员参加基本医疗保险率，基本维持在 80% 左右；其余三大森工企业从业人员参加基本医疗保险率都低于这五个省区国有林区从业人员参加基本医疗保险率，覆盖率较低。2014 年后，五大森工企业受"全面停伐"的影响程度显著高于其他国有林区，五大森工企业从业人员参加基本医疗保险率显著下降，且差距也不断扩大。其中，大兴安岭林业集团下降幅度最大，下降了 34.54%，四川和云南国有林区从业人员参加基本医疗保险率也有了一定程度的下降，但陕西、甘肃和新疆国有林区从业人员参加基本医疗保险率依然保持较高水平。

第二节　重点国有林区职工福利排斥状况浅析

长期以来，重点国有林区承担着木材生产任务，为国家的经济建设做出了巨大的贡献。近年来，随着经济社会的发展，国有森工集团不仅肩负着强化森林保护、维护国家木材安全等责任，更明确了以生态效益为主的经营目标。然而，在森林资源经济转型过程中，僵化的企业管理机制和落后的政企合一的经营模式，使得国有森工企业的经营举步维艰，由此造成了社会福利损失，林区职工家庭生计每况愈下。总的来看，国有林区职工的福利状况出现了边缘化，具体表现为经济生活困难，利益表达不畅以及在社会保险、社会救助、基础建设等公共服务上的不足。

随着产业转型发展对经济状况的改善，林区职工的收入有所提高，并逐渐降低了对林业的依赖程度，职工家庭贫困发生率也呈现下降趋势。然而，在收入方面，林区职工收入水平低且仍以工资性收入为主；就业方面，职工面临转岗，整体就业困难；在社会保障层面，随着停伐后企业收入锐减，直接影响到了林区职工社会保险缴费，林区职工，尤其是离退休职工普遍存在着养老、医疗等基本生活保障方面的困境。长期以来，国有林区职工一直处于"企不企、事不事，工不工，农不农"的尴尬地位，在享受国家建设投资、财政经济政策等方面被边缘化，而林区内外差异性的福利状况很可能源于发展能力和发展机会的欠缺。林区职工作为国有林区体制改革的微观主体，其家庭的福利水平不仅对森林资源转型具有重要影响，更是民生改善的重中之重。因此，探究国有林区职工的福利排斥问题是从根本上完善相关政策的重要科学依据。

一、国有林区内部的福利排斥分析

在国有林区内部，特殊的历史背景使得职工身份构成复杂，在政策的制定与执行过程中很难全面覆盖全体人员，由此造成了部分职工的权益缺失。同时，在实际落实基本保险、社会救助等的过程中，林区资金匮乏导致了部分职工被排斥在政策享受的范围之外。

（一）混岗职工与全民职工同工不同待遇

混岗职工无法平等地享受到应有的公共服务体系的保障。全民职工是指按企业生产需要，通过计划的集体就业指标招收的劳动者，而混岗职工是计划经济时期由于人员编制性质和岗位性质不匹配而形成的特殊劳动群体。严格说来，全民职工、集体职工均为合同制工人属性。而东北、内蒙古重点国有林区存在的混岗集体职工主要为林区职工待业子女、知识青年等群体的混岗安排，以及在生产过程中需要增加劳动力却没有相应的增人指标而招收的集体所有制职工。图 3-9 为 2001—2018 年东北、内蒙古重点国有林区从业人员的年末数量变化。可以看到，作为特殊历史时期的发展需求而形成的职工群体，近年来随着国有林区发展目标逐渐向生态保护转变，混岗职工的人数逐年下降，但近 10 年来仍约占在岗职工的 20%。

在岗期间，混岗集体职工与全民职工同工、同酬，共同承担相应的木材采伐以及森林管护抚育等工作。然而，由于混岗职工不能和全民职工享受同等的社会福利保障政策，由此造成了制度上的福利排斥。《中国林业统计年鉴》的数据显示，2015—2018 年混岗集体职工参加医疗保险的比例均低于全民职工（见图 3-10）。同时，部分已经达到退休年龄的混岗集体职工群体，由于企业困难，无力缴纳养老基金而不能享受基本养老保险。2015—2017 年集体职工参加养老

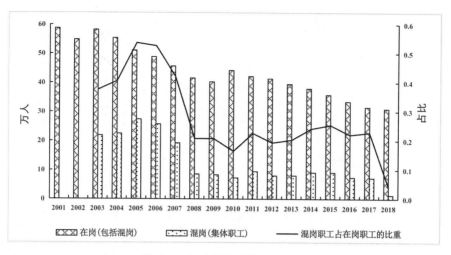

图3-9 国有林区职工构成情况

数据来源：中国林业统计年鉴（2001—2018）。

保险的比例均为全体职工的一半左右（见图3-11）；而在2018年，由于混岗职工的总人数由71883人锐减至13056人，因此参保比例显著提升。关于混岗职工的相关保障不足，引起了职工的不满并导致了上访问题。尤其是针对双职工家庭以及多代均为混岗职工的家庭来说，不同的安置政策导致他们缺乏基本的生活保障。

图3-10 职工参加医疗保险比例

数据来源：中国林业统计年鉴（2005—2018）。

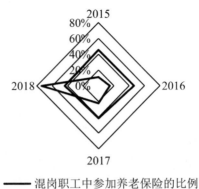

─── 混岗职工中参加养老保险的比例
─── 参加基本养老保险占总人数比例

图 3-11　职工参与养老保险比例

数据来源：中国林业统计年鉴（2005—2018）。

（二）同一林区存在多套社会保障体制

部分林区存在森工系统职工医疗保险和地方城镇职工医疗保险两套体系并存的局面，在医保的报销比例、支付水平等方面存在较大差异。林区林管总局机关的职工与地方林管局机关、事业单位职工一般参加省、市医保，按当地城镇职工医疗保险的待遇执行，而其余林区职工参加森工系统职工基本医疗保险。但森工医保存在着保障机制不完善等问题：第一，森工医保药品核销目录少，报销病种比例相对较少，尤其是慢性病的病种少；第二，森工医保没有二次核销；第三，首次参保居民待遇等待期与地方不同，以鹤立林场为例，林区职工首次参加森工医疗保险的等待期至次年 1 月 1 日，而地方仅需间隔一周。在同一林区内存在多套医疗保障体系，呈现出城镇职工医疗保险、森工医疗保险等各自为政的割据局面，对不同的职工群体造成了福利排斥。

（三）贫困职工家庭难以享受福利政策

住房是职工福利的重要组成部分，同时也是改善民生的重要途径。在建设初期，林区职工的住房面积普遍偏小，住房选址较为分散，基础设施不健全，并且近年来由于年代久远，职工收入较低无力修缮，住宅老旧，部分成为危房。

为解决林区职工住房难问题，2009 年国家启动了国有林区棚户区（危旧房）改造工程，按照国家和省、自治区的有关规定，国有林区棚户区享有与城市棚户区改造、新农村建设整合等相同的优惠政策。2014 年，国家发改委、原国家林业局、住房和城乡建设部联合发布《2014 年林区（危旧房）改造工程中央预算内投资计划》，将由中央财政解决 8.5 万户林区危旧房改造及配套基础设施建设。自林区棚改项目建设以来，多数职工已享受安置政策，其居住条件、社会保障及子女教育水平有了不同程度的改善。

然而，虽然政策上要求将符合条件的住房困难职工全部纳入保障体系，但在实际执行过程中，部分无力筹集购房资金的职工则被排除在福利政策的范围之外。由于危旧房改造的补助标准为中央补助每户 1.5 万元，省级人民政府配套不低于每户 1 万元，其余费用需由职工家庭自行承担，虽然林区为职工积极申请了住房公积金贷款，但有部分林区职工因无能力筹集建房资金而被迫放弃以较低的价格集中购买新房的机会。同时，供水、供电、燃气、取暖等长期费用，让部分经济能力较差的职工因无力承担相应的费用而没有搬到楼房，由此造成了林区职工间的福利排斥。该政策的初衷是解决条件艰苦地区的职工家庭的生活，但贫困的职工反而由于缺乏资金而没有享受到福利政策，而经济条件相对好的职工家庭得到了政策让利。由此人为地加剧了职工间的福利差异，呈现出穷者愈穷、富者愈富的"马太效应"。

二、国有林区内外差异视角的福利排斥分析

国有林区由于曾拥有相对独立的体系，使得林区职工在工资水平、社会保险以及优惠政策享受等方面与同地区、同行业的从业人员均存在一定的差距。而在国有林区改革的进程中，林区职工的人员流动凸显了林区内外部从业人员间的福利排斥问题。

（一）"四分开"改革中人员交接时的待遇差异

在"四分开"改革（政企、政事、事企、管办）的过程中，国有林区移交部门职工与地方的待遇并不匹配，移交后原林区职工虽进入事业编制平台，但未兑现事业工资。而地方原公安、教育、医疗等部门的职工享受国家标准工资，

已交接地方的林区职工则面临着工资待遇的明显不足，同处一个地区的职工收入出现了两极分化。图3-12、图3-13分别反映了重点国有林区在岗职工与国有单位就业人员在平均工资水平与增长率方面的比较情况。可以看到，2001—2018年重点国有林区在岗职工年平均工资远低于国有单位就业人员平均工资，也低于农、林、牧、渔业国有单位就业人员平均工资水平。从工资的同比增长率上看，国有单位从业人员的工资增长率一直稳定在10%~20%，而国有林区职工的工资增长率波动较大，甚至在2004年、2006年出现了负增长。2013年后工资平均增长率趋于一致，重点国有林区在岗职工与国有单位就业人员平均工资之间的差异减小，但考虑到国有林区职工工资的绝对水平较低，因此仍与国有单位就业人员的平均水平存在较大差距。

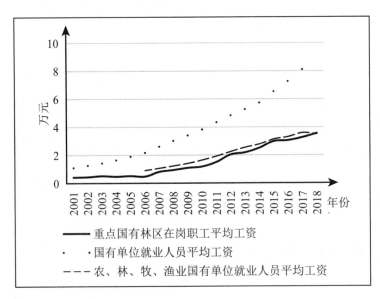

图3-12 重点国有林区在岗职工与国有单位就业人员平均工资比较

数据来源：中国林业统计年鉴（2001—2018）。

更为严重的是，受政策影响及地方政府接收能力所限，林区社会职能移交进展迟缓。部分地方政府只接收资产和职能，由于人员资质、机构编制等部分接收甚至完全不接收相关人员。而这部分林区职工，尤其是职工医院、学校等特定的职能部门，其工作专业性强，很难在交割后的林区中找到合适的职位，造成有职无岗。同时，分流安置机制不健全使得这部分专业人员的就业压力非常大，不得不选择与专业不相关的临时性工作，造成职工的福利损失。

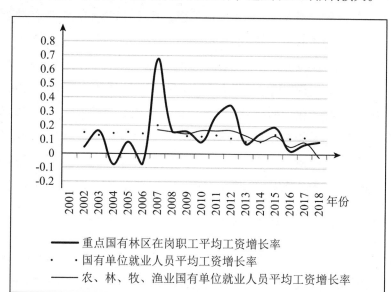

图 3-13　重点国有林区在岗职工与国有单位就业人员平均工资涨幅比较

数据来源：中国林业统计年鉴（2001—2018）。

（二）一次性安置人员补贴标准低，身份认定模糊

天保工程实施后，为妥善解决森工企业富余职工的安置问题，林区根据国家相关政策对富余职工实行一次性分流安置，给予经济补偿，让他们自谋职业。由于林区内可提供的就业渠道有限，大量一次性安置人员面临着再就业问题。2001—2003 年，国有林区富余职工的一次性安置比例较大，每年在 11 万人次以上。为妥善解决一次性安置职工的保障问题，2012 年，原国家林业局、财政部、人力资源和社会保障部出台《关于切实做好天然林资源保护工程一次性安置职工社会保险补贴政策落实工作的通知》。然而，一次性安置人员面临着较强的福利排斥，其身份定位不清晰，不能平等地享受福利政策。

首先，一次性安置人员所获得的补贴金额较低，一次性补偿费用并没有达到国有企业"买断工龄"的标准。林区职工所得安置费根据所在地区不同有所差异，但一般在 2 万元至 2.5 万元之间。同时，根据天保工程的相关政策，一次性补偿费需提前扣除养老保险金及相关的管理费用，个人所得在 1 万元至 1.5 万元。一次性安置费是对于职工以往工作贡献以及未来风险的补偿，职工因林区政策调整而解除劳动关系却没有得到与国有企业职工相一致的补偿标准，在职业和社会保障的福利方面存在着明显的横向排斥。其次，在解除劳动关系后，一次性安置人员仍与林区存在较为密切的关系（例如，养老保险关系），导致部分一次性安置职工身份认知模糊，他们认为依旧可以享受林区的福利政策。实际上，一次性安置人员不属于下岗职工，不能享受下岗职工基本生活费；同时，也不能享受针对在岗职工的补贴，例如，医疗经费补助以及菜金、取暖费等生活福利。但部分一次性安置人员认为，他们由于政策而不得不离开原有的工作岗位，却被划分到了在岗与下岗之外，双方的福利政策均不享受。最终导致职工心理层面上不公平的感受成为影响林区社会稳定的不利因素。

（三）国家优惠政策难以享受

虽然具备条件的支农惠农政策适用于国有林区职工，但在实际中林区职工普遍没有享受到惠农政策。以东方红林场面临的村屯归属管理问题为例，2001年原饶河县 7 个在其公司施业区内的村屯被划归公司管辖，户籍归林业公安管理，户籍性质依然属于农民。然而，自 2004 年以来，村民并未享受到政府的惠农政策，对此这部分人员要求回归饶河县管理。当地农户仅因为户籍管理的变更就在惠农、扶贫等政策的享受上受到巨大影响，由此可见，林区职工在享受惠农政策时会面对更大的困难。同时，部分林区所处地区高寒、温差大、生产条件不好，参照国家相关政策，应对边远极寒地区增发取暖等补贴。但实际上，多个林区均反映未享受到这个福利政策。艰苦边远等六类区是按照地理位置指定的区县，是对职工在恶劣作业条件下福利损失的弥补。部分林区职工虽长期在此区域内工作，但未拿到相关补贴，由此与该区域的其他从业人员形成福利排斥。

第三节 重点国有林区职工福利排斥路径及影响分析

一、国有林区职工福利排斥分析框架构建

新中国成立以来，从开发荒山荒地到治危兴林再到天保工程，国有林区面

临着不同阶段的发展目标。在我国森林资源经济转型的进程中，重点国有林区不仅承担着强化森林保护、维护国家木材安全等责任，更明确了以生态效益为主的经营目标（国家林业局，2016）。然而，国有林区在改革的进程中，在职工层面，林区工作条件艰苦，生存条件差，富余人员多，就业分流的压力很大；尤其是在社会保障上，由于森工企业的资金缺口大，林区职工的工资收入低，其欠费断保率很高，而较低的筹资水平直接导致了林区社会保障无力。在这种背景下，林区职工的福利水平得到了很多学者的关注。福利即健康、幸福、物质上富足的生活状态（Wu J G，2013），是行为主体对当下生活方式、生活状态以及人生追求感到满意的程度（黄甘霖等，2016；邬建国等，2014）。从福利的供给方来划分，通常福利供给主体主要体现为社会、国家和单位三方，职工福利指单位提供的各种货币化和非货币化的报酬（胡水，2015）。而国有林区职工的福利，包括职工的工资水平及医疗、养老、生育、工伤保险等社会保障、社会救助、住房条件等福利政策享受等方面。针对国有林区职工的福利状况，有学者在阿玛蒂亚·森（Amartya Sen）的可行能力、可持续生计等框架下进行了分析。在职工的福利排斥层面，孙思博钰等（2019）认为全面停采后东北、内蒙古国有林区森林资源经济转型中职工家庭之间的内部福利差距有所缩小，中低福利水平的职工家庭增多，高福利水平的职工家庭减少，而张海鹏（2013）、王慧（2015）对重点国有林区职工家庭收入差距变化的研究认为天保工程实施以后职工家庭间的不平等程度加剧。长期以来，国有林区职工一直处于"非企非事、非工非农"的尴尬地位，在享受国家建设投资、财政经济政策及职工待遇等方面被边缘化，林区职工在政策福利的享受方面与国有企业职工、农户等存在一定的差异。同时，在林区内部不同身份的职工群体也面临不同程度上的福利排斥。

自马歇尔（T. H. Marshall）的福利权理论发展以来，越来越多的学者注意到福利权的不平等性。福利排斥即政策主导者在有关某种权利和社会机会的福利政策安排中，以某一身份标准作为区分是否受益于福利政策的依据（钟裕民等，2015；王思斌，2003），使得个人因为某种身份限制而被排斥在福利政策之外，无法获得平等的福利提供（吴介民，2011；Castle，2005；Pierson，1999）。而政策对福利的调节作用体现在市场之外配置商品或服务，补充市场本身不能达到的结果，因此公平是制定社会福利政策的前提，即所有群体在涉及福利的权利义务方面拥有同等的地位（彼得，2011）。但与此同时，保障福利获得的社会政策的不完备或在福利制度的运行过程中由于利益主体的多方博弈以及职工本身的差异性（王梦怡，2019；钟裕民等，2015；王思斌，2003），可能使不同社会身份、职业、收入的群体存在差别化的福利权（黄健荣等，2015）。由于国有林区特殊的历史背景和复杂的职工身份，林区拥有相对独立的运行规则，与地方存在着一定程度上的断裂。全民所有制职工、合同制职工、集体混岗职工等多种身份构成，使得政策在制定与执行过程中很难全面地覆盖全体人员，由此造成了部分职工的权益缺失。在国有林区改革的进程中，林区内部的职工间以及林区与当地从业者之间均存在福利排斥现象。

已有研究较为详尽地分析了在天然林停伐、林场撤并等某一项或几项政策发生后，林区职工家庭的福利变化、家庭间福利差距的变化情况以及职工福利感知的影响因素等，为相关政策的制定与实施提供了重要的科学依据，但忽视了不同特征的职工家庭可能存在的福利排斥问题。而公平理念恰恰是政府制定社会福利政策的前提，因此从社会排斥的视角针对不同群体的职工家庭分析其是否平等地获取了福利具有重要的学术意义。基于此，本研究以福利层面上的社会排斥问题为切入点，整体分析国有林区职工福利排斥的影响结果和作用路径，认为林区职工所经历的排斥现象既包含外部制度造成的结构性排斥，又包含职工自身内在禀赋所造成的功能性排斥，最后根据上述分析提出相应的政策建议。

二、福利排斥的影响结果

在福利三角理论中，分别有政府、市场和家庭作为福利的支撑点。可以看到，国有林区由于历史原因习惯于按照国家的计划进行安排，缺乏足够的市场参与。这不仅体现在国有林区改革进程中其对于政策的高度依赖，也反映在其早期对周边村镇供电供水、教育医疗等一系列社会功能所形成的相对闭环上。这导致国有林区职工的福利与地方存在断层，很难通过市场进行补充，由此放大了政策制定与执行过程中对不同职工群体的福利排斥作用。国有林区的一系列改革使得职工收入减少、就业方向不明，由此加剧了国有林区职工对社会保障的依赖（王向南，2017）。同时，在处理在岗或富余职工的就业与社会保障的问题上，国有林区仍表现出明显的路径依赖，希望通过国家从上到下的统筹安排解决失业问题，弥补保险缺口。而在职工家庭层面，一方面，双职工家庭以及多代均为林区职工的家庭所受冲击很大，他们缺乏足够的能力维持自己的福利水平；另一方面，部分林区职工存在着惯性思维，在面对市场化的就业选择时没有足够的心理以及技能、经验上的准备，这使得职工家庭在面对福利排斥时显得非常无力。根据前文的分析，国有林区现存的福利排斥问题主要造成了以下三方面影响。

首先，福利排斥造成了较为严重的公平失衡，加剧了林区职工内部以及林区与地方之间的不平等发展。在福利层面上的社会排斥，导致了原有在经济水平、社会保障等方面存在的差距被进一步拉大，相对弱势的一方丧失了部分发展权益。图 3-14 反映了重点国有林区在岗职工的年平均工资与全国城镇居民平

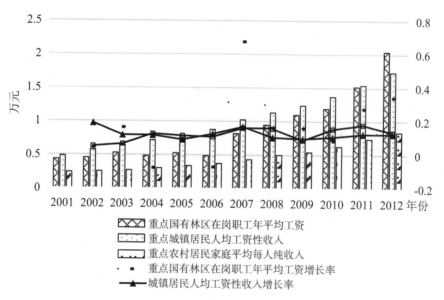

图 3-14 重点国有林区在岗职工与全国城镇、农村居民收入的情况比较

数据来源：中国林业统计年鉴（2001—2012）。

均工资性收入以及农村居民人均纯收入情况的比较。其中，由于《中国统计年鉴》中 2012 年以前为城镇居民人均工资性收入和农村居民家庭平均每人纯收入，从 2013 年开始，统计指标变更为城镇居民人均可支配工资性收入和农村居民人均可支配收入。因指标变更后对林区职工与城镇、农村居民收入的统计口

径存在差异，因此本研究只选取 2001—2012 年的数据进行比较分析。从 2001 年到 2011 年，重点国有林区在岗职工年平均工资低于城镇居民人均工资性收入，但自 2007 年起，重点国有林区在岗职工年平均工资增长率大于城镇居民人均工资性收入增长率，使得二者的差异逐渐减小；2012 年，重点国有林区在岗职工年平均工资达到 2.03 万元，首次超过城镇居民人均工资性收入。与农村居民人均纯收入相比，国有林区在岗职工年平均工资一直约为其 2 倍。总的来说，国有林区职工的工资水平处于城镇居民与农村居民的收入水平之间，这与王慧（2016）、韩雪和耿玉德（2014）的研究结果相一致。国有林区改革通过市场化途径优化资源配置，盘活林业资产，但与此同时需在公平和效率之间寻求相对均衡。由于林区职工的收入水平普遍偏低，福利排斥对其家庭生产生活造成较为严重的影响，基本社会福利层面的排斥对职工家庭的收入水平、社会保障、住房包括主观感受等都带来了负面影响。林区职工在政策享受方面所经历的歧视问题，导致其在以往补偿、现有衡定以及未来保障上面临发展机会和能力上的公平失衡。

其次，职工间的福利排斥成了林区改革的不稳定因素，严重影响了国有林区的可持续发展。在很多林区的改革调研报告中都提到，部分林区职工对于工资待遇、社会保障等方面的不满成了林区改革发展的一大阻碍。其中既包含由于政策不完善所造成的对职工应有福利的挤压，即不合理的福利排斥，也存在着职工在面临合理的福利差异时所产生的预期抵触。事实上，林区职工作为改革的经历者，同时也是相关政策的践行者，在福利层面上的社会排斥直接影响到了他们十分关注的生计问题。这在一定层面上降低了他们对于未来保障的信心，从而影响到了改革工作的推进。同时，林区职工与地方出现的福利断层也影响了林区的人才引进。拥有较高学历与技能的专业人员倾向于选择工资高、保障好的单位就职，而在同一地区相同层级的岗位的福利排斥使得林区处在不利地位。尽管近年来，在国家政策的引导下有本科、专科毕业生到国有林区就业，但相对欠缺的政策落实情况以及相对较差的待遇水平导致部分职工在短期内离职（刘德权等，2013）。

最后，在改革进程中，职工的福利排斥问题加重了国有林区森工企业的负担。例如，在"四分开"改革过程中，分离"林场办社会"的初衷是减轻林区对社会职能的负担，移交公检法、教育、卫生、社保等职能部门给地方。仅内蒙古大兴安岭林区就涉及 138 个机构和 13088 名在职人员、9635 名退休人员以及 5.3 亿元资产，3 年过渡期内自治区财政和森工集团共同承担改革成本 25 亿元（李京华等，2015）。但在实际执行过程中，由于相关政策以及地方接受能力的限制，很多林区的人员不能移交，即使移交依旧有很大一部分人员的工资仍从天保经费等支出。这不但没有减轻森工企业对社会职能相关部门的责任，还加剧了林区原有教育、医疗等专业人员的富余问题，造成有职无岗以及隐形失业等问题。此外，这部分人员的档案移交后，同工不同酬的问题也给林区带来了一定的困扰。

三、福利排斥的作用路径

福利排斥即为福利层面上的社会排斥，进一步根据社会排斥的相关理论探究国有林区职工福利排斥的产生来源，排斥的产生来源可分为结构性排斥和功能性排斥两部分。国有林区职工存在的福利排斥问题既包含外在制度条件不合理造成的结构性排斥，也存在职工自身发展能力欠缺所导致的功能性排斥。具体而言，福利排斥对林区职工的作用途径主要有以下五方面。

（一）结构性排斥

在制度层面，事业、企业编制本身关联的待遇存在差异，在改革过程中职工的身份可能由于政策调整而发生变动，由此造成了排斥。同时，国有林区现有的社会保障制度覆盖不全，部分职工未被纳入基础保险、贫困救助等保障体系，使得部分群体被排斥在福利政策之外。此外，职工缺乏有效的权益表达渠道，在主观层面加剧了公平失衡。

1. 事业、企业编制关联的待遇差异。在现行的福利制度下，参公、事业、企业编制并不单单是工作性质的区别，还紧密关联着一系列福利政策的不同。历史上由于政企合一，林区职工没有参公、事业、企业的身份区别，因工作需要可以相互调动。但随着国有林区改革的推进，尤其是在"四分开"改革实施的过程中，公检法、教育医疗等机构进行事业化改革，而企业管理人员仍保持企业编制，在同一林区出现了身份、工资、社会保障等一系列福利待遇的差异化，由此对林区职工的福利水平造成了很大的影响。而在职工退休后，工资及保险上的福利排斥现象更加明显。朱洪革等（2019）将林区职工按编制分为重点国有林管理、社会管理以及企业经营三个体系，研究认为林业局在改革后对于人员编制确定的公平性对改革满意度具有非常显著的影响，而在不同的身份性质中，有着社会管理体系身份的职工对其生活满意度和未来信心指数相对于其他类型身份的职工明显增强。公务员和事业编制职工享有退休金，而企业编制的职工退休后没有工资收入。同时，尽管根据《国家公务员管理条例》以及机关、事业单位养老保险制度、失业保险制度的相关改革方案逐渐减少了企事业从业者在社会保障上的差距，但总体上，公务员的养老金远高于事业单位和企业职工。由于公务员、事业编与企业编在退休金以及保险福利上有很大差异，因此改革过程中部分林区职工的身份认定问题造成了福利排斥。

2. 社会福利保障制度覆盖不全。目前的社会福利保障制度由于资金不足、机制不完善以及政策落实不到位等，不能及时覆盖林区职工。根据中央文件，对于国有林区富余职工应按照"内部消化为主，多渠道解决就业"的原则妥善安置。现存的福利排斥现象，很大一部分来源于社会保障制度的覆盖问题，只是针对不同的职工群体所表现出的具体的排斥侧面有所不同。根据《中国林业统计年鉴》的相关数据，图3-15反映了2003—2018年东北、内蒙古重点国有林区从业人员参加基本养老保险和基本医疗保险的人数和比例变化，其中从业人员包括在岗、混岗、离岗和离退休人员。可以看到，参加养老保险与医疗保险的职工人数整体呈下降趋势，这是由于国有林区总从业人员减少造成的。但职工参保比例也呈下降趋势，且2018年重点国有林区的职工养老及医疗保险的参保率均不足50%，职工的参与度仍有待提高。同时，木材减产造成森工企业缴费能力下降，产生的缴费缺口导致职工所能享受的保障力度减弱，职工医保所有的账户资金积累严重不足。其他的社会福利保障包括生育保险、失业保险、工伤保险等配套体制也存在参与人数有限、覆盖不全面等问题（李静等，2017）。此外，由于地方城乡居民最低生活保障的配套资金不到位，在实际执行的过程中，符合条件的林区职工，尤其是在册不在岗的富余职工，他们在享受政策的优先级中处于较低位置，常常不能完全享受到低保的福利政策。部分符合条件的职工家庭没有被纳入城乡低保的体系中，也有部分职工虽然被纳入低保范围但不能足额领取低保金（李静等，2017），距离地方低保标准仍有很大差距（王萍，2006）。

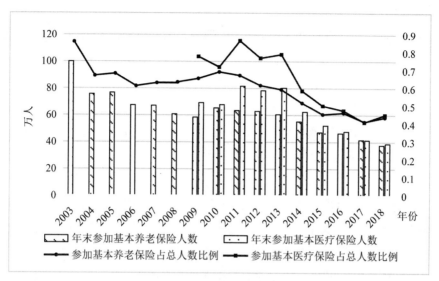

图 3-15　东北、内蒙古重点国有林区职工参加基本养老保险与医疗保险情况

数据来源：中国林业统计年鉴（2003—2018）。

3. 权益表达不畅。林区职工缺乏足够且有效的权益表达渠道，他们长期处在被动接受的状态，缺乏相应的代表发声。拥有较低的人力、物质和社会资本的职工群体所能掌握的利益表达渠道相对狭窄（张桂蓉，2008），实际中往往表现为在面临较为激烈的冲突时选择向林区主管部门反映或是信访等。林区主管部门带有较强的政府意志，对于短时间内无法妥善解决也难以遵循已有政策进行处理的职工诉求，往往倾向于采取安抚措施。而信访的效果是不确定的，特别是在复杂的历史背景下，难以厘清职工应当享有的福利政策，这使得职工通过信访渠道维护自己的福利水平收效甚微。不完善的政策制定以及执行过程中多方利益主体的博弈使福利制度存在排斥的可能，而林区内反馈渠道的缺乏使得即使是微小的结构性排斥都难以得到修正。现有的权益表达不畅，带给林区职工强烈的不公平感，也成为林区未来发展的不稳定因素。

（二）功能性排斥

国有林区职工自身在知识技能、健康状况等人力资本水平上的不足，导致其在福利层面上的权益缺失。同时，职工社会资本高度同质化且较为封闭，导致林区职工在主观认知、态度和客观信息获取上存在缺陷，使得其在社会资源的获取机会上处于劣势地位。

1. 人力资本水平低。人力资本水平即职工的知识、技能水平以及健康状况。林区职工普遍在知识、技能上有所欠缺，特别是长期在艰苦环境中作业的工人，可能在健康状况上也不容乐观。林区职工，尤其是大量的富余职工、安置职工在走向社会的过程中，由于劳动技能单一、文化水平低、年龄偏大等问题，不能很好地解决就业，在缴纳基本养老保险和医疗保险时也面临较大的困难，这使得他们的基本福利水平受到了较大的冲击，在整个职工福利体系中被推到了更加边缘化的位置。就业权利作为现代工业社会中最基本和重要的生存以及自我发展的权利之一（孟颖颖，2011），对劳动者个人及家庭的福利水平具有重要的影响。林区能够提供的就业渠道相对狭窄，较低的人力资本水平导致职工在面向社会寻求多元化就业时往往会陷入次级劳动力市场。他们面对较差的工作条件和不稳定的工作机会，很难建立起正规的劳动关系，随时面临失业的风险。同时，一些临时性的、低技术含量的工作往往不能很好地提供医疗、养老、失业等社会保障，这进一步对林区职工的福利造成排斥。一方面，林区职工目前较低水平的人力资本使他们在面临市场择业时处于劣势地位，另一方面，职工也没有有效地享受到工会或正规劳动力市场服务机构提供的职业指导及就业培训等完善的公共服务，由此加剧了林区职工与其他从业人员之间的差距，陷入了一个弱者愈弱的恶性循环。

2. 社会网络上有所不足。林区职工在社会资本上存量不足，具体表现在其社会网络结构单一且封闭，现有的社会关系难以对其进行有效的支持，并且现有的社会关系难以被农户、市民等的社会网络所容纳。首先，林区职工的工作环境相对闭塞，所拥有的社会资本也往往是在林区内部，这使得他们获取信息的能力相对较差，不利于职工面向市场进行择业。封闭的群体带来的有限的信息和发展机会，再加上相类似的心态和自我定位，让他们在面临再就业时既缺少客观机遇又匮乏主观能动性。由于社会关系高度同质化，能够提供的支持是单一的，甚至可能是单向的，较弱的互动和相对较差的主动性不利于长期社会关系的维持。其次，林区职工的社会网络所能给予其的支撑能力较弱，因此职工家庭抵御外界变化的能力也相对较弱，这加剧了职工对于政策的依赖程度。此外，随着国有林区改革的不断深化，职工面临着身份、编制认定等举措，他们已有的社会关系内部出现了竞争关系。与前文提到的相同，这种身份认定会对职工的福利水平产生较大的影响，因此相对激烈的竞争关系对林区职工内部社会资本的信任与相互支持的关系造成了一定的冲击，进一步减弱了林区职工现有的社会关系网络。最后，林区职工的社会关系难以被当地农户抑或是城市居民的社会网络所容纳。相对而言，林区地处偏远，职工的工作和生活区域相对独立，很难与当地居民形成有效的社交关系。职工本身的社会网络相对封闭，主观上没有主动介入其他社会网络的必要性。加上林区职工的物质资本普遍处于较低水平，使得其他的社会群体不倾向于主动融入。

第四节　破解福利排斥的政策建议

国有林区存在的福利排斥造成了较为严重的公平失衡，加剧了林区职工内部以及林场与地方之间的不平等发展。同时，职工间的福利差异也成了林区改革的不稳定因素，严重影响了国有林区的可持续发展，加重了森工企业的负担。针对上述国有林区职工存在的福利排斥问题，提出以下几点政策建议。

第一，政府应继续加大资金投入，提高政策支持力度，给予森工企业充分的自主权。通过资金投入，对重点国有林区森工企业的产业转型予以适当的政策扶持，减轻企业赋税，同时，政府也不应该过多干预，给予重点国有林区森工企业充分的自主权，促进森工企业产业调整和优化，从而使森工企业实现市场化发展，提高经济效益。

第二，正视福利排斥的客观存在，并积极寻求福利弥补和平衡对策。可以看到，在国有林区内部存在的职工福利排斥中，很大一部分原因源于历史遗留问题，例如，混岗职工与全民职工的待遇差异，以及在天保工程中一次性安置人员所面临的社保问题，等等。复杂的历史背景造成林区职工的福利排斥问题比较严重，老问题没有解决好，随着改革进程又产生了新问题，在一定程度上存在叠缩作用，使得问题更加棘手。正视福利排斥的存在，是避免由于体制不完善而使得某一特定群体被排除在享受政策福利范围之外的前提。因此，在改革政策出台时应充分考虑对不同职工的福利影响。目前国有林区职工由于仍处于相对固定的环境下，与小环境之外的流动相对较少，因而职工福利受政策的影响很大。再加上职工家庭的收入普遍较低，抵御外界变化的能力较弱，即使很小的偏差也可能会对他们造成较大的影响，因此在政策制定与执行过程中需格外考虑不同职工群体的福利状况。对于已经形成的福利排斥，应当积极寻求对策进行弥补，减小职工间不合理的福利差距。具体而言，针对"四分开"改革中存在的福利排斥，由于林区属于被接受的一方，应积极与发声部门沟通协商，针对具体问题具体解决，协商人员接收的考核标准及接收待遇等问题。但考虑到原林业职工在招聘要求上的差异，本研究认为不应一刀切地拉齐教育、卫生等职工与地方同类人员工资待遇，而要在考核评定的基础上分批分级地调整工资。通过不断的政策调整，平衡职工家庭的福利状况，减少两极分化。建立覆盖全体职工的社会保险以及相应的贫困救助制度，逐渐解决不同职工群体面临的社会保障问题，充分发挥政策的保障性，做到"应保尽保"。

第三，通过职业培训等形式引导富余职工多元化就业。通过劳动局、工会等引导在册不在岗的林区职工进行技术、技能培训，鼓励他们向高级技术工人转换。由于国有林区的木材收入大幅下降，单纯依靠森工局提供的岗位无法满足林区劳动力的就业需求，需从技术、观念、心态等多方面引导富余职工多元化就业，以提高其家庭福利水平。

第四，拓宽林区职工的权益表达渠道，积极反馈，帮助职工有效地反映问题。由于国有林区人员身份复杂，有关政策可能难以全面覆盖。首先，职工多渠道的表达可以反映出政策实际执行中存在的问题，这有利于及时修正可能存在的设计疏漏。其次，有效的反馈渠道带给了职工更大的参与权利，可以在一定程度上缓解一味接受的被动状况，在主观上也会给职工带来积极的心理体验。

第五，积极寻求森工企业的发展。在坚持生态优先、合理经营的原则下，通过发展林下经济、森林旅游等多种产业，盘活林业资产，使林业企业焕发新的活力，为减缓福利排斥问题提供经济基础。森工企业的部分福利排斥来源于资金总量不足，只有利用发展的边际部分才能从根本上解决历史遗留问题。

第四章

天然林停伐政策对重点国有林区职工福利的影响分析[①]

自新中国成立以来，重点国有林区始终是国家重要的生态屏障和木材及林产品战略生产储备基地（刘于鹤，2016），对于国家生态安全、经济和社会可持续发展有重要意义，也为国家经济和社会发展做出了重大贡献。但是对森林资源的长期掠夺式采伐和开发建设，导致了林区森林可采资源日渐减少，森林资源质量下降，林区社会经济发展迟缓，造成重点国有林区森林资源危机、经济危机和人才危机的"三危"问题（董智勇，1988）。为了摆脱"三危"困境，国家以不断提出相关政策法规、进行体制改革等方式来改善此种局面。从1998年开始实施的天然林保护工程，到2014年开始实施天然林全面停伐政策，再到2015年开始实施的国有林区改革，这一系列举措在提高和恢复林区森林资源质量、改善林区生态环境的同时，也会对林区职工的民生发展问题造成一定的影响。

2018年9月，习近平总书记在对东北三省进行实地调研时强调："要着力做好国有林区、资源枯竭城市职工安置工作，抓好棚户区改造，保障好城乡生活困难人员基本生活，确保养老金按时足额发放，确保按时完成脱贫任务，让人民群众共享经济社会发展成果。"（新华社，2018）重点国有林区作为国家发展过程中的重要助推力，党和国家也一直高度重视重点国有林区的民生问题，致力于改善重点国有林区职工的收入、就业、社会保障和居住等多方面的条件。国家为了改善林场职工的居住条件，保障职工的居住福利，于2008年开始实施棚户区改造工程，并设立专项基金用于保障林区职工的基本生活；国家颁布相关的经济转型规划，为林区创造更多的就业机会，提供更多的就业岗位，健全

① 本章著者：夏天超、柯水发。本章摘自夏天超硕士毕业论文，略有改动。夏天超的硕士毕业论文系在国家社科基金项目（19BGL161）的资助下完成。本章研究也得到了国家林业和草原局与东北林业大学联合组织开展的"东北国有林区民生监测"项目的支持，特别致谢！

林区社会保障制度，改善林区职工的福利水平，促进国有林区的发展。

自 2014 年 4 月 1 日，原国家林业局和财政部正式颁布了天然林全面停伐政策，该政策首先以黑龙江省国有林区为试点实施。2015 年 4 月 1 日起，东北、内蒙古重点国有林区实施了天然林全面停伐政策。天然林全面停伐政策的实施，对于恢复和保护森林资源、改善森林质量、维持森林生态系统的稳定性和森林可持续经营等方面确实有重要作用（张兴华，2014），但其也不可避免地会对国有林区职工的日常生产生活带来影响，原有的福利水平受损。天然林全面停伐政策造成了林区企业经济效益下滑，富余人员增加（张宇崴，2014），林区职工面临下岗或转岗的风险，尤其是一线从事木材采伐、运输的工人会因下岗而失去家庭收入的主要来源；以木材和木材剩余物为原料的木材加工企业由于缺少原材料会对自身产业发展造成沉重打击，其下属职工的就业和收入也会受到影响。大木头经济式的局面使得林区长期积累的债务问题凸显，林区在就业、养老保险、医疗卫生等方面都面临较为突出的民生保障问题（唐忠等，2019），林区发展面临一系列困难和挑战。重点国有林区职工作为全面停伐政策的重要参与主体之一，其福利水平状况不仅对林区的经济社会发展起着举足轻重的作用，也是用来衡量和反映天然林全面停伐政策实施效果的重要指标，研究天然林全面停伐政策对林区职工产生的影响有重要的理论和现实意义。

现有文献大多数集中于天然林全面停伐政策对职工家庭生计带来的影响，一定程度上为研究天然林全面停伐的政策效应奠定了重要基础。朱洪革、柴乐等（2017）在对重点国有林区的实地调研的基础上发现了重点国有林区职工家庭的物质资本、人力资本、金融资本等生计资本之间存在严重的不平衡现象。不少学者在研究停伐政策对职工家庭带来的影响时，对林区居民家庭户主和配偶从事单位进行划分，韩竺君、刘风平（2016）在研究龙江森工集团职工家庭收入变化时发现，天然林全面停伐政策实施后，不同企事业单位就业的职工家庭收入差距不断扩大，在国有单位工作的居民家庭收入受影响程度最低；朱洪革等（2019）采用双差分模型发现天然林全面停伐政策对家庭成员在不同单位的林区居民家庭影响不同。

因此，本章将聚焦于福利视角，探究天然林全面停伐政策实施后，对不同职业类型的重点国有林区职工所带来的影响，系统全面地研究政策对收入、就业、社会保障等民生方面产生的福利变化，具体构建停伐政策对职工福利的影响机制，以期为提高东北国有林区职工的福利提供针对性的建议和举措，更好地推进天然林全面停伐政策的落实与实施，促进重点国有林区的可持续发展。

第一节 分析框架与研究假说

一、分析框架

本研究主要是通过理论分析、计量分析和案例分析来探究天然林全面停伐政策对职工福利的影响，回答本研究的问题，得出研究结论，并根据结论提出合理、有针对性的对策建议，以期改善林区职工的福利，推动林区可持续发展。具体的分析框架如图 4-1 所示。

二、天然林全面停伐政策的作用机理

在对森林资源进行开发和利用的过程中形成了一个产业链，产业链的不同阶段构成了一个有机整体。林业产业链上段是木材砍伐阶段，中段是木材运输阶段，下段是木材加工阶段。天然林全面停伐政策实施后，对林业产业链不同阶段的职工都造成了严重的影响。基于前文及相关文献梳理，本研究初步构建天然林全面停伐政策的作用机理，如图 4-2 所示。

天然林全面停伐政策作为一项社会性规制政策，通过政府对森林资源采伐的限制，改善森林生态环境，提高社会生态效益，对林区职工带来正外部效应，减少林区加工产业环境污染。天然林全面停伐政策的实施，使得重点国有林区长期以来形成的木材采运体系消解，以木材采伐为工作重心的森工企业盈利骤降，主营业务收入下降（唐忠等，2019）。国有林区原有的机构设置和人员配备等方面发生改变，企业还肩负着一定的社会职能，承担社会性支出和管理费用支出，面临着严重的资金不足局面（王慧，2015），导致相关职工，尤其是一线采伐运输工人面临下岗或转岗的局面，失去收入来源（朱震锋等，2014）。相较于管理人员和专业技术人员，采伐运输因其自身专业的特殊性，天然林全面停伐政策的实施可能对其影响较大。采运体系的消解也直接阻断了以木材为原材

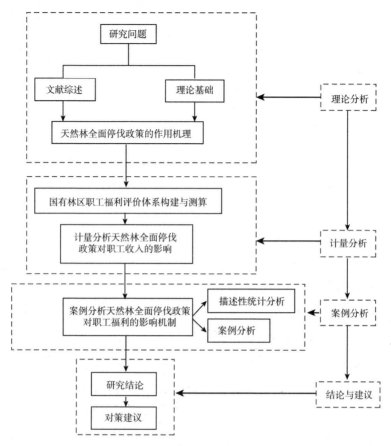

图 4-1 分析框架

料的木材加工企业和以木材剩余物为原材料的加工企业的正常生产经营，使其失去本地价美质优的木材原料的供给，对木材加工企业造成巨大冲击，影响林区产业发展（付存军等，2014）。木材加工企业的生产经营因此陷入困境，加之进口原材料的价格高于预算成本，一些无法成功渡过难关的木材加工企业面临停产倒闭的境地（邹玉友等，2019），木材加工工人被迫失业，收入明显下降。大木头经济式的局面使得林区长期积累的债务问题以及林区在就业、养老保险、医疗卫生等方面的民生保障问题凸显，短时间内，对职工，尤其是采伐运输工人和木材加工工人的就业、收入带来较为严重的负向影响（唐忠等，2019），影响林区职工的福利水平。

基于上述局面，中央和林区企业都采取积极的措施来应对停伐政策所带来的影响。一方面，政府提供天然林保护工程财政专项补助，根据停伐产量对企

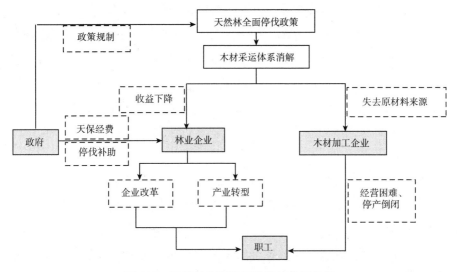

图 4-2　天然林全面停伐政策的作用机理

业提供专项停伐补贴，减缓天然林全面停伐政策对整个林区的冲击。中央适当调整天保工程专项资金，保障企业和职工的权益，林区企业的经营主要依靠天保资金和停伐补助来维持（赵荣等，2019）。另一方面，企业主要从企业改革和产业转型两条路线来应对天然林全面停伐政策对企业和职工带来的外部影响。通过企业改革，企业对组织机构进行重组新设，削减非必要部门和开支，提供新的就业岗位，提高林区职工的收入水平，改善林区民生状况。通过产业转型，企业积极发展替代产业，调整经济结构和发展方式，加快发展森林旅游、森林食品等绿色富民产业，促使产业转型成为安置职工、增加收入的现实选择（唐忠等，2019），林区新兴替代产业逐渐发展，向非林产业和林下经济产业转移，对职工的福利产生影响（邹玉友等，2019）。但由于部分林业局还处于产业转型初期，还未产生经济效益（赵荣等，2019），职工的部分福利情况未得到有效改善。通过上述方式，政府和企业积极采取相关措施，提供就业岗位，改善林区下岗或转岗职工的就业情况，抵消停伐政策实施初期对企业和职工的福利带来的负向影响，提高林区职工的收入水平，改善就业状况，促进林区的稳定发展。

三、研究假说

假说 1：在天然林全面停伐政策实施后，短期内重点国有林区职工的收入、消费、社会保障和基础设施服务等方面的福利水平会有所下降。

天然林全面停伐政策实施后，短时间内，以采伐木材为主营业务收入的森工企业的盈利骤减，企业的效益与职工的收入有直接联系，企业效益降低会导致职工的收入下降，进而影响职工的消费支出和结构，林区职工的福利体系受损，部分一线采伐运输工人和木材加工工人的就业前景不明。此外，一些依靠企业效益维持的道路等公共基础设施由于缺乏资金无法继续养护和修缮，降低了林区职工的福利水平。

假说 2：天然林全面停伐政策短期内对重点国有林区职工的收入产生负向的影响，并且对采伐运输工人和木材加工工人的收入影响波动程度大于对管理干部的收入影响。

通过文献综述和作用机理的梳理发现，天然林全面停伐政策会对与木材采伐直接或间接相关的职业影响程度较高，尤其是采伐运输工人和木材加工工人，他们的就业受到直接影响，是利益受损较为严重的微观主体。而管理人员收入虽然在企业效益下降的同时也受到影响，但其收入的波动程度远低于采伐运输工人和木材加工工人的收入波动程度。对于此，政府和企业也采取了相关的激励手段，提高职工的收入、就业、社会保障等方面的福利水平，抵消停伐政策带来的负向影响，以期扭转为正向的福利影响。

假说 3：天然林全面停伐政策会对企业的运营发展产生影响，进而对职工的福利产生影响。

重点国有林区的企业既是森林资源的使用者和管理者，又是员工福利的保障者，森林资源保护利用对职工福利、生活水平有重要影响。职工的福利与企业的发展息息相关。天然林全面停伐政策的实施导致林业企业的木材砍伐量骤降，加之缺乏政策、资金的有效支持，企业的效益和发展受到影响，进而对职工的收入、就业等方面带来影响。而林产加工企业由于缺乏木材原材料，加之生产成本增加、缺乏政策和资金支持等因素，面临转型或倒闭的境地，其所属职工的福利水平也会产生影响。

第二节 重点国有林区职工福利评价体系构建与测算

本节将主要运用熵值法测算林区职工 2014 年至 2017 年的福利状况，探究林区职工在天然林全面停伐政策实施前后的福利变化情况。

一、福利指标的构建

阿玛蒂亚·森考虑到个人异质性、环境和社会因素会对不同群体和个人的福利产生差异，所以，他并没有提供完整的可行能力清单，但提供了五种不同类型的工具性自由，即政治自由、经济条件、社会机会、透明性保证和防护性保障（Amartya Sen，2002）。本研究基于阿玛蒂亚·森的此种福利分析范式，结合福利经济学的相关知识，从这五个维度选取相关指标来构建重点国有林区职工福利的评价体系（具体见表 4-1），以期更好地衡量天然林全面停伐政策前后，林区职工福利水平的变化情况。

表 4-1 重点国有林区职工福利评价体系

维度	指标	具体指标
政治自由	行政服务	对所在林业局行政服务满意度
经济条件	收入	人均收入
	消费	人均消费支出
社会机会	医疗保健	距离家最近的医疗机构的距离
	交通职业	离最近硬化公路的距离
	技术培训	参加职业技术培训的途径
透明性保证	贷款	贷款方式

续表

维度	指标	具体指标
防护性保障	居住条件	建筑面积
	社会保障	是否缴纳五险
		享受低保补助金额、政府其他补助金额、社会保障方面的满意度
其他因素	个人特征	文化程度
		健康状况
	环境因素	周围环境污染情况

（一）政治自由

政治自由是指人们拥有的确定应该由什么人执政而且按什么原则来执政的机会，也就是人们通常所称的公民权利（Amartya Sen，2002）。本研究选取了行政服务方面的指标来代表重点国有林区职工的权益状况，具体对应的是"对所在林业局行政服务满意度"。

天然林全面停伐政策是重点国有林区改革的一部分，通过职工主观评判对所在林业局的行政服务满意度，可以侧面反映国有林区改革的执行力度和行政服务水平。这个指标一定程度上表明职工可以自由表达自己的意愿和想法，监督林业局的行政服务水平和力度。各森工企业集团的林业局尽力畅通职工表达意愿的渠道，最大化地满足职工的利益诉求，改善职工的政治权益。

（二）经济条件

经济条件是指个人分别享有的为了消费、生产、交换的目的而运用其经济资源的机会。一个人所拥有的或可运用的资源以及交换条件决定了其经济权益的水平（Amartya Sen，2002）。通俗来说，是指个体拥有的经济资源的多寡。本研究选取了收入和消费两个方面，具体通过表中的"家庭总收入/家庭总人口"和"家庭总支出/家庭总人口"计算获得。

1. 收入。收入是反映经济资源多寡的最直接的指标之一，也是测度福利水平的经典指标之一。高进云（2007）、马贤磊（2012）、黄蕾等（2016）在测度农民福利水平时，都将收入作为衡量福利的指标之一，收入越高，其福利水平也就随之越高。收入是满足人们日常基本生活需求的来源，天然林全面停伐政策的实施确实导致部分职工下岗，失去主要收入来源（朱震锋等，2014），一线采伐运输工人的收入减少，但对于林下经济为家庭收入主要来源的部分家庭来说，由于受停伐的影响较小，避免了陷入生计困境（朱洪革、胡士磊，2016），收入波动水平不大。天然林全面停伐政策确实对不同职业类型的职工收入带来了不同程度的影响。为此，本研究选择了收入水平作为衡量重点国有林区职工福利水平的指标之一。

2. 消费。阿玛蒂亚·森的可行能力理论没有将效用纳入福利评价体系，但实际上从收支角度来看，收入如果被储蓄而没有被消费的话，并不能带来实际的效用，只有消费了才能产生相应的效用，提升自身的实际福利水平。孙思博钰等（2019）在研究重点国有林区职工家庭福利时将生活消费支出纳入经济条件的衡量，作为客观指标反映林区职工的福利水平。由于一些林区的社会保障体系不够完善，对一些收入较高的林区管理干部阶层来说，他们会将一部分收入储蓄起来，用于子女的教育、买房、预防疾病等情况，这样并不能提高福利水平，反而会降低职工的福利水平。此外，天然林全面停伐政策的实施为重点国有林区职工的收入和消费带来新变化，一些林区职工在面临下岗或转岗的境地时，会选择加入食用菌种养殖等林下产业，这需要投入一定的生产资料，影响家庭消费指标的变化（邹玉友等，2019）。因此，本研究将消费这一指标纳入重点国有林区的福利评价体系。

（三）社会机会

社会机会是指在社会教育、医疗保健以及其他方面所施行的安排，其影响个人赖以享受更好的生活的实质自由（阿玛蒂亚·森，2002）。个人在此方面所享有的选择机会对个人的生活（健康、疾病等方面）和参与经济政治活动都有重要的影响。人们的就业机会，接受医疗、培训的机会越多，表明社会发展能力越强，获得的福利就越高（顾婷婷、严伟，2014）。本研究选取了医疗保健、交通和职业技能培训三个方面来构建重点国有林区职工的福利评价体系。

1. 医疗保健。家与最近的医疗机构的距离反映了职工所在县市的医疗保健的可获得性、可供选择的机会。在调研过程中，许多职工反映距离医疗点太远，医疗卫生服务水平低、无法及时解决疾病等问题，影响职工医疗机构选择的自由程度。根据 2018 年的林改监测数据，54.47% 的职工离医疗机构的距离小于 1 千米，28.86% 的职工离医疗机构的距离在 1 千米~3 千米之间，7.78% 的职工离医疗机构的距离在 3 千米~8 千米之间，甚至还有 8.89% 的职工离最近医疗机构的距离超过 10 千米，反映了林区职工医疗保健的可获得性确实存在差异，影响自身的福利状况。

2. 交通。林区由于处于较为偏远的地区，资金缺乏，道路无法得到较好的修缮和维护，严重影响林区森林资源的管理和人们的日常生活。林道作为对森林资源进行管理的重要必经道路，其正常运营具有重要意义。对林区职工来说，泥泞不堪的道路也会对自身的安全具有潜在的危险性。根据 2018 年的林改监测数据，90.51% 的职工离硬化道路的距离较近，但还有接近 10% 的职工交通状况较差，存在安全隐患。

3. 职业技能培训。参与职业培训是提高职工就业能力的指标，对林区职工的福利产生影响（孙思博钰等，2019）。天然林全面停伐政策实施后，很多职工面临下岗或转岗的境地，由一线采伐运输岗位转岗到护林员、导游等岗位，岗位所需的技能和职工能力存在差异，短时间内无法直接胜任。此时，制度化的技能培训保障了职工掌握更全面的技能和拥有更多的社会机会（杨帆，2018）。参与职业技能培训的职工，能够提升关于森林抚育、管护、自主创业等方面的职业技能水平和能力，提高工作的积极性和胜任能力，更好地适应就业岗位来改善自身的就业现状。职业技能培训也是林区职工福利水平的重要表征。因此，本研究将医疗保健、交通和职业技能培训纳入衡量重点国有林区职工的福利评价体系之中。

（四）透明性保证

透明性保证是指在保证信息公开和明晰的条件下自由地交易，满足人们对公开性的需求（阿玛蒂亚·森，2002），是工具性自由的重要范畴。本研究选取了贷款方式作为衡量重点国有林区职工福利的指标。

透明性保证对防止腐败和私下交易具有重要的作用（汤剑波，2002）。天然林全面停伐政策实施以后，部分下岗或者换岗职工的就业、收入和社会保障受到影响，承担了部分无形成本。一些从事林下经济的职工由于缺少资金支持，承受风险程度高，会选择以贷款的方式来解决自己短暂性的资金链短缺，改善自己的收入状况。贷款方式对于改善职工收入情况至关重要。职工通过抵押贷款或是信用贷款等不同信用等级下的贷款方式，一定程度上说明了贷款的灵活性，保证职工在有资金需求时，可以根据明晰的条件来自由交易，缓解资金紧张问题。

（五）防护性保障

防护性保障，指由国家或社会为处于受损害边缘的群体提供的资金、服务和发展机会的安全网制度（姚进忠，2018），包括基本的生活保障和社会福利保障（邹玉友等，2020），主要包括失业救济等固定的制度性安排和临时应需而定的安排。本研究选取了居住条件和社会保障两个方面来构建福利评价体系指标。

1. 居住条件。居住条件是衡量居民福利水平的重要指标之一，存在正向的影响关系（顾婷婷、严伟，2014），即居住条件越好，职工的福利水平就越高。居住面积和环境是居住条件的具体表现（邹玉友等，2020）。在现行的经济体系运行中，重点国有林区的一些采伐运输工人等由于全面停伐政策的实施，收入短时间内骤降，对生活产生了不利影响。为了防止这些职工遭受伤害，就需要防护性保障来稳定职工的福利水平。对重点国有林区的职工来说，特别是棚户区改造工程的实施，解决了一些低收入职工"住有所居"的问题。林区职工住房需求是其他生活保障的基础，只有住房需求得到保障，林区职工才能更好地追求就业等其他方面的生活保障。而且，已有研究表明，较差的居住条件会严重影响职工的健康和生活满意度（俞林伟，2016）。

2. 社会保障。社会保障包括五险的缴纳和政府救济方面的相关指标。孙思博钰等（2019）将缴纳基础的养老保险和医疗保险的指标纳入衡量林区职工福利的评价体系中，社会保险的缺失会降低职工抵御风险的能力和福利水平（张广胜等，2016）。天然林全面停伐政策实施后，一些职工的基本医疗保险和养老保险出现断保的现象，其基本的社会保障权益无法得到满足，因此可以通过"是否缴纳五险"来评判社会保障方面的变化。除了对收入变化进行研究，通过对其所获得的低保补助金额和政府其他补助（救济金、抚恤金）金额的变化，可以衡量近几年职工福利水平变化。邹玉友（2020）研究发现国有林区收入满意度与社会保障满意度息息相关。职工是推动林区发展的主体，其对社会保障方面的主观感受，即满意度侧面反映了职工的福利保障水平，满意度越高，其追求更高福利水平的动力越强。因此，选取了这两个方面的相关指标来构建林区职工的福利评价体系。

（六）其他因素

个人的异质性、环境的多样性和社会因素对不同群体的职工福利会产生差异（阿玛蒂亚·森，1997）。本研究从个人特征和环境多样性方面选取了相关指标来更加全面地衡量重点国有林区职工的福利水平。

1. 个人特征。教育水平对个人的福利水平有显著的影响（王冰、钟晓华，2014；方福前、吕文慧，2009）。一般而言，个人的受教育水平越高，其流向社会上层的可能性越高（杨帆，2018），享受到高水平福利的可能性也越大（白描、吴国宝，2017）。健康状况也是影响职工福利水平的重要因素（孙思博钰等，2019），身体健康状况是影响福利的重要指标（Sen，1997）。考虑到林区一些与森林密切相关的岗位的特殊性，往往需要进行高强度的体力劳动，因此，个体的健康水平会影响个人的劳动力效率，影响职业的发展，进而对自身福利产生影响。林区职工由于长期从事砍伐作业，体力消耗巨大，身体负担较重，并且男性的劳动能力，尤其在体力劳动方面比女性更强（王冰、钟晓华，2014）。因此，本研究选取了性别、年龄、文化程度和健康状况作为测度重点国有林区职工福利水平的重要指标。

2. 环境的多样性。自然环境也是衡量福利水平的又一重要因素（顾婷婷、严伟，2014），自然环境越差，人们享受的福利水平自然越低。天然林全面停伐政策的实施，虽然打破了国有林区职工原有的福利体系，一些职工的就业受到冲击，但他们同时也是生态福利的受益者。停伐政策实施后，空气净化、水质清澈等环境也会对职工的生活状态有所改善。职工对周围环境污染情况的认知，侧面反映了职工的生态福利变化。

根据上述的指标选取，对指标进行具体的赋值，情况如下（见表4-2）：

表 4-2 重点国有林区福利体系的具体指标赋值情况

序号	具体指标	指标赋值
X_1	对所在林业局行政服务满意度（+）	非常不满意＝1；不满意＝2；一般＝3；满意＝4；非常满意＝5
X_2	人均收入（+）	家庭总收入/家庭人口规模（元）
X_3	人均消费支出（+）	家庭总支出/家庭人口规模（元）
X_4	距离家最近的医疗机构的距离（-）	<1千米＝1；1千米~3千米＝2；3千米~5千米＝3；5千米~10千米＝4；>10千米＝5
X_5 X_6	家离最近硬化公路的距离（-） 是否参加职业技能培训（+）	<1千米＝1；1千米~3千米＝2；3千米~5千米＝3；5千米~10千米＝4；>10千米＝5 是＝1；否＝0
X_7	贷款方式（+）	无贷款＝1；抵押贷款＝2；信用贷款＝3
X_8	建筑面积（+）	家庭常住房屋的建筑面积（m^2）
X_9	是否缴纳五险（+）	是＝1；否＝0
X_{10} X_{11}	享受低保补助金额（+） 政府其他补助金额（+）	享受的低保补助金额（元） 政府救济金、抚恤金等补助金额（元）
X_{12}	社会保障方面的满意度（+）	非常不满意＝1；不满意＝2；一般＝3；满意＝4；非常满意＝5
X_{13}	受教育水平（+）	文盲或半文盲＝1；小学及小学以下＝2；初中＝3；高中或中专＝4；本科或大专＝5；研究生及以上＝6
X_{14}	健康状况（+）	非常差＝1；较差＝2；一般＝3；较好＝4；非常好＝5
X_{15}	周围环境污染情况（+）	严重＝1；较严重＝2；一般＝3；基本无污染＝4；没有污染＝5

注：（+）表示正向指标，其值越大，福利水平越高；（-）表示负向指标，其值越大，福利水平越低。

二、评价方法与数据来源

熵值法被较多学者用来测量福利水平。贾晶（2015）、陈昌云等（2020）以及邹一南和崔俊富（2020）均采用熵值法的方式构建与测算城市居民福利水平。本研究在对重点国有林区职工的福利评价体系进行测算时采用的赋权方法也是熵值法，是一种较为客观的赋权法。一般来说，对于某项具体指标，其指标信息熵越大，说明其变异程度越小，能提供的信息量越小，对应的权重也越小；指标的信息熵值越小，其变异程度越大，提供的信息量越多，权重也就越大，在综合评价中所起的作用也越大。熵值法的具体计算步骤如下：

为了消除指标正负向和指标量纲的影响，对数据进行标准化处理。

$$正向指标标准化公式：X_{ij}^* = \frac{X_{ij} - min\, X_{ij}}{max\, X_{ij} - min\, X_{ij}}$$

$$负向指标标准化公式：X_{ij}^* = \frac{max\, X_{ij} - X_{ij}}{max\, X_{ij} - min\, X_{ij}}$$

两式中，X_{ij} 表示原始数据，即第 i 个重点国有林区职工的第 j 个指标的数据值（i=1，2，…，m；j=1，2，…，n），$max\, X_{ij}$ 表示数据的最大值，$min\, X_{ij}$ 表示数据的最小值，X_{ij}^* 表示指标标准化处理的结果。

1. 计算各项指标的信息熵

第 j 项指标的信息熵值 $E_j = -k \sum_{i=1}^{n} y_{ij} In\, y_{ij}$ ，

其中，$k = \frac{1}{\ln(n)}(k > 0)$ ，$y_{ij} = \frac{X_{ij}^*}{\sum_{i=1}^{n} X_{ij}^*}$ （ $0 \le y_{ij} \le 0$ ）

2. 计算各项指标的权重

第 j 项指标的权重 $W_j = \frac{1 - E_j}{\sum_{j=1}^{m}(1 - E_j)}$

3. 计算各项指标的综合评分

第 i 个重点国有林区职工的综合评价值 $S_i = \sum_{j=1}^{m} W_j * X_{ij}^*$

通过一系列的计算步骤最终得出 2014 年至 2017 年重点国有林区职工的福利

评分，S_i 值越大，说明该职工的福利水平越高。最后，通过计算每年重点国有林区职工的综合评价值的平均值 S 来分析 2014 年至 2017 年重点国有林区职工的福利状况和变化情况。

三、福利测算结果与分析

按照上述熵值法的计算步骤，计算出所选各项指标的权重如表 4-3 所示。贷款方式（X_7）的权重在 2014 年至 2017 年间最高，是否参加职业技能培训（X_6）的权重次之，其余各项指标所占权重相差较小，较为平均，处于低水平。不同指标的权重差异对综合评分所起的作用也存在差异。

表 4-3 福利各项指标的权重

指标	2014	2015	2016	2017
X_1	0.013	0.009	0.005	0.005
X_2	0.047	0.034	0.027	0.022
X_3	0.050	0.056	0.065	0.047
X_4	0.012	0.011	0.009	0.011
X_5	0.005	0.002	0.002	0.005
X_6	0.263	0.252	0.243	0.220
X_7	0.420	0.409	0.326	0.350
X_8	0.005	0.003	0.014	0.056
X_9	0.012	0.007	0.025	0.018
X_{10}	0.008	0.281	0.201	0.155
X_{11}	0.095	0.114	0.037	0.058
X_{12}	0.020	0.017	0.013	0.015
X_{13}	0.011	0.010	0.008	0.008
X_{14}	0.020	0.015	0.013	0.015
X_{15}	0.019	0.033	0.011	0.015

数据来源：根据林改监测调研数据计算得出。

根据计算出的权重和数据标准化处理后的结果，得出重点国有林区职工各项指标的综合评分，由于综合评分数值较小，为了便于比较，本研究将综合评分数值乘以100得到表4-4。

表4-4　重点国有林区职工福利综合评价

	2014	2015	2016	2017
X_1	0.94	0.62	0.33	0.36
X_2	3.62	2.64	2.12	1.67
X_3	3.03	3.55	4.61	3.38
X_4	0.11	0.10	0.08	0.11
X_5	0.02	0.01	0.01	0.02
X_6	8.64	6.53	5.58	7.13
X_7	0.51	3.97	3.57	4.12
X_8	0.00	0.00	0.02	0.06
X_9	0.56	0.61	1.09	0.83
X_{10}	0.00	0.31	0.18	0.06
X_{11}	0.03	0.03	0.01	0.01
X_{12}	1.13	0.78	0.74	0.89
X_{13}	0.64	0.60	0.49	0.50
X_{14}	1.22	1.00	0.81	0.96
X_{15}	1.33	1.31	0.68	0.90
综合得分	17.7	11.5	15.7	18.3

数据来源：根据林改监测调研数据计算得出。

从表4-4可以看出，第一，2014年至2017年间，重点国有林区职工的医疗机构的可获得性（X_4）、马路等交通设施的可获得性（X_5）、居住条件（X_8）和政府其他补助金额（X_{11}）方面的福利水平几乎没有什么变化，一直处于低水平状况，一定程度上可以说明重点国有林区职工在医疗、交通、住房等基础公共设施方面所享受的福利水平较低，林区基础公共设施落后，无法满足职工的生活需求。第二，林区职工对林业局行政服务的满意度（X_1）、参与职业培训技能的机会（X_6）、对社会保障的满意度（X_{12}）和周围环境污染情况（X_{15}）的综合评分呈现先下降后上升的趋势，且2014年至2016年间下降，2017年四项指标的综合评分开始逐步缓慢回升，这表明重点国有林区林业局的行政服务水平、对职工的社会保障力度和环境污染治理力度不够，职工的满意度不高，有待提高。但后续的福利水平改善情况说明政府和各地林业局在意识到自身问题时，及时妥善地采取相关措施来改善当前面临的困境，以期提高职工的福利状况，提升职工的幸福感。职工参与职业技能培训的机会较多，可以通过自主参与教育机构的职业技能培训或者林业局和当地人社局举办的定期职业技能培训来提高自身的职业素养和能力，更好地从事相关工作。第三，林区职工的人均消费支出（X_3）、贷款方式（X_7）、养老保险、医疗保险等五险的缴纳（X_9）和低保补助金额（X_{10}）处于波动状况，职工的贷款满意度自2015年大幅度提升，一定程度上说明职工贷款环境的改善，职工通过抵押或者信用贷款的方式来获取资金用于创业或其他方面，创造利润空间，提高自身的收入水平。其他指标的综合评分波动较小，整体处于平稳状态。第四，林区职工的收入满意度2014年至2017年间一直处于下降状态，说明职工的收入一直是重点国有林区面临的最大问题，也是职工福利受损最为严重的方面，政府和企业应采取相关措施，及时有效地应对职工收入水平低下的问题，提高职工的收入水平，改善职工的福利状况。

总的来说，2014年至2017年间，重点国有林区职工的福利水平处于先下降后上升的状态。2015年，职工的福利水平有所下降，但2016年开始，福利的综合评分开始稳步上升，表明天然林停伐政策实施后，重点国有林区职工的福利水平确实会有暂时的下降，但后续根据国家和各地林区通过的相关政策和资金支持、产业转型等相关措施，改善了职工的民生困境，提高了职工在享受行政服务、消费、社会保障等方面的福利状况。由于数据的可获得性和政策效应的滞后性，2014年至2017年间的数据显示，重点国有林区职工的收入福利水平一直处于下降状态，但根据后续实地调研情况，近两年，职工的收入都有不同程度的提升，国家和林业局采取的措施对职工的收入有一定的促进作用。

因此可以看出，天然林全面停伐政策实施后，重点国有林区职工的交通、医疗机构等基础公共设施、居住条件以及政府其他补助金额方面的福利水平几乎没有发生变化，一直处于低水平状态；享受的行政服务、社会保障满意度、健康状况的福利水平短时间内呈现先下降后上升的趋势；消费、贷款方式、社会保险的缴纳、享受低保补助金额等社会保障方面短时间内有所上升而后呈现波动发展的趋势；只有收入方面的福利水平一直处于下降状态。由此可见，天然林全面停伐政策实施前后，重点国有林区职工的福利的不同方面的变化情况存在差异，假说 1 未得证。

第三节　全面停伐政策对职工收入的影响分析：
基于双重差分模型的验证

根据第二节的研究结果，停伐后林区职工在收入方面的福利水平一直处于下降状态。基于此，本节采用双重差分模型来验证天然林全面停伐政策是否降低了林区职工的收入水平，对不同职业类型职工带来的影响是否存在差异性。

一、变量的选取

本研究选取的被解释变量是家庭人均收入情况。根据林改监测项目中"家庭总收入/家庭人口规模"得出。此种方式隐含了家庭人口规模对收入的影响（朱洪革等，2019）。工资性收入、经营性收入、转移性收入等多种收入来源组成了家庭总收入。重点国有林区职工大多以林为生，工资性收入是林区职工的主要收入来源（朱震锋等，2014），并且停伐后也有部分职工家庭从事农业或者林下经济种养殖等其他自营经济作为经营性收入的来源渠道。天然林停伐政策实施后，部分下岗和转岗职工获得停伐补贴、森林抚育补贴等转移性收入（赵荣等，2019）。总体上，职工的家庭收入不仅仅是工资发生改变，经营性收入等其他方面也会产生变化。因此，本研究选取了职工的家庭人均收入作为被解释变量进行具体的模型估计。

解释变量即为时间虚拟变量、政策虚拟变量和时间虚拟变量与政策虚拟变量的交互项。天然林全面停伐政策并不是在内蒙古和东北地区同时实行的，是于2014年4月1日先在黑龙江国有林区试点推行，而后2015年4月1日在东北、内蒙古所有重点国有林区全面实施的，故政策的实施点设为2015年，2014年为天然林全面停伐政策实施之前的时期，2015年、2016年和2017年为天然林全面停伐政策实施之后的时期。本研究处理组和对照组的分界依据借鉴了朱洪革（2019）在研究全面停伐政策对居民家庭收入影响时设立的分组标准，根据不同林业局的原木产量分布选取合适的临界值，将临界值以上的林业局职工设为处理组，即对原本木材产量较大的林业局来说，木材禁伐使原木产量降幅很大，停伐政策对其影响相对较大；将临界值以下的林业局职工设为对照组，即对原本木材产量很少的林业局来说，其受停伐政策的影响相对较小，木材禁伐并不影响林业局职工的福利和生活水平。2014年的《中国林业和草原统计年鉴》数据显示，林改监测项目中的12个林业局的原木产量为0立方米到9.63万立方米不等，本研究选取中间值5万立方米作为临界值，将原木产量大于5万立方米的林业局所属职工设为处理组，将原木产量小于5万立方米的林业局所属职工设为对照组，以此来探究天然林全面停伐政策对重点国有林区职工收入带来的变化，验证停伐政策短期内是否对林区职工的收入带来负向的影响。根据本研究选取的原木产量临界值5万立方米，在2014年，处理组和对照组的家庭人均收入分别为2.09万元和2.10万元，几乎相近；但在2015年，处理组的家庭人均收入相较于2014年明显低于对照组，降幅也明显存在差异，一定程度上说明了选取5万立方米作为分组临界值的合理性。本研究关注的是时间虚拟变量和政策虚拟变量的交互性系数，它反映了天然林全面停伐政策实施前后，重点国有林区职工的收入变化情况。

本研究选取的控制变量是性别、年龄、受教育水平、职业类型、健康状况等个人特征指标，除此之外，还包括家中是否有人在其他企事业单位上班、家庭人口规模和是否参加职业技能培训指标。个人特征如性别、年龄、文化程度和健康状况等指标，其对收入的影响呈显著的相关关系（张少鹏等，2019；朱洪革等，2019），年龄越大，受教育水平越高，往往职工的收入也越高（李海玲，2015），此外，男性的收入往往高于女性（王诗婷，2020）。职业类型的不同，其对行业发展了解的信息多少，收入来源的方式都会存在差异（王慧，2015），影响职工的收入水平，并且可以通过此变量的设置来反映天然林全面停伐政策对管理人员、一线采伐运输工人、专业技术人员等不同类型职工的收入产生的影响。（朱洪革等，2019）研究发现家中有来自其他企事业单位上班的成员的家庭人均收入会高于家中没有在其他企事业单位上班的成员的收入，会对职工的家庭人均收入产生影响。职业技能培训作为林区职工发展机会能力的一项重要指标，其对职工的收入具有显著的正向关系（张少鹏、朱洪革，2019），促进林区职工收入水平的提高。因此，本研究选取上述指标作为影响林区职工收入的控制变量。具体的计量实证变量如表4-5所示。

表4-5　计量实证变量选取

	变量名称	变量定义
被解释变量	家庭人均收入	家庭总收入/家庭人口规模
解释变量	时间虚拟变量	是否来自停伐后的时期，是 = 1；否 = 0
	政策虚拟变量	重点国有林区职工是否为处理组，是 = 1；否 = 0
	交互项	政策虚拟变量和时间虚拟变量的乘积
控制变量	性别	男 = 1；女 = 0
	年龄	实际年龄
	受教育水平	文盲或半文盲 = 1；小学及小学以下 = 2；初中 = 3；高中或中专 = 4；本科或大专 = 5；研究生及以上 = 6
	职业类型	对管理人员或干部、采伐运输工人、木材加工工人和其他职工分别设置虚拟变量，是 = 1；否 = 0
	健康状况	非常差 = 1；较差 = 2；一般 = 3；好 = 4；非常好 = 5
	是否参加职业技能培训	是 = 1；否 = 0
	家庭人口规模	家庭成员数量
	家中是否有人在其他企事业单位上班	是 = 1；否 = 0

二、模型设定与数据来源

双重差分模型（DID）是研究政策效应的一种常见的方法，可以探究政策对处理组带来的净影响。阿莱米（Farzad Alemi）（2018）运用 DID 模型研究发现旧金山停车定价法案的实施使当地平均停车搜索时间显著降低；苏冬蔚和连莉莉（2018）、吴培（2020）通过构建 DID 模型发现绿色金融政策显著提高了绿色企业的投资水平，增加了投资支出。双重差分模型被国内外学者广泛运用于各个领域，是政策效应评估的有效方式。因此，本研究采用双重差分模型评价天然林全面停伐政策对国有林区职工的影响。上一节的结果表明，停伐政策实施前后，职工的收入福利水平在短期内持续下降。本节主要研究天然林全面停伐政策对重点国有林区职工收入水平带来的变化。

为了控制其他因素的影响，建立双重差分模型如下：

$$Y_{it} = \beta_0 + \beta_1 T_t + \beta_2 policy_i + \beta_3 T_t policy_i + \theta X_{it} + \varepsilon$$

其中，i 表示重点国有林区职工，t 代表时期，Y_{it} 表示重点国有林区职工 i 在 t 时期的家庭人均收入水平。变量 T_t 代表样本数据是否来自停伐后的时期，如果是，$T_t = 1$，否则 $T_t = 0$；变量 $policy_i$ 是一个二值虚拟变量，衡量重点国有林区职工是对照组（$policy_i = 0$）还是处理组（$policy_i = 1$）；X_{it} 是一组可观测的影响重点国有林区职工收入水平的控制变量，包括性别、年龄、受教育水平、职业类型、健康状况等个人特征，是否参加职业技能培训、家中是否有人在其他企事业单位上班等变量。

本研究关注的是交互性（$T_t policy_i$）系数，探究天然林全面停伐政策对重点国有林区职工的收入方面带来的变化。

本章计量模型的数据来源是"东北国有林区民生监测"跟踪调查项目所获数据和《中国林业和草原统计年鉴》相关数据。由于数据的可获得性，2015 年的数据样本量较小，为了保持处理组和对照组的林业局样本一致性，通过数据清理，共获得样本 1346 个，其中对照组样本总计 969 个，处理组样本总计 377 个。该项目调研时间是 2015 年至 2018 年，实际反映的是 2014 年至 2017 年间重点国有林区职工的家庭基本情况以及收入、消费等方面的情况。

三、实证结果分析

本研究运用统计软件 STATA 15.0 对天然林全面停伐政策对重点国有林区职工的家庭人均收入的福利影响进行 DID 模型分析。根据第三章梳理的作用机理，本研究将职业类型的变量进行虚拟化处理，细化为管理人员或干部（X41）、采伐运输工人（X42）、木材加工工人（X43）和其他职工（X44），探究天然林全面停伐政策对不同职业类型职工的收入带来的影响。模型中的被解释变量为家庭人均收入的对数，这有益于缩小数据的绝对数值，减小异方差性，但不会改变数据的性质和相关关系。具体的实证结果如表4-6所示。

表 4-6　DID 模型回归结果

VARIABLES	β_i	Std. Err.	t-value	p-value	[95% Conf.	Interval]
时间虚拟变量（T）	0.086**	0.038	2.270	0.023	0.012	0.160
政策虚拟变量（policy）	0.025	0.054	0.470	0.640	−0.081	0.131
交互项（Tpolicy）	−0.207**	0.084	−2.450	0.014	−0.372	−0.041
性别（X_1）	0.053	0.039	1.370	0.171	−0.023	0.129
年龄（X_2）	0.007***	0.002	4.100	0.000	0.004	0.011
受教育水平（X_3）	0.103***	0.019	5.410	0.000	0.066	0.141
管理人员或干部（X_{41}）	0.111**	0.054	2.040	0.042	0.004	0.217
采伐运输工人（X_{42}）	−0.140**	0.065	−2.150	0.032	−0.267	−0.012
木材加工工人（X_{43}）	−0.098*	0.051	−1.930	0.054	−0.198	0.002

VARIABLES	β_i	Std. Err.	t-value	p-value	[95% Conf.	Interval]
其他职工（X_{44}）	-0.015	0.056	-0.270	0.786	-0.125	0.095
健康状况（X_5）	0.092***	0.015	6.010	0.000	0.062	0.122
家庭人口规模（X_7）	-0.193***	0.017	-11.370	0.000	-0.227	-0.160
是否参加职业技能培训（X_6）	0.083***	0.028	3.010	0.003	0.029	0.138
家中是否有人在其他企事业单位上班（X_8）	0.270***	0.032	8.520	0.000	0.208	0.332
常数项	-0.0822	0.165	-0.500	0.618	-0.405	0.241

Standard errors in parenthese：标准误

注：括号内数值为稳健标准误，＊＊＊、＊＊和＊分别表示在1%、5%和10%的统计水平上显著。

1. 天然林全面停伐政策短期内降低了重点国有林区职工的收入水平。DID模型的交互项 Tpolicy 的回归系数-0.207，且在5%的水平下显著，表明天然林全面停伐政策短期内对重点国有林区职工的人均收入产生了显著的负向影响。林区职工的家庭人均收入水平与停伐前的收入相比降低了20.7%，验证了假说2的前半部分。政策实施后，以砍伐木材和加工运输为主要工作的职工，他们面临下岗或转岗的境地，具有极大的不稳定性。失去收入来源，分摊了停伐政策带来的成本，降低了收入水平。

2. 天然林全面停伐政策的实施对不同职业类型职工的收入影响不同。天然林全面停伐政策对林业局的管理人员或干部的人均收入在5%的显著性水平下带来正向的影响，给管理人员或干部带来了11.1%的收入提升；而对采伐运输工人和木材加工工人分别在5%和10%的显著性水平下呈现负向的影响，分别降低了 14.0%和 9.8%的收入水平，并且对采伐运输工人的收入影响程度大于对木材加工工人的收入影响程度。由此可见，停伐政策对不同职业类型职工的收入影响不同，假说 2 后半部分未得证。这可能是本身管理人员或干部所要求的专业知识和素质能力高于采伐运输工人和木材加工工人，收入较为稳定，受益于后期企业转型效益或国家补助等，导致其收入有所提高；天然林全面停伐政策由于直接禁伐，木材砍伐量骤降，对与木材直接相关的采伐、运输、加工等行业的冲击大于对管理行业的冲击，降低了采伐运输工人和木材加工工人的收入，对不同职业类型职工带来的影响不同。假说 2 的后半部分未得证。

3. 在控制变量中，不同因素对林区职工家庭人均收入的影响不同。性别（X_1）对林区职工的收入影响不显著，可能是由于重点国有林区老龄化现象严重，很多女性职工在停伐前已经逐步不从事林业活动，对其影响不大。职工的年龄（X_2）、受教育水平（X_6）、健康状况（X_5）和是否参加职业技能培训（X_6）的回归系数在 1%的水平下显著，并且均与林区职工的人均收入呈现正向影响，说明在重点国有林区，教育水平越高、越健康且参加过职业技能培训的职工，其收入水平也越高。这是由于职工的年龄（X_2）、受教育水平（X_6）、健康状况（X_5）和是否参加职业技能培训（X_6）是人力资本积累的表现形式，越高的人力资本水平越会对职工的收入带来正向影响（朱洪革等，2019）。年龄（X_2）与收入虽然呈现显著的正向关系，但其提高的程度只有 0.75%，影响程度较小。文化程度越高，其专业知识能力和心理素质水平相对越高，应对政策带来的冲击的承受能力也越强。参与职业培训技能（X_6）职工的人均收入比未参加职业技能培训职工的人均收入高 8.34%，是因为停伐政策实施后，很多职工面临下岗或者转岗的局面，会存在职业技能与岗位需求不匹配的问题，那些参与职业技能培训的职工会提高对岗位的适应度，更好地从事相关工作。家庭人口规模（X_8）对林区职工的人均收入在 1%的显著性水平下呈现显著的负向关系，表明家庭成员每多增加一人，职工家庭的人均收入就会下降 0.193 个单位。家中是否有人在其他企事业单位上班的职工（X_8）与林区职工家庭的人均收入在 1%的显著性水平下呈现显著的正向关系，家中有人在其他企事业单位上班的职工比家中没有人在其他企事业单位上班的职工收入高 27%，这是因为一方面林业局职工的工资收入本来就比其他企事业单位的工资水平低（朱洪革等，2019）；另一方面是因为停伐政策直接冲击了与木材砍伐、运输与加工等行业相关的林业局职工，对这些行业职工的收入带来的影响较大，家中有其他企事业单位上班的人缓解了政策对职工家庭人均收入的冲击。

总的来说，天然林全面停伐政策对重点国有林区职工的家庭人均收入带来负向的影响，并且家庭成员规模对职工的人均收入也带来负向的影响；职工的年龄、受教育水平、健康状况和参加职业技能培训等个人特征对人均收入呈显著的正向关系；家中有人在其他企事业单位上班稀释了停伐政策对职工人均收入的影响，改善了职工收入状况；天然林全面停伐政策对不同职业类型的职工带来的影响不同，显著降低了采伐运输工人和木材加工工人的人均收入水平，提高了管理人员或干部的收入水平。因此，假说 2 部分得证。

四、稳健性检验

本研究对 DID 模型的检验方法采用了安慰剂检验的方式。通过将天然林全面停伐政策实施的节点往前或者往后推移两年的方式，研究停伐政策对职工家庭的人均收入是否依旧显著。若 DID 模型的交互项 Tpolicy 的估计系数不显著，说明构建的双重差分模型的估计结果是可靠的。

原来的 DID 模型将 2015 年选为天然林全面停伐政策的节点，但由于本研究样本所获年份有限，所获样本数据为 2014 年至 2017 年，因此，本研究将政策实施点向后推移一年，选择 2016 年作为天然林停伐政策实施点，进行模型检验。根据表 4-7 的回归结果显示，交互项 Tpolicy 的回归系数为 0.0973，在 10% 的显著性水平下无法显著，说明上述 DID 模型的结果较为可靠，天然林全面停伐政策短期内确实会对职工的收入带来负向的影响。

表 4-7　DID 模型稳健性检验结果

VARIABLES	β_i	Std. Err.	t-value	p-value	[95% Conf.	Interval]
T	0.067**	0.031	2.170	0.030	0.007	0.127
policy	−0.148***	0.036	−4.060	0.000	−0.219	−0.076
Tpolicy	0.0973	0.082	1.180	0.238	−0.064	0.259
X_1	0.049	0.038	1.280	0.202	−0.026	0.124

续表

VARIABLES	β_i	Std. Err.	t-value	p-value	[95% Conf.	Interval]
X_2	0.008***	0.002	4.150	0.000	0.004	0.011
X_3	0.105***	0.019	5.620	0.000	0.069	0.142
X_{41}	0.102*	0.054	1.880	0.060	−0.004	0.208
X_{42}	−0.121*	0.063	−1.930	0.053	−0.244	0.002
X_{43}	−0.062	0.051	−1.220	0.221	−0.161	0.037
X_{44}	−0.024	0.055	−0.440	0.661	−0.131	0.083
X_5	0.093***	0.015	6.070	0.000	0.063	0.123
X_7	−0.189***	0.017	−11.210	0.000	−0.222	−0.156
X_6	0.091***	0.027	3.350	0.001	0.038	0.145
X_8	0.267***	0.031	8.530	0.000	0.206	0.329
Constant	−0.053	0.163	−0.330	0.744	−0.373	0.267

Standard errors in parenthese：标准误

注：括号内数值为稳健标准误，***、**和*分别表示在1%、5%和10%的统计水平上显著。

第四节　全面停伐政策对职工福利的影响机制分析：基于案例解析

本节先基于调研所获得的一手数据和资料进行描述性统计分析，分析目前职工的基本福利状况以及停伐政策的影响具体体现在哪些方面；然后，针对描述性统计分析的结果来探索全面停伐政策到底是如何影响职工的福利水平，构建具体的影响机制的。

一、描述性统计分析

天然林全面停伐政策实施后，给职工的收入、就业、医疗等民生方面都带来了重要影响。本研究通过对吉林森工集团及其下设林业局和长白山森工集团及其下设林业局的实地调研，获得了一手数据和资料。本次调研，吉林森工集团及其下设林业局的有效问卷为130份，长白山森工集团及其下设林业局的有效问卷数145份，共计275份。本研究首先基于上述问卷，做一个初步的描述性统计分析。

（一）收入和消费方面

从表4-8可以看出，吉林森工集团的职工工资性收入年平均为3.33万元，长白山森工集团的职工年平均工资为4.22万元，吉林森工集团职工工资处于较低水平，两大集团职工的工资水平存在差距，这不仅与职工自身能力有关，更与企业的发展、产业环境等大背景相关。从家庭总收入来看，大多数林业局职工家庭总收入的主要来源是职工的林业局的工资性收入，以林为生的林区职工往往一个人承担家庭的大部分经济开支，承受巨大的压力。一旦个人工资性收入受到像天然林全面停伐政策这种外部冲击，收入水平下降，进而会严重影响职工的消费、就医等日常生活，降低职工的福利水平。职工的家庭收入基本维持消费支出，无多余金额留存以备不时之需，降低了职工面对重疾等突发状况的解决能力，林区职工的收入问题应引起重视。

表4-8　林区职工收入和消费情况（单位：万元）

	工资性收入	家庭总收入	消费支出
吉林森工集团	3.33	4.16	4.03
长白山森工集团	4.22	5.07	4.83
平均值	3.78	4.57	4.43

数据来源：根据调研数据整理所得。

从收入来源（见表4-9）来看，林业局职工最主要的收入来源依旧是工资性收入，只有少数家庭拥有其他收入来源，收入来源单一；大多数职工家庭都是林业从业家庭，只有 5.45% 的家庭有来自其他企事业单位的收入，家庭从业结构单一；虽然停伐政策实施后，林业局鼓励各职工可兼业从事林下经营活动，但实际上，家庭从事木耳、灵芝等林下经济获得经营性收入的人数极少，家庭经济来源单一，一旦林业职工由于政策或者自身健康状况受损离开岗位，就会失去收入来源，影响整个家庭生活状况，较为脆弱；由于停伐政策的实施，国家对一些采伐运输工人提供专项资金补贴，但享受造林及森林抚育补贴和森林管护收入的职工很少，占比都低于 10%，林业政策的惠及度低，林业职工无法很好地享受政策保障。

表 4-9　林区职工家庭收入来源情况

具体名目	频数	占总样本比
职工家庭有其他企事业收入的人数	15	5.45%
职工家庭有林下经营收入的人数	3	1.09%
职工家庭有森林管护收入的人数	6	2.18%
职工家庭有林下经营补贴收入的人数	2	0.73%
职工家庭有森林抚育补贴收入的人数	14	5.09%
职工家庭有造林补贴收入的人数	16	5.81%

数据来源：根据调研数据整理所得。

(二) 社会保障方面

根据调研的林区职工社会保障情况（见表 4-10），林区参加养老保险、医疗保险（含生育保险）、失业保险和工伤保险的缴纳比例较高，都超过 95%，但也存在少数职工没有缴纳社会保险，未实现全部缴纳，有待提高。25.45% 的林区职工出现过养老保险断保的情况，47.27% 的职工出现过医疗保险断保的情况，并且基本是停伐后企业缺乏运营资金，导致应为职工缴纳的社会保险费用缺失，损害职工的防护性保障利益，带来负外部性。林区职工享受政府低保和其他补助金的占比较少，主要依靠自身的工资收入来维持生计。

表4-10 林区职工社会保障情况

项目	所占比例（%）
参加养老保险	97.82
参加医疗保险	98.18
参加失业保险	96.00
参加工伤保险	95.27
养老保险断保	25.45
医疗保险断保	47.27
享受政府低保	0.36
享受政府其他补助金	2.18

数据来源：根据调研数据整理所得。

（三）福利主观感知方面

从表4-11收入的变化情况可以看出，47.82%的职工认为收入水平变差，这部分人群主要是原来职业为采伐运输和木材加工的职工，由于停伐政策的实施，给他们的收入和就业带来较强的不稳定性。采伐运输工人停伐前是计件工资，进行大量木材砍伐和运输工作，工资处于较高水平，停伐后变为计时工资，收入水平骤降，木材加工企业工人停伐后由于原材料短缺，加之缺乏合适的销路，加工厂盈利减少，工资降低；但也有部分职工认为收入变好，这一部分主要是管理层人员和会计等专业技术人员，由于其专业的不同，受停伐政策影响较小，林区转型和自身能力提升等促使工资水平有所上升，与第四章实证验证结果一致。从就业方面，60%的职工认为是无变化的，26.15%的职工认为是变差，这部分主要是受停伐政策影响较大的一些采伐运输工人和木材加工工人，他们面临下岗和转岗的境地，就业状况变差，生活不稳定性增加，福利水平下降；从社会保障情况来看，近半数的职工认为无变化，少部分由于医疗或养老保险断保的情况而认为社会保障情况变差，调研数据显示，有23.85%的职工出现过医疗保险断保的情况，47.97%的职工出现养老保险断保现象，职工的社会保障应引起重视。58.83%的职工认为林区污染变好很多，职工享受到了停伐政策带来的生态福利；大部分职工认为居住条件、医疗条件、交通等基础公共设施基本无变化，但也处于低水平，这方面与第四章福利测算的结果相吻合。

表4-11 停伐政策（2015年）实施以来给职工福利方面带来的变化

人数占总样本的比例（%）	变差很多（1）分	变差较多（2）分	基本无变化（3）分	变好较多（4）分	变好很多（5）分
收入	18.63	29.19	32.40	12.93	6.84
就业	12.69	13.46	60.00	9.23	4.62
社会保障	16.03	16.79	48.09	14.50	4.58
居住条件	6.54	8.85	65.00	15.00	4.23
医疗条件	12.64	6.90	59.77	14.94	5.75
交通条件	7.25	6.11	66.79	12.96	6.87
周围环境污染变化	1.15	1.53	38.97	41.97	16.86

数据来源：根据调研数据整理所得。

从职工的心理感受（见表4-12）来看，职工目前对收入、就业、社会保障、职业技能培训和基础公共设施的满意度都处于适中的状态，对就业状况的满意度略高于其他几个方面，一定程度上表明天然林全面停伐政策实施以来，国家和企业在稳定和改善职工就业方面的举措力度比较大，很好地提高了职工就业方面的福利，但收入等方面的满意度有待提升。

表4-12 目前林区职工的满意度情况

人数占总样本的比例（%）	非常不满意（1分）	较不满意（2分）	一般（3分）	较满意（4分）	非常满意（5分）	平均值（分数）
收入	17.18	16.79	39.31	21.37	4.96	2.95
就业	5.73	6.11	44.27	29.01	14.89	3.41
社会保障	13.08	11.54	40.00	22.31	13.08	3.12
职业技能培训	7.79	5.63	40.26	39.39	6.93	3.32

续表

人数占总样本的比例（%）	非常不满意（1分）	较不满意（2分）	一般（3分）	较满意（4分）	非常满意（5分）	平均值（分数）
基础公共设施	6.92	6.92	48.08	23.85	14.23	3.32

数据来源：根据调研数据整理所得。

总体上，自停伐以来，职工的收入、就业和社会保障方面都变差较多，尤其是一线职工的状况，由采伐运输、木材加工转岗至森林管护等职位，收入、就业等福利情况变差较多；居住条件、医疗条件、交通等基础公共设施基本无变化，一直处于较低水平；自然环境方面由于森林植被恢复、木材加工等产业的停滞而变好较多。由此可以看出，天然林全面停伐政策对职工的影响主要体现在收入、就业和社会保障方面。

基于此，初步可以判断天然林全面停伐政策对采伐运输工人、木材加工工人的收入、就业、社会保障方面的影响较大，本节接下来也将主要从以上三个方面来分析停伐政策到底如何影响采伐运输工人和木材加工工人的福利，以及后续国家、企业和职工又采取了什么样的措施来应对福利变化，以期提高职工的福利水平，构建具体的路径作用机理。

二、案例概况

结合实地调研发现，停伐政策实施以来，林区产生了大量的富余职工，主要以采伐运输工人和木材加工工人为主，短时间内对他们的就业、收入等方面产生了负向的影响。本章基于天然林全面停伐政策对木材采运业和加工业的作用分析，主要以采伐运输工人和木材加工工人两类职业类型的职工作为研究主体，选取吉林森工集团的红石林业局，长白山森工集团的白河林业局、和龙林业局和八家子林业局作为上段采伐和中段运输分析的案例，选取和龙人造板有限公司作为下段木材加工阶段分析的案例，具体分析天然林全面停伐政策对重点国有林区职工的影响机理。

案例1 红石林业局

红石林业局始建于1973年，为吉林森工集团全资子公司，总经营面积30万公顷，有林地面积27.5万公顷，设有22个机关部室、33个基层单位（13个林场、一个苗圃、19个地区单位）。企业现有在册职工3647人（包括在岗职工2906人，控股、参股单位职工131人，集团总部纳入310人）。①收入方面，2015年，全面停伐政策实施后，对一线基层采伐工人的工资造成巨大的冲击，对像帽山林场和批洲林场这些以主伐为目的的林场职工收入影响比较大。停伐前，一线采伐运输工人月工资一万多元。停伐后，2015年，一线采伐运输工人由计件工变为计时工，收入骤降。目前，帽山林场和批洲林场管护和巡护人员年工资收入较低，只能勉强维持基本的生活开支，达不到吉林省工资标准。②就业方面，自2015年4月1日全面停止天然林商业性采伐后，木材生产、木材加工产业产生富余人员1513人（其中，木材生产301人、木材运输202人、贮木342人、林产工业424人、辅助生产244人）。截止到2020年7月，累计向森林管护、森林培育、森林防火、森林旅游林下开发等岗位分流安置1010人，其中森林管护、森林防火等岗位477人，并且一线的木材采伐运输工人大多转向森林管护岗位。还有一部分职工从事自营经济，共有户数451户，带动从业人员1474人。主要包括林蛙养殖200户，红松籽采集87户，黑木耳种植26户，灵芝种植23户，绿化苗木培育18户，黄牛养殖18户，其他产业60多户，年产值4000万元以上。③社会保障方面，停伐政策实施以后，森工集团营业性收入骤减，资金缺乏，红石林业局养老保险从2018年4月开始欠缴，失业保险从2020年1月开始欠缴，医疗、生育保险从2020年8月开始欠缴。主要是森工集团未缴，职工个人账户依旧扣除养老保险、医疗保险等费用，养老保险和医疗保险等拖欠缴纳导致职工无法使用住房公积金等保障基金。

2015年4月1日，全面停止天然林商业性采伐后，红石林业局的业务重心由木材生产向森林资源培育保护转变，采伐量骤减。2010年，红石林业局的木材采伐量达到32.69万立方米，2015年的采伐量为17.68万立方米，而到2016年的采伐量只有175立方米，除了基本的森林抚育砍伐，企业只进行森林管护、保护的相关工作。红石林业局的效益骤减，企业运营费用由企业自主经营收入转变为全部依靠国家政策性的采伐限额补贴和天保资金。停伐后，国家给予红石林业局停伐补贴1.3亿元，用于发放转岗职工的工资；并且2018年，省厅拨款转型专项基金400多万元用于食品加工、林特产品研发和开发，推动林区产业转型。但停伐补贴的费用远低于停伐前的营业性收入（3.8亿元），入不敷出，面临发展困境。加之政企管理体制中的一些历史遗留问题，在社会职能移交的过程中，职能接收部门往往只接收资产，不接收人员，导致红石林业局不仅面临高额的移交改造费用，还要负责职能移交部门的人员安置问题。因此，与木材采伐作业有直接联系的采伐运输工人面临下岗或转岗的风险，短期内，他们的收入大幅度下降，就业状况不佳，承受巨大的生活压力。

面对富余职工福利下降的问题，红石林业局主要以企业改革和产业转型为两条主线，对1513名富余职工以转岗、分流、创业等方式创造就业岗位，妥善安置，保证职工的充分就业，以期逐步增加职工的收入，维护林区的稳定。

从企业改革角度来看，天然林全面停伐政策实施后，红石林业局根据企业经营管理的实际需要，对部分机构进行了改革调整。为了更好地保护森林资源，将3个管护面积在2万公顷以上的林业站分立为经营所；独立了森林防火指挥部办公室和森林病虫防治检疫站；将原天保办升级为天保中心，扩充了工作职能，工作人员由原来的8人增加到26人，提供部分就业岗位，解决部分人员安置问题。

从产业转型来看，红石林业局主要从政策项目扶持和资金支持的角度对富余职工进行安置，改善其收入、就业和社会保障方面的状况。就业和收入有直接联系，不同岗位、就业的稳定性都会影响收入的多少，红石林业局许多举措通过实现就业的多样化来保证和提高职工的收入。

1. 政策项目扶持。红石林业局的政策项目扶持主要是改善采伐运输工人和木材加工工人的就业和社会保障状况。就业方面，主要通过转岗分流、鼓励创业、创新盈利模式、职业技能培训、买断工龄的方式对采伐运输工人和木材加工工人进行安置，提高其工作的积极性。社会保险方面，在职工养老保险、医疗保险和失业保险等断保的情况下，采取"退一补一"政策，即到了退休年龄，向吉林省人力资源部门进行补缴保险金，但这对年轻人来说损失较大，会影响其住房公积金等的正常使用。（1）转岗分流。红石林业局自停伐后，主要向森林旅游康养、林特产品开发、绿化苗木三大产业转型发展。富余职工一部分向森林管护、病虫害防治、防火防疫等岗位转岗，一部分向转型产业转岗，其中，转到绿化苗木岗位 15 人，森林旅游岗位 18 人，森林特色食品加工岗位 4 人，林副产品加工 49 人，道路养护岗位 6 人，森林病虫害防治岗位 2 人，森林管护、森林防火等岗位 477 人。（2）鼓励创业。红石林业局为了鼓励职工积极创业，一方面，有意创业的职工可与林业局签订三年保留协议，林业局交五险一金，三年内创业失败的依旧可以回林业局工作，解决职工创业失败无路可走的后顾之忧；另一方面，发展林下产业的职工也可向林业局申请用地，承包土地发展产业，林业局积极协调为食用菌种植户提供原材料。对进行林蛙养殖的职工，考虑到林蛙养殖近几年不景气，效益不好，为扶持林蛙养殖产业，承包费比上一轮每公顷下降了 5 元，每年每公顷收取 10 元承包费。同时，本着"生态优先，让利于民"的原则，减免剩余年限的承包费，合同期满后不再承包，努力实现生态与民生的和谐统一。（3）创新盈利模式。为了吸纳富余职工，降低职工自主创业的风险，红石林业局森林特色食品加工厂将在岗职工的家属、普通老百姓等富余人员一起纳入食品加工过程（养菌、采收和加工等环节），保障林区职工的就业。2018 年，二道沟林场和林副产品加工厂采取"公司+职工"的模式，职工自愿入股，解决抚育职工岗位安置问题，提高职工的收入。（4）职业技能培训。为了提升林区转岗职工的就业能力，红石林业局联合人社局定期举办培训班，由人社局牵头，林业局和培训机构共同组织培训。林场管护人员定期参加职工培训，学习林业相关法律法规、规章制度等内容。根据员工需求，林业局每年也会举办创业技能培训班，提升创业职工的能力。（5）买断工龄。有些采伐运输工人和木材加工工人的年龄较大，红石林业局根据实际情况，支付一定数额的金钱，安置部分富余职工。

2. 资金支持。在创业方面，红石林业局设立专项基金，利用 145 万元的"扶贫帮困基金"和吉林森工集团给予的 175 万元小额担保借款，为有创业意愿的职工，特别是困难职工提供无息、低息贷款支持。在收入方面，红石林业局在经营困难，资金紧张的前提下，2019 年为全体职工每月增加工资 300 元。出台棚改楼促销政策，对滞销的顶层六楼实行困难户七折优惠，五楼首付 20%，剩余 80% 房款按退休年限实行分期付款。促销政策出台的一年中，销售了棚改楼 158 户，收取房款共计 586 万元。

除了收入、就业和社会保障方面，林业局在职工表达诉求、居住条件和公共基础设施方面也采取了相关措施来提高职工的福利。（1）红石林业局进一步畅通职工群众诉求渠道，广泛听取职工存在的问题和意见，及时协调解决信访突出问题，发挥信访办这第一道"窗口"的调节作用。红石林业局将每周五定为局长接待信访日，局长亲自接待来访群众，深入基层了解职工的难处，确保林区社会和谐稳定，保障职工政治自由方面的福利。（2）2015 年，红石林业局出台棚改楼促销政策，抢抓棚户区改造优惠政策，加大住房保障的投入，努力为职工群众营造安居乐业的生活环境，提高职工的防护性保障。（3）红石林业局改造了两个文化广场，升级了"职工服务站"，增建了书吧、活动室和健身室，铺设沥青路面，增设路灯，提升了广大职工群众的获得感和幸福感，提高了职工交通等方面的社会机会。

案例 2　白河林业局

白河林业局始建于 1971 年，总经营面积 18.99 万公顷，林业用地面积 18.32 万公顷，辖区内有 3 个镇区、26 个行政村、33 个自然村屯，下设 9 个林场。现有在册职工 2864 人。2019 年，企业实现林业总产值 8.4 亿元，企业经营收入 4151 万元，利润 1039 万元。①收入方面，采伐运输工人工资 2015 年略微降低，后续缓慢上升。2019 年，白河林业局在岗职工年人均收入达 62 481 元。②就业方面，白河林业局积极落实国家、省有关政策，通过转岗、分流、创业等方式创造就业岗位，总计安置职工 770 人，安置率高达 100%。其中，森林管护岗位安置 176 人，营林生产安置 320 人，旅游岗位安置 231 人，消防特勤大队岗位安置 43 人。③社会保障方面，白河林业局社会保险参保率 100%，由企业和个人共同缴纳。除了原有的养老、失业、医疗、生育、工伤五险外，白河林业局还为职工增加了补充工伤保险、传染病保险，并为职工按月、足额缴纳住房公积金。

自停伐政策实施以后，白河林业局木材砍伐量呈现断崖式下降，收入大大降低，采伐运输工人工资下降。但白河林业局依靠其天然的区位优势和独特的资源优势，因地制宜发展旅游业、矿泉水产业、林下经济，依靠中央财政资金支持发展松杉灵芝技术推广科技项目、绿化苗培育项目，提高企业经济产值，促进林区转型发展，妥善安置富余人员，转型较为成功，提高了企业的收入，进而逐步提高了职工的收入。由此，白河林业局主要依靠产业转型发展改善职工的福利待遇。

白河林业局主要通过项目政策支持来改善采伐运输工人的收入、就业和社会保障状况。收入和就业方面，主要通过转岗分流、创业扶持和职业技能培训的方式对采伐运输工人进行安置，提高其职业素质能力，增加职工的收入，丰富收入来源。(1) 转岗分流。白河林业局通过多种安置方式安排富余职工灵活就业。将林场的富余职工、贮木场的生产工人由原来的木材生产岗位转至森林管护和森林培育岗位，充实专业管护队伍，保证森林资源管护效果；安排 320 名富余职工上岗参与营林生产，稳定劳动关系，增加职工的收入；为了防止重大森林火灾的发生，降低森林火灾给企业带来的损失，林业局成立了由 43 人组成的森林防火特勤大队，既可以有效应对工作中出现的各类突发事件，又很好地解决了这部分人的就业问题；白河林业局积极发展森林旅游业，鼓励职工参与森林旅游事业，全局直接或间接从事森林旅游岗位的职工共计 231 人，确保了这部分职工很好地实现了转岗就业。(2) 创业扶持。针对天然林全面停伐政策实施以后的富余职工，若有创业需求，企业会给予内退或签订保留劳动关系的协议，为富余职工提供一定的劳动保障，减轻其后顾之忧。(3) 职业技能培训。在转岗过程中，白河林业局职工人员结构呈现老龄化趋势，存在较严重的人才结构断层现象，为了改善此现象以及让采伐运输工人更好地适应新岗位，白河林业局开展相关职业技能培训工作，以提高职工能力，更好地匹配岗位所需。社会保障方面，白河林业局除了每月为职工缴纳五险一金外，额外每月为职工缴纳 12 元的补充工伤险和每年 60 元的法定传染病险，解决了职工的后顾之忧，大大提高了职工的社会保障能力和福利待遇水平。

案例3　八家子林业局

八家子林业局始建于 1948 年，具有近百年的开采历史，林业局总经营面积 15.6 万公顷，林业用地面积 15.1 万公顷，下设 26 个基层单位、23 个机关部门，现有在册职工 1957 人。①收入方面，2017 年、2018 年和 2019 年在岗职工年平均工资分别为 4.66 万元、4.74 万元和 5.84 万元，收入逐步提高。②就业方面，八家子林业局以增长工资、森林抚育和林下开发等增收渠道，保障职工就业，提高职工收入。自天然林全面停伐政策实施以来，累计安置富余职工 615 人，有效保障了职工基本生活水平不下降。③社会保障方面，八家子林业局为职工缴纳五险一金，在册职工社会保险参保率100%。

八家子林业局自停伐以后，主要面临职工收入大幅减少和转岗就业两大困难。八家子林业局按照"打好绿色牌，念好山水经"的发展思路，把发展产业转型、维护林区稳定作为主要任务，推进森林旅游产业和林下经济作为转型发展的主导产业，改善福利受损职工的收入和就业状况，主要通过政策项目扶持来实现。就业和收入方面主要以转岗分流和创新盈利模式的方式妥善安置富余人员。（1）转岗分流。八家子林业局按照长白山森工集团"工程不外包、生产不外委、进人零增长"的要求，采取了三种安置方式：一是通过森林管护分流安置一部分；二是从事森林抚育分流安置一部分；三是为保障林区社会治安稳定，设立治安岗亭安置一部分。共安置富余人员615人，有效保障职工基本生活水平不下降，保持福利稳定。八家子林业局围绕得天独厚的森林资源和冰雪资源，发展暗河瀑布、雪松雾凇等景观为主题的旅游品牌，带动林区200人就业，提供部分就业岗位来解决部分职工的就业问题。（2）创新盈利模式。八家子林业局立足资源优势，夯实林下特色产业根基。成功打造食药用菌和中药材特色种植基地，采取"公司+合作社（基地）+职工（农户）"的产业模式，辐射12个林场、7个地区单位、3个乡镇、5个村屯，带动44个专业合作社、500余名职工季节性创业增收。

案例4　和龙林业局

和龙林业局始建于1958年，总经营面积17.08万公顷，林地面积17.05万公顷。机关下设31个部门、23个基层单位、12个林场，现有在册职工2480人。①收入方面，2019年在岗职工平均工资5.33万元，比上年有所提升。②就业方面，和龙林业局共安置富余人员278人，通过转岗、创业的方式将富余职工转岗到林场从事护林、营林生产等工作，保障职工的就业。③社会保障方面，和龙林业局为职工缴纳养老保险、失业保险、医疗保险、生育保险和工伤保险，全员参保，无拖欠情况。

天然林全面停伐政策实施后，为了让林业职工更好更快地适应停伐后工作形态的转变，更好地适应由传统的冬采冬运工作周期向森林管护为主的新常态转变，改善福利受损职工的收入和就业状况，和龙林业局主要通过产业转型的方式改善职工福利状况，林区职工主要从采伐工作转移到森林管护、森林培育、全民创业和森林旅游产业上，进行林地资源综合开发。福利改善主要通过政策项目扶持来实现。社会保障方面，和龙林业局每年免费为全局职工及离退休人员进行一次职工健康体检，保障企业职工的身体健康安全。就业和收入方面主要通过转岗分流、买断工龄和职业技能培训的方式妥善安置富余人员。（1）转岗分流。企业通过向森林管护、营林生产等岗位转变，将下岗或转岗职工安置到位，缓解就业压力。（2）买断工龄。针对年龄较大的职工通过买断工龄的方式，分担企业部分就业压力。（3）职业技能培训。和龙林业局定期开展关于自主创业、提升职业技能为主题的职业培训课程，提升职工综合素质和就业能力。并且转岗职工上岗前必定会经历培训，提高职工对新岗位的适应能力及综合职业技能。

案例5　和龙人造板有限公司

和龙人造板有限公司始建于1987年，2002年5月从和龙林业局分立，进行股份制改造，经过一年多的林业集团分公司管理模式运作，于2003年9月正式挂牌成立。停伐初期共有职工354人，2016年年末与153名"合同制"职工依法解除劳动合同，现有职工177人，全部为全民所有制职工。2016年1月受停伐政策影响被迫停产放假至今。①收入方面，自2015年4月停伐后，人造板有限公司职工工资收入骤降，最低时扣除五险一金后每月只有300元，根本无法维持日常生活。和龙人造板有限公司在岗职工2017年、2018年和2019年人均年工资收入分别为1200元、1700元和2200元左右，职工普遍面临生存危机。②就业方面，自2016年1月停产放假以来，会计等专业性较强的职工可以从事稳定的工作，但大多数木材加工工人由于缺乏专业性，观念陈旧，社会适应力差，只能从事零工、散工的临时劳务作业，收入水平低下，仅仅依靠朝不保夕的微薄收入、捉襟见肘的生活补贴很难维持日常生活开支。③社会保障方面，依靠向和龙林业局借款的方式支付全部职工的五险一金，不存在拖欠现象。

2015年4月1日，天然林全面停伐政策实施后，以林区"三剩物"为生产原料的和龙人造板有限公司，无法从林区直接采购质优价廉的生产原料，是导致和龙人造板有限公司停产的直接原因。如果要继续从事"三板产业"生产，需要从国外进口木质原料，但由于国外进口净片价格高、毛片杂质多，超出当时人造板有限公司的成本测算，和龙人造板有限公司被迫停止经营。停伐后，和龙人造板有限公司曾尝试转型发展，从事家具、装饰木材产品等行业。但由于当时家具、木材装饰品的替代品较多，非知名品牌的和龙人造板有限公司竞争力弱，并且公司内的设备机器历经十几年运作，设备老化，工艺落后，无法满足转型所需的先进技术和工艺。最终，和龙人造板有限公司转型失败。

三、案例分析比较

天然林全面停伐政策作为采伐运输工人和木材加工工人福利变化的外界环境刺激因素，其给不同企业的职工带来了不同的外部经济和不经济现象。停伐政策实施后，森林资源得到恢复，生物多样性和生态环境得到改善，职工享受到了更好的生态福利，但其收入、就业、社会保障等社会福利受到冲击，原有的福利体系破碎，职工承担了政策所带来的外部成本，短期内的福利水平下降。针对国有林区职工福利水平下降的局面，国家和企业采取相关措施来应对，主要通过企业改革和产业转型两条路线来改善富余职工的福利状况，以期降低对职工的负向福利影响，将负外部性朝正外部性的福利影响改善。

案例所选取的林业局受停伐政策的影响，木材砍伐量断崖式下降，案例1中的红石林业局木材采伐量由2015年的17.68万立方米减少至2019年的5628立方米，以木材砍伐为主营业务和以木材为原材料进行加工的企业产值直线下降，进而影响那些以林为生、与木材采伐相关的木材加工工人和采伐运输工人的福利状况，带来收入下降、就业方向不明确、社会保障不稳定的影响。由表4-13和图4-3可以看出，如红石林业局这类长期以木材砍伐为主营业务的企业，2015年停伐之后，木材采运产值直线下降，导致企业总产值直线下降，从2015年的13.99亿元骤降至2016年的5.27亿元，降幅达到62.33%，短期内产业无法成功转型，企业总产值停滞不前，职工的收入水平也无法得到提升。如白河林业局和和龙林业局这些企业原以木材砍伐为主，但后应天保工程二期的实施要求，较早地进行产业转型发展，一定程度上缓解了天然林全面停伐政策对企业产值的影响，对职工收入的影响程度较小。白河林业局自2012年开始逐步减少木材砍伐量，采运产值降至 9071 万元，凭借天然的区位和资源优势，向旅游业、矿泉水产业和林下经济转型发展，其企业产值在 2016 年和 2017 年不降反增，其转型项目大戏台河景区和红石峰景区等森林旅游项目发展较好，稳定了职工的收入和就业，截至 2019 年，实现企业总产值 8.4 亿元；和龙林业局从 2003 年开始向林下经济发展，木材和竹材采运产值骤降至 4930 万元，之后逐年下降，较早通过转型建设林业发展产业基地等项目稳定企业的效益，可以减轻停伐政策带来的冲击，企业经营发展较为平稳。如八家子林业局这类木材采伐业务产值较小（相较于其他三家企业的产值）的企业来说，停伐政策对其木材产值影响较大，但其较好地立足于天然的地理优势，通过招商引资加快企业转型升级，维持企业的产值，保障职工的收入稳定性。

综上，自 2015 年吉林森工集团和长白山森工集团实施天然林全面停伐政策之后，2016 年大多企业，像红石林业局、和龙林业局等，其企业总产值下降，下降幅度不同，但对企业产值带来了负向影响。但随着时间的推移，企业加快产业转型升级，通过整合资源、统筹规划、创新盈利模式等方式提升企业效益，逐步将负外部性转变为正向福利效应。

表 4-13　各企业木材和竹材采运产值情况（单位：万元）

年份	红石林业局	白河林业局	和龙林业局	八家子林业局
2010	24956	21209	17173	12657
2011	29752	17838	22210	13483
2012	21081	9071	13302	8489
2013	21431	7742	4930	15054
2014	22464	15387	1013	11732
2015	25480	5574	1009	8973
2016	—	6293	—	—
2017	465	8266	541	2241
2018	1762	9721	2078	488

数据来源：中国林业和草原统计年鉴（注："—"表示数据不足本表最小单位数、不详或无该项数据）。

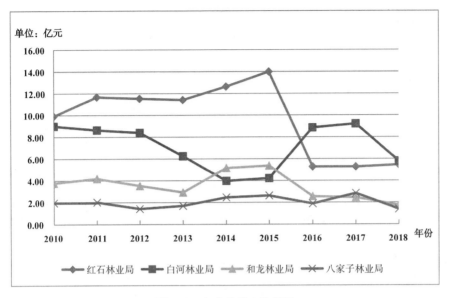

图 4-3 各企业总产值情况

数据来源：中国林业和草原统计年鉴。

除了上述木材砍伐量骤减导致企业产值下降外，以木材和木材剩余物为原材料的加工产业的企业产值均有所下降，与木材相关的产业链发展严重萎缩，有些甚至被迫停产倒闭。结合表 4-14 和调研所获资料，红石林业局、白河林业局和和龙林业局的第二产业涉林产业产值 2015 年到 2016 年的降幅分别为 27.13%、62.31% 和 89.79%，林业加工产业产值都不同程度上受到了停伐政策的影响。其中，第二产业涉林产业主要包括木材加工、非木质林产品加工、人造板制造、木质家具等。以木材剩余物为加工原材料的和龙人造板有限公司的生产规模缩减，企业产值直线下降，企业竞争力降低，入不敷出，逐渐失去收入来源，2016 年被迫停产。2016 年 3 月，国家民委发布的民贸企业产品名录，将"三板"行业剥离，列入降产能序列，取消了民贸企业资格和贴息。本身停伐就对下游木材加工企业没有任何的政策扶持，全靠租赁、转让固定资产和产业转型来维持职工的基本工资，加之顺应国家政策，和龙人造板有限公司举步维艰。

表 4-14 各企业第二产业涉林产业产值情况（单位：万元）

年份	红石林业局	白河林业局	和龙林业局	八家子林业局
2010	11343	20753	14001	409
2011	15278	22206	15700	446
2012	11551	25244	16400	1254
2013	9875	2218	3000	455
2014	11645	2630	1013	439
2015	10198	3229	1009	—
2016	7431	1217	103	640
2017	5548	628	186	—
2018	5174	305	182	—

数据来源：中国林业和草原统计年鉴（注："—"表示数据不足本表最小单位数、不详或无该项数据）。

由此可见，天然林全面停伐政策从 2015 年到 2016 年短期内确实降低了企业总产值，企业效益下降，降低了职工的工资收入，如表 4-15 所示，2016 年相较于 2015 年，红石林业局、八家子林业局和和龙林业局职工的工资均有不同程度的下降，产生负向的影响，并且对采伐运输工人和木材加工工人的就业带来威胁，就业体系不明确。为了应对政策对职工收入、就业带来的影响，不同企业结合自身不同的实际情况采取了相关的措施来改善职工的收入和就业状况，职工的工资水平虽存在差异，如红石林业局上升幅度很小，工资水平低下，2019 年的在岗职工年平均工资只有 3.71 万元，低于其他林业局的工资水平，但总体上都呈现逐年上升的趋势，将收入的负向影响逐渐转化为正向的影响。企业由以木材生产加工为主的营利性企业逐渐变为以森林管护、培育为主的公益性企业，不再一味地寻求市场化的经营手段，更加注重生态保护，一定程度上对职工的收入、就业和社会保障带来影响。接下来，本研究将具体比较分析四家企业是如何结合自身的实际情况来改善职工的福利水平，是什么原因导致职工的福利水平存在差异的。

表 4-15　各企业在岗职工年平均工资情况（单位：万元）

年份	红石林业局	和龙林业局	白河林业局	八家子林业局
2010	1.33	1.87	2.04	0.88
2011	1.77	2.13	2.57	1.83
2012	1.87	2.82	2.48	2.55
2013	2.58	3.03	2.90	3.08
2014	2.87	3.73	3.88	3.31
2015	3.36	3.59	4.54	4.71
2016	3.08	3.49	4.58	3.77
2017	3.17	4.02	5.29	5.35
2018	3.39	5.00	6.15	5.37
2019	3.71	5.33	6.25	5.84

数据来源：根据中国林业和草原统计年鉴及调研所获资料计算得出。

四、原因分析

（一）历史遗留问题

自重点国有林区改革启动以来，各企业在国家、省政府、省国资办、省财政厅和地方政府等各方的协调支持下，积极推进社会职能移交分离工作，但各企业的社会职能移交进展程度不同，大多数社会职能已经实现移交，主要是"三供一业"（供水、供热、供电和物业）的职能移交进展比较缓慢，严重影响企业的正常运营。案例 1 中的红石林业局供电职能已经完成移交，供暖职能正在推进，供水和物业职能未移交。红石林业局于 2019 年 9 月 24 日与长春热力集团签订"三供一业"分离移交协议，职能已经移交长春热力集团，但长春热力集团索要供热改造费用 8800 万元，目前资金已到位 5500 万元，存在 3300 万元资金缺口，是企业面临的债务之一。供水和供电职能由于无法筹集高额的改造费用，也无法完成移交。案例 2 中的白河林业局"三供一业"通过改制的方式已经实现职能移交，2841名职工在自愿的前提下，与林业局解除劳动关系，一定程度上减轻了企业的负担，消除了制约企业发展的障碍，经营机制更加灵活。案例3中的八家子林业局，其"三供一业"职能未移交，但已经在企业内部实行政企分开，持续推进职能移交。案例4中的和龙林业局的供暖、供水和物业职能的移交改造成本太高，无法实现实质性移交，影响企业的运转资金。综上可以看出，除了白河林业局"三供一业"职能移交程度较高，其他企业往往由于地方政府只接受职能和资产而无法完全移交，这些企业既要安置富余职工，又要支付高额的改造成本，而停伐以后，企业运营经费主要靠国家政策性的天保资金和天然林停伐补贴，企业面临很大的资金缺口，影响企业正常运转经营和产业转型的投入资金，进而影响职工的就业和收入。

根据调研过程中各企业的反映，林区的基础设施建设由于长期投入不足，企业的公用设施、供水、管护站点、林区道路等基础设施落后，无法满足林区群众日益增长的物质和文化生活需要。停伐后，各企业都失去了木材生产等销售收入，林区公路、防火应急道路、管护站点、棚改房等建设项目也就随之失去了建设、养护资金的获取渠道，一直处于滞后状态，当地政府和企业由于缺乏资金进行修缮，职工在公共基础设施方面的享受也没有发生什么变化，基本处于落后状态。

（二）福利改善方式

根据案例的实际情况，天然林全面停伐政策的实施对不同的林业局职工的收入、就业和社会保障方面带来的影响存在差异性。根据前文所述，案例1中红石林业局产生的富余职工人数最多，达到1513人；案例2中的白河林业局次之，为770人；案例3中的八家子林业局产生富余职工615人，略低于白河林业局；案例4中的和龙林业局产生的富余职工最少，为278人。由此可见，红石林业局面临巨大的压力，既要安置职工的就业，又要稳定企业自身的运转，加之其转型发展较晚，企业运营资金入不敷出，相较于其他三家林业局来说，短时间内整体受损最为严重。但红石林业局本着"以人为本"的发展理念，统筹发展生态保护和民生福祉，采取多个措施改善受损职工的福利，以期弥补停伐初期采伐运输工人和木材加工工人的福利，从政治自由、经济条件、社会机会、防护性保障和透明性保证等方面较为全面地改善福利受损严重的职工的情况。

白河林业局和和龙林业局由于较早地筹备产业转型，在 2012 年、2013 年开始逐步减少木材砍伐量，将主营业务由木材生产转型到森林旅游、矿泉水和林地资源开发等项目上，案例 2 中的白河林业局与吉林康乃尔集团签约，项目投资额为 10 亿元，每年可获收益 1560 万元，抵消停伐带来的部分经济损失，降低负外部性，采伐运输工人和木材加工工人的收入在短时间内会受到影响，但总体上的冲击小于红石林业局。并且在五险一金方面，红石林业局由于缺乏资金，出现养老保险、医疗保险、失业保险等断保的情况，而白河林业局为解决职工的后顾之忧，保障职工就业的稳定性，还为职工增缴补充工伤和法定传染病的社会保险，大大提升了职工的社会保障能力，是一种正向福利影响的体现。八家子林业局相较于其他三家林业局，木材砍伐量较低，其福利改善方式主要集中在就业和收入方面，比较适中地改善了职工的福利（表4-16）。

表 4-16　林业局改善职工福利方式

		红石	白河	八家子	和龙
政治自由	群众诉求渠道	√			
经济条件	转岗分流	√	√	√	√
	创业扶持	√	√		
	创新盈利模式	√		√	
	买断工龄	√			√
社会机会	职业技能培训	√	√		√
透明性保证	贷款	√			
防护性保障	缴纳五险一金	√		√	√
	增缴其他社保		√		
	"退一补一"政策	√			

资料来源：根据调研资料整理所得。

（三）产业转型中的资本筹措方式

在产业转型过程中，投资资本是产业转型运转的基础。各企业由于本身的运营状况不同，在向森林旅游、林特产品发展、苗木种植等产业转型的过程中企业运营状况也存在差异性。案例 1 中的红石林业局在国家资金支持和项目转型基金的基础上发展红石国家森林公园，建设了集旅游集散、林特产品研发、加工仓储、体验销售、旅游购物为一体的森林特色食品加工产业园和红石国家森林公园集散中心，但由于社会资本对该林业局转型产业项目的投资积极性不高，投入总量远远不足，缺乏一定的资金，市场冲劲不足，并且由于本身存在负债，2020 年负债 10.87 亿元，也无法向银行申请贷款，产业融资不畅，无法满足转型产业建设发展的需求，产业替代支撑能力不足，产业转型发展受阻，一定程度上无法为职工提供稳定的收入，只能维持基本的生活开支。案例 5 中的和龙人造板有限公司当初是由企业职工和集团注入资金成立的，无社会资本注入。停伐后，在研究产业转型的过程中，本身转让固定资产获取资本的可能性就比较低，加之木材替代品较多，也无其他社会资本引入，导致转型失败，企业面临破产的境地。而案例 2 的白河林业局和案例 3 的八家子林业局立足招商引资，着力加快企业转型升级。八家子林业局围绕得天独厚的森林资源和冰雪资源优势，广泛吸引资金，形成了以老里克湖、千年红豆杉、暗河瀑布、雪松雾凇景观为主的旅游品牌，实现营业性收入 660 万元，带动林区 200 人就业。白河林业局通过招商引资、总体产业转型的建设规划，大力发展森林观光、冰雪运动等特色旅游经济业态，项目全部建成后，预计每年创造经济收益 7700 万元，提供就业岗位 1780 个，为需要转岗的职工提供一部分就业岗位，满足职工的就业需要。案例 5 的和龙人造板有限公司作为木材产业链的下游企业，本身就存在巨大的资金缺口，基本的刚性支出依靠向和龙林业局借款的方式维持，在产业转型的过程中，根本无法吸引社会资本进行投资，产业转型严重受阻。由此可见，引入社会资本对产业转型的发展具有重要意义。边燕杰、丘海雄（2000）认为社会资本与企业的发展动力存在显著的正向关系，企业获得的社会资本越多，发展动力就越足。林业局通过引入社会资本，增强产业转型发展的动力，增强企业的经济收益，为职工提供就业岗位，提高职工的收入。上述四家林业局和加工企业由于产业转型过程中资本筹措方式的不同，在其实际的转型过程中存在差异，转型的结果有成功有失败，对其所属职工的福利自然也就存在不同的影响效应。

　　综上，天然林全面停伐政策实施后，不同企业本身的资源禀赋、对历史遗留问题的处理、福利改善方式和产业转型过程中资本的筹措方式存在差异，导致企业的经营运转效益不同，进而使不同企业所属职工的福利存在差异性，对不同职工的收入、就业、社会保障等方面产生了不同的影响。

五、影响机制总结

基于前文的案例分析，本研究通过天然林全面停伐政策对林业企业和木材加工企业两个主体的研究构建具体的影响机制（图4-4）。

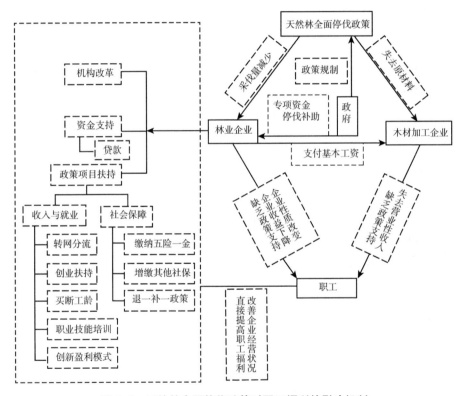

图4-4　天然林全面停伐政策对职工福利的影响机制

从图4-4可以看出，为了恢复和保护天然林森林资源，维护森林生态系统的稳定性，自2015年4月1日，政府出台全面停伐这一社会性规制政策，短期内对企业的发展造成巨大的冲击。林业局等企业由于停伐政策的实施，一些像红石林业局这种依靠木材生产为主营业务收入的企业采伐量骤减，经营性收入呈现断崖式下降，像白河林业局、和龙林业局等部分依靠木材生产收入的企业采伐量减少，失去木材生产这一项巨大的收入，导致企业的效益下降。其次，企业的主要职能由木材生产转变为森林管护和森林培育等方面，其企业性质相当于由追求经济效益的经济型企业变为追求生态效益的公益性企业，不再一味追求经济收入，需要承担的社会责任越来越多，由此产生了大批以采伐运输工人为主的富余职工，职工就业和收入在短期内受到了沉重打击，有些经营不善的企业，社会保险的缴纳也出现了断保的现象。最后，在林业的发展过程中，农业、农村的一些优惠政策不惠及林业，林业逐渐被边缘化。国有林区的林业企业多扎根农村，与农民唇齿相依，但这些惠农富农政策措施多数没有惠及国有林区林业种植业、养殖业等方面，一定程度上阻碍了林业企业的发展，进而对职工的发展造成影响。

对于以木材或木材剩余物为原材料的木材加工企业，停伐政策的实施切断了当地质优价廉的木材供给，企业失去木材加工的原材料，企业的营业性收入遭到重创，经济效益直线下降。部分企业通过从国外进口木材的方式维持日常的生产经营，以期提高企业的产值，但赵明鑫等（2017）学者研究发现通过进口来获取木材加工的原材料对企业总产值的增加没有显著的影响；而部分企业由于木材进口价格过高，没有足够的资金进行购买，将木材存货加工完毕后，面临破产倒闭的境地。木材加工企业也曾尝试金融贷款，但林木的生产周期比较长、企业规模相对较小等原因导致木材加工企业的信贷资金缺乏（赵明鑫等，2017），增加金融机构放贷的风险成本，企业难以申请贷款，无法缓解资金缺乏的问题，资金周转困难。木材加工企业的资金缺乏是导致企业经营不善的重要原因。另一个造成木材加工企业濒临倒闭的原因是缺乏政策支持。这些处于木材产业链下端的木材加工企业，由于停伐政策的实施，企业效益和资金运转受到沉重打击，国家对这些企业缺少税收优惠、人才政策等方面的支持，企业的经济负担沉重，企业发展面临重重困难。

天然林全面停伐政策实施初期，对林业企业和木材加工企业带来沉重的打击，职工原有的福利体系一定程度上受到冲击，收入水平有所下降，就业体系不明朗，社会保险出现断保现象。尤其是一线的采伐运输工人和木材加工工人，相较于企业管理人员，其福利受损程度最为严重。天然林全面停伐政策是政府为了恢复和保护森林资源，维持森林生态系统的稳定性而颁布的，但对企业和职工带来了外部效应。职工享受了政策带来的生态环境改善的成果，是一种正外部效应的体现。但企业和职工也承担了停伐政策带来的部分有形和无形成本，企业的经济效益受损，需要承担职工转岗安置费用、补贴费用、社会保险等多项支出，带来了负向的福利影响。职工由于政策的实施和企业的效益下滑，也承受了负向的影响，收入降低、就业不稳定、社会保险有断保风险、福利水平降低。

针对停伐政策对企业和职工带来的福利受损现象，政府和企业也采取相关措施改善职工的福利水平。政府为了激励企业更好地进行企业改革和产业转型发展，选取适当的激励手段，以期改善重点国有林区职工福利的困境。政府对企业主要采取物质激励的方式，按照停伐产量设立停伐补助资金，按照产量下发天保工程专项资金，不同的林业企业通过获得的停伐补助资金和天保资金在保障职工基本工资水平的情况下进行产业转型，有计划地统筹规划，积极寻找新的发展路径，向森林旅游、林下经济、矿泉水等多个产业发展，减缓停伐对企业的冲击。大部分林业加工企业面临倒闭的境地，如红石林业局所属的 60 多家加工厂，停伐后只有一两家基本维持生产运营，从事家具生产等作业。少数勉强维持经营的林业加工企业主要是由林业企业支付职工的基本工资水平来支撑，也濒临倒闭。

企业通过物质激励和精神激励结合的方式，改善职工的福利水平，满足职工的物质和精神需求，以期将停伐初期在职工收入、就业等方面带来的负向影响转化为正向的影响。停伐政策的实施，虽然对企业造成很大的冲击，但实际上，这既是挑战，也是机遇。虽然林业局没有了主要的经营性收入，职工也减少了依托木材砍伐、生产等方面的收入，但企业坚持稳中求进的工作总基调，把停伐的压力转化为转型的机遇和动力，通过机构改革、资金支持和政策项目扶持三条主线来改善职工的福利状况，根据职工职业规划等方面的具体需求，采取针对性的措施给林区职工提供及时、可行的帮助。通过机构改革精简部分职能部门，并按需设置停伐专项小组和产业转型部门，提供部分就业岗位。根据职工的创业需求，提供部分低息甚至无息贷款，激发职工的创业激情和活力。职工从事林下经济种养殖产业，在改善自己家庭收入的同时，也为林区的产业转型贡献部分力量。林业企业提供的政策项目支持主要集中在收入就业和社会保障方面。就业岗位会影响职工的收入，林业企业对职工就业的安排状况影响职工的收入状况。停伐政策实施后，在收入和就业方面，针对部分下岗或转岗职工，林业局采取的主要方式是转岗分流，将采伐运输工人、贮木场工人、木材加工工人等职工向森林管护、抚育等岗位妥善安置，保障其基本的工资收入，维持基本的家庭开支需要，但收入水平相较于停伐前有所下降；对部分年龄较大的职工或者自愿下岗的职工采取买断工龄的方式妥善安置富余职工；对有创业精神的职工不仅与其签订劳动合同保留关系的协议，还为其提供食用菌等林特产品原料，给予其创业的支持，鼓励其根据自身需要，改善自身的福利水平，缓解政策带来的福利冲击。为了更好地调动和激发林区转岗职工的工作积极性，使其与新岗位的工作需要匹配度更高，林业局联合当地人社局等组织开展职业技能培训班，提升职工的能力和素质，以更好地适应岗位所需；企业为了在产业转型过程中妥善安置富余人员，改善他们的生活环境，积极探索新的盈利模式，在进行食用菌、中药材种植等产业方面，林业局牵头，吸纳合作社和职工参与入股，既可以降低职工自主创业的风险，也可以解决部分职工的就业问题，提高职工的收入水平。在社会保障方面，大多数企业都能实现五险一金的缴纳，部分企业还为职工增缴其他社会保险，解决职工的后顾之忧，大大改善职工的社会保障权益，但部分企业也存在社会保险断保的现象，社会保障权益受损，会对职工的其他权益造成连带损失。由此可以看出，天然林全面停伐政策通过政策手段对企业的经营发展产生影响，进而对职工的生产生活等福利产生影响，假说3得证。

综上，政府和林业企业在停伐政策对职工的福利造成损失时，采取了相关措施来应对，以期改善受损职工的福利水平。政府主要以停伐补助和专项资金的方式作用于林业企业。林业企业在企业改革和产业转型的过程中，主要通过机构改革、资金支持和政策项目扶持的方式对职工的收入、就业和社会保障方面的福利进行改善，将停伐政策对职工的负外部性转化为正外部性，提高职工的收入，稳定就业和社会保障水平，改善生活状态，提高林区整体的福利水平。

第五节　本章小结

本研究基于"东北国有林区民生监测"项目所获得的数据，选取了相关指标构建了重点国有林区职工的福利测度体系，测算了重点国有林区职工2014年至 2017 年间的福利变化状况，运用计量模型估计了天然林全面停伐政策对重点国有林区不同职业类型职工收入带来的影响，同时结合对吉林森工集团和长白山森工集团下属林业局的调研数据和访谈案例分析了天然林全面停伐政策给不同企业职工带来差异的原因并且构建了具体的探究路径和影响机制。通过上述分析，本研究得出了以下结论。

本研究基于森的可行能力理论，从政治自由、经济条件、社会机会、透明性保证和防护性保障五个维度选取相关指标构建了具体的福利测算体系，发现了 2014 年至 2017 年间重点国有林区职工的总体福利水平呈现先下降后上升的趋势。天然林全面停伐政策实施前后，重点国有林区职工的居住条件、医疗和交通等基础公共设施以及享受政策的其他补助金几乎没有什么变化，一直处于低水平状况；职工所能享受的行政服务、职业技能培训、社会保障和环境污染变化情况处于先下降后上升的趋势；人均消费支出、贷款方式、社会保险的缴纳和低保补助金额处于波动发展状况；只有收入的福利水平一直处于下降状态，应引起重视。

基于计量实证模型研究发现，短期内天然林全面停伐政策确实会对林区职工的家庭人均收入带来负向的影响，并且对不同职业类型的职工带来的影响不同。停伐政策实施后，由于国家和企业采取相关措施来改善林区职工的福利水平，管理人员或干部本身素质和能力与木材采伐等工作的联系不那么紧密，受益于相关政策措施，收入水平有所提高。但与木材直接联系较为紧密的采伐运输工人和木材加工工人的收入水平受全面停伐政策的影响带来负外部性，收入水平下降。

通过对调研所获数据的描述性统计分析和案例分析，天然林全面停伐政策对森林资源开发的整个产业链阶段的职工都带来了影响，其影响主要体现在收入、就业和社会保障方面，受影响最严重的群体是采伐运输工人和木材加工工人。2015 年停伐政策实施以来，由于木材砍伐量骤减，林区的木材采运体系消解，以木材生产为主营业务收入的林业企业效益下降，加之林业企业的性质转变和缺乏政策支持，采伐运输工人原有的微观福利体系破损，收入水平直线下降，未来的就业前景不明。由于停伐而缺乏原材料的部分木材加工企业，失去营业性收入和缺乏政策支持，无法进行正常的生产运营，濒临破产倒闭的境地，木材加工企业的职工福利受到威胁。政府和企业对此采取了相关的激励措施，主要从企业改革、资金支持和政策项目扶持三条主线来改善企业的经营状况和职工的收入、就业和社会保障方面的福利情况。

案例研究发现，不同林业企业的职工福利变化存在差异，主要有以下几点原因：一是不同企业的历史遗留问题不同。各企业紧跟国有林区改革的步伐，持续推进政企分开的相关工作，在社会职能移交的过程中，各地政府往往只接收资产和职能，不接收人员，不同企业的社会职能移交程度存在差异，不同企业面临的移交改造费用等资金的缺口不同。二是福利改善方式存在差异。各企业在收入、就业和社会保障方面采取的福利改善方式多种多样，就经济条件维度来看，企业采取转岗分流、创业扶持、创新盈利、职业技能培训等方式，不同企业根据自身的运营状况和职工的实际情况，采取不同的激励方式来改善职工的福利状况。三是产业转型过程中的资本筹措方式不同。一些企业仅仅依靠停伐补贴和专项资金来进行产业转型，往往面临转型资金不足，而一部分企业引入社会资本进驻，缓解资金短缺问题，为产业转型发展注入动力，搭建平台更好地朝着产业转型目标发展。由于不同企业停伐后的经营运转状况存在差异，企业所属职工所享受的福利水平自然也就存在差异。

第五章

政企分开对重点国有林区职工经济福利的影响分析[①]

东北和内蒙古重点国有林区是以森林资源为主体性资源而形成的特殊性区域，在早期不仅承担着恢复国民生产经济、保障木材供给安全等责任，还承担着维护林区稳定和促进林区发展的社会职能。近年来，在重点推进生态文明建设的背景下，重点国有林区的生态功能日益凸显，已经成为实现"双碳"目标的重要战略支点。重点国有林区现有总人口数高达 494.3 万，其民生保障是实现生态目标的基本依托。然而，目前林区整体福利水平偏低，民生问题突出，民生保障落实不到位。

党的十九大以来，党中央明确提出加快深化国有企业改革，推进政企分开，建立中国特色现代化企业。目前，多数国有企业都改制完成，但仍存在政企分不开的历史遗留问题，其中国有林区问题较为复杂。作为传统计划经济体制下的产物，长期以来，国有森工企业深受单位制固有思想影响，存在政企不分、管理体制僵化、人员冗余等问题。在重点国有林区改革持续深入推进的过程中，政企分开阻碍重重，制度变迁中路径依赖的凸显，导致林区内多利益主体间形成的多重依附关系存续至今。目前政企关系难以彻底分离，改革处于低效率水平，对职工福利产生不确定影响。虽然已有学者关注到政企分开对林区职工经济福利有影响，但针对二者影响机理的分析较少。

基于此，本章拟重点回答如何对政企分开程度进行测度？政企分开不彻底对林区职工经济福利改善有哪些影响？政企分开体制变革对于重点国有林区职工经济福利的影响机制有哪些？具体路径是什么？如何进一步推动政企分开，加快社会职能剥离，提升职工经济福利以促进林区社会经济全面可持续发展？

---

① 本章著者：乔丹、柯水发，本章摘自乔丹博士毕业论文，略有改动。乔丹的博士毕业论文由国家社科基金项目（19BGL161）资助完成。本章研究也得到了国家林业和草原局与东北林业大学联合组织开展的"东北国有林区民生监测"项目的支持，特别致谢！

第一节 理论分析、理论框架与研究假说

一、重点国有林区政企分开的路径依赖理论分析

为对重点国有林区这一特殊区域政企分开过程中出现的改革锁定状态进行分析，探究其制度变迁过程中的路径依赖机制，该部分通过对路径依赖理论进行拓展，并融合单位制相关理论，从政企合一体制到政企分开历史缘由进行分析，主要阐述了在重点国有林区政企分开这一制度变迁过程中存在的路径依赖问题，以及在林区内部国家、森工企业、地方政府和林区职工之间的多重依附关系。

制度变迁通常指制度的替代、转换与交易的过程。通过制度的变迁，寻找更优的新制度，可以促进经济的长期增长（科斯，2000）。制度变迁通过对成本收益进行对比而实现提高制度效益或效率的目的。从内部因素来看，是其内部的行为主体间利益分配不均，矛盾凸显而推动的结果；从其发生的诱因来看，是现行制度安排无法继续得到预期利润所致。作为理性的行为主体，企业希望获取最大的利润，因此会采用制度变迁达到该经济目的。因而，重点国有林区制度变迁的最主要目的是通过从政企合一体制走向政企分开的改革，以对政府和企业之间构成原有制度框架的规则、准则和实施组合进行一定边际调整（林毅夫，2000），最终实现减少成本，提高利润的目的，进而达到资源配置的最优。

制度变迁的根本动因是改变原有低效率甚至是无效率的制度状态，当制度变迁受众群体的预期收益要大于原有制度所带来的收益时，此时的制度变迁过程在某种程度上来看是顺利的。在社会转型过程中，任何制度从设计到变迁再到后期的运行都是需要付出一定成本的，即改革成本（Shin and Ha.，2005）。因此，多有学者从经济学角度对制度变迁进行"成本—收益"的分析，并以国民收入或福利作为收益的衡量指标（盛洪，1996；王跃生，1997）。政企分开从某种程度上也是由计划经济向市场经济转变的一种渐进式改革，从社会角度来

看，其本质是为减少社会成本，提高社会福利（樊纲，1993）。在"理性人假设"前提下，新体制的顺利过渡以能够提高人们现有福利为基础，所以，"新增收益"成为改革诱因之一。因此，制度变迁需满足以下条件：新制度的预期净收益，也即总收益减去改革总成本要大于原有制度的净收益，也即原有制度总收益减去原有制度的运行成本。在制度经济学的框架中，将制度作为一种公共物品进行分析。同时已有研究表明在制度变迁的过程中，通常都会忽视制度变迁成本主体的转嫁的承担问题（董筱丹、温铁军，2011）。由此，无论是政企分开改革的收益或是成本均由林区职工共同分摊。因此，重点国有林区在政企分开制度变迁过程中，需满足公式（5.1）：

$$W_n - TC > W_0 - IC_0 \qquad (5.1)$$

其中，W_n 是目前政企分开后所受到影响的林区职工个体的预期收益，W_0 为政企合一体制时林区职工的个体收益。TC 由两部分组成，一部分是政企分开体制的运行成本（IC），另一部分为政企分开的改革成本（RC），即

$$TC = IC + RC \qquad (5.2)$$

假设 $IC = IC_0$，则公式（5.1）可变换为：

$$W_n - RC > W_0 \qquad (5.3)$$

当林区职工政企分开时的预期净收益（预期总收益-改革成本）大于政企合一体制时的净收益，该制度变迁过程为有效率的。因此，当改革成本最小化时，林区职工共同分摊的改革成本越低，其福利较原有体制会越高。然而，要考虑到在制度变迁的过程中，改革成本受制度环境、非正式约束、民众意识等多种因素影响（诺思，1994），还会受到路径依赖的影响。在制度变迁的过程中，由于受到人的有限理性影响，在实施时还会受到偶然性因素的影响。但是，制度变迁过程中会存在较高的制度转换成本，高改革成本和低实施效率的同时存在会对路径锁定造成一定加剧作用（时晓虹等，2014）。重点国有林区特殊的历史环境和体制形成背景以及制度变迁过程中的路径依赖问题突出，造成政企分开改革属于"非帕累托改进"。

在诺斯的基础上，国内外学者开始围绕着路径依赖理论展开了广泛深入的研究，认为制度变迁特点在于：一是路径依赖理论强调了历史的重要性。一个制度的初始形成很大程度上是受偶然历史事件决定的，进而社会在长期的发展中会对此适应。当受外界因素的变化而导致制度发生变化时，长期的历史影响

会被放大，造成制度变迁时对于初始状态的依赖性也更加敏感。二是路径依赖理论强调时间的重要性。该理论从时间维度对制度变迁过程进行考察，并从动态视角切入，以连续变迁视角探讨其演变过程。三是重视人的有限理性和较高的制度转换成本的作用。行为个体有限性对制度实施的限制性与高额的改革成本是衡量制度变迁效率的重要因素。据此，本研究通过绘制图 5-1，对重点国有林区政企分开改革制度效率进行分析。横坐标代表重点国有林区由政企合一到政企分开的制度变迁过程，纵坐标则代表制度收益或制度成本，初始状态是政企合一体制。TR 和 TC 分别为总收益和总成本，起初的总制度效率（TE）和边际制度效率（ME）都呈增长状态，这是由于政企分开伊始，公检法和教育等社会职能剥离较为容易，达到 A 点。而后二者曲线呈现下降态势，是由于其余的社会职能，包括医院、"三供一业"、市政环卫等难以盈利的社会职能无法顺利移交，因此制度效率开始减少。当边际制度效率为零时，政企分开改革达到最优，即为 B 点。根据调研实际情况，自 2015 年重点国有林区改革正式启动以来，各森工集团虽在稳步推进，但部分社会职能移交出现了瓶颈。因此，目前重点国有林区政企分开改革处于点 A 与点 B 之间的阴影部分，未达到改革效率最优阶段。

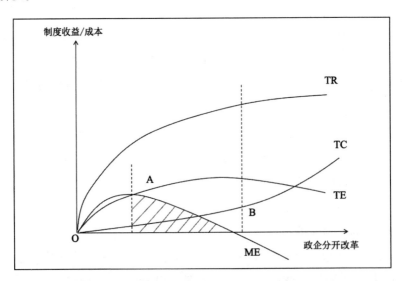

图 5-1　重点国有林区政企分开改革制度效率分析图

重点国有林区在特定历史和特殊资源环境下所逐渐形成的政企合一体制，

这种包办一切的总体性社会对人们的影响是潜移默化下形成的固化式依赖。过去的选择或是习惯会极大程度影响甚至是决定现在或者未来的选择，多利益主体间的多重依附关系在制度变迁过程中不断被自我强化。人们的认知水平和主观意志会受到历史和环境的共同影响（诺思，1994），重点国有林区自开发至今已有 50 余年，政企合一体制是其长期以来的特色管理模式。该体制在政治上体现在林区国有森工企业与地方政府二合一，森工企业不仅要从事企业经营活动，同时还需要承担政府管理职能；在经济上体现在森林资源的稀缺性限制，导致地方政府完全依赖于森工企业的利润收入；在文化上体现在林区对于"无所不能"的森工企业的非正式制度的延续，林区职工对森工企业的全面依附。改革过程中的路径依赖毫无疑问会增加改革成本，加大政企分开改革的阻力，使得改革处于低效率状态，最终会对林区职工福利水平的提升有抑制作用。

福利经济学开创人庇古（Pigou）将福利按照广义和狭义分成两类，认为国民收入与社会福利是挂钩的，国家以保障公平为目标进行收入再分配，以实现优化市场资源配置。庇古指出经济福利对社会福利具有决定性作用，广义福利难以以货币计量，因此在对福利进行研究时，经济学家多对经济福利进行衡量，包括约翰·希克斯（John R. Hicks）、保罗·萨缪尔森（Paul A. Samuelson）、维尔弗雷多·帕累托（Vilfredo Pareto）等人采用多种福利函数对个人福利进行分析。参考理查德·布兰戴尔（Richard Blurdell）的研究，本研究假设 W 是定义在特征上的福利函数，满足与帕累托概率分布函数相同的数学属性，并基于福利为基数假定提出构建以下函数形式：

$$W(x_1, x_2, \cdots x_n) = W_1(x_1) \cdot W_2(x_2) \cdots W_n(x_n) \tag{5.4}$$

根据福利经济学，假设 W 是基数效用，对式（5.4）两边同时取对数后，得式（5.5）：

$$lnW(x_1, x_2, \cdots x_n) = lnW_1(x_1) + ln\, W_2(x_2) \cdots + ln\, W_n(x_n) \tag{5.5}$$

综合前文理论分析，本研究主要提出以下研究假说：

假说 1：重点国有林区政企分开中的路径依赖问题对职工经济福利有抑制作用。

假说 1 认为在深化重点国有林区，推进政企分开体制变革的过程中，路径依赖问题造成了改革过程中的路径锁定问题，通过历史原因所形成的多重依附关系对林区职工经济福利产生一定影响。由于制度变迁具有时滞性的特点，因此其在改革过程中难免会出现"阵痛"现象。由政企合一到政企分开是一个漫长的过程，是渐进式改革。若政企分开很彻底，根据前文分析可知，从长期来看，政企分开对重点国有林区职工经济福利有正向影响；如若政企分开不彻底，从短期来看，政企分开对重点国有林区职工经济福利有负向影响。目前重点国有林区就存在政企分开不彻底的现象，因此本研究提出假说1并在后续章节通过实证分析对其进行验证。该部分需要通过两个方面进行验证：一是证明在政企分开过程中会有路径依赖问题，致使重点国有林区多利益主体间，包括国家、地方政府、森工企业和林区职工之间存在的多重依附关系凸显，即制度依附、身份依附和经济依附关系。二是由于在政企分开过程中存在路径依赖，进而会对职工经济福利产生一定的抑制作用，造成边际负向影响。

此外，由于制度变迁会对不同群体产生不同影响，本研究据此具体提出以下两个假说：

假说1a：政企分开对重点国有林区不同森工集团的职工经济福利影响不同，分开越彻底的森工集团，职工经济福利越高。

假说1b：重点国有林区基层职工受政企分开影响的敏感程度显著高于管理职工和技术人员。

假说1a和假说1b主要针对不同森工集团和工作类型进行了异质性讨论，更加准确地分析政企分开政策对于职工经济福利的影响效应。由于重点国有林区各森工集团地理位置、自然条件等自然资源禀赋有所差异，其经济发展水平也有所不同。因此，各森工集团和森工企业政企分开程度也有差异，对林区职工的经济福利也会存在不同程度的影响。此外，职工自身工作类型也会对其影响产生异质性。由于基层一线职工处于边缘化，其受到政企分开影响的敏感程度要高于管理人员和技术人员。据此，本研究在后面章节会通过建立计量模型对其进行实证分析以进行相应的验证。

二、政企分开对职工经济福利的影响机制分析

本研究通过梳理职工经济福利效应的理论基础可知，职工的经济福利计算可以从收入和支出两个渠道进行。基于此，本研究主要从以下三个效应进行分析，具体包括：收入导向效应、成本分摊效应和支出传递效应。

（一）收入导向效应

本研究针对经济福利进行分析，是可被计量的基数效用。收入作为效用的替代指标在实证分析中常常被用来衡量福利的大小（Arie et al.，1985），而职工个人福利的消费主要受到职工个体的收入 y 约束，$f(x)$ 是个人消费函数形式，是连续的正值。因此，满足

$$f_1(x_1) \cdot f_2(x_2) \cdots f_n(x_n) \leq y \tag{5.6}$$

对（5.6）式两边同时取对数后，得式（5.7）：

$$\ln f_1(x_1) + \ln f_2(x_2) \cdots + \ln f_n(x_n) \leq \ln y \tag{5.7}$$

W 作为一个概率分布函数，将其写成：

$$W(x_1^0, x_2^0) = \int_0^{x_1^0} \int_0^{x_2^0} dW(\xi_1, \xi_2) \tag{5.8}$$

因此，我们可以知道个人福利总效用为：

$$U(y) = \iint_{\ln f_1(x_1) + \ln f_2(x_2) \leq \ln y} dW(\xi_1, \xi_2) \tag{5.9}$$

$U(y)$ 满足近似具有对数正态分布函数的数学形式，符合下式：

$$U(y) \approx N(\ln y; \mu, \sigma) \tag{5.10}$$

其中，y 是个人收入，借鉴 Van 等（1968，1978）学者所提的 Individual Welfare Function of Income（WFI），构建如下函数形式（5.11）：

$$u_n = \ln f_n + \sum_{t \to \infty}^{0} a_{nt} \sum_{k=1}^{N} w_{nk, t} \ln y_{kt} \tag{5.11}$$

$w_{nk, t}$ 是第 n 个职工家庭中第 k 个林区职工在 t 时期的权重，y_{kt} 是第 k 个林区职工在 t 时期的收入。

以上分析是针对个人而不是家庭，但为了更好更准确地分析职工福利，应将其放到以家庭为基本单位的层面进行分析（Blundell et al.，1994）。因此，本研究将采取人均收入对其家庭经济福利进行衡量，即 y_{kt}/f_{kt}。取对数进行运算后，将得到式（5.12）：

$$u_n = \ln f_n + \sum_{t \to \infty}^{0} a_{nt} \sum_{k=1}^{N} w_{nk, t} \ln y_{kt} - \sum_{t \to \infty}^{0} a_{nt} \sum_{k=1}^{N} w_{nk, t} \ln f_{kt} \tag{5.12}$$

其中，f_n 是家庭规模，fs_n 为家庭 n 中的人数。我们可以将上式进行简化后，得到式（5.13）：

$$u_n = \beta_0 + \beta_1 ln\, fs_n + \beta_2 ln\, y_n + \varepsilon_n \qquad (5.13)$$

其中，u_n 为第 n 个职工家庭的经济福利，即为本研究主要关注的重要参数。由公式（5.13）可知，职工经济福利受到职工家庭规模和收入在内的因素影响。正是因为如此，本研究要考虑家庭规模，将家庭人均收入作为主要被解释变量。

假说 2：在政企分开的过程中，当其他情况不变时，森工企业替代产业发展得越好，可通过收入导向效应使得林区职工经济福利水平就越高。当森工企业效益越好，职工工资收入水平越高，其经济福利也相应提高。尽管在政企分开不彻底的情况下，企业受路径依赖影响依然承担额外的支出，但当其能够通过产业转型升级，提高和保障自身企业效益时，就能够最大限度保障职工的经济福利，降低其受损概率及受损程度。

（二）成本分摊效应

森工企业在全面停伐政策下，其主要收入来源为中央财政补贴，也就是天然林保护工程。从实际情况来看，在短期内各森工企业难以快速扩大生产，企业收益难以依靠外力实现快速增长。因此，本研究从总成本最小化角度进行考虑。首先，企业成本最小化的函数方程为：

$$\min(wl + rk + at) \qquad (5.14)$$

$$s.t. f(x) = q \qquad (5.15)$$

其中，w 为职工工资率，l 为劳动力投入；r 为资本价格，k 为资本投入；a 为综合技术水平，t 为科技投入。森工企业生产主要受到 q，即天保工程资金收入约束。在利用拉格朗日方法进行求解后，可得下式：

$$L = wl + rk + at + \lambda\left[q - f(x) \right] \qquad (5.16)$$

将除劳动力投入以外的其他要素投入定义为 w_j，并对上式求一阶导数后，可得到企业生产最小化条件，为：

$$\frac{w_i}{w_j} = \frac{\partial\, f(x)}{\partial\, w_i} \Big/ \frac{\partial\, f(x)}{\partial\, w_j} \qquad (5.17)$$

即每个要素的边际成本等于其要素价格。然而，在其他要素无法增加的前提下，森工企业为保证达到利润均衡，只能选择减少工资支出。同时需要考虑到，无论是作为国有企业，还是历史形成的单位体制的遗留问题，林区职工基本不可能大幅度减少。因此，职工劳动力在短期内是不会缩减的。企业为达到最优，只能通过降低职工工资以达到相对静态均衡状态。企业成本增加进而分摊到在册的职工个体上，这导致职工的某些收入或是保障有所减少，进而使得职工经济福利下降。

假说3：在政企分开过程中，当其他情况不变时，森工企业额外改革成本越低，通过成本分摊效应使得林区职工经济福利水平越高。正如前文理论分析，政企分开的制度效率关键在于改革成本，当森工企业负担的额外改革成本越多，职工经济福利受损概率越大。由于改革过程中路径依赖的存在和依附关系的存续，本研究认为当森工企业政企分开不彻底时，所要负担的统筹外费用成本越高，可以分给现有职工的福利就越少，进而会在一定程度上削弱职工经济福利的提升。

(三) 支出传递效应

不同家庭的消费支出变化也是导致福利水平变动的主要因素之一，显而易见的是，在其他条件不变的前提下 (收入、保险等)，成本支出的增加会导致福利水平的下降，因此会使得职工个人福利产生生活成本效应。本研究参考 Singh 等 (1986) 学者提出的农户家庭模型 (Agricultural Household Model，AHM)，将福利效应分解为价格变动产生的收入效应和支出效应两方面。假设代表职工家庭的福利水平由间接效用函数来表示：

$$u_h = v_h(y_h, \ p_i, \ p_j) \tag{5.18}$$

其中，h 代表职工家庭，y_h 代表职工家庭总收入，p_i 代表各项移交的社会职能支出价格 (包括"三供一业"等生活必需品)，p_j 代表其他生活品支出价格。其中 $h = 1, \ \cdots, \ h; \ i = 1, \ \cdots, \ i; \ j = 1, \ \cdots, \ j$。从上述职工家庭间接效应函数方程中，我们可以发现家庭福利水平取决于家庭总收入水平、移交的社会职能支出和其他生活品支出的价格等因素。对式 (5.18) 进行微分，并根据罗伊恒等式 (Roy's Identity)，可以得到以下方程，

$$\frac{\partial u_h}{\partial p_i} \Big/ \frac{\partial u_h}{\partial y_n} = - c_i^h; \ \frac{\partial u_h}{\partial p_j} \Big/ \frac{\partial u_h}{\partial y_n} = - c_j^h \tag{5.19}$$

其中，c_i^h 和 c_j^h 分别代表职工家庭对于各项移交的社会职能及其他生活品的消费数量。

进一步，对式（5.18）进行微分后，并结合式（5，19），可得下式：

$$d\,u_h = \{d\,y_h - \big(\sum c_i^h d\,p_i + \sum c_i^h \,dp_j\big)\}\frac{\partial\,d\,u_h}{\partial\,d\,y_h} \tag{5.20}$$

我们再来看职工家庭的总收入为：

$$y_h = y_w + y_o + y_t + y_p + y_n \tag{5.21}$$

职工家庭的总收入由五个部分构成，即 y_w 代表职工家庭工资性收入，y_o 代表职工家庭经营性收入，y_t 代表职工家庭转移性收入，y_p 为职工家庭财产性收入，y_n 代表职工家庭其他收入。

由于本研究重点研究在册在岗职工，因此劳动力市场整体处于充分就业状态，劳动力市场的总供给为 l_h，即工资收入为 $y_w l_h$，y_w 为职工个体工资水平，l_h 为劳动力数量。则可得到工资收入占家庭总收入比重 $\gamma_w^h = \dfrac{y_w l_h}{y_h}$。同时，各项移交的社会职能支出占总消费支出比为 $\gamma_i^h = \dfrac{c_i^h p_i}{y_h}$，其他生活品支出占总消费支出比为 $\gamma_j^h = \dfrac{c_j^h p_j}{c_j^h p_j}$。进而得出下式：

$$\frac{d\,u_h}{d\,y_h} = \gamma_w^h \frac{d\,y_w}{d\,y_w} - \big(\sum \gamma_i^h \frac{d\,p_i}{p_i} + \sum \gamma_j^h \frac{d\,p_j}{p_j}\big) \tag{5.22}$$

由式（5.22）可知，职工经济福利效应由两部分组成，第一部分是家庭收入，与第一部分的收入导向效应一致，另一部分则是支出传递效应。该部分重点关注的是移交后社会职能成本的增加对职工家庭福利的影响，因此重点讨论支出效应。同时，根据收入效应，当某一产品的价格提高后，职工购买力下降，但已移交的社会职能，尤其是供水、供电、供热、物业等社会必备支出，作为生活必需品，缺乏弹性价格，甚至弹性基本为零。职工对其效用是拟线性偏好的，价格的提高并不会影响其需求的降低，因此，职工经济福利会因生活成本支出传递而减少。在早期单位制体制下，包括医疗、教育、水电和物业等各种费用均由森工企业来承担，这部分"隐性福利"在体制变革以后不复存在。职工对于这部分已经移交的，且是生活必需品的支出必然要自己承担，家庭支出因而会增加，进而对职工经济福利造成一定影响。

假说4：在政企分开过程中，当其他情况不变时，地方政府公共服务供给水平越高，可通过支出传递效应使得林区职工经济福利水平就越高。政企分开以后，如果地方政府公共服务供给水平越高，职工的经济福利水平则越高。本研究认为当社会职能移交后，若地方政府能够保持原有或提高各项社会公共服务的效率和水平，打破改革中的路径依赖问题，不增加或是减少林区职工额外的生活支出时，职工的经济福利水平会有所提升。

（四）身份连锁效应

个体身份的转变，一方面是与身份编制所附带的一系列包括工资、保险等福利的变动，另一方面则是自身对于身份认同的改变。国有森工企业职工身份的变动，会直接引起其所附带的一系列薪酬待遇等变动，影响到职工的经济福利。将社会和政治职能分离出去之后，国有森工企业的生产场域，绝不只是关注自身经济职能的发挥，更是关注政治经济关系所在环境及其相关职工的自身利益问题。历史情境下多利益主体间的互动使得林区职工产生了"镜中我"（查尔斯，1989），并在此过程中不断接受与强化自我身份的认同。认同是个体行动与社会结构间一个动态平衡相互作用的过程，认同不仅仅是一个客观时空概念，同时也是一个主观主体建构的过程。有学者认为改革开放以后单位制下所形成的福利共同体虽然增强了企业的自主独立性，但是在某种程度上也扩张了单位福利共同体。这种看似与国有企业改革相悖的现象，恰恰是对过去体制的一种身份认同与依赖的体现。政企分开以后，一方面，大型国有企业的稳定性保障基础愈不牢固，加上市场机制介入的不确定性使其陷入了对自身身份编制的怀疑；另一方面，资源分配的差异性导致群体间分化与群体内差异的凸显，进而使得职工对于原有身份认同的背离。朱洪革等（2019）也通过实证分析得出重点国有林区职工由于自身编制的不确定性，因此在一定程度上影响了改革和自身的福利问题的结论。据此，本研究提出假说5。

假说5：政企分开后，职工个人身份的调整通过身份连锁效应对重点国有林区职工经济福利产生影响。政企分开也是对职工个人身份的一个转换过程，身份编制的转变会对林区职工造成直接经济福利的变动。国家先控制企业，再严格限制个人，迫使后者进入企业，那么所形成的依附不仅是个人对企业的依附，同时还是对国家给予身份的依附。对于林区职工而言，不仅森工企业给予自己物质资源，更包括由国家给予自己身份所带来的制度性资源，包括岗位编制、晋升机会、未来保障等。本研究基于调研所获多个案例，通过定性比较分析方法和案例研究方法对其进行阐述验证，分析身份转变给职工经济福利变化造成的身份连锁效应。

三、整体分析框架

图 5-2 展示了整体分析框架，政企分开过程中存在的路径依赖导致三个利益主体间多重依附关系的显现，进而通过四条路径影响到职工经济福利的变化，具体而言：

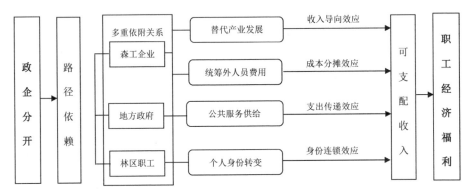

图 5-2　分析框架

首先，从林区职工的收入角度来看，森工企业将社会职能移交到地方政府后，通过企业绩效状况的改变，对重点国有林区职工薪酬待遇产生相应的影响。一方面，森工企业的替代产业发展情况良好会提高企业效益，增加职工个人可支配收入，进而会提高职工的经济福利；另一方面，森工企业统筹外人员相关补贴移交而人员未移交，所造成额外费用的隐性压力会通过成本分摊对职工产生挤出效应影响到职工的经济福利。自全面停伐政策实施以来，森工企业主要收入来源被切断，接续产业发展不完善，长期下来企业的压力最终会对仍在册在岗的林业企业职工经济福利造成潜在的不利影响。在政企分开过程中，受路径依赖影响，林区职工长期对于森工企业包办一切形成全面经济依附。因此，森工企业要承担对统筹外职工人员基本生活保障的成本，这部分成本被隐形化在企业生产经营成本内，极易造成路径锁定，由于制度变迁成本目前无法由森工企业及林区在岗职工以外的主体来承担，只能以内化到在岗职工的形式解决，最终影响到林区在岗职工的薪酬待遇。

其次，从林区职工的生活支出角度来看，政企分开以后地方政府社会职能的履行情况的差异对林区职工经济福利造成不同影响。重点国有林区"先企业，后政府"的形成历史造成了"强企业，弱政府"的特殊现象，使得地方政府长期在经济上严重依附于森工企业。加之不同森工企业所属地方政府财政实力有所差异，地方对于社会职能的接收能力存在不同，公共服务供给水平存在差异性，或高或低，或与原有社会公共服务供给水平一致。此外，在社会职能移交到地方政府之后，原由企业负担的教育、医疗和"三供一业"现由林区职工自行缴费，原有的隐性经济福利消失，导致个人生活成本增加，进而对林区在岗职工的经济福利产生一定的影响。

最后，对职工个人而言，政企分开后，重点国有林区职工身份的直接转变会使得同一群体内不同成员因身份差异化而产生直接的差别化福利。各项机构职能移交后，重点国有林区职工的岗位及编制会发生直接的变化。重点国有林区职工由公务员或事业编制转为企业编制，或是从事业编制变为公务员编制。如此便对职工收入、保险等经济福利产生相应的影响。为追求社会平等，马歇尔将社会学与经济学相结合，构建了成员身份的逻辑平台。这种身份依附所带来的是社会权利的某种变换，但这种社会权利恰恰是与个人福利保障密切相关的（T. H. 马歇尔，2008）。在政企分开这一渐进式制度变迁的过程中存在路径依赖，体制内外的变动会使得重点国有林区职工对国家给予体制内身份的依附凸显，进而对自身经济福利产生一定影响。

本节结合前文研究内容和研究框架，首先基于制度变迁理论对重点国有林区政企分开的路径依赖和制度效率进行分析拓展，其次从收入和支出两个方面入手，对政企分开对于重点国有林区职工经济福利的影响机理进行经济学分析。得出以下影响机制：政企分开会通过收入导向效应、成本分摊效应、支出传递效应和身份连锁效应四条路径对职工经济福利产生影响。该章节一共提出了五个假说，本研究将在后续章节进行分别验证以考察政企分开对于职工经济福利的影响效应和影响机制。

四、数据来源

（一）民生追踪问卷调查数据

1. 抽样方法及样本分布

原国家林业局与东北林业大学联合组织开展的"东北国有林区民生监测"项目，主要采用问卷调查和半结构化访谈相结合的方式进行调研。运用典型抽样和随机抽样的方式，第一步是在森工集团中对森工企业进行选取，具体是以各国有森工企业年总产值为选取原则，进行等距抽取。第二步是根据各国有森工企业提供的下属林场名单进行随机等距抽取。为确保样本的全覆盖，在所提供的名单中抽样 2 个山上林场以及 1 个山下社区作为样本区域。第三步是根据上述提供的样本区域按照姓氏排名的户籍名单，进行随机抽取，每一个样本林场或是社区抽样选择 25 户职工家庭作为样本户。第四步由调研员利用计算机辅助面访系统对职工家庭开展结构性访问以获取调查数据。

2. 问卷调查内容及追踪情况

问卷调查以反映重点国有林区林业职工民生福利等相关内容为主，主要涵盖了家庭收支、教育、社会保障、住房、医疗、就业、技能培训和生活满意度等相关问题，为重点国有林区改革与民生相关政策调整提供决策依据。考虑到每一期调查对象均存在小范围的动态调整情况，同时各企业政企分开改革并不是同一时期进行的，而是根据各个集团实际情况开始改革的，因此难以确定共同的改革年份。鉴于伊春森工集团成立于 2018 年，因此本研究数据筛选出 2018 年至 2020 年共 3 年的数据样本。2018 年样本户数为 1959 户，2019 年样本户数为 2174 户，2020 年样本户数为 2206 户。通过筛选共找到追踪样本户 976 户，剔除变量存在缺失值的部分样本，最终得到 852 户有效追踪样本。

（二）典型案例访谈调研数据

本研究依托国家社会科学基金项目"基于职工福利提升视角的深化重点国有林区改革研究"（编号 19BGL161）于 2020 年至 2021 年对所涉及的四大森工集团样本区域职工民生福利问题进行研究。为了收集样本森工企业的基本信息，获得企业层面及职工层面的数据，本研究的调查还设计了森工集团访谈提纲、森工企业访谈提纲、林区职工个人访谈提纲以及职工调研问卷。为保证深度访谈案例的全面性和可靠性，调研团队对四大森工集团进行座谈，内容有：（1）森工集团基本信息，包括森林资源状况、管理机构设置、人员结构、工资福利等；（2）政企分开改革状况，包括改革历程、社会职能（"三供一业"、医疗、教育等）移交的现状、统筹外人员成本等；（3）补贴情况，包括天保工程补贴、地方财政状况等。调研团队对森工集团政企分开等改革事宜进行整体了解后前往林业局进行座谈，了解当地发展状况。同时，调研团队针对相关部门也进行了一对一的深度访谈以获取企业层面相关数据。此外，结合民生监测问卷，调研团队在各个森工集团下属各森工企业分别随机抽样选取职工进行深度访谈，而后笔者对样本进行一对一深度访谈并形成典型个体案例。

（三）宏观数据来源

1. 自然资源数据来源

本研究所使用与森林资源相关的生态数据除来自《中国林业统计年鉴》①《中国林业和草原统计年鉴》② 和《全国森林资源清查》③ 之外，还有一部分来自笔者调研当地林业局一类和二类森林资源调查数据。

2. 社会经济数据来源

本研究的职工在岗人数、基本工资状况、保险缴纳情况及天保工程投资状况等来自《中国林业统计年鉴》《中国统计年鉴》④《吉林统计年鉴》⑤《黑龙江统计年鉴》⑥《内蒙古统计年鉴》⑦《伊春统计年鉴》⑧ 和各森工集团、森工企业政府文件、改革报告等数据资料。此外本研究使用的各林业局层面的企业数据主要源于调研时所获数据及资料。笔者多次前往重点国有林区，通过座谈会、

---

① 数据资料源于 1999 年至 2017 年的《中国林业统计年鉴》。

② 数据资料源于 2018 至 2019 年的《中国林业和草原统计年鉴》。

③ 数据源于九次《中国森林资源报告》。

④ 数据源于 2000 至 2020 年的《中国统计年鉴》。

⑤ 数据源于 2000 至 2020 年的《吉林统计年鉴》。

⑥ 数据源于 2000 至 2020 年的《黑龙江统计年鉴》。

⑦ 数据源于 2000 至 2020 年的《内蒙古统计年鉴》。

⑧ 数据资料源于 2000 至 2020 年的《伊春统计年鉴》。

部门访谈，查阅档案馆、资料室以及当地图书馆等，获得了当地林业局政策文件、局志、管理信息以及林区内社会经济发展状况的一手与二手资料。

（四）样本处理及匹配

由于"东北国有林区民生监测"中包含林区职工及其家庭的相关信息，有部分年份的数据问卷并不在同一文件中，且格式有纵向数据和横向数据之分，因此在将职工个人信息与家庭信息合并的过程中，需要对其 ID 进行对应匹配处理。为保证数据的有效性，本研究对于数据文件中所涉及关键信息填写有所缺失或存在逻辑错误等问题的样本进行剔除。此外，本研究由于需要使用连续年份的监测数据，因此数据处理的另一个主要部分是对多年职工 ID 的匹配。由于各年份中职工 ID 编码顺序有所差别，因此，笔者采取"职工所在林业局+职工姓名+职工年龄"作为唯一识别进行代码设定后逐年匹配样本。最后，由于本研究还需使用到各森工企业层面的数据，因此需要将其与微观数据进行匹配，通过使用上述匹配后的唯一识别的林区职工代码完成微观调研数据与宏观调研数据的匹配。

第二节　政企分开程度测度及比较

由于各森工集团和森工企业政企分开起始时间不一，改革程度也有所差异。为了后文的定量分析，本节需要对各森工企业的政企分开程度进行测度。目前，对于政企分开的测度学界仍没有共识，因此，本研究依据调研情况，仅对重点国有林区政企分开的程度进行测度。

一、研究方法选择

赫芬达尔指数，是指赫芬达尔—赫希曼指数（Herfindahl-Hirschman Index，简称 HHI），是由经济学家赫希曼（Alleert O. Hirschman）（1958）提出并命名的。主要是用来综合反映市场力量的分化程度或产业转移程度的指标。该指标的主要计算方法是将特定产业中的所有企业所占市场份额的平方值之和进行加总，其主要优点是不受企业数量和规模分布的影响（Rhoades，1993；Bekaroğlu，2019）。具体而言，其测算公式为：

$$HHI = \sum_{i=1}^{n}(MS_i)^2 \tag{5.23}$$

其中，MS_i 表示第 i 个企业在所有企业中所占份额，MS_i 的取值范围为 0 到 1 之间。即对于所有的 i，$\sum_{i=1}^{n}MS_i = 1$，进而 $1/n \leq HHI \leq 1$。

尽管赫芬达尔指数一般较多地用于产业结构研究，但近年来也被多位学者用于家庭福利、行业垄断、政府管制、劳动力市场等多个领域（Rhoades，1993；Chikoto et al.，2016），如高校创新要素的集聚度（迟景明、任祺，2016）和公司股权的分离问题（Bøhren et al.，2017）。由于政企分开程度测算前人没有量化基础，本研究借鉴温斯托春（David S. Weinstock）（1982）和李家荣等（2020）学者使用赫芬达尔指数以测算分离和转移程度的方法对重点国有林区政企分开进行评价。

根据前文对重点国有林区政企关系变革的梳理，本研究以需要移交的社会职能总项目情况作为 X，已移交的社会职能项目为 X_i，来衡量某一社会职能的移交情况，构建如下公式：

$$HHI = \sum_{i=1}^{n}\left(\frac{X_i}{X}\right)^2 = \sum_{i=1}^{n}S_i^2 \tag{5.24}$$

但是考虑到各个国有森工企业所承担的社会职能数量有所不同，因此不能以完全平衡状态（Perfect parity）下的传统 HHI 进行计算。借鉴欧文（P. Dorian Owen）等（2007）和布雷齐纳（Ivan Brezina）等（2014）对于赫芬达尔指数的扩展研究，去除由于 n 不同所带来的影响，对上式进行变化，可得到正态化赫芬达尔指数（Normalized Herfindahl-Hirshman Index，简称"NHHI"），即

$$NHHI = \frac{(HHI - 1/n)}{1 - 1/n} \tag{5.25}$$

公式（5.25）可以测算出消除受到 n 影响而偏离的 NHHI 结果，若计算结果 $NHHI = 1$，则表示该森工企业的社会职能已彻底移交；若计算结果 $NHHI = 0$，则表示该森工企业的社会职能尚未开始对外剥离；若计算结果在 0 至 1 之间，且计算结果 H 越大，则表示移交情况越好，政企分开程度越彻底。

二、指标选取与数据来源

指标的选取通常要遵循以下原则：（1）科学性。评价体系的构建要符合国有林区政企分开改革的政策方向及改革内容，符合实际改革情况。（2）全面性。指标的选取要尽可能从多方面和多维度进行衡量，以确保体系建立的完整性。（3）代表性。指标的选取要有代表性，即能够体现政企分开某一具体内容的含义及趋势性。（4）可获取性。为了保证体系建立后的实际应用，要充分考虑数据的可获取性，以便能够进行区域性分析。因此，本节的指标选取也综合考虑了以上四个原则。

尽管各森工企业的社会职能略有差异，但总体上重点国有林区社会职能的移交涉及职能机构、固定资产和人员安排这三部分。根据前文的政企分开现状梳理，体制变迁过程中的路径依赖突出表现为林区内目前存在机构、资产和人员分离移交的现象。正是由于在林区内国家、森工企业、地方政府与林区职工之间存在多重依附关系，社会职能移交出现了瓶颈。基于此，在结合《重点国有林区改革森工企业验收评分表》的同时，本研究最终指标选取具体见表5-1。

（1）已移交机构数占比（%）：计算方式为实际移交到地方政府的机构个数/应该移交到地方政府的机构个数。将各个森工企业在政企合一时期所承担的社会职能个数加总作为分母，按照调研时所获得的已经在账面上移交的机构数进行加总作为分子。

（2）已移交资产数占比（%）：计算方式为实际移交到地方政府的固定资产数/应该移交到地方政府的固定资产数。以各森工企业各项社会职能的所有固定资产净值作为分母，将已经移交到地方政府的固定资产净值作为分子。其中，若是仍在交接中的，按照未移交计算，最终统计核算以各森工企业的年度财务报表为准。

（3）已移交职工数占比（%）：计算方式为实际移交到地方政府的人员数/应该移交到地方政府的人员数。这部分的核定较为复杂，分母部分是政社人员、教育医疗等各项社会职能职工总人数。在分子部分，仅包括已经完全移交到地方政府的人员，已经被森工企业安置的富余人员不计入。

表 5-1 政企分开程度评价指标选取

指标名称	单位	指标含义
已移交机构数占比	%	实际移交到地方政府的机构个数/应该移交到地方政府的机构个数
已移交资产数占比	%	实际移交到地方政府的固定资产数/应该移交到地方政府的固定资产数
已移交职工数占比	%	实际移交到地方政府的人员数/应该移交到地方政府的人员数

本节所使用的数据均为笔者多次前往各大森工集团调研时所获的宝贵数据资料，在整理座谈资料的基础上，笔者通过搜寻网站公开资料，翻阅森工集团和林业局档案室资料，获得了各大森工集团及森工企业统计年报、档案资料、财务年报等与政企分开有关的数据。

在数据处理上，笔者采用数据录入及情况比对的方法，以确保数据的真实有效性。需要说明的是由于公检法已在各大森工集团完成职能的彻底剥离，因此职能机构、固定资产和人员移交比均为 100%。其他社会职能的移交情况以年报等数据为依据，并与座谈所述情况比对以确保数据的真实有效性。

三、结果分析

本研究使用赫芬达尔指数法对四大森工集团下共 55 个森工企业进行计算，加权平均后可得到四大森工集团的政企分开程度，并绘制成图 5-3 的柱状图。由图可知，2018 年起内蒙古森工集团的政企分开程度为 1，表明内蒙古森工集团在 2018 年年底就已彻底完成社会职能的剥离，政企分开改革完成。反观政企分开最早的吉林森工集团和长白山森工集团，二者的政企分开程度相差无几，且进展较慢，在四大森工集团中，政企分开平均值较低。尽管伊春森工集团 2018 年年底才刚刚从龙江森工集团中单独成立，但截至 2020 年，其政企分开进程也较吉林森工集团与长白山森工集团快，程度更高。

与此同时，我们在计算结果中可以发现，在各项社会职能移交过程中已移交机构数占比最高，但是已移交资产数占比与已移交职工数占比较低。具体各

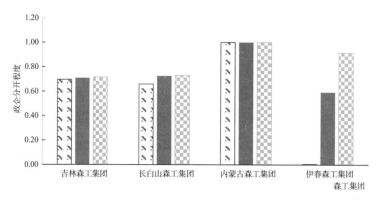

□2018 ■2019 ▨2020

图5-3　政企分开程度评价结果

森工集团社会职能移交情况见表5-2。2018至2020年期间，吉林森工集团、长白山森工集团和伊春森工集团的已移交资产数占比和已移交职工数占比都有所提高，这表明这三大森工集团都在积极地为推进政企分开做出努力，和地方政府进行洽谈交涉。截止到2020年，吉林森工集团已移交资产数占比由2018年的56.95%提高到58.84%，已移交职工数占比由66.10%提高到70.50%；长白山森工集团已移交资产数占比较2018年提高了2%，已移交职工数占比提高了18.26%。总体上来说，重点国有林区在社会职能的实际移交过程中，存在先移交机构职能，而固定资产和职工未同步移交的普遍情况。

表5-2　四大森工集团社会职能移交情况

年份	森工集团	已移交机构数占比（%）	已移交资产数占比（%）	已移交职工数占比（%）
2018	吉林森工集团	85.71	56.95	66.10
	长白山森工集团	85.60	55.16	57.11
	内蒙古森工集团	100.00	100.00	100.00
	伊春森工集团	0.00	0.00	0.00

续表

年份	森工集团	已移交机构数 占比（%）	已移交资产数 占比（%）	已移交职工数 占比（%）
2019	吉林森工集团	85.71	58.84	68.20
	长白山森工集团	86.60	57.16	73.67
	内蒙古森工集团	100.00	100.00	100.00
	伊春森工集团	0.00	88.44	89.31
2020	吉林森工集团	85.71	58.84	70.50
	长白山森工集团	86.60	57.16	75.37
	内蒙古森工集团	100.00	100.00	100.00
	伊春森工集团	96.63	88.44	89.31

第三节 政企分开对林区职工经济福利的影响效果：基于渐进 DID 的实证分析

收入是衡量职工经济福利的重要指标之一，收入水平的提高是民生问题的重要内容。正如前文所述，截至 2019 年，东北重点国有林区在岗职工平均工资为 3.55 万元，不仅低于国有单位职工的平均工资，且工资水平涨幅也低于城镇居民可支配收入水平。因此，本节重点关注职工家庭人均可支配收入的变化，分析政企分开后对职工经济福利产生了哪些影响效应。为全面了解目前重点国有林区职工经济福利的变化，为综合考虑政企分开后职工切身福利的变动，移交后各项社会职能对林区职工的支出情况的影响也至关重要，因此本节也对职工家庭社会职能相关生活支出包括水电费、取暖费、燃气费、医疗保健、基本教育支出等进行统计分析。

本节具体安排如下：第一，对模型设定和变量选取进行了说明，并进行了指标的描述统计分析；第二，通过建立渐进 DID 模型对政企分开的影响效应进行评估分析，并进行平行趋势检验、安慰剂检验和双侧缩尾检验；第三，从宏观和微观层面对地区异质性和工作类型异质性进行检验；第四，将林区职工经济福利水平与地方人均经济福利水平进行比较；第五，本章小结。

一、实证分析模型设定

双重差分模型（$difference\text{-}in\text{-}difference$，$DID$）具有能够控制政策实施前的自身特质，进而能够达到有效分离政策的实际效果，被学界公认为政策实施效应或是评估的模型，被广泛应用在政策评估领域内（郐亮亮等，2014；刘瑞明等，2020）。本研究所探究的问题是政企分开对林区职工经济福利是否产生了影响，由于在实施政企分开之后，该政策对林区的影响主要源于两部分，一部分是随时间自然增长的所谓"时间效应"部分；另一部分则是受政企分开政策影响所带来的"政策处理效应"部分。为有效识别出政企分开对职工经济福利的影响，因此本研究将"政企分开"这一事件作为"准自然实验"，构建双重差分模型以对其进行政策评估。考虑到各森工集团和各林业局开始政企分开改革的时间有所差异，并不是采取"一刀切"式的方法。因此采用渐进双重差分方法进行影响效应的评估分析。本研究借鉴周黎安和陈烨（2005）、卢圣华和汪晖（2020）的方法，根据职工进入森工企业工作当年所在森工企业的体制进行赋值。若森工企业为政企合一体制，即森工企业当年或未来会受到政企分开改革的冲击，则赋值为1；若森工企业为政企分开体制，即森工企业在此之前已完成政企分开改革，则赋值为0。同时，由于政企分开是在重点国有林区全面推行的改革，难以找到同一时期完全不受该政策影响的职工作为对照组。因此在对于模糊样本的处理时，借鉴程令国和张晔（2011）、Vig（2013）、谌仁俊等（2019）学者的处理方法，以职工受到政企分开影响的差异性进行实验组和对照组的构造，采用渐进连续变量设定的方法对政企分开这一政策实施进行评估。以职工家庭人均可支配收入作为被解释变量，以森工企业政企分开改革作为核心解释变量，构建如下计量模型：

$$ln\,(Y_{i,\,c,\,t}) = \alpha_0 + \alpha_1 D_{i,\,t} + \alpha_2 D_{i,\,t} \times T_c + \alpha_3 X_{i,\,c,\,t} + \delta_c + \theta_t + \varepsilon_{i,\,c,\,t}$$

$$(5.26)$$

在模型（5.26）中，下标 i 表示职工个体，c 表示职工所在的林业局，t 代表年份。$ln\,(Y_{i,c,t})$ 是林区第 c 个林业局第 i 个职工第 t 年家庭人均可支配收入的自然对数，进而构建收入的半弹性模型。$D_{i,t}$ 是职工当年受到政企分开改革影响程度的大小，为连续变量；$D_{i,t} \times T_c$ 该交互项为本研究重点关注的政企分开影响效应，T_c 是衡量该森工企业当年是否受到政企分开的冲击，若是则赋值为 1，否则为 0。该交互项的系数 α_2 是本研究重点关注的系数，即政企分开对职工经济福利所产生的影响。$X_{i,c,t}$ 为控制变量，包括职工的个人特征变量、家庭特征变量、林业局特征变量；δ_c 和 θ_t 分别为林业局固定效应和时间固定效应，用以排除不随时间变化的林业局企业特征的干扰以及消除一些不可控制的时间趋势；最后，$\varepsilon_{i,c,t}$ 为随机误差项。

二、变量选取与数据来源

为了考察政企分开体制变革这一政策对林区职工经济福利的影响，本节使用了民生监测的微观调研数据进行分析。

（一）被解释变量

本章主要的被解释变量为职工经济福利，借鉴莫拉蒂（Marta Moratti）和娜塔莉（Luisa Natali）（2012）的研究，以家庭人均可支配收入作为被解释变量，具体计算方式为家庭可支配总收入/家庭总人口数。其中，家庭可支配收入是对样本职工详细的各类收入情况进行计算所得，具体包括工资性收入、家庭经营性收入、转移性收入、财产性收入和其他收入。工资性收入包括：来自林业局（林场）的工资收入、造林补贴收入、森林抚育补贴收入、其他企事业单位工资收入；家庭经营性收入包括农业生产收入、林下收入、个体工商业收入；转移性收入包括离退休金、农业补贴、林下经营补贴、低保金及政府其他补助等以及民间救助、子女给的赡养费、打工工作寄回的收入；财产性收入包括房屋出售或者出租收入、土地出租收入、投资收益、存款利息收益以及其他收入。此外，考虑到通货膨胀因素的影响，本研究已将连续 3 年的收入根据城市居民消费价格指数进行平减统一折算到 2018 年。

本研究重点关注的核心解释变量为前文计算出的政企分开程度相关数据，用以衡量各森工集团下属各个林业局（森工企业）政企分开的具体程度，时间跨度为 2018 至 2020 年。

（二）控制变量

为控制其他可能影响职工经济福利的因素，本研究借鉴前人研究在模型汇总加入职工个人特征变量、家庭特征变量和林业局特征变量（Qizilbash，2000；朱洪革、井月，2013；陈飞、翟伟娟，2015）。主要选取变量可见表 5-3，具体说明如下。

（1）职工个人特征变量：户主性别、年龄、健康状态以及受教育水平作为个人特征，会影响到职工个人的经济收入（Sylvie et al.，2008；王力等，2008；王利中等，2013），该数据来源为东北国有林区民生监测数据库。

（2）家庭特征变量：由于本研究关注的是职工经济福利，因此家庭状况会对家庭人均可支配收入有一定的影响，家庭劳动力人数会影响到家庭收入来源的多样性以及总数（程诚、边燕杰，2014）。家庭平均受教育水平也被证实对家庭总收入有异质性影响（贾大明，2001；黎蔺娴、边恕，2001）。作为林业局职工，林业局工资收入占比在一定程度上占其家庭收入的绝对优势，政企分开政策的实施会直接影响其工资性收入。

（3）林业局特征变量：企业年总产值直接影响职工经济福利状况（郭荣星等，2003；钟甫宁、程桂军，2008），本研究选取人均森林面积作为衡量企业资源禀赋指标，其原因是重点国有林区各林业局所分配的天保工程的中央财政补贴目前是以森林面积按亩数补贴到各地方林业厅，再下发到森工集团，森工集团再分配到各下属林业局，最后到职工身上。作为职工工资的主要来源，人均森林面积作为企业资源禀赋与其密切相关。

表 5-3　变量选取与说明

变量类型	变量名称	变量符号	变量描述
被解释变量	职工经济福利	Y	家庭人均可支配收入（元）
核心解释变量	政企分开影响效应	DT	职工是否参与政企分开体制变革与政企分开程度交互项

变量类型	变量名称	变量符号	变量描述
控制变量	政企分开程度	*degree*	林业局政企分开程度
	户主性别	*p_ gender*	1＝男；0＝女
	户主年龄	*p_ age*	根据问卷调查年份减去职工出生年份所得
	户主健康状态	*p_ health*	1＝非常差；2＝较差；3＝一般；4＝好；5＝非常好
	户主受教育水平	*p_ edu*	受教育年限（年）
	家庭劳动力人数	*f_ labor*	家中15~64岁人数
	家庭平均受教育水平	*f_ edu*	家庭平均受教育年限（年）
	工资收入占比	*f_ salrate*	家庭工资收入占总收入比重（%）
	企业年总产值	*g_ output*	企业年总产值（万元）
	企业资源禀赋	*g_ foreper*	人均森林面积（*ha*）
	所属森工集团	*p_ group*	所在森工集团（1＝内蒙古森工集团；2＝吉林森工集团；3＝长白山森工集团；4＝伊春森工集团）
	职业类型	*p_ jobtype*	职业类型（1＝一线工人；2＝专业技术人员；3＝干部或管理人员）

本章数据主要来自"东北国有林区民生监测"项目的微观调研数据，由于本研究目标对象为林区在岗在册职工，因此，本研究将样本中工作身份为在册在岗的职工筛选出来，作为分析对象。其他林业局层面的数据除了来自《中国林业统计年鉴》和各个地方统计年鉴的数据资料，还包括笔者实地调研所搜集的各林业局局志和档案等宝贵的数据资料。通过数据清理与匹配，最终筛选每一年有效样本数为852户，2018年至2020年3年的平衡面板数据，有效样本数共为2556户。

（三）描述统计分析

1. 职工经济福利构成

正如前文所述，本研究的职工经济福利由工资性收入、家庭经营性收入、转移性收入、财产性收入和其他收入构成。该节将样本中各收入类型占总收入的比重进行整理分析，并绘制成图5-4。由图可知，总体上，家庭工资性收入占总收入比重最多，超过60%。其中，内蒙古森工集团中家庭工资性收入占比高达76%。工资性收入主要是由林业局（林场）工资收入以及部分森林抚育和管护补贴构成。家庭财产性收入占比在四大森工集团中最小，约为1.6%。这表明林区职工土地、房屋、设备等出租情况较少，主要依靠的仍是森工企业的工资收入。此外，可以发现对于吉林森工集团、长白山森工集团和伊春森工集团而言，家庭其他收入和家庭经营性收入占家庭总收入比重基本一致，分别约为15%和6%，远高于内蒙古森工集团。这表明这三大森工集团家庭参与林下经济和个体工商户经营人数和收入较内蒙古森工集团稍多。

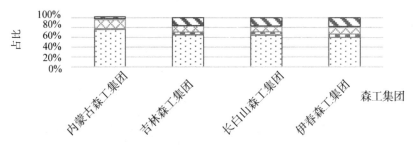

图5-4　森工集团职工家庭可支配收入结构

数据来源：重点国有林区民生改革监测（2015—2020）。

2. 职工社会职能相关生活支出情况

笔者对2015—2020年"重点国有林区民生改革监测"数据中"家庭消费情况"的相关问题进行整理分析，计算社会职能相关生活成本支出情况及其在家庭总支出中的占比，具体包括职工居住支出（水电费、取暖费、燃气费）、医疗保健支出、基本教育支出。由图5-5可知，自2015年以来，职工的家庭社会职能相关支出呈上涨趋势，由2015年的9000元增长到2020年的10923元，增长幅度约为 21.37%。此外，该消费支出在家庭总支出的比重也是连年增加，尤其是在 2019 年比重增长较快。由 2015 年的 18.79%增长至 2020 年的 32.77%，增长了约 13.98%。这表明，近年来与社会职能移交相关的生活支出的增加，导致职工的生活成本不断提高。

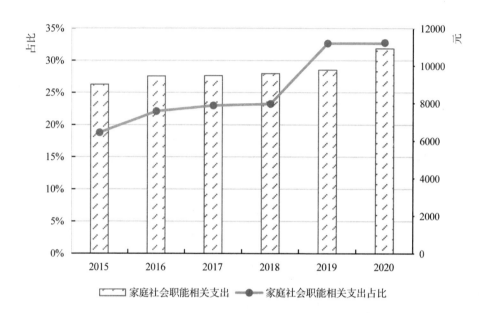

图 5-5　森工集团职工家庭社会职能相关生活支出情况

数据来源：东北国有林区民生改革监测（2015—2020）。

3. 变量描述统计分析

如表 5-4 所示，平均职工家庭经济人均可支配收入约为 24 530 元，但标准差较大。职工家庭人均可支配收入最高为 277 350 元，最低仅为 970 元，家庭人均可支配收入低于 10 000 元的占 39%。为提高数据的平滑性，后文在进行计量回归模型时，对相关数据进行了自然对数处理。本章重点关注政企分开影响效应这一核心变量，同时，报告了前文测算的政企分开程度变量。样本中，平均政企分开程度为 1.896，最小值为 0，即仍处于政企合一体制；最大值为 3，即彻底实现政企分开。总体上来说，样本中政企分开程度良好，超过平均值 1.5，但仍有很大的改善空间。控制变量中，职工中男性样本居多，占 78.7%；样本中职工平均年龄为 44 岁，年龄最小的为 21 岁，最年长的为 65 岁；职工健康状态为五级量表，总体水平良好，平均水平约为 3.5，高于平均值 2.5，健康状态处于差及以下的人数占比为8.7%，处于良好及以上的人数占比为46.3%；平均受教育年限为12年，即多数教育程度为高中水平，文盲或半文盲人数占比仅为4%，高中以上学历人数占比为43.28%，受教育水平良好。就家庭特征而言，样本中家庭平均劳动力人数约为3人，最多为7人；家庭平均受教育年限为8.5年；平均工资收入占总收入比重约为74.2%，处于主导地位。就企业特征变量而言，样本林业局平均年总产值约为46 539万元，人均森林面积约为29.5亩。

表5-4　变量描述统计

变量名称	观测值	均值	标准差	最小值	最大值
职工经济福利（Y）	2556	24530.50	16624.21	970.67	277350.00
政企分开影响效应（DT）	2556	0.97	1.24	0.00	3.00
政企分开程度（$degree$）	2556	0.63	1.15	0.00	1.00
户主性别（p_gender）	2556	0.78	0.41	0	1
户主年龄（p_age）	2556	44.19	8.11	21	65
户主健康状态（p_health）	2556	3.49	0.85	1	5
户主受教育水平（p_edu）	2556	12.29	2.84	2	21
家庭劳动力人数（f_labor）	2556	2.87	0.75	1	7
家庭平均受教育水平（f_edu）	2556	8.50	2.18	1.50	14.50
工资收入占比（$f\_salrate$）	2556	0.74	0.54	0.00	11.50
企业年总产值（g_output）	2556	46538.68	41715.92	8325.00	354364.00
企业资源禀赋（$g\_foreper$）	2556	29.49	18.96	4.41	65.32
所属森工集团（p_group）	2556	4.58	1.191	3	6
职业类型（$p\_jobtype$）	2556	1.94	0.901	1	3

四、基准回归模型结果

本研究使用Stata 16.0对计量模型进行回归分析，表5-5显示的是基准回归的结果，其中第（1）列中加入影响效应变量与环境变量，同时，为控制不同层面不可观测的影响，对个体和时间均进行了固定效应的控制。可以看出结果均是显著为负（1%的显著水平上）。这表明，政企分开不彻底对职工家庭可支配收入有显著负向影响，会导致职工经济福利有所下降，验证了前文所提假说。而后在第（2）列中，则又加入了个体特征变量、家庭特征变量以及企业特征变量，同时也进行了双向固定效应的控制以消除不确定因素的影响。由表中所示可知，结果并无明显差别。核心变量即政企分开的影响效应对职工家庭可支配收入仍是负向影响，且在1%的显著水平上。这表明政企分开这一政策对于职工经济福利的边际效应为负向，且约为-9.6%。在第（3）列中，去掉环境变量 *degree* 时的双向固定效应回归结果，政企分开对职工家庭人均可支配收入影响仍为显著负相关，影响效应约为-10.1%。

对于其他变量，我们可以发现，户主年龄、户主健康水平及受教育水平与职工经济福利呈显著正相关（1%的显著水平）。这一结果合乎理论与现实，国有企业职工的工资收入在很大程度上与其工龄相挂钩，身体状况的好坏与收入也呈正相关，个人教育水平的提高对其收入的积极影响也已被前人研究所证实（郭荣星等，2003；杨娟等，2012）。家庭劳动力人数、家庭工资收入占总收入比重均与被解释变量在1%的显著水平上呈负相关。由于政企分开体制改革对林区职工最直接的影响是其来自林业局或林场的工资收入，因此这部分比重越大，其影响程度越高，且呈负向影响。与前文所述一致的是，家庭平均受教育水平越高，职工经济福利越高，因此二者在1%的显著水平上呈正相关关系，其回归系数为0.208。企业特征变量中，企业年总产值和企业资源禀赋与职工经济福利均呈正向显著关系（1%的显著水平）。前文我们已经分析过目前国有林区的主要资金来自中央投资及天保工程项目的资金，而这部分资金的划拨依据则是根据森林面积大小。因此，人均森林面积越大，职工工资越高。同时，企业经营效益直接影响职工的经济福利水平（陈冬华等，2010），因此二者也呈正相关。尤其是针对国有森工企业职工，工资刚性特征使其与企业绩效关联度更为紧密，受其影响程度更高。

表 5-5　政企分开对职工经济福利的影响基准回归结果

变量类型	变量名称	（1）	（2）	（3）
		职工经济福利对数（lnY）		
核心变量	DT	-0.103***	-0.096***	-0.101***
		(0.004)	(0.004)	(0.002)
核心变量	环境变量	degree	-0.081***	-0.058***
		(0.005)	(0.002)	
个体特征	p_ gender		0.002	0.023
			(0.005)	(0.036)
	p_ age		0.006**	0.002*
			(0.003)	(0.001)
	p_ health		0.432***	0.414***
			(0.002)	(0.013)
	p_ edu		0.431***	0.438***
			(0.001)	(0.006)
家庭特征	f_ labor		-0.047***	-0.048***
			(0.002)	(0.002)
	f_ edu		0.208***	0.192***
			(0.001)	(0.007)
	f_ salrate		-0.676***	-0.561***
			(0.002)	(0.052)
企业特征	ln（g_ output）		0.698***	1.396***
			(0.003)	(0.027)

		（1）	（2）	（3）
企业特征	g_ foreper		0.001	−0.005
			(0.015)	(0.022)
	常数项	14.700***	10.170***	−8.163***
		(0.073)	(0.347)	(0.339)
	个体固定效应	是	是	是
	时间固定效应	是	是	是
	样本量	2556	2556	2556
	R^2	0.540	0.918	0.827
	ID 数	852	852	852

注：括号内数值为稳健标准误，＊＊＊、＊＊和＊分别表示在1%、5%和10%的统计水平上显著。

五、稳健性检验

本章节所使用双重差分模型对政企分开政策进行效果评估，该方法的可行性及合理性是建立在一系列的假设基础上进行的。因此，为确保前文回归模型的有效性及稳定性，本研究将平行趋势检验、安慰剂检验与双侧缩尾检验作为稳健性检验。

（一）平行趋势检验

上述回归结果较好地验证了本研究的主要假说。但是，我们要同时注意到，无论是强 DID，还是渐进 DID，其识别策略的一个关键假定就是"共同趋势"（common trends）的假设，即倘若没有政策干预时，实验组和对照组中被解释变量发展趋势应该是一致的。如果没有政企分开这一体制变革的事件冲击，国有森工企业职工经济福利变化应具有相同的发展趋势。为准确识别并检验渐进 DID 模型的有效性，本研究借鉴陈玉宇和周立安（2017）的方法，对前文构建的模型进行稳健性检验。对 2018 年、2019 年和 2020 年 3 期进行分析，并分别设置为 -1、0、1，由图 5-6 可知，3 期的趋势处于一致的状态，并无显著性差异。因此，本研究对照组与实验组满足平行趋势假设，可以进行双重差分模型的建立。

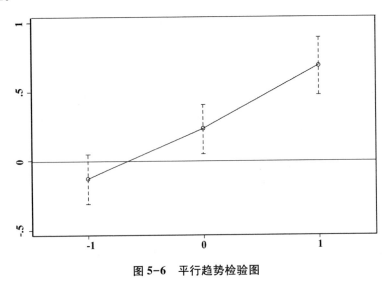

图 5-6　平行趋势检验图

（二）安慰剂检验

为检验前文基准实证结果由某些偶然因素致使，加强因果推断的可信度。本研究参考哈吉·柴提（Raj Chjetty）等（2009）学者的方法，采用随机生成的虚拟的政企分开这一事件进行安慰剂检验（Cai et al.，2016）。通过随机构造处理组重复进行 500 次回归，并将这 500 次回归中 DT 的估计系数值统计出来，绘制成核密度图。具体来说，本研究首先从样本中随机选取职工，将其设定为"伪"处理组，并将剩余的设定为对照组样本，从而构建一个安慰剂检验的虚拟变量 $D_{i,c}^{false}$，之后又进一步构建安慰剂检验交叉项 $T_c \cdot D_{i,c}^{false}$，结果显示不存在显著的遗漏变量偏差。将随机构造的处理组回归系数的核密度及其对应 p 值的分布进行了绘制后，得到图 5-7。可以发现，安慰剂检验得到的回归系数均比实际值更接近于 0（系数为 -0.0003），由此安慰剂检验的结果再一次证明了前文模型设定不存在偏差，职工经济福利的变化会受政企分开这一体制变革的影响。

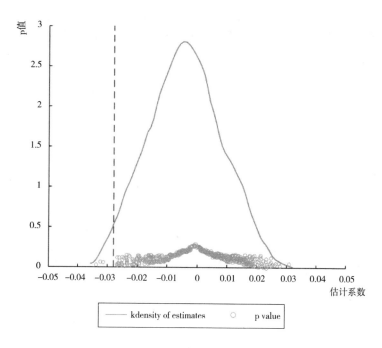

图 5-7　安慰剂检验结果图

(三) 双侧缩尾检验

为了排除极端值对回归结果的影响,本研究 (刘瑞明等,2020) 对被解释变量进行了 1% 和 99% 分位数的双侧缩尾处理,并进行回归估计以进行稳健性检验。结果如表 5-6 所示,回归结果与前文结果变化不大,仍然高度显著,表明前文估计结果是稳健的。

表 5-6　缩尾处理检验回归结果

变量类型	变量名称	职工经济福利对数 (lnY)
核心变量	DT	−0.098***
		(0.016)
环境变量	$degree$	−0.0041**
		(0.015)

变量类型	变量名称	职工经济福利对数（lnY）
个体特征	p_ gender	0.022
		(0.026)
	p_ age	0.011***
		(0.002)
	p_ health	0.311*
		(0.121)
	p_ edu	0.207***
		(0.051)
家庭特征	f_ labor	−0.019
		(0.011)
	f_ edu	0.019***
		(0.006)
	f_ salrate	−0.350***
		(0.017)
企业特征	ln（g_ output）	0.046**
		(0.022)
	g_ foreper	0.002
		(0.013)
	常数项	10.191***
		(0.290)

变量类型	变量名称	职工经济福利对数（lnY）
企业特征	个体固定效应	是
	时间固定效应	是
	样本量	2556
	R^2	0.368
	ID数	852

注：括号内数值为稳健标准误，＊＊＊、＊＊和＊分别表示在1%、5%和10%的统计水平上显著。

六、异质性检验分析

前文整体分析结果显示，政企分开不彻底对职工经济福利会有负向的影响效应。由于国有林区各大森工集团情况各异，需要进一步针对不同森工集团和林区职工，具体分析其是否会存在异质性表现。本节将从宏观和微观两大层面对其异质性进行重点分析。

（一）宏观层面的异质性分析——不同森工集团

宏观层面的异质性分析主要是从职工所属的不同森工集团进行的分析，样本中各森工集团的分布如图5-8所示。职工所属内蒙古森工集团共有样本数705个，吉林森工集团共有样本数468个，长白山森工集团共有样本数603个，伊春森工集团共有样本数780个，总体分布较为均匀。

为了解政企分开程度对不同森工集团影响的异质性，本研究将内蒙古森工集团、吉林森工集团、长白山森工集团以及伊春森工集团这四大森工集团采用分组回归的方式进行模型（1）的回归，同时对个体及时间效应进行了固定。回归结果如表5-7所示。由表中结果，可以发现，这3年来政企分开对内蒙古森工集团和伊春森工集团有显著的正向影响效应（在1%的显著水平上），即政企分开程度每提高1单位，内蒙古森工集团和伊春森工集团林区职工家庭可支配收入则会分别提高6.9%和17.7%，经济福利有显著提升。而对于吉林森工集团和长白山森工集

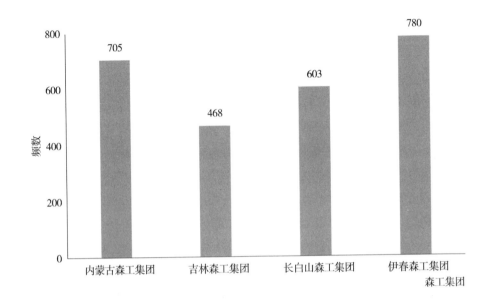

图5-8　样本森工集团频数分布图

团而言，政企分开体制变革对其产生了显著的负向影响效应（在1%的显著水平上），其回归系数分别为0.177和0.153。也就是说，政企分开这一影响效应对于这两个集团下林区职工家庭可支配收入没有提高作用。

对比这四个森工集团的回归结果，我们可以发现，政企分开对于内蒙古森工集团的积极影响效应最为显著，这与目前的现实状况相符合。内蒙古森工集团在接受国家对国有林区改革验收时，整体评分为98.8分，总体评价为优，顺利通过改革验收。政企分开体制变革对伊春森工集团也是有一定的正向积极作用的，这与其政企分开较为彻底存在一定的关系。而反观位于吉林省的两个森工集团，吉林森工集团的负向影响效应最大，这与其多年政企分开不彻底等历史及现实因素有很大关系。长白山森工集团虽也存在一定的负向影响效应，但较吉林森工集团稍轻，后文将进一步对其进行剖析。

表5-7　异质性分析结果：政企分开对不同森工集团职工经济福利影响

变量类型	变量名称	（1）	（2）	（3）	（4）
		内蒙古森工集团	吉林森工集团	长白山森工集团	伊春森工集团
		职工经济福利对数（lnY）			
核心变量	DT	0.069***	-0.177***	-0.153***	0.052***
		（0.003）	（0.004）	（0.003）	（0.002）
环境变量	degree	0.083***	-0.094***	-0.042***	0.059***
		（0.009）	（0.009）	（0.010）	（0.003）
个体特征	p_ gender	-0.025**	-0.081	-0.066	-0.0580
		（0.011）	（0.106）	（0.089）	（0.072）
	p_ age	0.0161*	0.020***	0.025***	0.0228***
		（0.00863）	（0.007）	（0.006）	（0.005）
	p_ health	0.708***	0.528***	0.606***	0.496***
		（0.0480）	（0.049）	（0.046）	（0.036）
	p_ edu	0.546***	-0.352***	0.225***	0.216***
		（0.0248）	（0.022）	（0.018）	（0.014）
家庭特征	f_ labor	-0.023***	-0.016***	0.027***	0.019***
		（0.004）	（0.005）	（0.005）	（0.038）
	f_ edu	0.382***	0.190***	0.143***	0.197***
		（0.0251）	（0.031）	（0.020）	（0.016）
	f_ salrate	0.444***	-1.042***	-0.355***	0.286***
		（0.111）	（0.124）	（0.092）	（0.028）
	ln（g_ output）	0.624***	0.628***	0.797***	0.676***
		（0.0950）	（0.183）	（0.102）	（0.070）

续表

变量类型	变量名称	(1)	(2)	(3)	(4)
		内蒙古森工集团	吉林森工集团	长白山森工集团	伊春森工集团
		职工经济福利对数（lnY）			
企业特征	$g\_foreper$	0.001	-0.012	0.011	-0.002
		(0.004)	(0.010)	(0.014)	(0.004)
	常数项	1.028	0.105	-0.310	0.151
		(1.383)	(2.141)	(1.239)	(0.862)
	个体固定效应	是	是	是	是
	时间固定效应	是	是	是	是
	样本量	705	468	603	780
	R^2	0.867	0.947	0.904	0.818
	ID 数	235	156	201	260

注：括号内数值为稳健标准误，＊＊＊、＊＊和＊分别表示在1%、5%和10%的统计水平上显著。

（二）微观层面的异质性分析——职工工作类型

根据调研实际情况及前人研究（吴清军，2008；朱洪革、胡士磊，2017），本研究将林区职工的职业类型分为三类，第一类是干部或管理人员；第二类为技术人员（包括会计、工程师等）；第三类为基层职工（包括林业局管护或抚育工人和林业局其他工人）。本研究使用 Stata 16.0 进行分组回归后得出表5-8。由表5-8可知，政企分开对于三类职工的家庭可支配收入的影响均为负向的，对于基层职工和技术人员的家庭可支配收入而言，均在1%的显著水平上会受到政企分开政策的负向影响，但是对于管理人员的家庭可支配收入并无显著影响。三类职工群体中，基层职工家庭可支配收入所受到的影响最为明显，约为-3.9%，对于技术人员的影响约为-4.2%。也就是说，政企分开改革对于干部和管理人员经济福利影响甚微，对于基层职工经济福利影响最为显著，与张壮和赵红艳（2019）研究结论相一致，基层职工在改革中为体制内利益受损最严重的群体，要重点关注一线基层职工的福利问题。

表5-8 异质性分析结果：政企分开对不同职业类型职工经济福利影响

变量类型	变量名称	（1）	（2）	（3）
		基层职工	技术人员	管理人员
		职工经济福利对数（lnY）		
核心变量	DT	-0.039**	-0.042*	-0.015
		(0.019)	(0.023)	(0.026)
环境变量	$degree$	0.139***	-0.032	-0.029
		(0.038)	(0.044)	(0.032)
个体特征	p_gender	0.017	0.016	-0.110*
		(0.049)	(0.075)	(0.061)
	p_age	0.011***	0.024***	0.016***
		(0.004)	(0.006)	(0.004)
	p_health	0.026	0.070*	0.054**
		(0.024)	(0.039)	(0.026)
	p_edu	0.025**	0.019	0.003
		(0.010)	(0.012)	(0.012)
家庭特征	f_labor	0.018***	0.008*	0.015***
		(0.003)	(0.004)	(0.003)
	f_edu	-0.003	-0.038**	0.033***
		(0.012)	(0.018)	(0.011)
	$f\_salrate$	-0.309***	-0.604***	-0.560***
		(0.030)	(0.059)	(0.044)

续表

变量类型	变量名称	(1)	(2)	(3)
		基层职工	技术人员	管理人员
		职工经济福利对数（lnY）		
企业特征	ln（g_output）	0.056	−0.170***	−0.113***
		(0.056)	(0.060)	(0.043)
	$g\_foreper$	−0.004	0.012	−0.072
		(0.023)	(0.043)	(0.052)
	常数项	11.271***	12.312***	11.214***
		(1.233)	(0.841)	(0.608)
	个体固定效应	是	是	是
	时间固定效应	是	是	是
	样本量	1126	469	961
	R^2	0.274	0.470	0.469
	ID 数	627	295	585

注：括号内数值为稳健标准误，＊＊＊、＊＊和＊分别表示在1%、5%和10%的统计水平上显著。

（三）与地方福利水平比较分析

在经济发展水平不断提高，人均可支配收入稳步提升的同时，不同群体与不同地区间的分配差距逐渐显现（甘犁等，2018）。前文将林区职工家庭人均可支配收入作为被解释变量，从某种意义上来说，这是林业系统内部的职工经济福利。为了更好地探究其在地方的经济福利水平，作为从事林业的职工，关注该部分特殊群体需要将其与当地其他人员收入水平进行比较。

因此本研究借鉴佩尔森（Torsten Persson）（1995）提出的个人相对收入福利比率（ratio of individual's relative income well-being），即 w_i/w_j。其中，i 表示

个体收入，j 表示其他个体收入。在本研究中，w_i 指林区职工人均可支配收入，w_j 以林区职工所在省人均可支配收入为表征。若二者比值大于 1，则表明，该林区职工人均可支配收入水平高于地区人均可支配收入；反之，则表明该林区职工人均可支配收入水平低于地区人均可支配收入。需要说明的是，吉林森工集团和长白山森工集团都属于吉林省，因此均与吉林省人均可支配收入进行比较，内蒙古森工集团和伊春森工集团则分别与内蒙古自治区和黑龙江省人均可支配收入进行比较。与前文基准模型设定一致，在控制了国有森工企业固定效应和时间固定效应后，具体回归结果如表 5-9 所示。

由表 5-9 可知，政企分开对职工相对经济福利的影响依然为边际负向影响，且在 1% 的水平上显著，回归系数为-0.035。从该系数的意义上来看，政企分开不彻底所带来的问题不仅对职工自身经济福利提升有抑制作用，且对其在当地人均收入水平比较中也产生了负向影响，在一定程度上拉大了其与当地居民经济福利之间的差距。同时发现，在控制变量中，部分影响因素显著性发生了变化，但个体健康程度、受教育程度和工资占收入比重仍对职工经济福利有显著影响。

表 5-9　职工相对经济福利回归结果

变量类型	变量名称	职工相对经济福利对数
核心变量	DT	-0.035^{***}
		(0.008)
环境变量	$degree$	-0.023^{*}
		(0.012)
个体特征	p_gender	-0.026
		(0.033)
	p_age	0.011
		(0.019)
	p_health	0.032^{**}
		(0.013)

续表

变量类型	变量名称	职工相对经济福利对数
个体特征	p_edu	0.022***
		(0.006)
家庭特征	f_labor	−0.167
		(0.591)
	f_edu	0.019**
		(0.009)
	$f\_salrate$	0.360***
		(0.017)
企业特征	$ln（g\_output）$	0.041
		(0.028)
	$g\_foreper$	−0.005
		(0.021)
	常数项	10.097***
		(0.395)
	个体固定效应	是
	时间固定效应	是
	样本量	2556
	R^2	0.337
	ID数	852

注：括号内数值为稳健标准误，***、**和*分别表示在1%、5%和10%的统计水平上显著。

第四节　政企分开对林区职工经济福利的影响机制：基于计量的检验分析

重点国有林区政企分开这一体制变革所带来的变化不只是对于职工个体，更直接的是对于森工集团及其下属各森工企业的影响。一是政企分开后，森工企业的发展状况会通过收入导向效应给职工经济福利带来相应的影响。森工企业的经济职能会逐渐被松绑，产业发展活力释放，停伐之后会更加谋求替代产业的发展作为企业的创收来源。二是政企分开之后，森工企业的成本分摊效应，对林区职工经济福利产生影响。森工企业需要负担统筹外支出等费用，该费用作为企业成本会分摊到在册在岗职工身上，进而影响到职工的经济福利。本应释放的企业社会责任由于历史原因和地方政府接收能力有限而受到了阻碍。正如前文所述，各森工集团社会职能移交普遍不彻底，政企分开不完全。三是政企分开之后，已移交的社会职能由于支出效应而对职工经济福利产生一定影响。从现实状况来看，已经移交到地方的社会职能会影响林区公共服务供给，进而对职工日常生活的开支产生一定影响，其经济福利会发生变化。

为了更加准确地分析政企分开这一影响效应，本研究试图剥离出可能存在的上述三条影响机制，即收入导向效应、成本分摊效应和支出传递效应。采用中介效应模型对以上三条影响路径进行进一步验证，以探究社会职能剥离后对职工经济福利可能产生的影响路径。

一、模型选择及变量解释

借鉴温忠麟等（2004）检验原理（图5-9），在探究自变量 X 对因变量 Y 产生的影响时，加入新变量 M，如果 X 通过 M 对因变量 Y 造成一定影响，那么 M 则被称为中介变量。其中，由 X 到 Y 的估计系数 c 为总效应，由 X 到 M 的估计系数 c' 为直接效应，而 ab 为中介效应，e 为残差项，即总效应＝直接效应+间接效应。本研究借鉴 Baron 和 Kenny（1986）采用的传统方法，用逐步回归的方法依次估计回归系数，并进一步检验，具体方程式建立如图5-9所示。

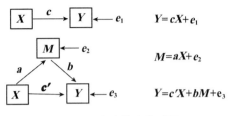

图 5-9 中介效应检验图

构建以下模型对政企分开对于林区职工经济福利的间接影响机制进行探讨。

$$ln\,(Y_{i,\,c,\,t}) = \alpha_0 + \alpha_1 D_{i,\,t} + \alpha_2 D_{i,\,t} \times T_c + \alpha_3 X_{i,\,c,\,t} + \delta_c + \theta_t + \varepsilon_{1i,\,c,\,t}$$
(5.27)

$$M_{i,\,t} = \gamma_0 + \gamma_1 D_{i,\,t} + \gamma_2 D_{i,\,t} \times T_c + \gamma_3 X_{i,\,c,\,t} + \delta_c + \theta_t + \varepsilon_{2i,\,c,\,t} \quad (5.28)$$

$$ln\,(Y_{i,\,c,\,t}) = \lambda_0 + \lambda_1 D_{i,\,t} + \lambda_2 D_{i,\,t} \times T_c + \lambda_3 M_{i,\,t} + \lambda_4 X_{i,\,c,\,t} + \delta_c +$$
$$\theta_t + \varepsilon_{3i,\,c,\,t}$$
(5.29)

方程（5.27）主要是政企分开政策对职工经济福利的整体性影响，测算的是政策的综合效应，α_2 为政企分开影响职工经济福利的总效应的系数值；方程（5.28）主要是检验了政企分开政策对前文所述的一些中介因素的影响，$M_{i,\,t}$ 代表了这些中介因素，包括森工企业替代产业发展状况、森工企业统筹外支出费用以及职工已移交社会职能生活成本支出状况。γ_2 为政企分开对于中介变量的影响效应系数。方程（5.29）是在加入方程（5.28）中的中介影响变量后，检验政企分开政策对于职工经济福利的剩余影响效应。λ_2 和 λ_3 分别为政企分开政策和以上三个中介变量对职工经济福利变化的直接效应。最后，将方程（5.28）代入方程（5.29）后，可以通过计算得出其中介效应，即政企分开通过上述三个中介变量对于职工经济福利变化的间接影响。以上三个方程中的 $X_{i,\,c,\,t}$ 为包含个人特征变量、家庭特征变量、企业特征变量等在内的可能造成影响的其他控制变量。

通过比较方程（5.27）、方程（5.28）和方程（5.29）的回归结果，可以判断本研究所提出的三条间接影响机制是否成立。考虑到降低中介效应检验的第一类错误率和第二类错误率，本研究借鉴温忠麟等（2004）的步骤（图 5-10），建立以下中介效应检验程序：第一步，先对方程（5.27）中的系数 α_2 进行检验，若 α_2 通过显著性检验，拒绝原假设，则可以继续进行下一步，若不显著，则说明并无任何影响效应，应终止模型分析；第二步，依次对政企分开政策实施中三个中介变量进行检验，此时关注的系数为 γ_2。同时，对方程 (5.29) 中的系数 λ_3 进行检验。若 γ_2 与 λ_3 均显著，则说明，政企分开政策实施对于职工经济福利的影响至少有一部分是通过中介变量 $M_{i,t}$ 实现的。当第一类错误率小于等于 0.05 时，则可以进行下一步检验；如果至少有一个不显著，则说明第二类错误率较大，即该检验的功效较低，因此要进行下一步 Sobel 检验。若 Sobel 检验显著，则说明 $M_{i,t}$ 的中介效应存在，即政企分开政策对于职工经济福利有间接影响效应的存在，如果不显著，则说明政企分开政策并不存在通过中介变量 $M_{i,t}$ 对职工经济福利的间接影响路径。其中，索贝尔（Michael E. Sobel）（1982；1988）的中介效应检验统计量为：

$$z = \widehat{\gamma_2}\,\widehat{\lambda_3} \Big/ \sqrt{\widehat{\gamma_2}^2\,se_{\widehat{\lambda_3}}^2 + \sqrt{\widehat{\lambda_3}^2\,se_{\widehat{\gamma_2}}^2}} \qquad (5.30)$$

其中，$se_{\widehat{\lambda_3}}$ 是 $\widehat{\lambda_3}$ 的标准误，$se_{\widehat{\gamma_2}}$ 是 $\widehat{\gamma_2}$ 的标准误。检验原假设为 H_0：$\widehat{\gamma_2}\,\widehat{\lambda_3}=0$，即 "不存在中介效应"，若拒绝原假设，则表明结果显著，即模型存在中介效应。

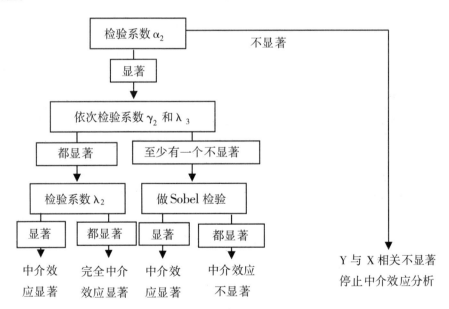

图 5-10　中介效应检验步骤

二、数据来源及处理

根据前文分析，为了进一步分析政企分开对于职工经济福利影响潜在的三条路径，本章选取以下三个中介因素：森工企业替代产业发展状况；森工企业统筹外支出费用；职工已移交社会职能生活成本支出状况。具体说明如下。

1. 森工企业替代产业发展状况。为了分析政企分开这一政策对职工经济福利的收入导向效应，本研究选择以"森工企业第三产业产值"作为代理变量以衡量职工所在的森工企业的替代产业发展状况（Shen et al., 2016），并对其取自然对数。其数据来源分为两部分，一部分是公开数据，即 2018—2020 年的《中国林业统计年鉴》《吉林省统计年鉴》《黑龙江省统计年鉴》《内蒙古自治区统计年鉴》以及《伊春统计年鉴》；另一部分是笔者在调研时所获得的各森工企业的企业年报数据。

2. 森工企业统筹外支出费用。为了探求政企分开这一体制变动对于职工经济福利的成本分摊效应，本研究选择"森工企业历年统筹外支出费用"作为其代理变量，并对其取自然对数。该费用主要是指政企分开不彻底而导致的离退休人员的费用仍由各森工企业负担的额外支出部分，该数据来源是笔者在调研时所获得的各森工企业的财务统计报表。

3. 职工已移交社会职能生活成本支出状况。消费支出是衡量个体经济福利的重要指标之一，借鉴（Goldberg and Pavchik, 2007; Gottschalk and Mffitt, 2009）对于职工经济福利的研究，本研究加入职工家庭消费支出变量。同时，为了检验实施政企分开政策以来职工家庭经济存在支出传递效应，本研究选择"职工家庭生活成本支出占总消费支出比重"作为其代理变量。该项主要包含了各森工集团普遍移交的且与职工生活息息相关的生活支出。该生活成本主要包括水电费支出、燃气费支出、物业费支出、教育费支出、直接支付的医疗费用支出。需要说明的是，由于中国实行九年制义务教育，因此在样本筛选中，将小学至初中这九年内的支出设置为 0。该部分数据来源为 2018 年至 2020 年"东北国有林区民生监测"的职工微观调研数据。

三、变量描述统计

表 5-10 和表 5-11 分别展示的是本研究所选的三个中介变量的总体和历年

的基本描述性统计状况。统计结果显示，2020 年森工企业第三产业产值较 2018 年有所提高，提高了 3.78%，但与此同时，其标准差也有所提高，这表示各个森工企业之间的发展差距仍然在加大；森工企业统筹外支出费用平均值从 2018 年至 2020 年逐年上涨，因每年都会有新增的退休人员，故而企业相应的统筹外支出费用会有所提高。同时，我们注意到标准差也是在增加的，表示其离散程度也有所提高。随着政企分开的逐步推进，部分森工集团的离退休人员也已交付到地方，因此不需要再承担相应的额外支出。2020 年职工家庭移交社会职能消费占比为 26.9%，较 2018 年的 15.8% 增加了约 70%，远高于三年的平均值，即 19.6%。

表 5-10　中介变量描述性统计

变量名称	变量符号	变量描述	观测值	均值	标准差	最小值	最大值
第三产业产值对数	$g\_terindustry$ (M_1)	森工企业第三产业产值对数	2556	0.39	0.23	0.05	0.83
统筹外支出费用对数	$g\_payment$ (M_2)	森工企业每年统筹外离退休人员支出费用对数	2556	3.47	3.90	0	10.13
家庭移交社会职能消费占比	$p\_costrate$ (M_3)	职工家庭已移交社会职能的支出占家庭总消费支出比重	2556	0.19	0.27	0.005	0.68

表 5-11　2018—2020 年中介变量描述性统计

变量名称	2018		2019		2020	
	均值	标准差	均值	标准差	均值	标准差
第三产业产值对数 ($g\_terindustry$)	0.39	0.16	0.39	0.27	0.40	0.25
统筹外支出费用对数 ($g\_payment$)	3.29	3.64	3.46	3.8	3.66	4.16
家庭移交社会职能消费占比 ($p\_costrate$)	0.16	0.27	0.16	0.27	0.27	0.26
样本量	852		852		852	

四、实证结果与分析

根据前文所述中介效应模型的检验流程，本研究使用 Stata 16.0 对中介效应模型进行检验并得出相应的回归结果。先检验政企分开对职工经济福利的综合效应是否显著，根据表 5-12 的回归结果，我们可以知道政企分开对于职工经济福利有显著的影响效应。由于在理论部分，本研究提出了三条间接影响路径。要依次检验第三产业产值、统筹外支出费用以及家庭移交社会职能消费占比这三个中介变量的中介效应。

（一）机制一：收入导向效应

先从企业产业发展状况入手，检验政企分开对职工经济福利的收入导向效应影响。根据前文分析，本研究假设模型中森工企业第三产业产值的估计系数 γ_2 为正，即森工企业第三产业发展状况越好，越会对职工经济福利产生一定促进作用。根据表 5-12 的第（1）列回归结果，政企分开对森工企业的第三产业产值并无显著影响。而第（2）列中，森工企业的第三产业产值对职工家庭人均可支配收入有显著的正向影响（5% 的显著水平上），即森工企业替代产业发展得越好，职工经济福利越高。根据前文检验程序和机制，二者系数有一个不显著，为进一步确定是否存在中介效应机制，因此在后文需要进行下一步 Sobel 检验。通过 Sobel 检验，可以验证该影响机制的存在，因此假说 2 成立，即在政企分开过程中，当其他情况不变时，森工企业替代产业发展越好，收入导向效应下林区职工经济福利水平就越高。

在全面停伐时期，重点国有林区原有依赖森林资源进行木材采伐、加工等传统林业产业原料来源被迅速切断，生产成本提高，产业发展停滞不前，危及林区的生存和民生保障。为扭转当前不利的经济发展局面，重点国有林区通过推动政企分开，理顺管理体制，为森工企业减轻负担，明确国有森工企业对森林保护的生态职能和森林经营的经济职能。政企分开后，森工企业一甩以往的"社会包袱"，释放其发展活力，将更多精力投入林区产业发展中。以林业第三产业发展为基础，融合第一、二、三产业链条，不断拓宽林区产业的发展空间。当森工企业通过发展绿色生态产业，促进林区产业结构优化升级，推动资源型区域转型，企业绩效提高后，在册在岗职工工资会有所增加，其他相关福利待遇会有所提升。

表5-12 政企分开对职工经济福利的收入导向效应机制检验回归结果

变量类型	变量名称	(1)	(2)
		g_ terindustry	lnY
中介变量	g_ terindustry		0.157**
			(0.011)
核心变量	DT	0.051	-0.104**
		(0.009)	(0.043)
环境变量	degree	-0.007	-0.524***
		(0.015)	(0.008)
个体特征	p_ gender	0.015	0.008
		(0.025)	(0.014)
	p_ age	0.016**	0.013**
		(0.002)	(0.002)
	p_ health	0.083**	0.431***
		(0.013)	(0.007)
	p_ edu	0.013**	0.701***
		(0.005)	(0.011)
家庭特征	f_ labor	-0.002	-0.471***
		(0.013)	(0.007)
	f_ edu	0.003	0.207***
		(0.006)	(0.003)
	f_ salrate	-0.041**	-0.683***

续表

变量类型	变量名称	（1）	（2）
		g_ terindustry	lnY
家庭特征	f_ salrate	（0.019）	（0.010）
企业特征	ln（g_ output）	−0.081***	0.779***
		（0.020）	（0.011）
	g_ foreper	−0.003	−0.004
		（0.006）	（0.004）
	常数项	0.289***	−0.805***
		（0.026）	（0.142）
	个体固定效应	是	是
	时间固定效应	是	是
	样本量	2556	2556
	R²	0.460	0.913
	户数	852	852
	Sobel 检验量	Z=1.038>0.97	

注：括号内数值为稳健标准误，***、**和*分别表示在1%、5%和10%的统计水平上显著。

（二）机制二：成本分摊效应

根据前文理论推导，假设森工企业统筹外支出费用的估计系数 γ_2 为负。表5-13 的第（1）列回归结果显示，政企分开对森工企业的统筹外支出费用有显著的负向影响（1%的显著水平上），且森工企业的统筹外支出费用对于职工家庭人均可支配收入有显著的负向影响（1%的显著水平上），即森工企业所负担的统筹外人员费用支出越多，职工经济福利会越低。同时由于 Z 检验统计量为5.136，大于0.97，说明存在中介效应，该影响机制成立，即森工企业统筹外人员在政企分开体制变迁中、在职工经济福利变化的过程中发挥中介作用。假说3可得证，即在政企分开过程中，当其他情况不变时，森工企业额外改革成本越低，成本分摊效应下林区职工的经济福利水平越高。

根据前文理论分析推导，政企分开在制度变迁过程中，改革成本是影响制度效率的关键因素之一，而这些改革成本大多数都通过森工企业分摊到在册在岗职工的身上。政企分开的目的是通过整合林管局、林业局行政管理职能，理顺社会事业管理体制，将其逐步剥离移交到地方政府，进而能够使得国有森工企业"轻装上阵"，在有效保护好当地生态环境的前提下，更好地履行对森林资源管理经营的经济职能，提高重点国有林区的生态、经济和社会综合效益。然而，改革成本过高，路径依赖的存在和多重依附关系的存续，对社会职能的移交造成了一定阻碍，政企难以彻底分离，反而制约了国有森工企业的发展，同时，高额的改革成本由谁来负担仍未商榷好。地方政府自身能力有限，林区职工依附于国有森工企业。如此一来，包括统筹外人员费用等仍由国有森工企业承担，实质上均由在册在岗职工分摊，给其经济福利造成了一定的损失，成为改革的群体。为减少该部分群体的福利损失，应尝试最小化改革成本，减少企业与政府间的无谓博弈，加快政企彻底分开。

表5-13　政企分开对职工经济福利的成本分摊效应机制检验回归结果

变量类型	变量名称	（1）	（2）
		g_payment	lnY
中介变量	g_payment		−0.676***
			（0.008）
核心变量	DT	−0.038***	−0.070***
		（0.007）	（0.007）
环境变量	degree	−0.365***	−0.304***
		（0.078）	（0.031）
个体特征	p_gender	−0.051	−0.040
		（0.137）	（0.053）

续表

变量类型	变量名称	（1）	（2）
		g_payment	lnY
个体特征	p_age	0.039***	0.005
		(0.008)	(0.003)
	p_health	0.275***	0.026***
		(0.070)	(0.027)
	p_edu	0.030	0.701***
		(0.277)	(0.011)
家庭特征	f_labor	0.171**	-0.344***
		(0.074)	(0.029)
	f_edu	-0.012	0.444***
		(0.034)	(0.013)
	f_salrate	-0.478***	-0.346***
		(0.104)	(0.041)
企业特征	ln（g_output）	0.569***	0.423***
		(0.113)	(0.044)
	g_foreper	-0.002	-0.005
		(0.043)	(0.071)
	常数项	0.667	-0.061
		(1.425)	(0.557)
	个体固定效应	是	是
	时间固定效应	是	是
	样本量	2556	2556

变量类型	变量名称	(1)	(2)
		$g\_payment$	lnY
企业特征	R^2	0.656	0.913
	户数	852	852
	Sobel 检验量	Z=5.136>0.97	

注：括号内数值为稳健标准误，＊＊＊、＊＊和＊分别表示在1%、5%和10%的统计水平上显著。

（三）机制三：支出传递效应

根据前文理论推导，本研究假设职工家庭移交社会职能消费占比估计系数 γ_2 为负。由表5-14可知，政企分开对职工家庭移交社会职能消费占比有显著的负向影响（5%的显著水平上）。表明职工社会职能相关消费支出越多，其经济福利就越低。但回归结果表中第（2）列显示职工家庭移交社会职能消费占比对职工家庭人均可支配收入的回归系数并不显著，因此仍需要进行 Sobel 检验以进一步判断中介效应是否存在。后文通过 Sobel 检验（表5-14），可以证实该机制存在，假说4可得证，即在政企分开过程中，当其他情况不变时，地方政府公共服务供给水平越高，支出传递效应下林区职工经济福利水平也越高。

政企分开后，首先影响的是林区职工原包含在国有森工企业内的隐性福利，包括"三供一业"的支出费用、医疗、子女学龄前教育等。移交后，该部分生活支出以市场化标准进行收费，职工生活成本进而增加。此外，原有林业局医院无论在硬件设备或是医资条件方面都可以满足林区职工快捷高效且低成本地完成就医。然而，在医疗移交以后，部分医院仅在距离职工较远的市中心，尤其是对于山上职工而言，看病的成本更高。原有体制内隐性福利的消失虽然会对林区职工经济福利造成一定损失，但若当地政府接收该项社会公共职能后，服务供给水平提高甚至是保持原有水平不变，就能在最大程度上保障林区职工的基本生活服务供给，职工的生活支出会保持不变甚至是减少，通过减少支出，打破体制变迁过程中的路径依赖问题，能够在一定程度上提升职工的经济福利水平。

表 5-14 政企分开对职工经济福利的支出传递效应机制检验回归结果

变量类型	变量名称	（1）	（2）
		p_ costrate	*lnY*
中介变量	*p_ costrate*		-0.124
			(0.267)
核心变量	*DT*	-0.086**	-0.085***
		(0.033)	(0.005)
环境变量	*degree*	-0.007	-0.524***
		(0.015)	(0.008)
个体特征	*p_ gender*	0.015	0.008
		(0.025)	(0.014)
	p_ age	0.006***	0.003***
		(0.002)	(0.0008)
	p_ health	0.083**	0.431***
		(0.013)	(0.007)
	p_ health	0.013**	0.701***
		(0.005)	(0.011)
家庭特征	*f_ labor*	-0.002	-0.471***
		(0.013)	(0.007)
	f_ edu	0.003	0.207***
		(0.006)	(0.003)
	f_ salrate	-0.041**	-0.683***
		(0.019)	(0.010)

续表

变量类型	变量名称	(1)	(2)
		p_ costrate	*lnY*
企业特征	*ln*（*g_ output*）	−0.081***	0.779***
		(0.020)	(0.011)
	g_ foreper	−0.003	−0.004
		(0.006)	(0.004)
	常数项	0.289***	−0.805***
		(0.026)	(0.142)
	个体固定效应	是	是
	时间固定效应	是	是
	样本量	2556	2556
	R^2	0.460	0.913
	户数	852	852
	Sobel 检验量	Z=1.688>0.97	

注：括号内数值为稳健标准误，＊＊＊、＊＊和＊分别表示在1%、5%和10%的统计水平上显著。

五、稳健性检验

根据前文所述的中介效应检验流程，若所关注的两个系数中有一个系数不显著的模型，则需要进行下一步 Sobel 检验。麦金农（MacKinnon）（2000）对于正向和负向的中介效应进行了区分，若中介变量的系数与核心解释变量的系数符号相反时，则为遮掩效应（suppressing effect）（温忠麟、叶宝娟，2014）。由表5-15的 Sobel 检验结果可知，中介效应占比为负，且政策总效应的绝对值0.096小于直接效应0.104，即森工企业替代产业发展状况对于政企分开存在遮掩效应。这表明森工企业在一定程度上掩饰了政企分开对于职工经济福利的影响，控制中介变量后会显著扩大自变量对因变量的影响。对于另外两个中介变量而言均通过了 Z 检验，因而可以判断存在前文所提及的成本分摊和支出传递中介效应，即存在间接影响路径。其中，成本分摊的中介效应占比为 27.08%，支出传递的中介效应占比为 11.45%。

表 5-15　中介效应的 Sobel 检验结果

被解释变量	效应分类	系数	中介效应占比（%）
职工经济福利 （家庭人均可支配收入）	收入导向的中介效应	0.008***	8.33
	政企分开的直接效应	−0.104**	
	政企分开的总效应	−0.096***	
	成本分摊的中介效应	−0.026***	27.08
	政企分开的直接效应	−0.070***	
	政策总效应	−0.096***	
	支出传递的中介效应	−0.011***	11.45
	政企分开的直接效应	−0.085**	
	政企分开的总效应	−0.096***	

注：（1）*、**、***分别代表 10%、5% 和 1% 的显著水平；（2）各模型及检验的回归中均控制了个体固定效应和时间固定效应；（3）"中介效应占比" 是指中介效应占政策总效应的比重。

与此同时，麦金农等（2009）学者认为，Sobel 检验方法的有效性存在一定不足。由于 Sobel 检验是以系数乘积服从正态分布为前提的，然而在现实应用中该乘积结果并不一定服从正态分布。为此，克里斯托弗·布道者（Kristopher J. Preacher）（2004）提出了 Bootstrap 检验方法用以优化。该方法通过从样本中进行重复取样，可以得到 Booststrap 样本，进而对其估计后可以得到系数乘积的系数值。为此，本节参考温忠麟（2014）的方法，再次采用 Bootstrap 方法进行500 次有放回的重复抽样，以对政企分开政策的中介效应进行检验，最终检验结果如表 5-16 所示。

表 5-16 基于 Bootstrap 的中介效应机制稳健性检验结果

效应分类	Percentile 置信区间	Bias-corrected 置信区间
收入导向的中介效应	(−0.2464866, −0.1312035)	(−0.2495339, −0.1340732)
政策直接效应	(−1.022359, −0.5340277)	(−0.106132, −0.5513048)
成本分摊的中介效应	(−0.006117, −0.01858)	(−0.0036352, −0.0220607)
政策直接效应	(−1.198121, −0.7157066)	(−1.198121, −0.7157066)
支出传递的中介效应	(−1.154883, −0.7590602)	(−0.1142124, −0.7437981)
政策直接效应	(−0.6619511, 0.1059083)	(−0.6536252, −0.1050148)

从表中结果可知，政企分开对于职工经济福利的收入导向效应、成本分摊效应以及支出传递效应的间接效应的 Bias-Corrected 置信区间和 Percentile 置信区间均不包含 0，因此，我们可以判断拒绝原假设 H_0：$ab=0$，系数乘积显著，即三个中介效应存在。综上，我们可以认为政企分开政策的实施会通过收入主导、成本分摊以及支出传递三条路径进而影响职工经济福利的变化。

六、综合效果机制检验

为了验证以上三种影响机制会对影响效应产生共同作用，该章节又将三个中介变量加入方程中，建立方程（5.31）。同时，为了探究森工企业替代产业发展与统筹外支出费用是否对职工经济福利有共同影响，将二者进行交互项生成，加入方程中，得到方程（5.32）。其他变量与前文模型设定保持一致。

$$ln\,(Y_{i,c,t}) = \lambda_0 + \lambda_1 D_{i,t} + \lambda_2 D_{i,t} \times T_c + \lambda_3 M_{1_{i,t}} + \lambda_4 M_{2_{i,t}} + \lambda_5 M_{3_{i,t}} + \lambda_6 X_{i,c,t} + \delta_c + \theta_t + \varepsilon_{i,c,t} \tag{5.31}$$

$$ln\,(Y_{i,c,t}) = \lambda_0 + \lambda_1 D_{i,t} + \lambda_2 D_{i,t} \times T_c + \lambda_3 M_{1_{i,t}} + \lambda_4 M_{2_{i,t}} + \lambda_5 M_{1_{i,t}} \times M_{2_{i,t}} + \lambda_6 X_{i,c,t} + \delta_c + \theta_t + \varepsilon_{i,c,t} \tag{5.32}$$

使用 Stata 16.0 进行回归后得到表 5-17 的回归结果。表中第（1）列为方程（5.31）的回归结果，可以发现当把三个中介变量同时进行双向固定效应回归时，三者对于职工经济福利均在 1% 的水平上显著，且森工企业第三产业产值与职工家庭人均可支配收入呈正相关，表明森工企业替代产业发展越好，则职工经济福利越高，与前文所述一致。森工企业统筹外费用支出与职工家庭移交社会职能消费占比均与职工家庭人均可支配收入呈负相关，表明二者占比越高，则对职工经济福利的负向效应越明显。表中第（2）列为针对森工企业的综合效应检验，由结果可知，当二者交互共同作用时，对职工经济福利产生正向影响。这表明，当统筹外费用支出不变时，通过发展森工企业替代产业可在一定程度上减轻政企分开不彻底所带来的负担。

表 5-17　政企分开对职工经济福利的综合效应检验回归结果

变量类型	变量名称	(1)	(2)
		职工经济福利对数（lnY）	
核心变量	DT	-0.093***	-0.088***
		(0.003)	(0.004)
中介变量	g_ terindustry	0.044***	0.034***
		(0.004)	(0.010)
	g_ payment	-0.210***	-0.235***
		(0.074)	(0.0748)
	p_ costrate	-0.258***	
		(0.074)	
	dual		0.054***
			(0.016)
环境变量	degree	0.002	-0.043*
		(0.006)	(0.043)
个体特征	p_ gender	0.0578**	0.067**
		(0.028)	(0.029)
	p_ age	0.004	0.004
		(0.012)	(0.078)

续表

变量类型	变量名称	（1）	（2）
		职工经济福利对数（lnY）	
个体特征	p_ health	0.415***	0.420***
		(0.008)	(0.008)
	p_ edu	0.437***	0.435***
		(0.004)	(0.003)
家庭特征	f_ labor	0.005	0.004
		(0.420)	(0.49)
	f_ edu	0.033**	0.024*
		(0.015)	(0.014)
	f_ salrate	-0.483***	-0.482***
		(0.006)	(0.006)
企业特征	ln（g_ output）	0.207***	0.197**
		(0.004)	(0.022)
	g_ foreper	-0.003	-0.003
		(0.002)	(0.002)
	常数项	0.895***	0.919***
		(0.053)	(0.059)
	个体固定效应	是	是
	时间固定效应	是	是
	样本量	2556	2556
	R^2	0.672	0.770
	户数	862	862

注：*、**、***分别代表10%、5%和1%的显著水平，括号内为标准误。

第五节　政企分开对林区职工经济福利的影响机制：
基于案例的补充验证

本节重点分析政企分开对职工经济福利的影响效应，前述章节对于其影响效应及影响机制进行了探讨与检验。基于本研究所构建的政企分开对于职工经济福利的影响分析框架，本节通过定性研究的方法继续就其影响路径进行分析和验证。

首先是林区职工的身份转变问题。林区职工原有身份的转变伴随着自身对于身份的认同，是在国家推动的市场改革进程中逐渐脱离了原来的国家社会福利保障体系之后，在下岗、退休或离职的道路上，逐渐形成的结社能力，而非结构能力。市场转型时期，国企工人的群体认同和阶级意识，并非是在生产过程之中产生的，而是在生产过程之外产生的工人群体认同和积极性，伴随着既往单位体制下的福利利益的丧失和制度剥夺。包括劳动关系、工资制度、社会保障和福利制度等方面，这种群体认同与阶级意识，是在改革过程中对制度赋权形成的。

其次是林区职工对森工企业的依附问题。早期在计划经济体制时期，国有森工企业代替国家进行整个林区或者是社会资源的生产、交换与分配，而职工个人的生存和发展需要依赖国有森工企业。因此，国有森工企业是连接国家资源与职工个体的唯一桥梁，尽管企业在逐步解除"社会政治职能"，但林区职工作为"单位共同体"，在意识上已与森工企业无法分割。从某种道义经济学上来看，这种社会契约使得职工认为森工企业应对其终身负责，并承担无限责任。作为改革中相对利益受损群体和社会底层群体，林区职工自我生存能力的逐渐丧失使得其对森工企业的依附意识更加严重。

一、数据来源与案例介绍

（一）数据来源

本研究的数据来源主要是笔者于 2020 年至 2021 年多次前往东北重点国有林

区进行调研所得。本研究在 2020 年 8 月进行预调研后最终确定访谈提纲，而后又陆续走访调查了吉林森工集团、长白山森工集团、内蒙古森工集团和伊春森工集团及其下属森工企业，并获得了宝贵深度的一手访谈和问卷资料。主要包括集团层面、森工企业层面以及职工个体层面的深度访谈，具体问卷及访谈提纲见附录。为了确保案例的典型性，笔者在对所获取的访谈资料整理后，与"东北国有林区民生监测"微观数据进行匹配整合。具体资料来源见表 5-18。

表 5-18 资料来源说明

数据类型	数据来源	数据收集
座谈资料	森工集团和森工企业座谈会	通过实地考察森工集团和森工企业并多次举行座谈会所得
访谈资料	实地访谈、视频访谈、电话访谈	通过半结构式访谈和问卷相结合的方式对职工进行深度访谈
档案、文件、政府工作报告	森工集团和森工企业档案馆、当地图书馆、政府网站	通过在当地森工集团和森工企业的档案馆进行整理，获得集团及企业相关改革和发展等数据资料
其他资料	相关文献、其他公开资料	通过阅读文献，搜寻其他相关公开资料数据

（二）案例介绍

为保证最终案例结果的真实性和可靠性，在调研时先通过对该森工企业较为熟悉的林场场长、书记或其他干部进行深度访谈以了解基本发展情况。本研究最后在四大森工集团分别选取了 4 名林区在册在岗职工，形成了 16 个职工的典型案例。具体案例情况见表 5-19，各案例集团的基本情况见表 5-20。为保护被访者的个人信息，案例中与其相关信息会通过字母代码或是其他方式进行处理。由于林区职工的特殊性，所选取案例样本中男性为 11 人，占样本比例较大，约为 68.75%。年龄分布较为均匀，平均年龄区间为 40~50 岁。样本的工作年份差异性较大，进入林区工作最早时间为 1990 年，进入林区工作最晚时间为 2015 年。

表 5-19　案例基本情况描述

案例	森工集团	林业局	性别	年龄区间	工作年份
1	吉林森工集团	HS	男	55~60	1990
2	吉林森工集团	HS	女	40~45	1999
3	吉林森工集团	SC	男	50~55	1990
4	吉林森工集团	BS	男	50~55	1993
5	长白山森工集团	BJ	男	45~50	1999
6	长白山森工集团	BJ	女	45~50	2000
7	长白山森工集团	BH	男	40~45	1997
8	长白山森工集团	HL	男	35~40	2006
9	内蒙古森工集团	JW	女	35~40	2005
10	内蒙古森工集团	TL	男	40~45	2000
11	内蒙古森工集团	WE	男	45~50	1995
12	内蒙古森工集团	WE	男	40~45	1998
13	伊春森工集团	CL	男	45~50	1998
14	伊春森工集团	SF	女	35~40	2015
15	伊春森工集团	SF	男	40~45	2001
16	伊春森工集团	WY	女	50~55	2006

1. 吉林森工集团

在吉林森工集团中，案例选择涉及 HS、SC、BS 三个林业局。HS 林业局、SC 林业局和 BS 林业局三家森工企业森林覆盖率都比较高，林木蓄积量大，出材率高，自新中国成立以来一直以林木加工产业为主要盈利点，长期依赖森林资源生计。自 2005 年开始改制以来，社会职能单位移交不彻底，仍有大量额外支出经费，多年来，企业历史欠账较多，后续产业发展缓慢，一直负重前行。

表 5-20 案例集团基本情况

指标	吉林森工集团	长白山森工集团	内蒙古森工集团	伊春森工集团
森林资源禀赋	高	高	较高	较高
林区职工人数	多	较多	较少	少
政企分开程度	较低	较低	较高	较高
改革难度大小	高	较高	较低	较低
产业发展水平	低	高	较低	高

注：根据调研资料整理所得。

2. 长白山森工集团

案例样本中涉及长白山森工集团的森工企业有 BJ 林业局、HL 林业局和 BH 林业局。BJ 林业局、HL 林业局和 BH 林业局依托自然资源（长白山风景旅游区）和独特的少数民族文化，除基本的木材收入来源外，大力发展森林旅游业，带动了林区的收益与发展。总体上，自 2006 年陆续开展政企分开改革以来，"三供一业"和医疗机构的移交仍有一定难度，统筹外人员支出仍是企业的一大负担。

3. 内蒙古森工集团

内蒙古森工集团案例样本中所包含的森工企业有 JW 林业局、TL 林业局和 WE 林业局。JW 林业局、TL 林业局和 WE 林业局在总体上社会职能移交较为彻底，2018 年已完成整体社会职能的移交，"三供一业"移交后企业无须再承担费用支出。但 WE 林业局仍有部分责任需承担，例如，路灯维修、垃圾清运等环卫和基础设施建设工作。

4. 伊春森工集团

在伊春森工集团中，案例样本中所涉及的林业局包括 SF 林业局、CL 林业局、WY 林业局。伊春森工集团整体政企分开进展良好，CL 和 WY 林业局无需承担额外支出，彻底结束了政企合一体制。SF 林业局与其他森工集团情况类似，仍有部分社会职能由于改革成本过高而一直搁置。总体上，伊春森工集团除南四局外，整体改革进展顺利。

二、研究方法选择

定性比较分析（Qualitative Comparative Analysis，简称 QCA）是一种将定性与定量有效结合的方法（Fiss，2011；杜运周、贾良定，2017）。不同于定量回归模型建立和多案例分析方法，QCA 具有以下几个特点：一是 QCA 适用的样本规模比较灵活，可以处理从小样本到大样本不同样本量的案例；二是 QCA 以逻辑条件为基础，对多个案例或是不同模式进行比较；三是 QCA 重点关注引致结果的各条件变量间存在的复杂关系；四是 QCA 关注产生某一结果的充分和必要条件，同时可以通过对各个条件变量进行不同组合，厘清多种因素导致这一结果的方式和渠道；五是 QCA 作为类型化研究的有力工具，可以进行不对称性分析；六是 QCA 无须对多层变量进行再次处理，即可进行跨层分析（Lacey and Fiss，2009）。总体上来说，QCA 一般用于中小规模样本（moderately large‐N samples），用以充分分析社会现象的多样性和因果关系的复杂性，从中分析出导致结果变量产生的多种因素和路径。

QCA 的主要研究算法是布尔代数算法，将人们分析问题的逻辑过程进行形式化。其主要思路是将社会研究的过程进行逻辑比较，问题的形成与分析的深入是通过分析多个原因条件，进而得到结果条件。当分析多个案例时，这种逻辑分析关系难以仅凭文字描述进行阐明，此时，需要将定量与定性相结合，基于变量的设定来进行案例的分析，增加案例的可信度。

为了更为准确且系统地分析政企分开后职工身份转变对于其经济福利的影响路径，剖析该社会现象背后的根本原因，本研究采用 QCA 方法进行分析。此外，本研究共筛选出 16 个案例，符合 QCA 对于样本数量最好是在 10~60 个案例之间的要求（Bennett and Elman，2006）。本研究采用目前使用最为广泛的布尔代数法，该算法使用二进制变量，将变量进行二分处理。通过设定相应的条件，若是满足该条件，则变量赋值为 1；若是不满足该条件，则变量赋值为 0。将条件变量和结果变量确定后，进行 0~1 的编码，可得出条件变量与结果变量的所有组合。

三、变量选取

（一）结果变量

本研究重点考察政企分开体制变迁对重点国有林区职工经济福利变化的影响，因此将职工经济福利作为结果变量。与前文的计量模型所不同的是，该部分研究所使用的数据为0~1变量，即与之前相比，职工经济福利提高，编码为1，经济福利下降，编码则为0。

（二）条件变量

正如前文所述，解释变量的设计主要考虑影响职工经济福利的身份连锁效应，也就是身份的改变对职工带来的连带影响。本研究基于前人的研究和理论分析，职工身份的改变及其对个人身份的认同与个人收入及社会保障有紧密联系（郭月梅等，2020；杨金龙、王桂玲，2020；孙文凯、王格非，2020）。最终确立了林区职工身份转变、林区职工职业类型、林区职工林业情结、林区职工身份认同和对目前所在森工企业政企分开状况的满意度作为研究的五个条件变量（王力、高继宏，2008）。考虑到矛盾组态的问题，参考里胡（Benoit Rihousx）和拉金（Charles C. Ragin）（2017）的方法，本研究加入"是否了解政企分开政策"这一条件变量，共构建了六个条件变量，符合QCA分析变量设定要求。变量具体含义与赋值原则见表5-21。

表5-21　各变量的具体含义与赋值原则

变量类型	变量	赋值原则
结果变量	职工经济福利（Welfare）	若职工经济福利提高，编码为1；反之，编码为0
条件变量	林区职工身份转变（Change）	若职工身份编制曾发生过转变，编码为1；反之，编码为0
	林区职工职业类型（Job type）	若对目前的林业职工身份认同，编码为1；反之，编码为0

续表

变量类型	变量	赋值原则
条件变量	林区职工林业情结（*Attachment*）	若为职工林二代或以上，编码为1；反之，编码为0
	林区职工身份认同（*Identity*）	若目前林业职工身份为管理人员，编码为1；反之，编码为0
	对目前政企分开的满意度（*Satisfy*）	若对于目前政企分开的状况表示满意，编码为1；反之，编码为0
	是否了解政企分开政策（*Reform*）	若了解政企分开政策，编码为1；反之，编码为0

四、结果分析

（一）单变量必要条件分析

在进行条件组合分析之前，需要对单个因素是否为结果变量的必要条件进行一致性（consistency）和覆盖率（coverage）的检验，是否为符合 QCA 要求的必要性和充分性（赵贞等，2021）。一致性是指条件变量对于结果变量的解释程度；覆盖率是指所选定的条件或条件组合对于结果产生的解释力度。本研究将前文构建的变量赋值表导入 fs/QCA 软件后，进行单变量的必要条件检验。具体检验结果见表5-22。

表5-22　单变量必要分析结果表

变量	一致性（Consistency）	覆盖率（Coverage）
林区职工身份转变（*Change*）	0.90	0.50
林区职工职业类型（*Job type*）	0.70	0.25
林区职工林业情结（*Attachment*）	0.70	0.50
林区职工身份认同（*Identity*）	0.80	0.25
对目前政企分开的满意度（*Satisfy*）	0.80	0.50

续表

变量	一致性（Consistency）	覆盖率（Coverage）
是否了解政企分开政策（*Reform*）	0.80	0.25

当一致性或是覆盖率超过 0.90 时，则表示该条件变量与结果变量的关联性较高，该条件变量是形成该结果的必要条件，并认为可以被用来独立解释结果变量；如果小于 0.90 时，则证明需要使用多因素条件组合进行原因分析。通过表 5-22 我们可以知道，林区职工身份转变（change）的一致性为 0.90，说明该因素具有较强的解释力。而剩下 5 个变量的一致性和覆盖率均未达到 0.90，因此需要对其进行组合因素分析。

（二）真值表

在对条件变量及结果变量进行 0~1 赋值后，根据定性比较分析方法（QCA）的具体步骤，将赋值后的变量导入 fs/QCA 中。为保证结果的有效解释力，设定 0.80 的一致性门槛和案例频数域值为 1 后将其进行组合，获得真值表（truth table），作为后续 QCA 分析的数据基础。具体真值表如表 5-23 所示。

表 5-23　案例变量组合真值表

Case	*Change*	*Job type*	*Attachment*	*Idendity*	*Reform*	*Satisfy*	*Welfare*
1	0	1	1	0	1	0	0
2	0	0	0	1	1	0	0
3	0	0	1	0	0	1	0
4	0	1	1	1	1	1	0
5	0	0	0	1	0	1	0
6	0	0	1	1	1	1	0
7	1	1	1	0	1	0	1
8	1	1	0	0	1	0	0

续表

Case	*Change*	*Job type*	*Attachment*	*Idendity*	*Reform*	*Satisfy*	*Welfare*
9	1	1	1	1	1	1	1
10	1	0	1	1	1	0	1
11	1	1	1	0	1	1	1
12	0	0	0	0	1	1	0
13	1	1	0	1	1	1	1
14	1	0	1	1	0	1	1
15	0	1	0	1	1	1	0
16	1	0	1	1	1	0	1

（三）清晰集定性比较分析结果

针对以上 12 家林业局（森工企业）的 16 名林区职工，为探究政企分开体制变革对职工经济福利的直接影响效应，本研究使用 fs/QCA 软件，将表 5-23 中的变量组合真值表内容导入进行分析。通过计算，可以得到清晰集定性比较分析结果，具体计算结果见表 5-24。

表 5-24　清晰集定性比较分析结果表

变量	Solutions	
	1	2
林区职工身份转变（*Change*）	●	●
林区职工职业类型（*Job type*）	•	•
林区职工林业情结（*Attachment*）	—	•
林区职工身份认同（*Identity*）	●	●
对目前政企分开的满意度（*Satisfy*）	•	•
是否了解政企分开政策（*Reform*）	•	•

变量	Solutions	
	1	2
一致性（CS）	1	1
原始覆盖率（CV）	0.4	0.2
净覆盖率（NCV）	0.4	0.2
总体一致性（OCS）	1	1
总体覆盖率（OCV）	1	1

注：●或 •表示条件存在，其中 •表示边缘条件，●表示核心条件。

由表 5-24 的结果可知，清晰集定性比较分析一致性（CS）为 1，高于 0.75，具有较强的解释性。此外，总体一致性（OCS）和总体覆盖率（OCV）均为 1，表明运算出的条件组合均通过检验，且处于较为理想的状态。我们可以知道，林区职工身份转变和自我身份认同是核心条件，说明这二者是影响职工经济福利的关键因素。其他因素包括职工职业类型、是否有林业情结、对于目前政企分开改革状况的满意度和是否了解政企分开会对职工经济福利有一定的影响。由此验证了前文所述假说 5。

五、影响机制分析：身份连锁效应

国企改革对于职工来说最直接的变化就是身份上的变化及其附带的一系列连锁效应。国有森工企业在历史的发展中是一个与职工工作和生活不可分割的"生活共同体"，随着市场经济的逐步渗透，在林区这一相对封闭的小社会内，形成了一种保留单位制特征，同时又兼具市场功能的新兴企业组织。国家先控制企业，再严格限制个人，迫使后者进入企业，那么所形成的依附仍然是个人对国家的依附，而不仅仅是对企业的依附。对于林区职工而言，森工企业不仅仅给予其物质资源，更包括由国家给予自己身份的制度性资源、隐性经济福利。本研究所指身份专指社会身份，是个体在主观意识上对于自己是否归属于某一社会群体的价值判断或者情感认知的实现（佟新，2002）。身份连锁效应是指职工因个人身份转变而导致上述附带经济福利的改变，同时也会因职工的身份认同而自我强化。

生活在相对封闭的空间区域内，国有森工企业职工这一身份符号，有别于一般的"社会人"或是"单位人"。国有企业职工的身份认同，一方面源于外在的社会文化建构，即外在制度变迁对职工身份的分化和彻底重构；另一方面则源于内在的社会心理自尊，即职工在应对制度变迁所带来的冲击时个人自尊的强化。重点国有林区职工对于身份的认同是在历史沿革的单位制下的制度优越性的剥夺和福利的损失。计划经济体制下对于全面福利保障的依赖与个人身为国有企业职工身份的认同，在市场化转型时期，国有企业改革这一制度变迁过程中的路径依赖问题，导致了林区职工感受到自身福利的损失，在加深对自我身份认同的同时，也加剧了林区职工对国有林区森工企业的强烈依附感，形成了身份连锁效应。由重点国有林区职工身份构成的基本情况（图5-11）可知，重点国有林区职工身份在2003—2018年并无明显变化，除了2017年以外，整体上公务员身份编制的职工占比不到1%，事业编制的职工群体占比不到5%。身份编制的不同不仅体现在当前工资上，而且在以后个人退休的医疗保险和养老保险等福利中更加明显。

单位制是计划经济的产物，依附关系是政企合一体制下的劳动关系。在此体制下国家被普遍认为是职工事实上的雇主，而且是唯一的雇主；加之早期历史沿革下职工的安逸心理逐渐强化而能力相对弱化，只能在国家和企业搭建的福利化堡垒下享受庇护。如此一来，职工逐渐对国家和国有企业形成了全面的依附，同时也促使国家与国有企业自然而然对职工承担无限义务。厂办大集体也是一种国有企业的存在形式，是其下属行政单位，一直以来依附于国家，享受国家优待政策。林区职工在20世纪80年代无论是作为厂办大集体职工，还是全民职工被招聘进来，虽在当时有明显的身份差别（渠敬东等，2009），但国家所给的承诺均相当于现在的事业单位编制待遇。然而森工企业性质的改变使得职工原有的身份发生了变化，成为企业编后所享受的待遇与之前相较纵向落差较大，同时与一些成为公务员编或事业编的原同一企业职工相比，横向落差较大。对于身份的依附一方面是林区职工对于林业的奉献；另一方面是职工自己深居林区内，鲜少与外界联系，导致自身能力弱化，无法面对政策冲击。

林区职工陷入弱势的困境有生理和心理的原因，一是部分林业工作的强度

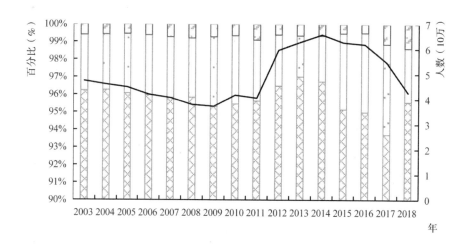

图 5-11　重点国有林区职工身份构成情况

数据来源：中国林业和草原统计年鉴（2003—2018）。

大，身体消耗大，或是职工年龄偏大所导致的身体原因。二是由于东北林区长期构造一种相对封闭的生活环境，职工自主性与流动性逐渐降低，日益形成安逸的心理，对抗外来突发状况能力较弱。因此共同导致其对个人身份的认同尤为强烈，使其依附性不断加强（揭爱花，2000）。在谈及目前工作时长和劳动强度与实施禁伐后转岗的适应性时，案例 5 中 BJ 林业局下的一名普通林场职工告诉我们：

　　原来我是一个伐木工，自从禁伐之后，我就主要是在防火期间（一般是春秋两季）进行管护工作，除非天气过分干旱，一般都会去巡护。其他时间也就偶尔打打零工，但更多时间赋闲在家。因为啥也不会干，年龄也大了，也干不了多久，就会这点林子里的事。（2020 年 12 月 21 日 BJ 林业局访谈）

　　与案例 5 职工有相同感受的人大有人在，这已然成为各个森工集团的普遍问题，职工年龄偏大，老龄化严重。吉林森工集团的一名中层领导干部告诉我们：

好多富余职工都找不到适合自己的工作，现在林业局里大多是 50 岁以上的职工，年龄大，早期在森林里工作有些落下了一些病痛，不好找工作。我们林业系统也相对封闭，他们也只能安于现状。对于女职工的工作问题，我们现在是给她们提供保姆培训。一是因为这个周期比较短，方便她们照顾家庭，毕竟都上有老下有小；二是保姆技术含量较低，相对来说比较容易上手。（2020 年 8 月 24 日吉林森工集团座谈会）

如同费孝通在《乡土中国》中提到村民们所形成的家族邻里关系网，是一种"差序格局"，在东北国有林区，职工扎根于林区，寄情怀于森林，也已形成这种"差序格局"。封闭的地域文化和艰苦的劳动环境在早期国家经济建设时期磨炼林区职工坚忍不拔、吃苦耐劳精神的同时，后期计划经济体制下的集体主义也容易使其形成安于现状的思想观念，缺乏自我发展能力。

国家层面上对于林业发展的转变使得林区职工认为林业地位远不如从前，林业行业整体地位偏低，引进人才出现了困难，即使引进来后，也很难留住人。根据案例 7、案例 8、案例 9 和案例 11 四名受访者叙述：

现在家里上了大学的孩子，基本都不会回来了，更别提做林业方面的工作了，现在的林业今非昔比了。我们这点收入也就是在县里刚刚能过活，在临江市根本就没法生存。（2020 年 12 月 19 日 BH 林业局、HL 林业局，2021 年 7 月 22 日—25 日 JW 林业局、WE 林业局访谈）

国有森工企业作为国有经济的一部分，其内嵌在企业中的政治职能长期存在，并通过政治职能将林区职工与国家直接相连。虽然政企分开以后，森工企业在一定程度上做到了去社会化，但历史原因所造成的根深蒂固的行政职能的影响力，仍然使得单位成员，即林区职工保有身为"单位人"的身份认同和对森工企业的全面依附，进而使得身份连锁效应得到强化。从以上的案例中我们可以发现林区职工的确会对林区职工这一身份稳定性保障产生永久性认同。政企分开以后职工身份的转变更是加剧了其对森工企业的依附，通过身份连锁效应对其经济福利产生一定影响，再次验证了假说 5。

六、政企分开后林区职工身份转变对职工经济福利的影响

(一) 隐性经济福利的消减

政企分开之后，对于职工本身而言最直接的影响就是其身份的变动。从"单位人"变为"社会人"，甚至有编制上的变动，从"事业编制"或"公务员编制"变为"企业编制"。

原来政企合一体制时期，企业无论大小，除了提供基本的生活保障外，森工企业会提供一系列社会服务。国家通过森工企业提供无所不包的福利服务，这导致林区职工严重依赖甚至依附森工企业。这种封闭式小社会的职工福利格局也可以被称为迷你型福利社会（Gu, 2001）。林区职工的社会资源、经济资源和政治资源均来自森工企业，职工除企业以外，难以快速寻找或根本无法寻找到可替代资源时，其依附性的暴露是必然的。正如华尔德所说的，在市场作用有限和资源稀缺的情况下，中国国有企业"工具性—个人性的关系网络"形成了社会关系的亚文化。作为官僚政治体制的产物，这些关系网络不仅可以在一定程度上替代非个人的市场交易，而且还可以延伸到各个领域，其中包括人力资源或者其他福利资源的分配（华尔德，1986）。

关于自身身份转变的问题，案例 4 和案例 10 受访者表示：

要说编制这个问题，那可是大有来头了。你说我们是啥身份呢？原来那前（时候）咋说也是个有编制的正式工吧，那工资待遇都是很不错的。现在就是个企业编制，工资虽然前几年涨了一点，但是跟别人比还是差很多的，尤其是现在物价上涨这么快，确实压力也很大。(2021 年 7 月 13 日 BS 林业局、2021 年 7 月 22 日 TL 林业局访谈)

除了基本工资的调整之外，身份变动后的保障福利也会发生变化，最为明显的就是五险一金的变化。保险的缴纳比例问题是民生的重要问题之一，因为这不仅仅关系当前职工的短期经济福利，更是林区职工未来长期福利保障的问题。养老保险费用的缴纳是以在册职工工资总额为基础，并按照一定比例进行

提取缴纳的。对于这种老国有企业来说，由于早期的职工工资普遍较低，因此其保险缴纳也比较低，增加了职工未来经济福利保障的不确定性。

在案例4和案例12访谈中谈及保险缴纳问题，都有失落和无奈。两名受访者进入林业系统工作已有20余年。当时国家对于五险一金并无明文规定，因此森工企业缴纳比例较低，通过其他福利进行了贴补。

> 我们早期就没有交，要不然也是象征性地交一下。现在我们的保险额度交得太少了，住房公积金就没有。年份也不长，这退休之后也不知道能拿多少钱。你看我爱人是被移交出去的小学老师，退休后能拿4000多，不到5000块钱。但是我算是中层干部吧，快退休了，估计也就拿2000多，更不要提其他人了。(2021年7月13日BS林业局、2021年7月25日WE林业局访谈)

重点国有林区自建立伊始，国家通过森工集团这种唯一的资源配置方式，满足了林区职工的基本生活需求，如住房、学校、食堂、供水、供电、供热等各种生活补贴及便利。这部分隐性福利在职工家庭的日常经济福利中也是占据很大一部分的，政企分开之后，这部分隐性福利的消失必定会引起林区职工的不适应，其经济福利也会受到一定的影响。这种无条件、强有力的平均主义分配，使得林区职工强烈地依附于森工集团所提供的额外福利。随着政企分开体制改革的逐步推进，林区职工与全面依附的森工企业提供的各种社会资源脱钩，从而导致林区职工与森工企业的全面依附关系被动瓦解，仅仅剩下林区职工对森工企业有限的个人文化依附。

自从森工企业开始逐步将社会职能移交到地方政府以来，森工企业作为当地的大型国有企业，其强有力的行政职能和地方政府薄弱的财政能力形成对比，导致社会职能移交过程中充满了一定的复杂性和难度。比如，一些社会职能虽然归属到地方政府，但仍有一些由原有单位进行管理，如"三供一业"、市政环卫、退休人员管理等。地方能力有限，一方面一些职能移交后设施和管理水平及质量下降导致职工的福利水平下降；另一方面由于人员移交难以谈妥，包括林场撤并等都直接对职工的经济福利造成了损失。

案例15受访者是一名林场的书记，他告诉我们：

以前最早的时候，林业局啥都管，我们只管上班就行。我们这些职工的孩子原来上学都是在林区内，从幼儿园到中学都不用管，大家伙儿都一起上，看病也都是在林业局的医院，特别方便。我就是在林区上的林校，然后作为子弟回到林业局工作的。（2021 年 7 月 27 日 SF 林业局访谈）

案例 2、案例 14、案例 16 的受访者是林场的普通基层职工，他们纷纷表示：

现在在林场看病特别不方便，原来直接就去林业局的医院，也不怎么花钱还方便，现在看病都得往外走。因为林场区的医院搬到了城里，这又耽误时间，又得多花钱。还有就是林区的交通、三供、卫生事业还需要改善。供暖问题一直上报，也没人管，不知道该找谁，原来归林业局管的时候都还挺好的。（2020 年 8 月 26 日 HS 林业局，2021 年 7 月 27 日 SF 林业局，2021 年 7 月 28 日 WY 林业局访谈）

林区职工仍有计划经济体制下的"单位情结"，曾经包办一切的企业，随着国企改革的推行和禁伐政策的实施，职工纷纷下岗，在岗职工也是生活拮据，承担着改革成本，导致社会保障和各种福利出现断崖式下降的现象。虽说森工集团已欠下巨额贷款，但森工企业作为自己的支撑，职工只能更加依附于企业，在收入和社会保险上给予自己保障。企业办社会的一个直接和突出的社会后果就是强化了林区职工对森工企业的全面依赖性（李汉林、渠敬东，2002）。对于国有企业职工而言，企业是其全部依靠，是其经济福利与生活保障的主要来源甚至是唯一来源（揭爱花，2000），职工对于森工企业的显性依附不仅仅是收入上的，也包括生活中的福利设施，如幼儿园、学校、医院、食堂，甚至是就业等。

企业所承担的办社会的责任是由一种非正式制度而逐渐演化得到公认的合法性机制（Marx，1968），相对封闭的空间内自然形成的社会服务体系，使得林区职工成长于和习惯于固有"企业办社会"的氛围之下，这种浓郁的单位环境带来一定程度上的非流动性和排他性加剧了职工对于企业包办一切的依附。林区职工身份转变所带来的不仅是收入上的变动，也包括其社会保险和养老保险等在内的社会保障的经济福利的改变。

223

（二）身份认同的自我强化

在政企合一体制下，林区工人为林区奉献，早已将自己与林区紧密相连。对于国家给予工人"主人翁"的身份极其荣耀。尤其是在"林大头"时期，国家给予工人事业编制这一身份更是使其满意度极高，相对优越感较强。在李汉林和李路路（2000）构建"资源—满意度—依赖性"框架中，考虑到主观感受的相对性，即相对剥夺感，曾经的辉煌与现在的破败形成更为鲜明的对比，这种相对剥夺感更为强烈。正是由于林二代，或者是林三代职工有先赋性身份差异，对于林区职工工作原有满意度越高，在原有体制开始逐步瓦解时，其依赖性越高。

案例 1 中受访者为某林场管理层，案例 3 中受访者为某林场基层职工，二者均为林二代，受林区影响颇深，是地地道道的林区人。两位受访者讲到自己是作为林二代生于林区，长于林区的。

我们父辈自小生长在林区，把青春献给了整片林海，据父亲讲述新中国林区开发建设伊始，林区工人们住简单的工棚子、地窨子，天气极其寒冷，冰天雪地的日子里吃的是水煮冻白菜。早期林区没有路，他们只能伐林开路，用牛马套子拉木头。夏天还好，到了冬天，道路结冰，只能穿着毡疙瘩（毛毡靴子），踩着雪，拉着牛马套子车来运输木头。真的是一辈子都奉献给了林区，森林给了他们依靠，森林养活了他们，虽然辛苦，但正是因为付出才会更有感情。我进入林业部门工作也是深受我父辈影响，对咱们林区有情怀，舍不得这片林子。你看当时我们上一辈的人，也不提什么编制，但是吃的、住的、生活上单位全都包办了，孩子上学啥的都管。

我进来林业系统的时候是全民职工，但是现在变成了企业编制了。我们这几个林业局的职工都是企业编制，但是有的职工分出去了，到了地方就是公务员了。还有像内蒙古大兴安岭的其他集团他们都是事业编。现在都生态保护，不砍树了，我们都变成了看树人，生态保护绝对是正确的。就是早期都是农民给我们打工，现在都是林区职工站着一排等着人家来挑，帮人家掰苞米，这种落差真是挺大的。（2020 年 8 月 26 日 HS 林业局访谈，2021 年 7 月 9 日 SCZ 林业局访谈）

随着改革的深入和市场化进程的加快，国企改革和禁伐政策的出台已经难以保障职工的普遍利益了，职工对从"单位人"变成"社会人"，对从"事业编"变成"企业编"的身份转换难以快速适应，一是下岗或买断工龄的林区职工未来的保险等福利保障难以制度化，其福利剥夺感和利益损失感最为强烈，自我发展的有限性与外界压力的未知性之间的冲突更是加剧了其对国家和企业的依附；二是针对目前在岗的企业职工而言，国家财政支出的有限性与企业包办一切的无限性之间的冲突对其收入和福利保障造成了隐形压力，共同承担了改革成本；三是因社会职能移交瓶颈而成为统筹外人员的职工，面临转岗适应性，但更多的是失业危机，尤其是与移交成功的人员编制相比较，在横向和纵向比较上待遇落差较大，大多只能依赖企业每月的生活补助。这种身份认同会使得自我不断强化，进而在政企改革过程中通过身份连锁效应而对林区职工经济福利产生消极影响。

第六节 本章小结

一、基于渐进 DID 分析的影响效果小结

本章利用 2018—2020 年微观监测平衡面板数据，把政企分开体制改革这一事件作为外生改变职工经济福利的准自然实验，采用渐进双重差分模型对前文所述的政企分开对职工经济福利的影响效应进行了实证检验，重点探讨了政企分开不彻底对职工经济福利不同程度的影响效应。更进一步，通过分组回归，从宏观层面和微观层面分别检验政企分开程度对不同集团和不同工作类型职工的异质性影响。然后，将林区职工经济福利与地方人均水平进行比较，分析政企分开对其影响效应。

具体而言，本章的研究结果表明：（1）政企分开不彻底对职工经济福利存在边际负向影响，在控制了其他变量后，政企分开的影响效应为 9.6%，且这种抑制效应在稳健性检验中仍被认可；（2）宏观层面上针对不同森工集团职工分

组回归后，可知政企分开对于内蒙古森工集团和伊春森工集团职工经济福利其实是存在正向效应的，对于吉林森工集团和长白山森工集团职工经济福利存在负向效应，且后者的负向效应大于前者的正向效应；（3）微观层面上针对不同工作类型职工进行分组回归后，可以发现政企分开体制变革对基层一线职工的影响显著高于技术人员和管理人员，对管理人员的影响微乎其微；（4）当与地方人均经济福利水平相比时，政企分开在一定程度上加大了林区职工与地方人均经济福利差距。

上述结果表明，政企分开不彻底虽然对职工经济福利的影响总体上呈边际负向效应，但是对于社会职能移交比较好的地区，是存在正向效应的。因此，要因地制宜，具体地区具体分析。要在横向上缩小区域福利差距，加快推进程度较低区域各项社会职能的剥离，做到政企彻底分开，缩短体制变革的阵痛期，提高职工经济福利。此外，在纵向上缩小集团内部福利差异的同时，也要在横向上缩小与地方经济福利差距。要重点关注基层职工的经济福利问题，作为一个较大的群体，只有将其经济福利全面提高，国有林区的整体民生情况才会有根本的改善。要从工资水平、生活支出等各方面对一线职工做好保障，尽快消除林区间和地区间福利差异化明显的现象。

二、基于计量验证的影响机制小结

本章基于微观调研数据，匹配宏观数据，并通过建立计量模型对前文假说进行了实证分析与验证。通过建立中介效应模型对政企分开对于职工经济福利的影响机制进行分析并通过了稳健性检验，结果表明：（1）政企分开会通过森工企业替代产业发展状况进而影响到职工经济福利。在全面停伐时期，森工企业不能再依赖于传统木材加工产业，需要产业转型，发展替代产业以增加企业利润，最后确保提高职工的经济福利水平。因此，政企分开对于职工经济福利的影响存在收入导向效应。（2）政企分开会通过森工企业统筹外支出费用进而影响到职工经济福利。由于社会职能移交不彻底，退休人员尚未移交到属地管理，因此森工企业需要承担这部分人员的生活费用以及保险缴纳等费用支出。历史原因造成的巨大资金缺口难以承担，因此通过成本分摊效应，影响到职工个体的经济福利。（3）政企分开会通过社会公共服务的供给情况影响职工经济福利。社会职能移交后，原有隐形于职工自身的福利随之而消失，包括水电费、物业等，这部分原是由森工企业承担，内化在职工经济福利中。除此之外，医院移交后所造成的看病不方便也会增加职工家庭生活成本，最终影响到职工经济福利。因此，政企分开会通过支出传递效应对职工经济福利产生抑制作用。

(4) 在政企分开不彻底时，森工企业替代产业发展对于其所承担的统筹外费用支出有一定的补偿作用。因此，森工企业要大力发展可替代产业，增加企业利润，以帮助职工度过改革阵痛时期。

综上，我们可以发现当政企分开不彻底时，森工企业反而要背负更多的负担，在一定程度上制约了企业的发展。由于全面停伐的实施，企业需要加速产业转型，若产业转型比较成功或前期有较多的资本积累，职工所受到的影响会相对小一些。比如，吉林森工集团和长白山森工集团，后者的某些林业局由于森林旅游发展较好，接续产业发展较好，企业利润保持增长状态，仍在承担统筹外人员费用的基础上，尽量保证不降低现有职工的工资水平。而前者则由于屡屡碰壁的产业转型和沉重的历史欠账导致资金缺口庞大，难以负担高额的改革成本，因而会出现欠保和断保的现象，对在岗职工的经济福利造成较大影响。针对已移交的部分社会职能，当地政府若能高效履行社会公共服务职能，职工的生活便不会有重大影响，反之，则对森工企业和职工都会有负向影响。

本章通过定性比较分析方法对职工身份变换与职工经济福利变动之间的因果关系进行了考察，结果表明，职工对于身为林区职工的身份转变及其对于自身身份的认同恰恰是对于个人身份的一种依附和对森工企业的一种经济依附，证实了身份转变对林区职工经济福利产生了最为直接的影响。同时，又采用案例研究的方法对其影响进行剖析。此外，林区职工早期对于林区的无私奉献使其与林区和森工企业形成某种非契约化的"命运共同体"，表现出对于改革以来国有企业领域生产政治关系的不适应性。尽管有学者指出改革初期国有企业工人总体表现懈怠，但是改制之后，市场支配力量的极速进入，却形成了工厂场域的失序专制主义。转型期间国有森工企业所形成的政治模式，既不是华尔德的庇护依附也不是失去专制主义，而是一种对抗的联盟关系（吴清军，2008）。历史性遗留问题和政策性原因致使离退休人员、集体企业职工仍然与企业保持着千丝万缕的复杂联系。与剥离企业办社会的职能相比，国有森工企业与林区职工关系的转换深刻体现出单位传统中二者关系中道义和温情的一面。早期部分森工企业可以承担改革成本的原因是当时木材生产仍可以为企业提供大量利润，但在转型发展后森工企业效益低下，没有能力支付额外的改革成本。这种林区职工对国有森工企业的强烈依附难以被长期满足与职工自身难以自谋发展的脆弱性的矛盾，长此以往势必会对林区造成潜在威胁。

第六章

重点国有林区深化改革需求及产业转型分析①

第一节　重点国有林区职工认知、满意度及需求分析

为了明晰国有林区改革的状况，了解职工对各项改革政策实施后的满意度，以及职工在改革过程中的诉求与受到的影响，本研究首先对吉林森工集团、长白山森工集团、黑龙江伊春森工集团、黑龙江龙江森工集团及其下属的多个林业局的职工进行了问卷调查，调查共发放问卷 620 份，经数据筛查，剔除数据缺失和前后矛盾的问卷后共获得有效问卷 580 份，问卷有效率为 93.55%。调查的内容包括职工家庭人口结构、职业类型、职工对各项改革的认知情况及满意程度等方面。其次，通过对数据进行描述性统计分析以探究林区职工生产生活方面的诉求。最后，本研究基于分析的结果和实践提出合理的建议和举措，以期改善职工的福利水平，提升林区发展活力。

一、样本基本情况

从此次调查的数据来看（见表6-1），男性个体的数量是女性个体数量的两倍，这与林业系统中男性从业人员多于女性从业人员的实际情况相一致。被调查职工的年龄总体偏大，年龄在 40 岁以上的比例超过一半，达到样本总数的 61.03%，从侧面印证了座谈中普遍提到的"只进不出"政策所导致的职工老龄化问题。从受教育程度上看，职工的受教育程度主要集中在高中及中专，高中及中专的人数达到样本总数的 28.79%，小学及以下教育水平的职工人数较少，

---

①　本章著者：柯水发、李红勋、朱烈夫、吕晓萱。

仅占样本总数的2.07%。可能是问卷中包含了较多的管理层，因而呈现的整体受教育程度较以往状况有所提高。从累计从事林业工作时间来看，被调查的职工累计从事林业工作时间在11~30年的人数最多，达到样本总数的44.31%，累计从事林业工作时间在10年以下和30年以上的人数相当，分别占样本总数的26.03%和29.66%。考虑到多代职工家庭以及双职工家庭，在问卷中关注到了家庭中从事林业相关工作的人数，有2~4名职工的家庭数量最多，达到样本总数的50.34%，表明林业的家庭关联性较强。

表6-1　样本基本特征

变量	类别	样本量（户）	比例（%）	变量	类别	样本量（户）	比例（%）
性别	男	433	74.66	受教育程度	小学及以下	12	2.07
	女	147	25.34		初中	89	15.34
年龄	40岁及以下	226	38.97		高中及中专	167	28.79
	41~50岁	180	31.03		大专	154	26.55
	51~60岁	173	29.83		大学本科及以上	158	27.25
	60岁以上	1	0.17				
累计从事林业工作时间	10年及以下	151	26.03	家庭中从事林业相关工作的人数	1人	279	48.11
	11~30年	257	44.31		2~4人	292	50.34
	30年以上	172	29.66		4人以上	9	1.55

二、职工的职业类型与岗位变化及心理感受

（一）职工的职业类型与岗位变化

林区职工岗位变动受政策及企业产业转型的影响，由图6-1、图6-2、图6-3可知，有64.92%的职工认为自己的能力得到了完全的发挥，从业以来有超过50%的职工岗位发生变动，有50%的职工变动前的职业为林业局管护或抚育工人。图6-4、图6-5显示，根据转岗到任形式可知，通过下岗到任的转岗职工仅有

0.28%，转岗到任和安置到任的比例超过90%，且有94.86%的样本职工认为能够很好地适应新岗位。这说明转岗后的林区职工就业得到非常好的保障。图6-6显示，87.39%的人认为转岗机制比较合理，图6-7显示了职工就业受产业转型政策的影响，有74.21%的人认为林区产业转型未影响自身的就业，有25.79%的人认为林区产业转型影响了自身的就业，说明企业产业转型对职工就业影响较大，应该关注职工就业受产业政策的影响，更好地保障职工福利。对于职工福利，森工企业保障了职工五险一金的按时缴纳，为职工的住房也提供了基本的保障，使得虽然在应对风险性背景发生时，职工还是能够对自身职业角色变化有较为快速的适应及反应能力，维护了林区职工的生活生产稳定转型发展。

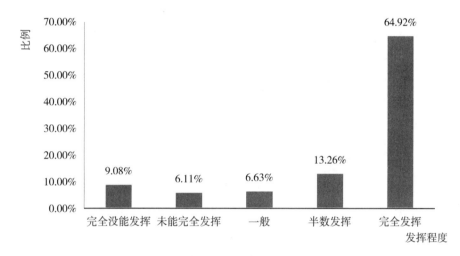

图6-1 样本职工所在岗位能力发挥程度

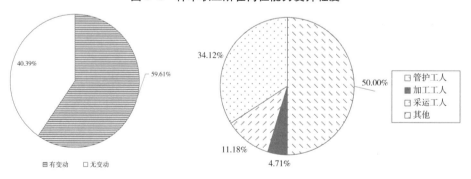

图6-2 岗位变动情况   图6-3 变动前职业

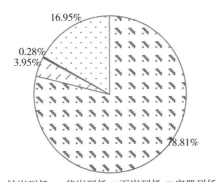

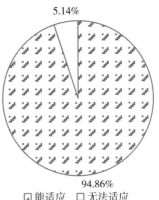

图 6-4 转岗到任形式

图 6-5 转岗后是否适应

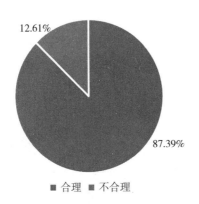

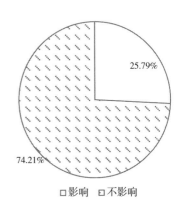

图 6-6 转岗、分流机制是否合理

图 6-7 就业是否受产业转型影响

（二）职工的心理感受分析

畅通职工诉求通道，关注职工的心理感受和工作满意度关乎林区的健康发展，因此问卷还关注了国有林区职工的心理情况，具体包括职工对诉求通道、收入水平的认知，林区生活的幸福感和工作现状的满意程度，等等。首先，关注到了林区职工对诉求通道的感受情况。图 6-8 表示仅有 4.25% 的职工认为无法反馈自身的意见与想法，有 70.27% 的职工均认为能够畅通地反馈自己的意见与感受。其次，职工对收入水平的认知。为了避免个体对"社会地位""面子"等问题的理解偏差或对敏感问题的回避，主要通过职工对自身收入在亲友中、林业系统中同等级职工的比较情况等相对客观指标的感知来表现，由被调查者回答自己对相关问题的同意程度。图 6-9 展示了职工对现有工资水平的感受情况，35.77% 的职工认为自己的收入水平与亲戚朋友的收入相当，而 47.30% 的职工认为自身的收入水平不如亲戚朋友，同时也有 43.41% 的职工认为自己的收入明显低于系统内同级别职工，仅有 14.73% 的职工认为自己的收入高于林业系统内同级别职工。此外，问卷也关注了职工对林区生活幸福感的认知情况，从图 6-10 的结果可以看出，有 40.76% 的职工认为自己幸福，同时也有 52.50% 的职工认为一般。最后是职工对工作现状的满意程度（图 6-11），超过半数的职工表现出满意，满意的人数占总人数的 60.33%，仅有 0.71% 的职工表现出不满意。

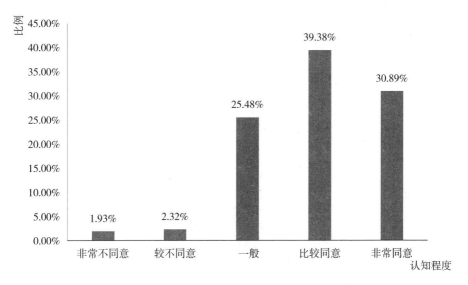

图 6-8　职工对能够畅通地反馈意见与感受的认知

三、职工对管理体制和机构设置的认知及满意度分析

图 6-12 显示了职工对林区内管理机构设置的满意度，从图中可以看出，11.38% 的职工对林区内的机构设置非常满意，仅有 0.45% 的职工表现出非常不满意，表明林区的管理机构设置从整体上看较为合理，同时，为了进一步分析职工对林区内机构设置的认知情况，问卷关注了职工对国有林区、森林资源、林区的行政管理和社会管理的看法，从表 6-2 可以看出，超过半数的职工认为国有林区应由国家林草局直属管理，所占比例为总人数的 73.50%，69.88% 的

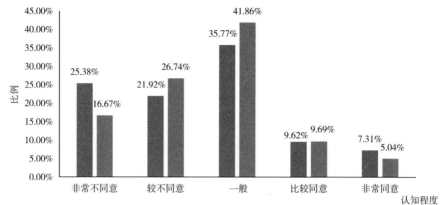

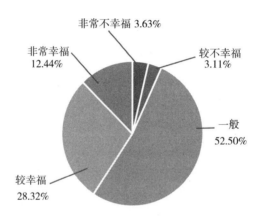

图6-9 职工对收入水平的认知情况

图6-10 职工对林区生活幸福感的认知

职工认为应设立国有森林资源管理局对森林资源进行专属管理，63.39%的职工认为应设立林区管理委员会对林区行政管理职能进行专属管理，46.63%的职工认为地方政府应对林区社会职能进行专属管理，72.90%的职工认为应设立国有林业企业来实现对森林资源的开发利用。此外，问卷还关注了职工对身份编制的认知情况，从图6-13和图6-14可以看出，有94.39%的样本职工的身份编制为企业编制，有34.54%的职工对自己的身份编制表现出满意，同时也有20.29%的职工对自己的身份编制不满意。

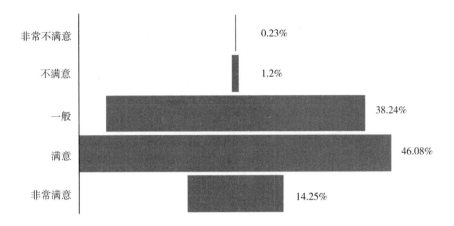

图 6-11　职工对工作现状的满意程度

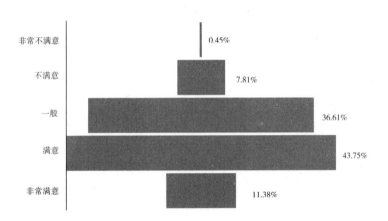

图 6-12　职工对林区内管理机构设置的满意度

表 6-2　职工对林区管理机构设置的认知

	非常不同意	不太同意	一般	比较同意	非常同意
国有林区是否应由国家林草局直属管理	2.39%	3.58%	20.53%	43.20%	30.30%
是否应设立国有森林资源管理局对森林资源进行专属管理	0.96%	3.13%	26.03%	48.19%	21.69%

续表

	非常不同意	不太同意	一般	比较同意	非常同意
是否应设立林区管理委员会对林区行政管理职能进行专属管理	1.44%	5.50%	29.67%	46.41%	16.98%
地方政府是否应对林区社会职能进行专属管理	10.58%	17.31%	25.48%	37.74%	8.89%
是否应设立国有林业企业来实现对森林资源的开发利用	0.96%	2.40%	23.74%	58.03%	14.87%

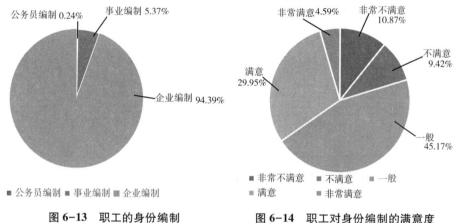

图 6-13 职工的身份编制　　　图 6-14 职工对身份编制的满意度

四、职工对政企分开体制和社会职能移交的认知及满意度分析

（一）职工对政企分开体制的认知及满意度分析

在国有林区深化改革的进程中，课题组关注了政企分开体制及具体的社会职能移交对职工的影响情况。政企分开在职工福利层面上主要涉及身份变动以及相关"三供一业"等社会职能移交所带来的影响。首先分析职工对政企分开

改革的了解情况（图6-15），以此反映职工对政策的宣传和理解情况。调查结果显示，有50.68%的职工认为自己的了解情况一般，接近23%的职工认为自己对政企分开改革非常或比较了解，然而分别有11.82%和15.23%的职工认为自己非常或比较不了解。在访谈中了解到，很多职工对政企分开的了解主要和编制等身份变动相关，不被涉及的职工就不甚了解。而对于"三供一业"等社会职能移交，因仍处于实施阶段，很多具体的政策还没有落实，职工停留在"听说过"的程度。其次，分析了职工对政企分开改革对个人总体发展、身份变动、收入变动、企业发展总体、企业活力、企业利润和林区社会发展带来的影响认知，从表6-3的结果可以看出，大多数人认为没太大影响，同时认为会产生积极影响的人数超过认为会产生消极影响的人数，但是有大约20%的职工认为会产生消极影响。图6-16分析了政企分开改革后职工的诉求（此题为多选，因而总数不是1），可以看出有50.34%的职工认为需要完善社会保障，81.86%的职工认为要提高薪酬待遇。

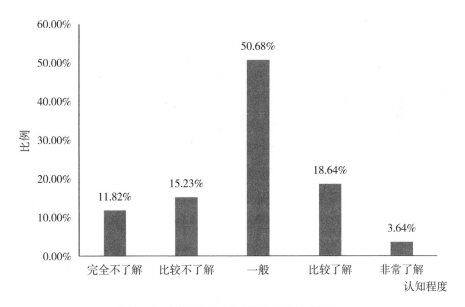

图6-15 职工对政企分开改革的认知情况

表6-3 职工对政企分开改革的影响认知

	很大消极影响	一点消极影响	没太大影响	一点积极影响	很大积极影响
个人发展总体	2.76%	20.97%	53.92%	12.90%	9.45%
身份变动	1.70%	20.14%	65.05%	8.01%	5.10%
收入变动	5.48%	10.05%	64.16%	14.61%	5.70%
企业发展总体	1.38%	18.20%	37.56%	28.11%	14.75%
企业活力	8.89%	12.74%	37.26%	27.64%	13.47%
企业利润	1.93%	18.12%	42.51%	23.67%	13.77%
林区社会发展	7.73%	13.41%	42.73%	23.63%	12.50%

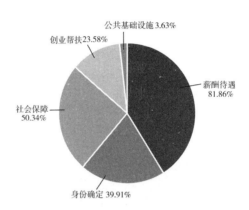

图6-16 政企分开逐步推行后职工的诉求

（二）职工对社会职能移交的认知及满意度分析

进一步探究林区职工对"三供一业"等社会职能移交的满意程度（图6-17），总的来说，超过32%的职工认为"三供一业"的移交非常满意或比较满意。具体来说，消防和市政社区等职能的满意程度较高，而关于医院职能移交的满意程度相对较低。究其原因，职工认为林区原有医院更为便利，因而不希望取缔或将医院转为诊所等。关于"三供一业"等社会职能移交层面，由于各林业局改革进展不同，且大多地区未全部完成，课题组在询问满意程度的基础上，补充询问"如果将社会职能完全移交政府后，会对您的生活产生什么影响"，多数职工认为移交后由政府聘任专业的团队管理会提高相应的体验。

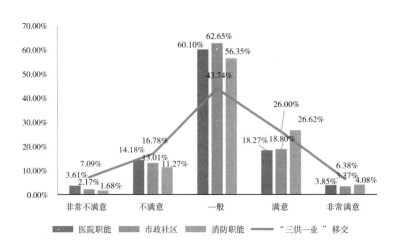

图 6-17　职工对"三供一业"移交的满意程度

五、职工对天然林全面停伐政策实施后的认知及满意度分析

天然林全面停伐政策实施之后，国有林区面临木材加工企业关停、产业转型困难等问题，而木质资源生态接续产业发展更为艰难，国有林区整体面临资金压力、产业结构失衡以及人员安置和引进等压力。首先，从表 6-4 可知，职工对天然林全面停伐政策的了解程度中，处于一般了解状况的职工占比为 42.65%，较了解的职工次之，占比为 39.76%，说明在重点国有林区中，职工对天然林全面停伐政策大体上处于基本了解的状况，职工基本明晰该项政策的内容。对于职工面对天然林全面停伐政策实施的态度上，支持这项政策的职工占比 93.98%，只有极少人反对该项政策。

表 6-4　职工对天然林全面停伐政策的了解及态度情况

变量	选项	百分比	平均值	标准差
了解程度	非常不了解	1.45%	3.47	0.81
	较不了解	7.23%		
	一般了解	42.65%		

续表

变量	选项	百分比	平均值	标准差
了解程度	较了解	39.76%	3.47	0.81
	非常了解	8.91%		
支持与否	是	93.98%	1.06	0.41
	否	6.02%		

其次，图6-18统计了职工对于政策的长期、短期影响的认知情况。与我们预测的相一致，职工认为停伐政策会在短期内对林业产业产生消极影响，而在长期有积极影响，有41.89%的职工认为停伐政策对相关产业短期发展有阻碍，有56.72%的职工认为停伐政策对相关产业的长期发展有积极影响；但仍有26.55%的被调查者认为政策在短期内没有太大影响，这与我们的预期相悖，在追问后笔者了解到，这是由于部分职工认为政策的开展有延迟，在停伐早期每年仍有部分采伐指标可以用于过渡，因而认为短期影响不明显。

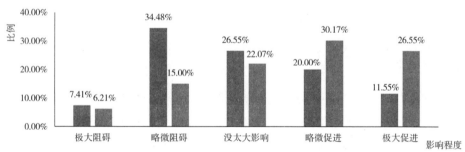

图6-18 职工对天然林全面停伐政策的认知情况

为进一步分析职工对天然林全面停伐政策实施的满意程度，将职工对天然林全面停伐政策实施后的收入满意度、就业状态满意度、提供的职业技术培训满意度、社会保障状况满意度以及当地的基础设施条件满意度进行因子分析来测度职工对天然林全面停伐政策的满意度。首先本研究采用SPSS 27.0对问卷数据进行分析，评估数据的信度（表6-5）。研究采用Cronbach's Alpha测量，根据检验结果，职工对天然林全面停伐政策实施后的收入满意度、就业状态满意度、提供的职业技术培训满意度、社会保障状况满意度以及当地的基础设施条件满意度的整体 Cronbach's Alpha 值在 0.720 到 0.874 之间，均大于 0.7，说明各潜变量的测量表现出了良好的内部一致性，问卷的整体信度较好。本次分析的结果为 0.819，相对来说信度较好。

表 6-5　天然林全面停伐政策实施后的各项满意度信度分析

选项	删除项后的标度平均值	删除项后的标度方差	修正后的项与总计相关性	平方多重相关性	删除项后的克隆巴赫 α	标准化后的 α
收入满意度	13.18	6.933	0.628	0.469	0.780	
就业状态满意度	12.79	7.113	0.735	0.580	0.748	
职业技术培训满意度	13.00	9.568	0.222	0.074	0.874	0.819
社会保障状况满意度	12.99	6.445	0.805	0.681	0.720	
基础公共设施条件满意度	12.94	7.062	0.693	0.615	0.759	

其次是进行效度分析，效度检验包括内容效度与结构效度检验。本研究量表的设计经过文献调研、专家访谈、预调查后对题项进行提取、修改，过程严谨，具有较好的内容效度。如表 6-6 所示，KMO 检验值为 0.783，大于 0.7，巴特利特球形度检验值是 1313.401（df = 10），统计值显著性为 0.000，说明该研究数据具有很高的相关性，适合作因子分析。

表 6-6　KMO 和巴特利特球形度检验

KMO 取样适切性量数		0.783
巴特利特球形度检验	近似卡方	1313.401
	自由度	10
	显著性	0.000

在上述因子分析的基础上，为了进一步探究性别、文化水平、健康状况、职工对政策的了解程度对全面停伐政策满意度是否存在显著差异，本研究对各因素进行单因素方差分析。首先，是对性别的单因素方差分析，从表6-7的结果可以看出，职工性别对全面停伐政策满意度不存在明显的差异。

表6-7 对性别的单因素方差分析

变量	性别	个案数	平均值	标准偏差	F	Sig	多重比较
全面停伐政策满意度	男	433	−0.037	1.033	2.444	0.118	
	女	147	0.111	0.889			

其次，是对文化水平的单因素方差分析，白描等（2017）学者研究认为，受教育程度越高、事物认知能力越强，其幸福感越高。根据表6-8的单因素方差分析结果可以看出，显著性检验结果为0.01，表明全面停伐政策满意度在文化水平上存在差异。从这个结果可以看出，文化水平程度在初中水平的职工对全面停伐政策实施的满意度低于文化水平程度在小学及以下、高中/中专/技校/职高、大专、大学本科及以上的职工对全面停伐政策实施的满意度。

表6-8 对文化水平的单因素方差分析

变量	文化水平	个案数	平均值	标准偏差	F	Sig	多重比较
全面停伐政策满意度	小学及以下	12	0.191	0.551	5.827	<0.01	2<1, 2<3, 2<4, 2<5
	初中	89	−0.427	1.181			
	高中/中专/技校/职高	167	0.013	0.907			
	大专	154	0.023	0.929			
	大学本科及以上	158	0.190	1.013			
注：其中1代表小学及以下，2代表初中，3代表高中/中专/技校/职高，4代表大专，5代表大学本科及以上							

健康是可行能力理论中影响福利的重要考量，心理是影响幸福的首因，身

体健康是次因（Sen，1997）。根据表6-9的单因素方差分析可以看出，职工对全面停伐政策的满意度在健康状况上存在明显差异。根据多重比较结果可以看出，全面停伐政策满意度在健康状况上，身体状况较差的满意度小于身体状况很差的，身体状况一般的满意度小于身体状况很差的，同时健康状况一般的小于身体状况很好的。根据这个结果可以分析得出，一方面健康状况不同的职工本身的需求不同，除了生产生活方面的需求外，还存在医疗需求、社会保障需求、公共基础设施需求等，进而会影响收入满意度、社会保障状况满意度以及当地的基础公共设施条件满意度等；另一方面，身体健康只要不处于较差的状况，在对全面停伐政策的满意度方面的差别并不大，因此制定针对性的政策是有必要的。

表6-9 对健康水平的单因素方差分析

变量	健康水平	个案数	平均值	标准偏差	F	显著性	多重比较
全面停伐政策满意度	很差	91	0.363	0.973	8.142	<0.01	2<1，3<1，4<1，3<5
	较差	115	-0.031	0.682			
	一般	162	-0.262	1.080			
	较好	95	-0.139	0.931			
	很好	117	0.224	1.098			
注：其中1代表很差，2代表较差，3代表一般，4代表较好，5表示很好							

根据表6-10的单因素方差分析结果可以看出，全面停伐政策满意度在对该政策的了解程度上存在差异，因为显著性检验结果为0.03，明显小于0.05。根据多重比较结果可以看出，全面停伐政策满意度在了解情况上，对全面停伐政策较不了解的满意度小于非常了解的；对全面停伐政策较了解的满意度小于非常了解的。理论上了解程度越高，对全面停伐政策的满意度就越高，因此想要提升满意度需要注重职工对该政策的了解程度，当了解程度出现从低到高的跨越时才会有满意度的提升。

表 6-10 对全面停伐政策的了解程度的单因素方差分析

变量	选项	个案数	平均值	标准偏差	F	显著性	多重比较
全面停伐政策满意度	非常不了解	6	0.393	0.876	3.989	0.03	2<5，4<5
	较不了解	30	−0.335	1.235			
	一般了解	342	0.025	1.042			
全面停伐政策满意度	较了解	165	−0.116	0.783	3.989	0.03	2<5，4<5
	非常了解	37	0.489	1.104			
注：其中 1 代表非常不了解，2 代表较不了解，3 代表一般了解，4 代表较了解，5 代表非常了解							

六、职工受到的影响及其诉求

在天然林全面停伐政策实施后，首先超过一半的职工认为其收入受到了影响，其次是消费和社会保障。国有林区职工的整体工资水平偏低，因此职工对天然林全面停伐政策实施后的收入变动较为敏感（表 6-11）。职工的消费一部分受到收入的影响，职工的就业影响是天然林全面停伐政策实施后，大多采伐工人都向森林管护和抚育工人、干部或管理人员转岗。

表 6-11 天然林全面停伐后职工受到的影响

变量	频数	百分比
收入	366	63%
就业	160	28%
消费	188	32%
社会保障	169	29%
公共基础设施	163	28%
其他	56	10%

图 6-19 展示了职工关于全面停伐政策对收入、就业、社会保障和居住条件

影响的认知情况。图 6-20 展示了职工关于全面停伐政策对中小学教育、医疗条件、交通条件影响的认知情况。图 6-21 展示了职工关于全面停伐政策对社会稳定、生态环境和环境污染影响的认知情况。由图 6-19 可知，职工自 2015 年天然林全面停伐政策实施后，大半职工都受到了收入变动的影响，可以看出，职工的收入变化集中分布于基本无变化和变好较多的情况，认为收入变差的职工大约占 13.79%，由此结果可以看出，职工对收入的改善情况还没有得到满足，提高职工福利还要着重于职工收入的提高。

在就业变化方面，60.70% 的职工认为就业情况基本没发生变化，在天然林全面停伐政策实施后，部分人面临转岗、流岗，其中有 23.83% 的人认为就业情况得到了改善，15.48% 的认为就业状况变差。在社会保障情况方面，57.22% 的职工认为社会保障情况基本没有变化，24.70% 的职工认为社会保障情况基本改善，18.09% 的职工认为社会保障情况变差。在居住条件方面，大约 66.78% 的职工认为没有改变，大约 24% 的职工认为居住条件变好。在当地的中小学教育情况方面，55.92% 的职工认为基本无变化，33.79% 的职工认为变好。在当地的医疗条件方面，61.85% 的职工认为基本没有变化，26.66% 的职工认为变好，11.67% 的职工认为变差。在当地的交通条件变化方面，62.72% 的职工认为基本无变化，29.64% 的职工认为变好，8.02% 的职工认为变差。在当地的社会稳定方面，58.43% 的职工认为基本无变化，26.09% 的职工认为变好较多，10.78% 的职工认为变好很多。在当地的生态环境状况方面，33.22% 的职工认为基本无变化，41.57% 的职工认为变好较多，22.61% 的职工认为变好很多。在当地的环境污染状况方面，35.48% 的职工认为基本无变化，40.52% 的职工认为变好较多，21.04% 的职工认为变好很多。

图 6-22 展示了职工对全面停伐影响的满意程度，部分职工对全面停伐带来的影响并不满意，其中有 22.61% 的职工对全面停伐后自身收入不满意，有 15.65% 的职工对全面停伐后当地的公共基础设施不满意。这表明了收入和社会保障因素是影响职工满意程度的主要原因。可能是天然林全面停伐政策出台后，引发了林业木材收入减少以及职工转岗造成工资收入减少等诸多问题。

图 6-23 展示了天然林全面停伐政策出台后职工的政策诉求情况（此题为多选，因而总数不是 1），有 77.07% 的职工认为应当提高林区的薪酬待遇，收入仍然是大多数职工的根本需求，国有林区职工依然以林业局工资性收入为基本生

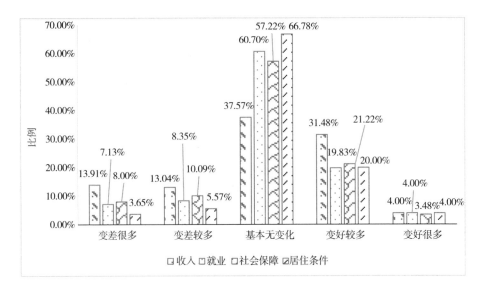

图 6-19 职工关于全面停伐对收入、就业、社会保障和居住条件影响的认知情况

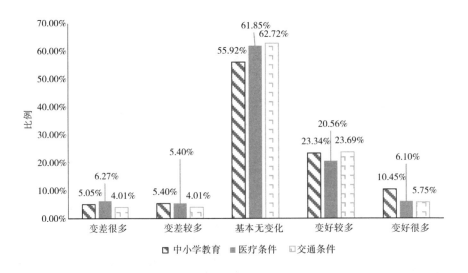

图 6-20 职工关于全面停伐对中小学教育、医疗条件、交通条件影响的认知情况

活保障。有 52.93% 的职工认为职工的社会保障需要进一步改善，这一结果也印证了收入和社会保障是影响职工满意程度的重要因素。国有林区改革后部门重组是社会利益再分配过程，依托刚性社会保障为主的"制度性福利"和柔性社会服务为主的"服务性福利"对国有林区职工主观福祉尤为关键（邹玉友等，

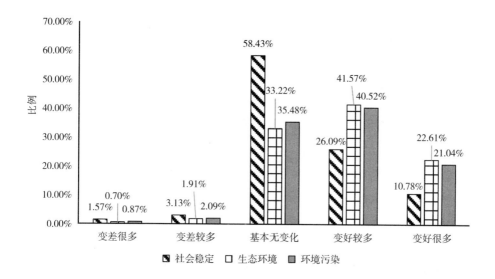

图 6-21　职工关于全面停伐对社会稳定、生态环境和环境污染影响的认知情况

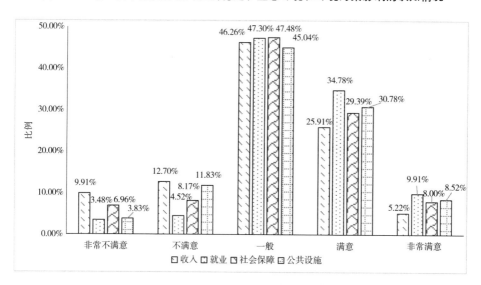

图 6-22　职工对全面停伐影响的满意程度

2019）。"断崖式"停伐对国有林区转型发展以及国有林区职工收入带来了一些新变化，给职工的日常生计产生了直接和间接的不利影响，包括职工下岗、家庭收入减少、富余职工无法及时安置造成其基本生活难以维持、人口外流等问题。因此，如何提高职工的薪酬待遇并不断完善其社会保障是未来政策的关键着力点。

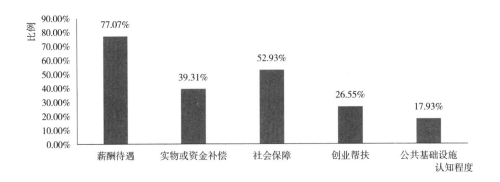

图6-23　全面停伐后职工的政策诉求

图6-24进一步展示了职工对林区的公共基础设施方面的诉求（此题为多选，因而总数不是1），可以看出职工认为林区的公共基础设施中最需要提高的是供水、供电、供暖设备，认为需要提高供水、供电、供暖设备的人数超过调研人数的一半，达到60.00%，表明在企业的发展过程中，政府和企业应当瞄准职工对林区公共设施的需求，加强供水、供电、供暖设备的服务质量和效率，从而提高职工的幸福感，激发职工的内生动力。其次是对卫生事业和文化教育的诉求，这二者所占的比例相当，分别为52.59%和52.24%，表明加强林区的卫生事业和文化教育投入也十分迫切，通过加强林区教育资源的投入，联合林业相关科研院所、科研工作站，大力宣传科技教育和文化普及的作用，充分调动林区人民的主观能动性，从而带动职工致富。同时加强林区的医疗卫生建设，不仅能提高职工的福利，也更便于应对突发公共卫生事件。

七、小结

对职工的基本家庭特征、职工对各项改革政策实施后的认知情况及满意度进行分析得出以下结论：第一，在职工认知方面，大多数职工对政企分开政策、社会职能移交以及天然林全面停伐政策等均较为了解。第二，在影响方面，改革后职工受到影响的方面有收入、就业、消费、社会保障、公共基础设施等，其中收入受到影响的职工人数最多，其次就是社会保障。从其他方面的变化情况来看，职工对各项的改善情况的感知集中于基本无变化和变好较多，其中医

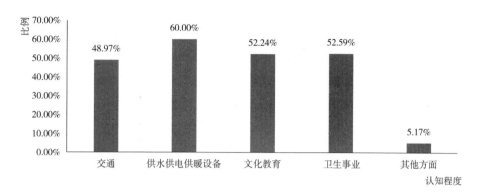

图 6-24　职工对林区的公共基础设施方面的诉求

疗条件、交通条件、社会稳定、自然环境、环境污染这几个方面改善的效果比较明显。同时在满意度方面，职工对各项改革的满意度均处于一般和较为满意，但部分职工对全面停伐后自身收入不满意。第三，在职工的诉求方面，职工对薪资待遇的诉求较多，还有就是关于社会保障和公共基础设施的诉求，间接表明诉求越多的变量存在着更大的改善空间。

第二节　重点国有林区相关者演化博弈分析

一、博弈主体

重点国有林区改革与发展涉及中央政府、地方政府、森工企业、森工企业职工、当地百姓等多个主体。相关学者指出，当制度的供给和需求基本均衡时，制度是稳定的；当现存制度不能满足人们的需求时，就会发生制度的变迁（王薇薇，2015），重点国有林区亦是如此，在政企分离之前，既负担着经济发展也负担着社会建设的双重责任，这样容易造成政企事不分，森工企业债务负担过重的状况，需要进行制度的变迁，这符合演化博弈论的定义。现实环境的复杂导致人是有限理性的，而演化博弈论不再将人模型化为超级理性的博弈方，而是认为人类通常是通过试错的方法达到博弈均衡的，强调一种动态均衡。

（一）中央政府

中央政府作为重点国有林区改革的重要主体，其行为是国家意志的体现。中央政府的利益目标函数至少由政治利益、经济利益和历史使命构成（陈明星，2015）。政治利益主要是确定重点国有林区的发展方向，维护社会稳定；经济利益主要是指森工企业本身是当地经济发展的基础，在停伐后，也要确保国有资产的保值增值；历史使命主要是指通过对森工企业停伐的利益补偿，获得经济社会的可持续发展。

因此，中央政府往往在制度等方面进行宏观调控，其中就包括停伐后，协调森工企业当地的社会发展，从国家层面推进对森工企业的利益补偿。

（二）地方政府

地方政府是中央政府下设到地方的行政单位，由于地方政府受国家总体经济制度、政治因素等影响，因此它的目标是追求政绩最大化，即地方政府的利益目标函数往往由经济利益、政治利益和政治忠诚三大因素决定，经济利益主要指区域经济发展如财政收入、就业等，政治利益主要指政绩考评、职务升迁等，政治忠诚主要指执行完成上级政治任务目标以及对区域持续发展和人民负责等（陈明星，2015）。因此地方政府的目标是双重的，不仅要执行国家相关政策，还要追求自身效用最大化。

（三）森工企业

长期以来，森工企业在推动当地经济发展和承担当地社会职能方面发挥着重要的作用。因此它的目标是追求企业利益最大化以及当地的社会稳定。

二、博弈模型假设

已有研究提出双层次互动演化三方博弈模型，它是指宏观层次和微观层次互动的一种演化博弈模型，宏观层次的博弈是指中央政府和地方政府的博弈；微观层次的博弈是指地方政府和各类微观主体的博弈（杨瑞龙，1997）。为了贴合重点国有林区的实际，同时为了解释各类层次上的制度变迁，本研究将宏观层次的博弈定为中央政府和地方政府的博弈，微观层次的博弈定为地方政府和森工企业的博弈。故假设如下。

（1）模型博弈参与者包括中央政府、地方政府和森工企业。

（2）在制度变迁的过程中，由于各参与者只具有有限的认知水平、有限的信息收集能力及有限的信息处理能力，因此假定各参与者是有限理性的。

（3）中央政府在博弈过程中为了追求社会的稳定，经济的可持续发展，在政治上会追求社会风险最小化，考虑各利益主体对改革策略的满意程度。

（4）收益假设：当所有的局中人采取了确定的策略以后，各自就会得到相应的收益。

因此，中央政府的效用函数可表示为：

$$Ut\ (X_1) = Ut\ (a,\ b,\ c,\ d)$$

其中 t 为制度变迁阶段，X_2 为中央政府的博弈策略；a 为中央政府收益；b 为国家稳定；c 为地方政府满意程度；d 为森工企业满意程度。

地方政府的效用函数表示为：

$$Ut\ (X_2) = Ut\ (e, f, g, h)$$

其中 t 为制度变迁阶段，$X2$ 为地方政府的博弈策略；e 为地方政府收益，f 为中央政府满意程度，g 为森工企业满意程度，h 为当地百姓满意程度。

森工企业的效用函数表示为：

$$Ut\ (X_3) = Ut\ (i, j, k, l)$$

其中 t 为制度变迁阶段，X_3 为森工企业的博弈策略；i 为森工企业收益；j 为中央政府满意程度，k 为地方政府满意程度，l 为森工企业职工满意程度。

政企分开前的阶段主要是中央政府与森工企业的博弈，此时森工企业对当地社会职能的承担，如强化林区环境治理和基本建设，提高了森工企业职工的收入和社会保障，也就会出现对中央政府的满意度（c）、政府的收益（a）和国家稳定（b）等限制因素的改善，此时中央政府 $U\ (X_1)$ 和森工企业 $U\ (X_2)$ 都会大幅提高。但这种企业肩负许多政府职能的方式会使得企业经营缺乏活力，森工企业经营管理职能难以履行到位。

政企分开中的阶段是在政府强制性变迁的作用下形成的。森工企业通过移交职能改善国有林区民生福祉，通过产业转型，提高森工企业收入，增加地方政府满意度和中央政府满意度。但是由于森工企业仍承担着林区社会的供热、供水、物业、城镇环卫、市政基础设施建设、城镇村屯消防救援、幼儿教育、医疗卫生、防疫等公共服务和管理职能，经费缺口较大。同时由于缺失对森林资源的行政管理、监督和处罚权，弱化了林业局公司对森林资源的管理力度和保护效果，并没有改善森工企业的收益，森工企业有自发性的制度创新需求。

政企分开后，改革中的一些问题逐渐暴露出来，如果不进行改革，这种不健全的制度体系就会让一些问题无法解决，如日常生活中森林的破坏，由于森工企业权力的缺失，就会在处理这类事件中缺乏效率。

三、博弈模型建立

在此演化博弈模型中，中央政府与地方政府的博弈属于宏观层次博弈，地方政府与森工企业的博弈属于微观层次博弈。中央政府的策略空间有两种，分别为推行新制度——地方政府委托授权和维持旧制度；地方政府的策略空间有两种，为积极配合和消极配合；森工企业的策略空间有两种，分别为积极经营和消极经营。假设中央政府选择推行新制度的概率为 p，地方政府选择积极配合的概率为 q，森工企业选择积极经营的概率为 s、p、q、$s \in [0, 1]$。演化博弈模型如图 6-25 所示。

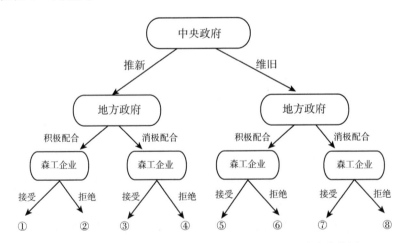

图 6-25　中央政府、地方政府与森工企业的动态博弈决策树

由假设可知，各方博弈主体都追求自己利益的最大化。在政企分开过程中，森工企业应该完成社会职能和行政权力的移交，以龙江森工集团苇河林业局为例，2019 年完成了属地尚志市的行政权力和社会职能移交工作。移交行政权力

包括基础教育管理、资源管理、卫生健康、宗教管理、水利管理、市场监管等2151 项。撤销了林业局、民政局、政法委等各类行政机构 29 个。但实际上，尚志市政府于 2020 年 4 月向森工企业发出《关于部分社会管理和公共服务职能实行内部分开的函》。在函中提出 "依据中发 2015 年 6 号文件，鉴于尚志市目前的财力较弱等实际情况，对尚志市暂时无力接收人员和经费支出的社会管理和公共服务职能和机构，提议你公司先行实施内部分开"。尚志市有关部门将对已移交的相关职能实施监管和有关工作，并将创造条件全面承接。依据尚志市政府关于林区公共服务机构暂时实行管办分离管理体系和公司积极建立管办分离管理机制，森工企业履行好未移交各项公共服务职能，主动接受属地政府有关部门的工作监督和管理，保证林区各项公共服务事业的开展。目前未移交的企办事业机构，主要有供热、供水、供电、物业、环卫保洁、城管，即现在是森工企业办事，地方政府监管。同时，在保护森林方面，只有监管的义务，但没有处理问题的权力，这会给企业带来处理问题的不便。综上分析，中央政府应该委托地方政府授权给森工企业或者让地方政府加强执法，考虑到让地方政府加强执法，会增加人力资源成本，因此中央政府应该让地方政府委托授权给森工企业。

四、博弈策略组合与博弈结果分析

相关博弈策略组合与博弈结果分析如下表 6-12，C_V 是促进成本；C_{L1} 为推行新制度时，地方政府积极配合的成本；C_{L2} 为维持旧制度时，地方政府积极配合的成本；C_1 为鼓励协商成本；C_2 为消极配合时中央政府的处罚；R_{L1} 为推行新制度时地方政府的收益；C_b 为森工企业接受推行新制度时的交易成本；C_3 为消极经营的惩罚；C_X 为协调成本。每个策略组合都有其对应的博弈矩阵（表 6-12）。

表 6-12 博弈矩阵及其组合

情况	策略组合	博弈矩阵
①	中央政府推行新制度 p，地方政府积极配合 q，森工企业接受 s	$(R_{c1} - C_C , R + R_{L1} - C_{L1} , R_{b1} - C_b)$
②	中央政府推行新制度 p，地方政府积极配合 q，森工企业拒绝 $1-s$	$(R_{c2} - C_C , R_{L2} - C_{L1} - C_1 , R_{b2} - C_X - C_3)$

续表

情况	策略组合	博弈矩阵
③	中央政府推行新制度 p，地方政府消极配合 $1-q$，森工企业接受 s	$(R_{c1}-C_C-C_V, R_{L1}-C_2, R_{b1}-C_b)$
④	中央政府推行新制度 p，地方政府消极配合 $1-q$，森工企业拒绝 $1-s$	$(R_{c2}-C_C-C_V, R_{L2}-C_2, R_{b2}-C_X-C_3)$
⑤	中央政府维持旧制度 $1-p$，地方政府积极配合 q，森工企业接受 s	$(R_{c2}-C_C, R_{L2}-C_{L2}, R_{b2}-C_X)$
⑥	中央政府维持旧制度 $1-p$，地方政府积极配合 q，森工企业拒绝 $1-s$	$(R_{c2}-C_C, R_{L2}-C_{L2}-C_1, R_{b2}-C_X-C_3)$
⑦	中央政府维持旧制度 $1-p$，地方政府消极配合 $1-q$，森工企业接受 s	$(R_{c2}-C_C-C_V, R_{L2}-C_2, R_{b2}-C_X)$
⑧	中央政府维持旧制度 $1-p$，地方政府消极配合 $1-q$，森工企业拒绝 $1-s$	$(R_{c2}-C_C-C_V, R_{L2}-C_2, R_{b2}-C_X-C_3)$

根据组合及其对应的博弈矩阵，可以得到复制动态方程。复制动态方程描述了博弈三方的策略调整过程，是求解演化均衡点的主要工具（洪开荣等，2017）。通过计算各个博弈主体的每个策略的期望收益以及平均期望收益，得到整个制度变迁动态系统的复制动态方程组。

（1）中央政府：$UC_1 = qs(R_{C1}-C_C) + q(1-s)(R_{C1}-C_C) + s(1-q)(R_{C1}-C_C) + (1-q)(1-s)(R_{C1}-C_C-C_V)$

$UC_2 = qs(R_{C2}-C_C) + q(1-s)(R_{C2}-C_C) + s(1-q)(R_{C2}-C_C-C_V) + (1-q)(1-s)(R_{C2}-C_C-C_V)$

$UC_A = pUC_1 + (1-p)UC_2$

$F(p) = \dfrac{dp}{dt} = p(1-p)(sC_V-qsC_V+R_{C1}-R_{C2})$

（2）地方政府：$UL_1 = ps(R+R_{L1}-C_{L1}) + p(1-s)(R_{L2}-C_{L1}-C_1) + s(1-p)(R_{L2}-C_{L2}) + (1-p)(1-s)(R_{L2}-C_{L2}-C_1)$

$UL_2 = ps(R_{L1}-C_2) + p(1-s)(R_{L2}-C_2) + s(1-p)(R_{L2}-C_2) + (1-p)(1-s)(R_{L2}-C_2)$

$$UL_A = qUL_1 + (1-q) \ UL_2$$

$$F(q) = \frac{dq}{dt} = q(1-q)\left[p(C_{L2}-C_{L1}) + SC_1 + C_2 - C_{L2} - C_1\right]$$

（3）森工企业：$UE_1 = pq(R_{b1}-C_b) + p(1-q)(R_{b1}-C_b) + q(1-p)(R_{b2}-C_X) + (1-p)(1-q)(R_{b2}-C_X)$

$UE_2 = pq(R_{b2}-C_X-C_3) + p(1-q)(R_{b2}-C_X-C_3) + q(1-p)(R_{b2}-C_X-C_3) + (1-p)(1-q)(R_{b2}-C_X-C_3)$

$UE_A = sUE_1 + (1-s) \ UE_2$

$$F(s) = \frac{ds}{dt} = s(1-s)\left[p(R_{b1}-R_{b2}-C_b+C_X) + C_3\right]$$

令复制动态方程组的三个方程 $F(p) = \frac{dp}{dt} = 0$，$F(q) = \frac{dq}{dt} = 0$，$F(s) = \frac{ds}{dt} = 0$，得到均衡点 $(0, 0, 0)$，$(0, 1, 1)$，$(1, 0, 1)$，$(1, 1, 0)$，$(1, 0, 0)$，$(0, 1, 0)$，$(0, 0, 1)$，$(1, 1, 1)$，(p^*, q^*, s^*)

对于多主体演化博弈，借助雅可比矩阵法来判断复制动态模型平衡点的渐近稳定性。经计算、整理，得到演化稳定均衡点的判定结果，如表6-13所示。

表6-13 演化稳定均衡点的判定结果

稳定性判定	约束条件	稳定点	均衡结果
①情况1	$C_C - C_V > R_{c1} - R_{c2}$，$C_2 < R_{L2} - C_{L2}$，$C_3 < R_{b2} - C_X$	$E1 \ (0, 0, 0)$	中央政府维持旧制度、地方政府消极配合、森工企业拒绝，旧制度低效
②情况2	$C_C - C_V > R_{c1} - R_{c2}$，$C_2 < R_{L2} - C_{L2}$，$R_{b2} > C_X$	$E2 \ (0, 0, 1)$	中央政府维持旧制度、地方政府消极配合、森工企业接受，旧制度低效
③情况3	$C_C - C_V > R_{c1} - R_{c2}$，$C_2 > R_{L2} - C_{L2}$，$C_3 < R_{b2} - C_X$	$E3 \ (0, 1, 0)$	中央政府维持旧制度、地方政府积极配合、森工企业拒绝，旧制度低效
④情况4	$C_C - C_V > R_{c1} - R_{c2}$，$C_2 > R_{L2} - C_{L2}$，$R_{b2} > C_X$	$E4 \ (0, 1, 1)$	中央政府维持旧制度、地方政府积极配合、森工企业接受，旧制度有效

续表

稳定性判定	约束条件	稳定点	均衡结果
⑤情况 5	$C_C - C_V < R_{c1} - R_{c2}$，$R_{L2} - C_{L1} > C_1$，$C_3 < R_{b2} - C_X$	$E5$（1，0，0）	中央政府推行新制度、地方政府消极配合、森工企业拒绝，新制度无效
⑥情况 6	$C_C - C_V < R_{c1} - R_{c2}$，$R_{L1} > C_2$，$R_{b1} > C_b$	$E6$（1，1，0）	中央政府推行新制度、地方政府消极配合、森工企业接受，新制度低效
⑦情况 7	$C_C - C_V < R_{c1} - R_{c2}$，$R_{L2} - C_{L1} > C_1$，$R_{b2} - C_X > C_3$	$E7$（1，0，1）	中央政府推行新制度、地方政府积极配合、森工企业拒绝，新制度低效
⑧情况 8	$C_C - C_V < R_{c1} - R_{c2}$，$R + R_{L1} > C_{L1}$，$R_{b1} > C_b$	$E8$（1，1，1）	中央政府推行新制度、地方政府积极配合、森工企业接受，新制度有效

根据以上均衡点情况，可得出如下结果。

（1）此时中央政府推行新制度的成本大于其收益，继而维持旧制度，同时地方政府维持旧制度的收益大于消极配合时的成本，但森工企业拒绝维持旧制度，其收益大于处罚它时的成本，从根本上使得这个旧制度低效，接近于无效。

（2）此时中央政府推行新制度的成本大于其收益，继而维持旧制度，同时地方政府维持旧制度的收益大于消极配合时的成本，森工企业接受维持旧制度，因为此时维持旧制度的收益大于成本，使得这个旧制度低效。

（3）此时中央政府推行新制度的成本大于其收益，继而维持旧制度，地方政府维持旧制度的收益小于消极配合时的成本，地方政府积极配合，但森工企业拒绝维持旧制度，其收益大于处罚它时的成本，故这个旧制度低效。

（4）此时中央政府推行新制度的成本大于其收益，继而维持旧制度，地方政府维持旧制度的收益小于消极配合时的成本，地方政府积极配合，而且森工企业由于此时的收益大于成本，也选择维持旧制度，故在这种情况下旧制度有效。

（5）此时中央政府推行新制度的收益大于其成本，中央政府选择推行新制度，同时森工企业维持旧制度的收益大于惩罚成本加上交易成本，森工企业选择拒绝，地方政府拒绝的收益大于成本，成本包括交易成本和鼓励协商成本，地方政府消极配合，这种情况会导致推行新制度无效。

（6）此时中央政府推行新制度的收益大于其成本，中央政府选择推行新制度，对于地方政府而言，消极配合的收益大于被处罚的成本，地方政府会消极配合，同时森工企业接受的收益大于成本，这种情况下，推行新制度会低效。

（7）此时中央政府推行新制度的收益大于成本，中央政府选择推行新制度，地方政府积极配合的收益大于鼓励成本和协商成本，地方政府配合中央政府推行新制度，森工企业由于维持旧制度的收益大于被惩罚的成本和协调成本，维持旧制度，使得推行新制度低效。

（8）此时中央政府推行新制度的收益大于成本，中央政府选择推行新制度，地方政府积极配合的收益以及中央政府的奖励远大于成本，地方政府会积极配合中央政府，森工企业接受新制度的收益也大于接受的成本，森工企业也会接受新制度，故此时推行新制度有效。

在实施过程中，不难发现制度有效的情况为情况 4 和情况 8，但在情况 4 下，中央政府和地方政府的成本均大于收益，故在实际情况中也为无效。情况 8 是博弈三方都能接受的情况。因此在假定中央政府、地方政府和森工企业三个参与主体都为有限理性的条件下，对构建的演化博弈模型进行求解，并根据演化策略稳定性的性质不难发现：当满足一定条件时，所构建的博弈系统收敛于 E8（1，1，1），即 E8（1，1，1）是系统的演化稳定策略，这意味着系统理想模式为中央政府推行新制度、地方政府积极配合、森工企业接受，即当推行新制度的收益大于维持旧制度的成本时，往往可以实现有效的新制度推行。这一均衡结果也表明了在国有林区改革实践中，中央政府加大财政支持，加强基础设施建设授权给森工企业，同时森工企业也积极配合推进这个制度，地方政府也积极配合，这时动态系统就会实现有效的制度推行。相关文献表明，森工企业内部的政企分开减少了机构人员编制和管理费用支出，降低了管理成本和内部寻租成本，提高了管理效率，故应该在提高效率的基础上委托授权，构建新型国有林区治理体系。

五、小结

政企分开改革整体是一个多元主体进行动态博弈的过程，涉及中央政府、森工企业和地方政府，各个利益主体均从自己利益最大化的角度出发，组成一个最优均衡解。为了使各方利益达到最大化，中央政府要进行政企分离，深化国有林区改革，必须做好整体规划和重点突破的工作，建设公平公正的利益分配机制，可以建立政企分离专项基金，让地方政府和森工企业完全分离，促进当地经济的发展，让涉及的相关利益主体，如森工企业和附属机构的职工等也能享受到福利；在完全分离后，中央政府应对地方政府对森工企业的监管行为设立一套奖惩机制，保证地方政府监管的积极性。中央政府可以建立动态的监督机制，构建相关利益主体利益动态监测体系，参照之前所获得的福利，寻找利益增加或者下降的原因，不断改进思路。

路径依赖的存在，使得现阶段存在一些问题，包括缺失对森林资源的行政管理、监督和处罚权，弱化了林业局公司对森林资源的管理力度和保护效果。根据演化博弈分析，应该实行地方政府委托授权。另外，上级应明确规定，国家涉林项目和林区基础设施建设项目仍由森工集团管理。重点国有林区中央预算内投资含林业非经营性投资项目、省自然保护区、森林公园、保障性安居工程及东北振兴专项等中央预算内投资直接下达给森工集团后，森工集团按照任务量下达给其所属企业，避免出现无人承担项目的情况。

第三节　重点国有林区转型困境与路径分析

2023 年 9 月 7 日，习近平总书记主持召开新时代推动东北全面振兴座谈会并发表重要讲话，强调："推动东北全面振兴，根基在实体经济，关键在科技创新，方向是产业升级。"[①] 因此，针对重点国有林区产业转型升级开展研究极为必要且具有重要的现实意义。

---

① 牢牢把握东北的重要使命，奋力谱写东北全面振兴新篇章［N］. 人民日报，2023-09-10（1）.

一、国有林区 1998 年以来的产业结构变迁分析

（一）产业结构变化

1998 年，我国遭遇了百年难遇的特大洪水灾害，森林的重要性受到全国人民的重视。我国林业建设进入一个新时期，主要由木材生产向生态建设和林业经济建设转变。2009 年，中共中央林业工作会议上明确指出，林业对生态建设具有重要贡献，在解决气候变化问题中也有关键作用，再次突出林业生态价值。2018 年，《国家林业局关于进一步加强国家级森林公园管理的通知》发布，要求有效保护森林资源，弘扬传播生态文化，满足人民美好生活需要，助力精准扶贫。在这样的制度演变背景之下，我国林业产业结构也发生了较大变化。2003 年，全国林业总产值超 5860 亿，其中第一产业 3518 亿，第二产业 2007 亿，第三产业 334 亿，占比分别为 60%、34.3%、5.7%，针对国有林区 135 个企业及 20 个重点营林局的统计显示，第一产业在总产值中所占比重为 49%，第二产业为 36%，第三产业为 15%。2009 年，全国林业总产值达 17 493 亿元，其中第一产业 7225 亿，占比 41.3%；第二产业产值 8717 亿，占比 49.8%；第三产业产值超过 1550 亿，占比 8.9%。而在全国部分国有林区企业与重点营林局的统计中，第一产业占比 45%，第二产业占比 38%，第三产业占比 17%。2018 年，全国林业总产值为 76 272 亿，其中第一产业产值占比 32%，第二产业产值占比 46%，第三产业占比 22%；而在针对部分重点国有林区企业的统计数据中，第一产业占总产值的百分比为 39%，第二产业为 22.6%，第三产业则已经达到了 38.4%，与第一产业所占比重相差无几。2003—2019 年的全国与全国重点国有林区的产业结构情况见表 6-14 所示。

表 6-14　全国及全国重点国有林区的产业结构情况表

年份	全国总产值（万元）	第一产业（百分比）	第二产业（百分比）	第三产业（百分比）	重点国有林区总产值（万元）	第一产业（百分比）	第二产业（百分比）	第三产业（百分比）
2003	58603258	60.0	34.3	5.7	297567	49.0	36.0	15.0

续表

年份	全国总产值（万元）	第一产业（百分比）	第二产业（百分比）	第三产业（百分比）	重点国有林区总产值（万元）	第一产业（百分比）	第二产业（百分比）	第三产业（百分比）
2004	68922066	56.4	37.2	6.4	2563970	50.2	34.1	15.7
2005	84587418	51.5	41.2	7.3	2652701	49.9	33.7	16.4
2006	106522163	42.1	48.8	9.1	2964444	51.5	31.0	17.5
2007	125334211	44.3	48.2	7.5	3404107	53.1	30.3	16.6
2008	144064129	44.1	47.5	8.4	4001154	51.7	30.6	17.7
2009	174937336	41.3	49.8	8.9	4416734	45.0	38.0	17.0
2010	227790232	39.1	52.1	8.8	5098232	45.8	37.9	16.3
2011	305967308	36.1	54.5	9.4	5755432	44.9	36.3	18.8
2012	394509075	34.8	53.0	12.2	6623753	43.6	35.7	20.7
2013	473154396	34.6	52.8	12.6	7586626	43.2	34.7	22.1
2014	540329423	34.3	52.0	13.7	7605382	43.8	28.4	27.8
2015	593627135	34.0	50.4	15.6	7612765	43.0	26	31.0
2016	648860444	33.3	49.4	17.3	7237293	40.4	25.4	34.2
2017	712670717	32.8	47.6	19.6	7617840	40.5	22.7	36.8
2018	762727590	32.0	46.0	22.0	8180626	39.0	22.6	38.4
2019	807510000	31.3	44.8	23.9	6025070	40.2	14.5	45.3

　　图 6-26 以折线图的方式展现了 2003—2019 年间重点国有林区森工企业的产业结构的变化趋势。可以看出，第一产业占比逐渐下降、第二产业占比波动下降以及第三产业占比逐渐提升已经成为我国林业产业结构发展的必然趋势。就重点国有林区而言，第三产业发展明显，甚至在 2019 年，第三产业已经拥有

在产业结构中的优势地位；第一产业占比波动下降，而第二产业在经历了一个
阶段的发展之后，正在进一步优化升级。

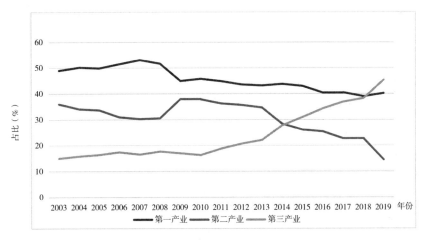

图6-26 2003—2019年重点国有林区林业产业结构变化图

数据来源：中国林业统计年鉴（2003—2019）。

（二）子产业变化情况

从第一产业内部产业的发展变迁状况来看，长期以来，木材与竹材采运都
是第一产业中占据绝对优势的次级产业。但是，2013年，经济林产品的种植与
采集超过木材和竹材采运，成为涉林第一产业中占比最高的产业，这一差距在
之后的几年中被进一步拉大。同时，木材与竹材采运在2016年迎来发展最低
点，仅为16 236万元，与2015年的276 038万元相比，下降幅度巨大。同时，
值得注意的是，2019年，营造林产值成为国有林区第一产业中贡献最大的次级
产业，占比31.1%，超过经济林产品贡献率的30.9%，较上一年的2.3%取得了
质的飞跃。

从第二产业内部的发展变迁状况来看，截至2019年，木制品制造仍然是第
二产业内占比最高的单一次级产业，但相较于2005年32.2%的占比而言，2019
年木制品制造仅占第二产业产值的9.3%。并且早在2008年，木制品制造在整
个第二产业内部的贡献值已经低于非涉林产业，到2019年，非涉林产业在国有
林区第二产业发展中的贡献率已经高达71.4%。

从第三产业内部的发展变迁状况来看，影响国有林区第三产业产值的次级

产业越来越多，被特别标明的次级产业也越来越多。其中，林业旅游与休闲服务的地位日益突出，其在2013年已经在第三产业中占比达32.4%，2019年占比仍超过20%；同时，林业生态服务、林业专业技术服务等新兴次级产业的贡献率也日益提升。

就木材生产而言，重点国有林区的木材产量在全国林业的木材产量中占据重要地位。但近20年以来，国有林区木材产量总体呈现下降趋势，2008年有小幅度上升，但是2009年后下降趋势明显，尤其是在2017年以后，国有林区的木材产量占比大幅度降低。详情见表6-15和图6-27。

表6-15　国有林区木材产量占全国木材总产量的比例

年份	国有林区木材产量 （万立方米）	全国林业木材总产量 （万立方米）	国有林区木材产量占 全国木材总产量比（%）
2021年	26.8703	9888	0.0027
2020年	34.0025	10257	0.0033
2019年	23.6246	10046	0.0024
2018年	30.1674	8811	0.0034
2017年	40.1939	8398	0.0048
2016年	14.5719	7776	0.0019
2015年	179.0992	7200	0.0249
2014年	344.8249	8233	0.0419
2013年	421.4796	8439	0.0499
2012年	494.0413	8175	0.0604
2011年	618.0310	8146	0.0759
2010年	1130.8429	8089	0.1398
2009年	1086.7727	7068	0.1538
2008年	1153.8241	8108	0.1423

续表

年份	国有林区木材产量 （万立方米）	全国林业木材总产量 （万立方米）	国有林区木材产量占 全国木材总产量比（%）
2007 年	1178.7072	6977	0.1689
2006 年	1103.4485	6612	0.1669
2005 年	1132.6574	5560	0.2037
2004 年	1155.1661	5197	0.2223
2003 年	1117.4236	4759	0.2348
2002 年	1132.6656	4436	0.2553
2001 年	1163.2859	4552	0.2556
2000 年	1256.4637	4724	0.2660

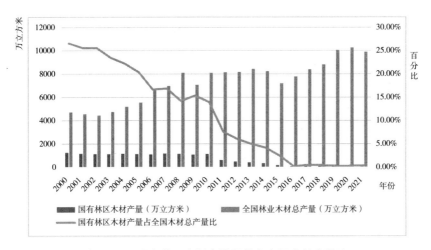

图 6-27　国有林区木材产量及其占全国木材产量比

数据来源：中国林业统计年鉴（2000—2021）。

（三）林业产业结构变化原因

新中国成立以来，三大产业内部的次级产业也发生了变化，发展出更清洁的、绿色的产业结构，一些过于初级的、危害环境健康的产业被逐渐淘汰。在这一过程中，政策及制度因素对我国林业产业结构的影响较大，一个非常明显的例子是，2014 年 4 月 1 日起我国开始在黑龙江重点国有林区试点全面停伐政策，在这一政策实施背景下，2016 年国有林区的木材与竹材采运产值达到历史最低点，下降幅度超过 90%。第二产业产值在总产值中的占比也逐渐下降，这体现了政策所带来的强大影响。

此外，从需求的方面来说，收入水平的提高、科学技术的进步导致人们对林产品的需求发生改变。市场对林产品的需求既成为林业产业发展的动力，又为林业产业结构调整提供了诱因。当前，人们更加追求高质量生活，对生态林产品的需求提升，高耗能、高污染的第二产业逐渐被淘汰，林业生态服务、林业旅游与休闲服务、优质林产品的市场供需缺口日益拉大，这对我国林业提出了更高要求，但同时也为林业第三产业的发展提供了强劲的市场动力。

同时也应当认识到，森林是林业发展的物质基础。人工林产品采集、生产、加工与利用都是建立在拥有优良丰富的自然资源的基础之上的。我国森林资源现状从根本上决定着我国林业发展的未来导向。

为了促进国有林区产业结构的进一步升级，在宏观层面上，政府应加大政策引导力度，进一步落实新发展理念，让绿色发展、可持续发展等理念在林业产业结构变化方面有更好体现，以政策指引助推林业产业升级。同时，国有林区应积极推进自我改革，积极推出富有特色并广泛受欢迎的林业高层次产品和服务，同时，应积极促进次级产业革新，提升经济的可持续发展水平。

二、国有林区产业转型的背景与实质

（一）国有林区产业转型背景

对于转型背景的清晰认知是研究国有林区产业转型升级的基础保证，厘清产业为何而转有助于转型条件的把握和运用，是科学规划转型的前提。而转型的背景较为复杂，是多方位影响因素综合作用的结果，本研究将其主要归为现实因素和历史背景两方面，如图 6-28 所示。

由于历史原因，国有林区森工企业从建设初期即承担起企业办社会职能（叶元煦、王海，2001；张晓陶，2010），一直以来都是"政企合一，高度集中；

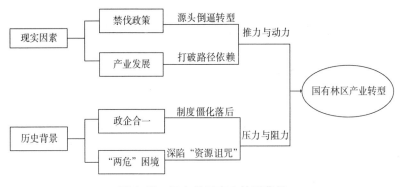

图 6-28 国有林区产业转型背景

资源国有，权属不清"的管理体制（李晶，2010）。而正是在这种体制下，国有林区森工企业既要维持企业生存发展，又要承担繁重的政策性社会性支出（刘拓等，2016），而政府角色一直缺失，造成森工企业丧失市场竞争力，林工职工收入被迫降低，公共服务管理落后，创新发展意识薄弱（叶元煦、王海，2001；边志新，2006；张志达等，2008；张晓陶，2010）。因此，僵化的企业管理机制和落后的"政企合一"经营模式使得国有森工企业经营举步维艰（朱震锋、曹玉昆，2017）。加之长期单一线性的粗放生产模式，缺乏合理的市场机制，森工集团债台高筑，形成企业经济危困。并且国有林区长期集中过量采伐，且方式不合理，早期更新跟不上采伐，后期森林抚育严重滞后（刘于鹤，2016），使国有林区逐步沦为"资源枯竭型地区"，面临严重的森林资源危机。基于打破政企合一的不合理制度机制以及改善"两危"困境的生态与经济发展要求，国有林区产业转型成为实现国有林区振兴的必经之路。

自新中国成立以来，国有林区一直依赖于木材采伐与初级加工的发展路径，传统的森工企业处于产业链的上游，企业间关联度差，专业协作程度低，规模普遍偏小，缺乏市场竞争力，产品档次低，生产成本高（耿玉德、万志芳，2006）。长此以往，造成国有林区产业结构不合理，产业结构弱质化、雷同化，亚产业结构关联性低，无主导产业或主导产业模糊（杨长峰，2007）等问题。面对林区日益增长的产业自身发展需求，只有打破路径依赖，调整产业格局，淘汰与变革落后产能，培育新的经济增长点，才能促使林区长足发展。伴随我国经济进入增速换挡、结构优化和动力转换的新常态时期，停伐政策的出台使得森工企业长期以来形成的木材采运和加工体系发生消解，一木独大的支撑地位彻底弱化（李铁英、白冰，2017），与采伐运输相关的所有工种工人均面临转岗分流，以木材为原料的下游企业从业人员被迫失业，森工企业与职工迫切需要经济转型以维系生存。因此，全面禁伐政策的出台实际是在源头上"倒逼"森工企业进行产业转型升级（朱震锋等，2015），以提升林区核心竞争力，推动产业迈向中高端，实现林区经济的可持续增长。

（二）国有林区产业转型实质

国有林区的产业转型升级，核心内容为产业，是把国有林区作为一个企业概念来看，那么其产业转型升级就是改变企业经营的形态，从生产低附加值产品转向高附加值产品，从高能耗高污染转向低能耗低污染，从粗放型转向集约型，从而让产业更加适应市场和经济发展的需求，实现可持续发展和经济增长。其整体的理解应该为：国有林区的产业转型是依靠产业替代、转移或升级的途径配以组织方式与产业发展方式、行为方式的变更实现国有林区区域内外各要素重新组织配置的系统工程，具体而言产业转型是通过转数量、质量、规模、结构、效率实现了支柱产业和主导产业的变迁或是升级，从而实现林业供给侧的改革和调整。国有林区产业转型升级的具体内容实际上是从纵向维度上实现从国有林区国有林业局下属的最小企业到森工集团再到整个国有林区的所有产业的总体转型升级，从横向维度上实现林业产业间转换、产业内升级、行业内外（林业向非林）转移的综合调整。

三、国有林区产业转型的困境解析

（一）分析框架设定

在学术、政府以及实践层面都认同要通过产业转型助推林区可持续发展，但是根据实际发展情况来看，目前国有林区转型效果不容乐观，转型面临一系列的困境。以往对于国有林区产业转型的理论分析主要是基于经济增长理论、可持续发展理论、产业结构理论等来指导国有林区产业转型未来发展，却忽视了产业转型过程中的困境，以及事与愿违的现象。

以静态和均衡分析为特征的新古典经济学理论框架，基于"理性人"的假设，市场行为人总是能在一定约束条件下做出效用最大化的经济决策。在完全竞争市场下，资源具有流动性，也就是某个行业市场有净利润时，新的生产者会进入该行业，当行业出现亏损时，生产者会自动退出该市场。而国有林区表现出高度的非均衡性（单一性），即依靠消耗森林资源而发展的木材产业在林区经济发展中占有很大比重，是其主导产业。产业转型是一个复杂的动态的过程，涉及不同的利益主体，利益主体进行选择判断时受到许多因素的影响，不仅包括心理方面的因素，而且包括对以往路径的依赖、市场与政策的不完善以及未来高度不确定性等诸多因素的影响。此外，目前国有林区仍处于市场经济体制不完全的阶段，难以满足完全竞争市场的前提条件，因此与国有林区产业转型现实不符。所以在动态的非均衡的条件下，加之市场不完全，行为人的决策往往是有限理性的。由于有限理性以及未来高度不确定性，行为人进行选择时往往会偏离边际成本与边际收益相等的最优选择，从而倾向于维持现状或者转型不彻底，难以摆脱原有模式的影响，阻碍国有林区产业转型的发展。

基于此，本研究将借鉴"行为经济学"，并结合国有林区转型现状，构建了一个以"困境形成"为导向的制度—政府—企业—职工的分析框架（如图6-29所示），尝试从不同行为主体的角度分析国有林区产业转型过程中有哪些困境，这些困境是如何形成的，从而为进一步分析如何破解困境提供理论基础，以此避免理论层面的林区转型与实际层面的不匹配。

长期以来，体制不顺、制度僵化严重阻碍国有林区发展，是国有林区的根本症结所在。在这种体制下，政府和森工企业作为两大行为主体，二者之间权、责、利不清。在国有林区开发建设初期，地方政府无力承担森工企业巨大的社会负担，森工企业为各地方政府承担起社会职能，减轻地方政府负担，由此造成森工企业社会负担沉重，加之上级政府对森工企业的强制性经营干预，使林区企业丧失独立的经济人地位，阻碍市场化发展。同时"大企业、小政府"的格局造成下级政府的财政能力、执政能力被大大削弱，长此以往政府形同虚设，政府职能严重缺失。而职工作为林区最基础的构成，其生存与发展受到森工企业经营状况的直接影响。森工企业为其提供稳定的收入、福利与保障，职工早已对森工企业形成强度依赖，而产业转型意味着部分企业面临生存危机或者产业升级，这使得掌握技能单一、创新意识落后的劳动力面临下岗失业、转岗再就业的困境。并且地方政府同样会对职工转型产生重大影响，政府职能的长期

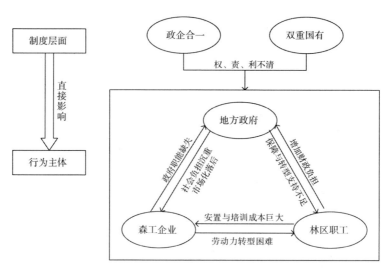

图 6-29　产业转型困境分析框架

缺失，造成社会保障、服务体系以及配套政策的不完善，林区职工在转型过程中缺少必要的资金、政策、技术、基础设施等方面的保障与支持，致使职工转型动力不足。而从事林区工业生产的职工面临着待岗、分流甚至是下岗的境况；富余人员生活费较低，安置难度大；一次性安置人员要求解决就业、补交医保等各种问题日益突出，因此林区职工的民生问题又增加了地方政府与森工企业的转型困难。森工企业需要承担富余职工安置与离退休职工保障的难题，并且劳动力培训增加了企业负担，对于早已不堪重负的企业而言无异于雪上加霜。伴随政企分离的改革趋势，森工企业将政府职能与社会职能逐渐移交给当地政府，林区政府需要解决林区职工的生存与福利问题，这对于当地政府而言反而加大了其财政负担，使得政府转型举步维艰。

（二）困境形成机制

由以上分析可以看出，制度障碍是转型困境的根本原因，国有林区深受其害，而地方政府、森工企业、林区职工三大行为主体相互影响，牵一发而动全身，加重转型困境。因此，分析国有林区转型困境的形成有必要对每一行为主体面临的困境进行深入具体分析，从而才能实现一一突破，为产业转型扫清障碍。整体路径如图 6-30 所示。

在制度层面，首先，在政企合一的体制下，企业与政府职责不清，森工集

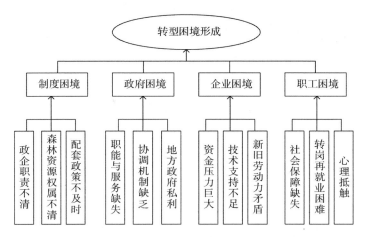

图 6-30　国有林区产业转型困境形成机制

团承担办企业和办社会的双重重任，背负着沉重的社会负担和冗杂的政府职能，企业属性被逐渐弱化，缺乏现代化管理和经营的灵活性，严重与市场经济脱轨。其次，森林资源权属不清，国有林区森林资源的产权虚置，企业拥有森林资源的占有权、使用权、收益权、处置权，加之政府监督与管理职能缺位，企业重开采、轻保护，存在过量采伐以获取一时盈利的不可持续的经济行为，且配套政策出台不及时，林区改革政策未出而禁伐先行，顶层设计缺乏而林区情况不同所导致的政策问题时刻困扰着林区的产业转型。抚育采伐政策、林下经济合作社社员身份限定、林业用地问题、林下产业发展等相关问题亟须出台相关政策进行明确。因此，林区制度弊端日渐暴露，实现政企分开的成本也越来越高。

　　在政府层面，长期以来政府"缺位"，造成林区社会保障体系尚未建立，林区公共产品与公共服务供不应求，加之财政收入先天不足，地方政府无力承担转型成本。此外，政府主管部门和地方政府出于维护自身既得利益及声誉，制造出一些可能的退出障碍，依靠中央政府的财政补贴，与中央进行长期博弈，导致改革力度和深度不足，产业转型困难重重。

　　在企业层面，面临资金、技术、劳动力的三重困境：（1）在资金方面，森工集团的历史巨债、"企业办社会"问题、富余员工安置成本、生产建设成本成为产业转型的包袱。森工集团融资贷款所产生的债务无力偿还，由于停伐后企业收入大幅下降，银行对其评级和授信额度降低，放款缩紧。目前还款期限将近，又无法续贷。除了金融机构的债务，部分林区还有非金融性债务，总之森工集团债务累累，无力偿还。同时，政企改革后企业移交难度大，已经剥离出去的企业当其职工遇到问题和困难时，仍会依赖森工集团，而不是地方政府。部分林区的检察院、法院虽已推公转制，但其经费还未正式纳入财政，职工医院、供电供水和离退休人员管理等社会职能暂时无法移交，森工企业依旧担负着沉重的社会开支，此外森工企业还需要承担富余劳动力的安置成本、劳动力技能培训成本等。进行产业转型意味着森工企业需要对原有的产业进行升级或者舍弃，在资本市场、产权市场不完善的情况下，这使得过去生产性投资（包括厂房建设、机器设备等）的价值被大打折扣，甚至会失去其使用价值，难以进行变现，可能还会需要支付升级改造的额外成本，这对于早已举步维艰的森工企业而言无异于雪上加霜。（2）在技术方面，伴随经济新常态化，经济发展已由要素驱动、投资驱动转为创新驱动，而森工企业技术基础薄弱，设备陈旧，缺乏核心技术与先进生产设备，一直以传统的初级加工为主，加之研发经费投入较少，直接导致科技和产品研发力量不足，科技创新成果不多，林业科技对企业发展的贡献偏低，企业缺乏核心竞争力。（3）劳动力的困境体现在对原有职工安置困难、转型所需人才稀缺两方面。据测算，禁伐后会产生 10 万左右的富余职工，由于国有林区部分企业面临市场退出，新型产业的接纳能力有限，加之林区职工劳动技能单一，老龄化严重，因此内部消化有限，解决就业的渠道不健全，对原有职工安置困难。并且林区人才结构严重失衡，专业型、技术型、创新型人才稀缺，林区本身对高质量劳动力的吸引力较弱，加之受政策影响，部分有技能的职工也逐渐外出以谋生计，这些直接导致林区人才的缺失。

在职工层面，产业转型意味着会在短期内对职工就业、福利和保障产生外部负效应的影响，主要表现在福利保障缺失、转岗再就业困难与心理抵触三方面。一直以来，林区职工得益于"大木头"经济所带来的福利，而停伐后，从事林产工业生产的职工面临着待岗、分流甚至是下岗的境况，职工失去其原有的稳定的生计保障，加之长期从事木材生产工作，自身工作技能单一落后，思想观念较为保守，缺乏自主创新意识，竞争意识与发展观念也被逐渐弱化，难以满足劳动力市场的要求，造成转岗再就业困难。并且由于抚育伐剩余物的短缺，食用菌和中药材种植等富民创收产业也发展困难，林区因停伐导致多个家庭收入锐减致贫返贫，贫困家庭迅速增加，严重影响社会和谐，因此，在职工层面会出现"惜退"的情绪，从而阻碍国有林区产业转型。

四、产业转型成本分析

要想突破目前产业转型困境，国有林区势必会付出一定的转型成本。转型成本是为实现由木材生产为主转变为生态修复和建设为主，摆脱国有林区发展困境，深化国有林区机制体制改革所必然产生的代价。从成本的内容来看，成本可以分为物质成本和精神成本（徐彬，2003）。物质成本是指在转型过程中政府、森工企业、社会公众所承担的经济利益损失，大体可以分为四个方面：（1）政府财政收支成本。一方面是指由于停伐造成企业利润下降，财政收入减少；另一方面，需要对萌芽时期的新型产业进行财政扶持、对职工进行补贴、对林区基础设施进行完善，因此财政支出负担大大增加。（2）新旧企业生存与发展成本。全面禁伐后，由于缺乏原料，获利缩减，落后的企业面临停工停产的生存危机，部分企业存在进行产业整合与产业升级的成本。而新型产业的培育发展处于探索尝试阶段，存在地区试错成本，并且在发展初期尚未形成规模效应，应对市场风险能力较弱，发展需要资金、技术等方面的投入与扶持。（3）职工生计成本。不仅包括职工的转岗和分流、富余职工的安置、离退休人员的福利、在岗职工的补贴等方面的成本，还包括对职工进行培训、再教育方面的成本。（4）其他产业转型成本。主要包括林区产业发展基础设施完善，生态环境修复，引进资金、人才与技术，以及不可预见等方面的成本。（5）精神成本是指在推进产业转型过程中，对社会群体原有的社会认同感进行重塑，同时转型的困难与挑战会激发公众的负面情绪与不安，造成价值观与心理方面的损失。面对巨大的转型成本，国有林区产业转型首先要解决的基础问题在于"输血"与"造血"两方面。国有林区产业转型成本构成与破解如图6-31所示。

国有林区在特定历史阶段为国家经济发展做出过巨大的贡献与牺牲，在未来也将承担国家生态安全屏障的重要角色，而目前国有林区捉襟见肘，早已陷入举步维艰、山穷水尽的境地，因此改革成本需要中央和地方共同承担。由于中央和地方之间存在长期的动态博弈，目前企业和职工已经在承担着显性和隐性的转型成本，因此有必要建立长期系统的"输血"体系来承担转型成本，支撑国有林区进行产业转型。"输血"的主要方式包括提供政策支持与资金支持，而"输血"问题的关键在于平衡中央和各地方的利益分配。

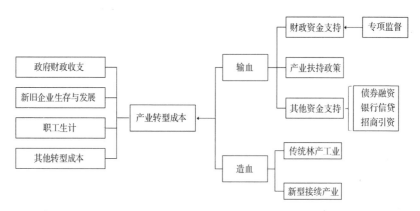

图 6-31　国有林区产业转型成本构成与破解

　　在国家层面，在国有林区自身造血能力不足的情况下，国家有必要制定相应的规划和政策，加大力度扶持国有林区产业转型。一方面针对国有林区产业转型的实际情况制定一系列优惠与产业扶持政策，提供政策优惠，加快产业转型与调整；另一方面，建立资金扶持的长效机制。鉴于空间异质性的存在，这决定了国家层面的政策不可一刀切，需要对各国有林区转型社会经济发展情况与转型成本进行综合考量，细化补贴设置标准和金额。作为一项长期的系统工程，国家对国有林区经济转型支付每年总量近 30 亿元的补助资金（赵鲁燕，2016），应该将其纳入日常管理范围，对资金投入的去向和效果进行专项监督，以确保资金来源的稳定性和使用的有效性（王志伟，2011）。

　　在地方层面，同样主要通过政策与资金支持林区接续产业发展，支持林区产业转型。不同之处在于，地方层面要多元化资金来源。由于林业高风险、长周期、低收益的特性，很多银行金融机构"对林惜贷"，资金不足给产业转型的持续顺利开展增加了阻碍（李臣，2016）。因此，地方政府除了提供政策资金的扶持之外，还应鼓励通过债券市场发放地方性债券融资工具，吸引社会资本改善林区建设；积极招商引资，鼓励国内外的资本以多种形式流入林区，推动经济转型；加大林业信贷的扶持力度，积极提供融资担保服务，做好林业发展的金融服务。

　　"输血"固然重要，但是难以从根本上解决问题，还有可能使其产生依赖性，因此根本在于加强国有林区自身"造血"能力，森工集团不能坐吃山空，不能存有"等、靠、要"的想法，要激发内生动力，自发地、主动地进行产业转型。调研发现，目前接续产业发展势头良好。在林下种养殖方面，从业人数超过10万，人均增收5000元以上。各林区食用菌栽培量超过30亿袋，黑木耳产量达到15万吨以上，种植基地逐年递增，养殖基地建设也在逐步完善，趋于规模化。除此之外，各林区依托种养殖原料进行产品深化加工，目前各林区有效使用有机食品、绿色食品、无公害标识认证产品百余个。在生态旅游业方面，各林区规划建设以山、水、人文以及原始森林为基础的旅游板块，着力推进森林公园、旅游景区、康养度假、林家乐等项目的开发和建设。"十二五"期间累计投资超过百亿，接待游客约3000万人次，旅游及康养业产值实现逐年增长。其他方面，北药作为产业转型中的利润点和突破口也受到了各大林区的重视。人工药材栽培面积逐步扩大，产值超过50亿元，已建成多个种植基地。营林产业也取得发展，林木良种化进程加速，森林经营、森林保护等产业得到强化；工业原料林、速生丰产用材林、珍稀及大径级用材林、林木良种、经济林、碳汇林、能源林等基地建设正在进行。但由于这些新兴产业仍处于生产规模相对较小的产业发展形成期，优势产业还未全面形成，品牌战略不强，林区经济市场化程度不高（曹玉昆等，2016）。总体而言，目前新型接续产业"造血"能力有限，还需要"输血"来刺激发展。

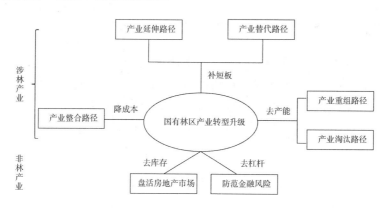

图6-32 供给侧改革背景下的产业转型升级路径

五、国有林区产业转型路径选择

结合国有林区产业结构的特征和中央提出的"三去一降一补"五大任务，以及众多学者的相关研究，本研究归纳总结了七种产业转型的路径，如图6-32

所示。为实现去产能，主要设计了产业重组路径和产业淘汰路径；为实现降成本，主要设计了产业整合路径；为实现补短板，主要设计了产业延伸路径和产业替代路径。此外除了表中所示的这五种路径外，还可以在不同的时期综合采用不同的路径，并将其归纳为产业复合路径。表 6-16 中列出了前述五种产业转型升级路径的升级动力和适用时期。

表 6-16　产业转型升级路径的动力和适用条件

转型升级的路径	升级的动力和能力	适用时期
产业延伸路径	以主导产业为轴心进行横向拓展和纵向延伸，其中技术革新是关键	产业转型初期
产业替代路径	新兴绿色产业的出现	产业转型的全部时期
产业整合路径	资源共享与协同	产业转型的中后期
产业淘汰路径	淘汰过剩产能	产业转型后期（或某一政策的影响）
产业重组路径	降低交易成本，对规模小、布局分散、产品及结构趋同的产业实施重组	产业转型的后期

产业延伸路径包括横向拓展与纵向延伸。一般而言，产业延伸路径仍围绕木材资源进行发展，未能摆脱原料的束缚，因此适用于目前木材资源储备与生产成本具有比较优势的林区。但是该路径凭借对原产业进行拓展，能在一定程度上缓解经济衰退，减轻改革阵痛，同时为发展其他接续产业提供时间与空间，因此该路径适用于转型初期。

产业替代路径主要是实现主导产业逐步由林业主导向非林主导的产业更新迭代，以及推动产业内部亚产业之间的替代发展。目前我国天保工程国有林区相对成功的替代产业类型可以概括为"种苗及园林绿化产业""林下种植产业""林下养殖产业""林下产品采集加工产业""森林旅游产业"和"林区绿色能源开发产业"等（刘燕萍，2016）。由此可见这一路径的发展形式多样，适用于目前面临资源匮乏，需要摆脱路径依赖的所有国有林区，并且在产业转型的任何时期都可以进行产业替代。

　　产业整合路径是指通过加强各个产业环节的关联，通过连接、合作与协调实现集聚经济，提高产业的竞争优势。其实质是依靠龙头企业带动，各林业局优势整合，共建工业园区，并建立企业与职工家庭间的联系，通过资源共享和协同，促进企业间的资源和信息共享，实现物流、价值流、信息流及经营主体的整合，从而实现整个产业链的价值最大化。因此，产业整合路径适用于经济发展较好，各自具有比较优势，且交通便利，联系密切的地区，一般在产业转型的中后期较为适用。

　　当产业替代路径发展到一定阶段后，产业转型进入中后期，有些逐渐被取代的产业已经完全失去竞争优势，在产业发展生命周期中自然消亡而逐渐被淘汰。还有一种路径是由于受政策、生产要素等因素的制约，某些产业已经完全无法适应生产力的发展，因此必须予以淘汰。如全面停止天然林商业性采伐和过剩产能调整政策的实施导致林区落后的木材采伐业消亡，这属于政策因素导致的产业直接被淘汰。

　　产业重组路径是对规模较小、布局分散、产品结构趋同的产业进行产业经营范围和产业组织经营方式的重新设计或重构，可以分为水平重组、垂直重组和多角化重组。水平重组是对同一林产行业的企业进行重组，实现规模化经济。垂直重组是企业对产业链上下游的企业进行投资或者兼并，使得企业运用内部管理职能而不是市场机制来节约交易费用，实现资源的优化配置。多角化重组是不同林产部门、不同市场的企业间进行的重组。产业重组由于对资本、产业发展结构与市场化发展程度提出较高的要求，因此该路径适用于产业转型的后期。

　　产业复合路径是在不同的转型时期，综合采用产业延伸、产业替代、产业淘汰、产业整合和产业重组等路径，是一种属于渐进式发展的经济模式（王志伟，2011；王非，2016）。当前产业替代路径的重要性得到凸显，随着产业替代和相关政策的影响，有些产业需要加以淘汰。产业整合和产业重组都是从区域的视角，在产业转型格局稳定之后进一步采取的路径。需要注意的是，产业复合路径并不一定是全部五种路径的组合，在不同的地区会有不同的路径组合方式，要结合当地的林业产业经济特征和转型路径的适用条件加以分析。

六、未来国有林区产业转型发展的趋势讨论

目前关于国有林区产业转型趋势的讨论，主要聚焦于未来产业选择是否应该跳出"以林为本"的发展路径，以及林产工业是进是退的问题。停伐冲击了国有林区长期以来形成的以木材生产为主导的经济体系，林产工业首当其冲，急剧萎缩。大部分学者认为，非木产业是未来国有林区发展的优先选择（李虹、李顺龙，2016；王非等，2016；张芳、张思敏，2016；朱震锋、曹玉昆，2107；李铁英、白冰，2017），林下产品（曹玉昆等，2016）、以森林旅游为主的第三产业（李臣，2016）都有成为支柱产业的可能。随着国有林区改革的不断深化，与之配套的社会福利体系也将进一步得到完善和优化，发展型福利将成为中国国有林区福利变迁的大趋势（朱震锋、曹玉昆，2016）。也有学者持有不同观点，他们认为目前龙江森工的养殖种植等林下经济市场竞争力低，难以形成大规模的产业，因此林下经济发展对林区的经济、社会作用有限（付存军、耿玉德，2014；王玉芳等，2017）。

关于未来国有林区产业发展趋势的判断要立足于区域发展目标、区位条件、资源禀赋、市场发展程度、生产要素配置等相关因素，避免照搬照抄，盲从发展。自天然林保护工程实施以来，森工企业不断缩减木材产量，之后东北、内蒙古等重点国有林区实行了天然林的全面停伐。由此可以看出，国有林区的建设使命发生了变化，从林业为工业化积累生产资本向为国家积累生态资本转变，森工企业的生产功能在逐步弱化。随着世界各国对森林资源多种功能认识的不断深化，林产加工企业利用区位优势，加大对森林资源的开发力度，形成两头在外发展模式。在过渡时期，森林在管护和抚育时产生的木材仅为林区的副产品，木材产品的比重会逐渐下降。

从现阶段来看，在原料短缺、生产成本上升、大量职工被迫下岗、传统发展路径被打破、国有林区举步维艰的情况下，以林下采集、种养为代表的第一产业，其投资少、见效快、发展迅速，而森林旅游、观光、康养等第三产业以其刚性需求及森林资源恢复性增长而使资源禀赋不断提升，成为未来林区的黄金增长点。因此，林下资源开发、森林旅游等产业短期内对实现职工分流与安置，增加职工收入，维护社会稳定，具有不可替代的作用。虽然目前仍需要

"输血"来支撑其发展,尚未能支撑起国有林区产业转型,但是产业在发展初级阶段必然需要一定的投入与扶持,国家有必要制定林下经济、生态旅游等产业发展的规划和制度,并配套制定相应的扶持政策,使产业发展有章可循、有法可依,得到稳定的保障和支持。

从长期来看,林下经济生产技术积累不足,深加工缺乏资金及高素质劳动力投入,只适宜于大范围粗放利用,连片集中经营与森林资源保护的目标并不相容;销售层面上市场意识淡薄、渠道开拓不易,在一般产品如菌类种植上无必然能竞争过一般农民的胜算,面向高端市场如饲养森林野猪,又面临市场区位偏远的困境。森林旅游、观光、康养等产业因林区区位偏远、地域广阔、旅游资源布局分散、同质化竞争激烈,同样面临发展约束。基本判断为国有林区产业经济缺少活力,三产对经济发展的贡献存在极限值。产业进一步发展需要加强对林下资源开发、森林旅游等产业科学规划与引导,创新其经营组织形式,通过技术与深加工的方式提高发展水平,利用政策红利期,培养一批不等不靠、具有自生能力的经济发展主体,支持其向品牌建设、线上展销、线下订购的多元化销售模式发展,不断增强林区自身"造血"能力。因此,对于替代产业的选择应根据各地区资源禀赋与环境因素,因地制宜,立足长远,不能盲从,无论是选择生态旅游业、林下经济或是碳汇产业,都需要认真考察与论证,并且在发展主导产业的同时,鼓励产业多样化发展,避免同质性问题,同时降低市场风险。未来可以视产业的发展程度逐步缩减"输血"规模,即产业应该发展到什么程度,规模多大,需要根据市场和地方禀赋而定,保质而非保量。

为更好地促进国有林区产业转型,还需要特别关注如下几点。

第一,改革过程中,政府、企业、职工等不同行为主体的现实利益是进行转型的一大障碍,而其根源在于原有的政企合一、双重国有的制度。因此,在产业转型过程中,必须对这种落后的制度进行彻底改革,积极推进政企分开,切实完成"三分离、四分开、两步走"的改革任务,将社会职能、政府职能剥离出去,移交给政府部门负责,使企业成为真正独立的法人。

第二,在产业转型过程中产生的巨大成本是不容忽视的,需要进一步明确中央政府、地方政府、企业以及职工各自所需要承担的转型责任,避免各行为主体之间相互推诿,长期博弈,阻碍转型发展。"输血"过程需要中央和地方政府共同承担,而产业扶植政策的制定应考虑不同林区的资源禀赋、社会经济条件，加强分类指导和差异化服务，避免一刀切的政策。"造血"过程需要林区企业、职工自发去探索实践，主动进行产业结构调整，积极培育新的经济增长点。"输血"只能缓解一时的转型压力，"造血"是实现发展的长久之计，现阶段"输血"与"造血"相结合，共同助力国有林区产业转型。

　　第三，对于接续产业的选择，不仅关系到能否实现产业转型，而且对于各项自然资源与社会资源的重新配置都会产生影响，甚至关系到该地区长期发展的动力问题。就目前产业转型发展状况而言，国有林区产业经济缺少活力，三产对经济发展的贡献存在极限值，产业转型发展需要资金、技术、政策的强力支持，需要注意的是扶植政策只适用于国有林区的过渡时期，不能损害市场经济体系长期的公平和效率，未来产业发展规模应交由市场去进行调节。

第七章

重点国有林区职工福利提升及深化改革的相关建议^①

第一节　重点国有林区职工福利提升的保障体系建构

结合已有文献研究和实地调研收获，本章尝试系统构建提升林区职工福利的保障体系，即国有森林资源所有权、经营使用权、管理权、监督权、处置权、收益权"六权"分置的产权运作体系，资源有偿流转交易及利益分享体系，职工转岗或退出的利益保障体系，配套法律政策及服务体系，参与式的职工福利评测体系，等等，以期为后续深化重点国有林区改革，提升职工福利待遇提供政策决策参考。

一、国有森林资源"六权"分置产权运作体系

产权理论兴起于20世纪70年代后期，主要有交易费用、产权效率、委托—代理、产权演进等理论流派。从狭义上来讲主要指的是物权，包括所有权、支配权、使用权和占有权。随着科斯（Ronald H. Coase）交易成本理论的出现，越来越多的研究开始将产权在经济分析中内在化，产权理论在经济上的意义逐渐得到重视，除物权外，还包含所有交易中的权利。理论上，重点国有林区森林资源相关产权束可以被拆解为资源所有权、经营使用权、管理权、监督权、处置权、收益权六类。

由于产权在减少交易费用、约束经济行为、促进资源配置等方面的作用，其在经济活动的地位越来越突出，而建立界定清晰、执行严格的重点国有林区

---

① 本章著者：纪元、柯水发、乔丹、夏天超、袁婉潼、李红勋。

森林资源产权运作体系是强化国有森林资源监督管理、放活资源使用利用的前提条件，也是实现国有林区生态价值变现、走向"绿水青山就是金山银山"的根本要求，在提升职工经济福利和绿色福祉等方面也具有重要意义。一方面，职工的经济福利同重点国有林区森工企业经营效益紧密相连，职工薪酬待遇、养老和医疗保障水平的提升离不开重点国有林区森林资源经营效益的提高，因此需要正确处理发展和生态环境保护的关系，守住发展和生态两条底线，需要进一步完善国有森林资源产权束，实现森林资源的多功能利用，促进重点国有林区绿色经济的优先发展。另一方面，人民对美好生活的追求和向往是国家改革和发展始终不渝的目标，而通过加强管护、有效监督提升重点国有林区森林资源经营水平，是保障良好的生态环境和有效的生态服务产品供给、筑牢生态安全屏障的有效途径，也是职工深度认知森林、感受森林、体验森林、享受森林绿色福祉的关键渠道。

新中国成立以来的很长一段时间里，国有森林实行单一的国有制，其所有权、收益权、使用权及处置权均为国有，森工企业仅扮演完成任务与上传下达的角色，在计划经济的管理模式下进行森林资源经营管理。在此模式下，存在着突出的"搭便车"和"大锅饭"问题，随处可见"上工人喊人，下地人等人，干活人看人，收工人撵人"现象，生产效率较为低下，森林资源遭遇了严重的破坏和浪费。到了 20 世纪 80 年代，为了缓和经济发展与资源保护的矛盾、妥善解决重点国有林区面临的"两危"困境，部分林区开始大力植树造林，并探索将森林资源使用权下放，鼓励职工通过承包经营等方式增加收入，此时使用权主体逐渐丰富，但监督权和管理权基本处于虚置状态。2006 年，国务院正式批准伊春作为国有林区林权制度改革试点单位，先行进行国有林区林权制度改革的尝试，着力破解国有林区的"两危"困境，破除制约国有林区实现可持续发展的自愿性、结构性、体制性和社会性矛盾。改革的主要内容是实行"远封近分"原则，将林地的经营权、林木的所有权和处置权全部交给职工，对国有林地进行有偿流转，承包期为 50 年，并尝试建立活立木市场（黄晟婕，2011）。目前，在重点国有林区的后改革时期，国有森林资源产权体系基本处于稳定状态。根据现行《中华人民共和国民法典》第二百四十六条及第二百五十条规定，除法律规定属于集体所有的之外，森林等自然资源属于国家所有，由国务院代表国家行使所有权。2019 年 12 月 28 日修订的《中华人民共和国森林法》中对于国有林区的使用权、经营权、处置权等进一步进行了规范。其中，第十六条、第二十条等明确规定，"国家所有的林地和林地上的森林、林木可以依法确定给林业经营者使用"。

纵观历史，国有森林资源产权体系逐渐朝着清晰化、制度化的方向迈进，在明确和稳定国家所有权的基础上尝试探索盘活使用权、规范管理权。但目前，国有森林资源产权体系仍存在着资源管理权破碎、执法主体缺位、责权利不对等、管理效率低、经营权虚置等问题。在重点国有林区实际森林资源经营管理过程中，由森工企业接受国家林业和草原局委托承担实际管理保护职责，与这一"责任"不相吻合的是在政企分开之后，相关林政执法权已完全移交属地林草部门，因此随之而来的问题是没有行政职权的企业，森林资源管护效果不佳。森工企业只能尽到看护和驱赶的义务，但对于森林资源破坏行为和涉林犯罪只能口头警告、拍照取证、向上报告，而不能通过强制手段现场制止或施以裁决，而且随着报告流程和牵扯到的行政主体的增加，森林资源实际管护效果和效率明显下降。另外，除了重点国有林区森林资源的所有权之外，现有制度中缺少对权力行使内容和相应职责的规范，针对国有森林资源完备的、有力的法律保障体系仍处于空白阶段。以森工企业为例，只知自身为生态公益型企业，是生态建设者，守着绿水青山却不知如何将其合理转化为金山银山，森林资源经营权实际处于虚置无效状态。

这种以产权破碎和模糊为主要表现的体制性矛盾正是当前国有林区高质量发展的主要矛盾，产权主体和责任主体缺位，责权利严重不统一，产权制度运行成本过高，导致森林资源保护责任难以落实，森林资源配置效率和生态文明建设效率低下，森林生态价值实现和转化面临瓶颈。同时，产权模糊还导致了投资主体单一、投资渠道狭窄、投资激励弱化，国有林业和国有林区长久面临发展投入不足的问题，职工劳动积极性受挫，与其他行业收入差距日益拉大，生产关系严重束缚着生产力发展。

产权束的质量和完整性决定生产的活力和效率，不进行国有林区资源产权体系的改革和调整，国有林业发展就没有动力，国有林区就没有活力，林业职工就没有出路。因此，建立和完善一套合理清晰的国有森林资源产权制度体系是解决国有林业体制性矛盾的重中之重，是去除计划经济残留的最后一道堡垒，也是完善我国社会主义市场经济体制的必然选择。本研究基于"产权归属清晰、经营主体到位、权责划分明确、利益保障严格、流转顺畅规范、监管服务有效"的原则，提出国有森林资源所有权、经营使用权、管理权、监督权、处置权、收益权"六权"分置的产权运作体系，明确相关权能的主体和权责界限，对现有产权体系进行了重塑和探索，如图 7-1 所示。

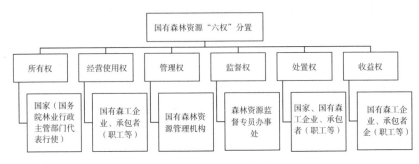

图 7-1　国有林区产权体系重塑

一是毫不动摇地巩固和坚持重点国有林区森林资源产权国家所有，由国务院林业行政主管部门代表国家行使所有权、履行出资人职责，一切活动出发点需立足国家生态安全、木材安全、粮食安全、国防安全等大局，充分践行全体人民利益和意志。二是厘清重点国有林区森林资源管理权，大力完善新型国有林区管理体制和治理体系，逐步建立起精简高效的国有森林资源管理机构，健全国有林区森林资源产权管理制度及保障体系，包括森林资源相关的事权体系及行政执法体系，尽快建立起国家林业和草原局对重点国有林区行使森林资源所有者职责的相关制度，切实履行好所有者资产管理职责。三是继续巩固国务院林业行政主管部门派驻地方的森林资源监督专员办事处的监督权，强化林业行政执法，分层落实监督责任，对地区和单位的森林资源保护、利用和管理情况进行高效监管，保障国家生态安全底线。四是合理适度放活森林资源经营使用权、处置权和收益权，调动森工企业和林业职工的积极性，提升资源经济效益、生态效益和社会效益。目前，森工企业主要收入来源为财政性拨款，主要经营内容是公益性森林资源管护，大多失去了经济再生产、再循环的功能。因此，按照建设现代林业和高质量发展的要求，建议对森工企业分类深化改革，根据森林资源现状和发展方向进行要素重组和资源整合，明确国有林场对森林资源的管理养护、经营利用的自主程度，实现新时代森工企业战略转型。有的可以转型成为公益事业单位或纯生态公益型企业，有的则可以改革为纯市场化经营的森工集团，剥离出良好的经营性资产，组建新的独立经济实体进入市场自主经营。另外，需要强调的是，相关权能的使用应接受国家的监督、管理和指导，符合国家利益。可以以向国家缴纳资源使用费的方式落实森工企业经营使用权，或国家以森林资源资产入股，森工企业实行股份制经营，并通过发展森林旅游、森林康养、林副产品加工、森林碳汇等产业实现资源收益权，建立起国有森林资源有偿使用及利益分享机制，并将传统森工企业改造为现代林业企业。针对伊春重点国有林区已承包的国有森林资源，则应出台相应办法和配套政策，进一步推进改革实践，从个体经营角度探索国有森林资源盘活利用渠道，通过金融抵押贷款等方式实现森林价值变现，并加强资源监管，在切实保障职工利益的同时防止国有资源资产流失。

二、资源有偿流转交易及利益分享体系

早在 20 世纪 90 年代，全球第一份有关保护和可持续利用生物多样性的协定，即《生物多样性公约》，就明确将利益分享和主权原则作为遗传资源获得和利用的基本原则。利益分享的概念大体可定义为资源的使用者与提供者之间分享由资源利用所带来的收益。与单纯的经济补偿不同，利益分享不仅包括有形的经济补偿，还包括改善资源使用者的教育和健康水平，影响主体更广、内涵更丰富（郭延军，2014）。

在当前生态文明建设的大背景下，建立全民所有自然资源资产有偿使用制度是其关键任务之一。在此背景下，2016 年 12 月，国务院印发《关于全民所有自然资源资产有偿使用制度改革的指导意见》，明确提出建立国有自然资源分类探索和完善自然资源资产有偿使用制度。而东北、内蒙古重点国有林区长期以来承担着为国家提供木材产品和提供生态保障的双重任务，对森林资源的经营利用实行严格管控，资源有偿使用实践相对落后，市场资源配置的决定作用难以发挥，经营利用方式单一，在一定程度上制约了林区经济社会发展和产业转型。而伊春重点国有林区早在 2006 年就探索开展了国有林承包改革，创新性提出森林资源所有权与经营使用权分离，但现阶段，在停止商业性采伐后进退两难，落实职工经营权、破解经营利用困境还需深入构建资源有偿使用体系。在确保森林资源所有权不变的前提下，实行国有森林资源的有偿使用，可以激发

国有林区活力，有利于更好地保护和发展森林资源，促进林区职工增收。

目前，国家通过划拨国有森林资源，设立国有林业局、国有林场等，授权其依法占有、使用、收益、处分国有森林资源资产。因此，国有森林资源资产有偿使用的主体应当包括三方，即作为所有权人的国家（或代表、代理其履行所有者职责主体）、作为使用权人的国有林业经营单位以及拟通过有偿使用方式获得森林资源开发利用权利的单位和个人（有偿使用者）。我国自然资源的所有权为全民所有、国家所有，针对森林资源经营权，潜在有偿经营的主体大致可分为林场主体、林场内部职工、企业和其他主体等（周海川，2017）。不同经营主体有不同特点。对于林场，在剥离了行政职能后，林场在开展森林资源有偿使用时按照企业对待，并有前期积累的丰富经验，通常经营管理得更为到位；对于林场内部职工，通过内部职工在承包林地发展自营经济，既能够解决林场职工下岗再就业问题，又能缓解国有林场因停止天然林采伐造成的林场经济困难；同时，随着自然资源使用社会化的发展，工商企业、银行等多主体也逐渐参与到有偿使用国有森林资源中。

国有森林资源资产的有偿使用方式包括划拨、转让、出租、出借、抵押、担保、股份合作、授权经营等（周海川，2017），其中划拨针对的是不改变国有属性的原有国有林场，授权经营和出资入股针对的是改制为自收自支企业的国有林场，转让是针对外部企业或个人。国有森林资源资产有偿使用范围主要限于利用森林资源和森林景观资源开展森林旅游、森林康养、森林体验和森林科普教育。在亓越等（2018）学者构建的森林资源有偿使用的大框架中主要由产业发展和有偿使用流程构成，而总目标是协调好保护和发展的关系，通过扩权赋能和市场配置实现国有森林资源的经济、社会、生态"三位一体"共同发展，如图7-2所示。

借鉴亓越等（2018）学者的研究，国有林区资源有偿使用流程主要分五步（图7-3）：第一，进行顶层设计。此步骤主体是政府部门或国有林场等国有部门，针对不同的国有林区资源因地制宜进行开发利用，确立相应的规划区域和布局产业。第二，建立森林资源公共产权交易平台。此步骤主体是资源所有者和使用者，森林资源公共产权交易平台应由两级市场构成：一级市场是所有者与使用者的交易市场，森林资源资产所有权在经济上得到体现；二级市场是使用者之间的交易市场，森林资源资产物权能得到进一步分解流转，在交易平台

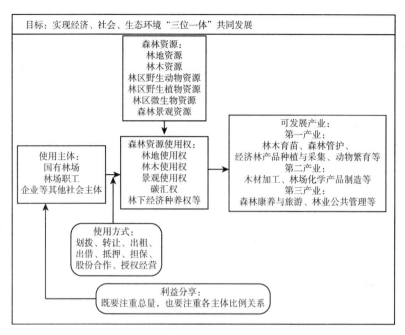

图 7-2　国有林区资源有偿使用机制框架

上可以采取招投标方式来进行招商引资。对于生态服务资源和森林景观资源等无形资源资产，在公共平台交易前还应进行资产评估，通过引进第三方评估机构，采取影子价格法、陈述偏好法等环境价格评估方法对其进行价值评估，进而指导市场价格。第三，对使用权进行审批。此步骤主体是政府，具体而言，对有偿使用权的批准由国家所有权代理者分级行使，具体而言，东北、内蒙古重点国有林区国有森林资源资产有偿使用由国务院林业主管部门审批。第四，签订合同。此步骤主体是资源所有者和使用者，在合同中需明确有偿使用的期限、范围、使用主体、方式、收入分配和各自权责等，不同的有偿使用标准适用于不同产业模式。第五，合法规范开展生产经营。森林资源使用者应依据审批方案和相关合同进行合法经营。

国有林区应因地制宜充分挖掘当地资源特色，按照实际情况统一规划、整体协调，开展包括相关的土壤、植被、社会经济的森林区划和森林调查，进一步盘活森林资源，充分挖掘国有林区资源有偿使用潜能。同时，在国有林场（区）开展国有森林资源资产有偿使用，特别是在发展森林旅游和康养等产业时，难以回避相关项目的配套用地问题。而在利益分配方面，需要处理好国有

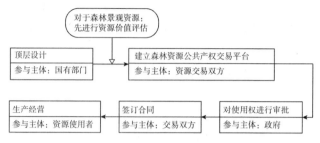

图7-3　国有林区资源有偿使用流程

森林资源资产有偿使用中国家、国有林业经营单位、有偿使用者三方的利益关系，建立国有林业经营单位参与有偿使用的激励机制。对于一些森林资源丰富、能够进一步有偿使用的国有林场，政府可以从多个方面进行扶持，比如，出资修建基础设施、对入驻企业给予优惠政策等，并在后期将有偿使用地的收入纳入地方财政，进而反哺林业，比如，建立林场发展基金用于扩大再生产，提高管护水平，提高国有林场职工收入，形成投入产出的良性循环（亓越等，2018），提升国有森林资源有偿使用的生态效应和社会效应。完善国有林场森林资源有偿使用监管机制意味着在事前、事中、事后的全过程监管链条中明晰责任、严控范围，具体而言需要建立国有林场森林资源监管机构，明确监督执法权能主体，完善有偿使用价格评估监管机制，加强日常合规性检查，实现对国有林场森林资源有偿使用动态的有效监管。此外，缺乏资金是制约国有林区有偿使用资源的重要方面，由于资金短缺，部分国有林场仅仅依靠自有资金"滚雪球"式发展替代性产业，很难形成规模效应，开展资源有偿使用往往"心有余而力不足"，因此还应进一步完善配套的财政金融政策体系，建立多元化的资金投入机制。

三、职工转岗或退出的利益保障体系

天然林停伐政策及重点国有林区改革是我国适应经济发展新常态、着力推动生态文明建设的必然要求。而在这一过程中，林区木材产业体系断流，大量富余职工需要转岗分流安置，主要是从事木材生产、辅助生产及林木产品精深加工业的职工，少部分行政机构管理和政社性人员，另有数万名面临下岗再就业问题的林区买断工龄职工和知青工。以伊春林区为例，在全面停伐政策影响

下，伊春林区下属企业受停伐直接影响的职工有 2.78 万人，其中转岗职工 1.45 万人（康利，2018）。如何妥善解决这些富余员工的工作和生活问题关系到国有林区改革的成败以及社会能否稳定发展。

在各地实践中，主要通过森林管护经营实现职工转岗就业，或是通过自主灵活就业、劳务输出、公益性岗位等方式稳定就业率，尽量避免大批职工失业对社会稳定可能产生的影响和冲击。自谋职业人员多以林下经济、季节性采山、劳务输出、打零工等灵活就业方式实现就业，反映出林区职工自主创业意识不强，创业技能不足，且林区创业环境发育落后。在自身条件允许的情况下，大多数职工家庭会选择多种生计模式来抵御全面停伐政策带来的冲击，降低生计脆弱性（朱洪革等，2017）。由于部分林区职工下岗外出打工现象愈加明显，日益突出的人口外流可能还将引发后续一系列林区留守居民的社会问题。

富余职工技能单一，与新产业匹配度低，导致再就业困难较大，或是再就业后无法满足企业的岗位需要（康利，2018）。还有部分转岗职工长期在体制内生产、生活，吃大锅饭、靠政府养活的思想观念根深蒂固，在转岗后出现身份认同感流失，工作积极性较差，一些陈旧的就业观念无法适应新时代发展潮流。另外，部分季节性用工、灵活就业的转岗职工收入较低，生活水平出现波动甚至下滑，而国家在"天保工程"中提供的社会保险补助标准与实际需求相比偏低，同实际发展现状存在出入，保障体系建设面临较大的缺口。

因此，在职工转岗或退出的利益保障体系构建方面，一是要提高对弱势转岗、待岗职工群体的经济补偿，健全"定岗、定责、定薪"的用人机制及职工保障体系，逐步提高国有林区在岗职工工资水平，提高在册职工"五险"缴纳的补助标准，提高森林管护、人工造林、中幼林抚育等相关林业补贴以及职工生活补助、社会保险补助、转岗培训补助。另外，要着重完善国有林区医疗保险和养老保险保障体系，调整财政资金弥补国有林区医疗和养老保险资金缺口，提高职工的防护性保障，防止出现社会保险断保，解决职工的后顾之忧。通过调整失业保险金标准、工伤保险标准，还将进一步帮助转岗职工更好地从事相关职业，提高工作积极性和满意程度。二是建立健全救助救济体系，开发科学合理的家庭贫困预警系统，密切关注存在致贫返贫风险的职工生活状态和生计水平，妥善解决历史遗留问题，尤其是过去一次性买断工龄职工出现的生活难题，对于缺失或丧失劳动能力的人员应利用好低保资金的兜底作用，以保证林区困难职工的基本生活，促进林区社会和谐稳定发展。三是完善职工技能培训体系，针对年龄大、学历低、工作技能单一的转岗分流职工，需要实施有针对性的、能落地的、与新时代要求及职工特点相适应的职业技能培训，加大对转岗分流职工培训的经费投入，强化职工组织融合能力、工作沟通能力和职位转化能力，提高岗位的适配度，提升职工的就业能力和素养，针对部分转为防火护林员的职工，还需要加强安全教育和技能培训，落实职工人身安全保障。此外，企业还应重视转岗职工的心理变化，多与转岗职工进行工作座谈（康利，2018），及时排忧解困。四是加大政策支持力度，向"社会反哺林业"转型，通过出台优惠政策或发放无息贷款引导企业形成林场职工家庭自主发展机制。鼓励扶持职工从事生态旅游、林下经济生产等新业态和帮助富余职工自主就业，由此在解决下岗再就业问题的同时增加富余职工家庭收入，切实推进林区和谐稳定。

四、配套法律政策及服务体系

职工福利及其他合法权益的实现和提高同建立健全合理合法、执行有效的劳动制度密切相关。在相对封闭落后的国有林区，职工的思想观念大多较为陈旧，劳动法律意识普遍不高，维权意识淡薄。因此，需要进一步加强林区法治建设，做到有法可依、有法必依，立足地方社会发展和经济体制变革需求制定完善的法律法规，比如，在劳动法内容的基础上合理增加有关集体谈判相关权利的规定，对企业工会应该承担的权利维护责任进行明确规定，引导工会在法律法规政策引导下合理维护林区（场）职工所拥有的劳动权益，建立健全职工维权维稳联动机制。同时，相关部门还应提高普法工作的针对性和实效性，运用灵活丰富的手段普及法律知识，促进单向式传播向互动式、服务式、场景式传播转变，提高全民法治素养。无论是老员工转岗安置还是新员工就业，都需要增强权利意识，依法签订劳动合同，为维护合法权益奠定法律基础。当合法权益受到侵犯时，则要及时通过公权力途径来解决，保存好证据材料，通过向地方劳动监察部门投诉、提起劳动仲裁或是向法院起诉等方式维护权益。另外，不断完善基层法律援助体系建设，推进法律援助立法和相关配套法规的制定和完善，对法律援助的机构设置、人员配备、经费保障、范围和工作程序、社会参与、综合评价及责任追究等加以规范，遵循"政府主导、社会参与"的原则，多方筹措资金（江一帆，2017），积极整合政府管理下的公共法律援助体系和社会组织的公益法律援助体系，完善组织架构和规章制度，加强法律援助的高素质人才队伍建设，并通过设置便民窗口等方式提高服务可及性，针对林区（场）职工最关注的产权、薪资等方面的焦点问题开展无偿法律咨询服务，并对难以承担有偿法律服务的弱势群体以及特殊案件的当事人给予减免费用，实现维权和普法工作双落实，帮助广大林区职工真正得到法律正义和社会公平。

五、参与式的职工福利评测体系

自重点国有林区改革以来，国有林区森林资源的利用方式发生了根本性的变化，一些职工的工作环境、工作待遇乃至身份认同可能也随之改变，并影响到家庭生计状况。有学者研究发现，在森林资源经济转型过程中存在着职工家庭生计每况愈下、林区福利体系的碎裂化、国有林区社会认同流失以及国有森工企业的群体价值威胁等社会福利损失（朱震锋、曹玉昆，2017）。国有林区职工家庭虽然在改革后的居住条件、社会资本、心理指标得到不同程度的改善，但经济状况、社会保障有所恶化（孙思博钰、班德军，2018），整体上，转型中的职工家庭缺乏抵抗外界经济、社会、环境变化冲击的能力（王玉芳等，2017）。一切改革的根本目标都是使人民拥有更好的生活，因此有必要密切关注作为受改革影响最直接、程度最深的职工群体在国有林区经济转型中的生产生活和福利变化。

联合国开发计划署于1990年提出了人类发展指数（Human Development Index，HDI），是目前在国际上使用最广泛、影响较大的综合经济福利指数，这一指标从客观性的生活水平、健康水平、知识水平三方面考察一国或地区的发展状况。除此之外，还有从主观角度评估福利的，即使用受访对象对整体生活状态的自我报告，并将其具体化、指标化和数量化，常见的主观福利指标有幸福指数、生活满意度等。而森（2002）对福利的界定则换了一种思路，他认为福利不仅包括物质内容，还应该包括"非物质"的信息，如个人自由的程度、社会公平状态等。

职工家庭福利的构成应该是多元的、综合的，不仅应包括经济状况，同时还应包括居住条件、社会保障、社会资本、心理状况等（孙思博钰等，2019）。

因此，有必要选择合适的理论基础和方法体系，遵循以人为本、适度超前的原则，构建科学、合理、全面、系统的能反映职工福利发展状况和特点的多维度监测评估指标体系，既要关注职工的薪酬待遇和客观收入水平，也要关注其心理状态及主观效用，进而将民生福利问题量化，并对其变化进行动态监控，有针对性地提高职工福利水平，解决国有林区民生问题。在此过程中，需要高度重视职工的参与，保障职工意志的充分表达。在相关制度建设方面，一是建立以结果为导向的责任型政府理念，尤其是民政及相关改革部门，应制定民生福利评价办法或者是评价指南，设置专门民生福利评测主管机构，立足于保障民众利益、释放改革红利，不断提高机构运行效率和机制设计的合理性。专门的民生福利评测主管机构应该不受业务部门的干预，政策涉及的业务部门应积极配合，并提供政策评价相关信息和资料。民生福利评测主管机构的职能主要有：1. 制定民生福利评测体系；2. 制定民生福利评测的年度规划；3. 培训民生福利评测队伍，提高民生福利评测工作人员的基本素质；4. 建立第三方评测组织和评测专家数据库，制定评测标准；5. 进行民生福利评测总结，针对性提出提高对策。民生福利评测主管机构应定期对国有林区改革涉及的职工的福利状态进行测度，向社会公布报告，并接受广泛监督。二是鼓励森工企业使用规范、统一的职工福利评测体系对自身员工福利状态进行评价，并从横向和纵向两个维度建立福利比较模式，高度关注职工福利水平差异及变化，发现政策盲点。企业还应重视同职工的交流，建立畅通的沟通与回应机制，营造良好的工作环境，提高职工身份认同感和主观福利水平。

第二节　提升重点国有林区职工福利和保障林区民生的相关建议

国有林区改革涉及包括林区政府、林业企业以及林区职工、林业人口等多方利益主体，为保证林区森林保护与生态修复，必须妥善解决林区职工转岗就业、林业人口收入增长、社会保障等民生问题。一方面，国有林区职工作为林区生态保护工作的执行者，保障职工良好的生活水平能够充分发挥林区职工在国有林区生态保护建设中的主观能动性。另一方面，历史上的"森工人"为国家发展做出了重要贡献，如今也是国家生态建设的重要承担者，因此在国有林区深化改革的进程中，应使广大的林区群众享受到改革红利。因此，需要妥善处理国有林区生态修复保护与职工福利和民生发展的关系，将国有林区的国家目标、职工的生存发展目标与林区的社会发展目标有机地结合起来。

但目前，国有林区的民生问题依旧突出。林区职工收入依旧处于较低水平，尤其是一些一线采伐、运输工人在停伐政策实施后，面临下岗或转岗的境地，其收入水平明显下降，并且不同森工集团间及不同职工群体的收入存在较大差距。尽管国有林区改革推动了森工企业薪酬制度改革，实施绩效工资并倾向补贴一线艰苦岗位职工，但是由于目前产业发展处于起步阶段，职工薪酬也难以快速提升。林区职工的社会保险福利处于较低水平，并且养老保险和医疗保险由于集团资金紧张始终未达到足额缴纳水平，福利无法得到保障。另外，重点国有林场的在册职工属于企业编身份，而地方集体林场职工为事业编，编制不同本质上是待遇水平的差异，比如，基层职工薪资水平同集体林场相差近一半，这种不平衡的待遇在一定程度上降低了林区职工的身份认同感。目前，仍有一些地理位置偏远的林场尚未实现通硬化路或道路老化年久失修、保障供暖设备老旧，落后的发展条件导致很多年轻人背井离乡，林区职工结构呈现显著的老龄化趋势。

在深化改革的过程中，应不断提升职工的改革获得感、生活幸福感和身份认同感。一是稳步提高职工工资水平及福利保障待遇。统筹国有林区、地方林场人员编制，兼顾公平和效率出台配套政策体系，调节职工之间的心理落差，激活职工内生发展积极性和创造性；深入推进职工薪酬体制改革及养老、医疗保险体制并轨完善工作，建立国有林区"五险补助"动态调整机制，在认真核定补助费用和应发人员的基础上，结合国家相关社保政策要求以及社会通货膨胀情况，对国有林区社会保险补助标准进行逐年动态调整；对于创业职工给予一定的创业政策扶持，鼓励职工积极创业，促进职工增收。

二是通过加强培训等措施不断提高职工就业能力。第一，建议加大职工培训力度。针对创业者、采伐运输工人和木材加工工人等转岗职工，联合人社局、林业局或相关培训机构定期开展相关培训课程，对林下种养殖、森林管护等新职业的职工授予所需的相关专业知识，提高岗位的适配度，提升职工的就业能力和素养，发挥人力资源在产业转型过程中的重要作用。第二，建议职工树立合理的就业观。下岗或转岗职工也要调整自己的就业心态，不能消极悲观地放弃就业，可在政府或林业局提供的现有资源的情况下，积极主动提高自身的就业能力，实现自身权益的最大化，提高自身的福利水平。

三是进一步加大对林区基础设施建设的重视和投入力度，既包括政企分开后理应由属地政府承接的民生建设项目，还包括由森工企业投入的重点国有林区涉林基础设施建设项目。建议紧密结合乡村振兴战略，在国家基建投资计划中专项安排林区的份额，大力补齐现存短板，重点加强交通、能源、水利、环保、通信、网络等现代化基础设施体系建设，切实提升林区社会管理和教育、医疗等公共服务水平，合理布局资源，为林区居民提供更完善的生产生活条件。

四是建议进一步完善重点国有林区医疗保险和养老保险保障体系，提高职工的防护性保障，一定程度上解决职工的后顾之忧。建议出台相关政策来吸引和挽留优秀人才，完善林区社会保障管理事业。通过人才引进政策，为社会保障事业注入新鲜活力，优化社会保障事业。通过养老保险和医疗保障制度的完善，可以减轻职工的经济负担，尤其是对低收入职工来说，可以更好地从事相关职业，减轻生活压力。

五是提升地方政府公共服务供给水平。地方政府作为社会职能移交中的重要主体之一，由于长期企业办社会导致地方政府接手部分社会职能后难以完美衔接。在毫不动摇地坚持推动政企分开改革的同时，也要考虑到各森工集团的差异性，坚持分类化和精准化改革原则。一方面，在医院职能移交的过程中，要切实发挥地方政府的宏观调控职能，结合当地实际情况与区域特征，具体问题具体分析。针对具备移交资质，且有社会依托的医院应加快推进移交，而对于尚无社会依托的医疗机构，考虑到职工看病问题，应考虑保留并引入公办医疗机构。另一方面，在"三供一业"的问题上，政府要加强与森工企业的交流协商，以提高社会公共服务供给能力。在解决线路、水管老化等基础设施问题时，可考虑积极融资，解决改革成本。同时，开放并引进市场资本，建立招标机制以更好地与专业物业公司进行合作，保障职工基本生活质量，改善林区整体居住条件。

此外，林区特别是边境林区还应系统构建民生保障和风险防范体系，属地政府与森工企业配合协作推动固边兴边，提升管边控边能力，实施兴边富民行动，推动军民融合发展，从而减少社会不稳定因素，筑牢祖国北疆安全稳定屏障，为林区转型发展提供根本安全保障。

六是要进一步挖掘弘扬林区森工精神。几代森工人从伐木建设走向育林管护、从开发资源走向保护资源，其发展、转型之路展现出林区人民高度的政治觉悟、崇高的思想境界和奋发的精神风貌，锤炼出了"顾全大局、服从需要，艰苦奋斗、甘于奉献，自力更生、负重前行"的林区森工精神。在新发展阶段更应铭记和弘扬森工精神，通过多种形式、借助多元媒介潜移默化地将森工文化的精神操守、道德力量根植人心，激发林区内生发展动力，助力林区高质量发展和共同富裕。

第三节　深化重点国有林区改革和完善林区治理体系的相关建议

在中国特色社会主义建设的新时代，国有林区凭借"资源后方""绿色屏障"的主体地位已然成为支持国家生态建设、资源保护恢复、木材安全储备的主战场，事关中国生态安全、木材安全、粮食安全和国防安全，同"双碳"目标的实现也密切相关。在东北全面振兴的大课题之下，重点国有林区的百姓同胞是"共同富裕"的重要参与主体，更是需要重点关注的特殊群体。2022 年 8月，习近平总书记在东北考察时强调：我们对新时代东北全面振兴充满信心、也充满期待。"

经过几年深化改革的探索和实践，改革在推动政企分开、促进资源增长、维持良好生态、推进产业转型、保障职工福利等方面取得了一定的积极成效，但是仍存在着林业职工收入较低、林区社会发展滞后、林业企业转型缓慢等显著问题，一些历史遗留问题尚未彻底解决，很多改革"过渡期"的缓兵之计对于解决复杂的现实问题不过杯水车薪。管理体制动辄掣肘，林区发展步履维艰，因此，需要从根本上，即管理体制和林区治理的角度进一步深化重点国有林区后续改革，释放改革红利，促进重点国有林区的高质量发展。

一、深化林区综合管理体制改革的相关建议

目前，国有林区的管理模式分割破碎。一是林区破碎化，在重点国有林区改革的过程中，相关管理行政职权下放至省及各市（县级市、区），并以行政区划为单位向地方进行了移交。而实际上，重点国有林区的森林资源是地域相连

的整片森林，其分布大多跨多个市、县、区，甚至跨省，接受多个行政单位的破碎化管理，就导致整片林区被拆分，政策执行差异化。二是林区管理的破碎化，表现为基层政府的内部横向联动性和彼此独立的府际纵向衔接性不佳，治理方式相互排斥、治理行为难以互动，不利于维持区域社会稳定，尤其是当发生跨区林政案件时，行政区之间尚未形成完善的工作协调机制，甚至彼此推诿，森林资源被破坏的风险大大提高。三是还存在林区资源管理权破碎化、执法主体缺位、责权利不对等、管理效率低等问题。森工企业承担实际管理保护职责，但与这一职责不相吻合的是在政企分开之后，相关林政执法权已完全移交属地林草部门，随之而来的问题是没有行政职权的企业森林资源管护效率不佳。四是国有森林资源同国家公园、自然保护区之间的体制关系尚未理顺，未来国有林区自然保护区、国家公园、森林公园或风景名胜区的建设有可能会进一步分化国有林区，国有林区的整体性和系统性更难以保障。面对复杂的现实需求，条块化的林区管理和治理是不可取的，分割的管理体制既严重影响了基层治理的整体效能，也极大阻碍了森林实现综合效益最大化，如何有效解决重点国有林区森林资源"管"的问题还需更加妥善和系统的顶层设计。五是国有林区林长制施行效果不明显，林区森林资源地理属地差异化，根据行政区划在省、市、县、乡、村层面分层设立林长制可能会与重点国有林区实际管辖范围和内容出现重叠与冲突，导致多头管理、程序混乱等问题，增加了行政成本和管理负担。

因此，针对上述问题需要不断完善新型国有林区综合管理体制，健全国有林区森林资源产权管理制度及保障体系，包括森林资源相关的事权体系及行政执法体系。建议结合国有森林资源"六权"分置产权制度改革，设立垂直高效的国有林管理机构，管理国有森林资源及国有林区相关事务。具体而言，在我国现行制度下，建议设置国有林管理总局代表国家行使国有森林资源所有权，并赋予国有林管理局统一的资源管理权限，包括因代理所有权而产生的管理权及部分执法权，结合重点国有林区的特殊性和现实情况，统一编制林区管理条例、资源保护章程、中长期造林规划等具体方案，以及妥善协调处理好国务院林业行政主管部门派驻地方的森林资源监督专员办事处的监督职能，政府林业局则依法履行地方林业行政管理、行政执法职能，从而提高国家对重点国有林森林资源的重视程度和管理力度。建议将国有林管理总局作为自然资源部下属事业单位，纳入中央财政事权；在六大重点国有林区分设国有林管理分局，在基层则整合相邻的国有林场设国有林管理局，为中央与地方共同财政事权；实行垂直管理体制，并构建起跨区域、跨部门工作协同机制。国有林管理局职员建议归属政府公务员编制或参公事业编制，实行定编、定岗、定员，一线管护人员可优先选聘森工企业职工，或向森工企业购买社会化管护服务、委托授权企业管理森林资源，并充分保障人头经费和工作经费。此举将从根本上理顺权责关系和管理体制，巩固国有森林国家所有权和国家生态安全。

另外，在现有林长制框架的基础上，建议深层细化、分类考虑，尤其是将存在特殊性的国有林区同其他普通地区区别开来，建立专门的国有林区林长制体系，由国有林管理局统筹，在重点国有林区分层落实森林资源保护发展的督导监督工作、协调解决重点国有林区的森林资源保护发展问题，将制度设计同制度运行情境密切联系，减少制度运行成本和社会矛盾，提高林长制落实的有效性。

二、促进林区社会职能剥离的相关建议

国有林区作为综合了经济、社会、生态职能的系统，改革并不是林区内部各林业局、林场等基层改革的简单叠加，因此在政企、政事、事企、管办分开等管理机制的改革过程中，受政策及地方政府接收能力所限，林区社会职能移交及企业事业单位剥离还存在着明显的历史遗留问题尚未解决。一是社会职能剥离滞后。企业办社会是重点国有林区最沉重的历史包袱。根据改革原则，森工企业的社会管理和公共服务职能和机构向属地政府"应交尽交"，但实际上由于改革成本过高、地方政府财政经费有限，一些能力不足的地方政府只接收社会权能及相关已达标资产，并按照"管办分离"机制维持运行，即地方政府拿走行政权力、整合职能框架，对于无力履行的服务职能则继续由森工企业补位，包括部分医疗防疫、供水供热、环卫城管、小区物业等公共社会及相关人员开支，并接受属地政府管理和监督。因此，后改革时期森工企业虽然被定位为生态公益型企业，但仍代替政府履行了部分社会公共服务职责的同时，高额的人员开支和经费投入也是企业发展的巨大负担。此外，由于地方政府管理能力有限，且政策往往优先考虑原镇（或县）辖区，部分已经移交的社会职能行使效果不佳，林区施业区道路建设等问题突出。二是事业单位剥离停滞。重点国有林区部分单位，如林区职工医院、自然保护区管理局等在改革中被确定为事业单位，

但是此项改革在一些林区处于停滞阶段，配套政策建设极为滞后。相关单位未收到下发的事业单位法人证书，导致各项行政审批程序推进困难；财政保障渠道也未搭建，因而各项经费投入仍由企业自行筹措。三是林区职工过度依赖森工企业。尽管部门社会职能已经剥离，但职工在遇到困难时，受固有心理依赖惯性仍倾向于向森工企业寻求帮助，导致企业管理成本上升，从侧面也反映出地方政府和森工企业间的职责界限尚未彻底明晰，并不利于企业的市场化发展。

因此，需要根据具体情况，充分考虑资金、人员资质、机构编制等现实条件，在注重整体效益的情况下，兼顾局部问题，适时推进林区社会职能深度剥离。一是统筹协调好地方政府和森工企业之间的关系，通过沟通协商针对具体问题出台具体解决办法，避免"一刀切"地制定、实施政策。重点推动社会性、公益性服务及相关人员向属地政府转移，并完善相关事业单位转轨并轨机制，彻底解决企业历史负担，如地方政府暂时无力承接，则可设置改革过渡期，明确期限和阶段任务，逐步过渡，切实保障国有林区社会稳定。在过渡期内，针对森工企业承担实际资源管理保护职责却无相关林政执法权的问题，建议由省级人大向企业进行单项资源管理行政执法权授权，在发现问题的同时解决问题，提高森林资源管护质量。二是中央政府还应明确改革成本分担机制。明确各方在过渡期的改革任务、改革目标，避免基层行为主体之间长期博弈、相互推诿，阻碍林区社会职能剥离进程。中央政府可根据政企分开后地方政府额外增加的财政负担建立跨区域的生态补偿机制或生态转移支付机制，而中央政府和地方政府的财政资金负担建议通过构建国有森林资源有偿使用及利益分享机制，变林区封闭保护为开放保护，变封闭发展为开放发展，在严格资源保护的基础上，进一步放活国有森林资源的经营使用权，并引入社会工商资本和专业化经营管理人才或职业经理人团队，发展林副产业、林附产业或非林产业来实现国有林资源的增值创收，以充盈国库和地方财政（柯水发，2021），同时还能解决国有林区的发展问题。三是构建重点国有林区职工身份保障体系。统一明确重点国有林区职工身份转换标准，正视并积极解决林区职工福利排斥问题。国有企业、国有森工企业与国有森工企业职工在非正式制度下所形成的利益关系是一种约定俗成的契约关系，国有企业职工对于国家和企业的高度依赖性导致其自身的市场适应性低，因而突如其来的变革使其成为弱势群体。一方面在明确人员接收标准的同时，不能一刀切式地核定移交人员工资及福利待遇，要建立政府主导的多层次移交人员标准体系。进一步关注和统筹不同林区和不同身份编制人员的工资水平差异，同时兼顾公平和效率，通过加强工作绩效管理，基于责权利对等原则，加强职工工资差异的合理性说明，以调节职工之间的心理落差。另一方面，森工企业要致力于将林区职工置于更为开放和包容的场域中，使其打破固有定式思维，积极引导其适应新社会。通过重塑职工林区文化认知，打破传统依附心理，在不断变化的社会环境中为新身份职工提供社会延续和重要的自我价值感，尽快度过改革阵痛期。四是统筹落实相关经费保障。对于已向政府移交的职能和职工，天保资金中相应的政策性社会性支出补助经费和人头经费也应随之划拨过去；对于企业，政企分开后的相关政策性社会性支出补助应削减，但考虑到在过渡期内政府无力供给社会服务的现状，对于即将开始的天保三期工程，则建议保留相关专项资金的端口，帮助企业缓解压力，填补社会性支出缺口，从而在过渡期妥善解决好历史遗留问题。过渡期结束后，按改革后的新体制正常运行。

三、加强国有林区森林经营的相关建议

在天然林全面停伐之后，重点国有林区承担起森林资源保护培育的重大任务，也成为助力中国实现"碳中和"目标的重要潜力区域。在国有林区天然林数量质量实现"双增长"的同时，森林经营管理水平并没有得到显著提高，仍存在许多问题。

第一，森林抚育经营理念落后。随着时间的推移，原有"尽量不动一棵树"的森林经营模式不仅造成了成过熟林的资源浪费，而单株蓄积的增长挤占了大径材的生长空间，也可能对构建顶级群落产生不利影响。尽管近年来逐渐加强了对森林质量、结构的重视，但整体上仍存在"重造轻管"的现象。各地林业部门主要工作集中在扩大造林面积上，对森林抚育和森林资源的经营工作重视不够，相关的人力投入集中在森林防火和防止盗伐盗采等，人为去经营管理森林的实践较少。另外，目前天保工程过于严格的政策限制对于林区内森林的进一步更新营造、抚育管理同样产生了制约。针对一些成过熟林，如果不加以营林利用，最终会从良木变为朽木，不仅会使经济效益降低，还将影响其生态功能的发挥，从碳汇变成碳源，为我国实现"双碳"目标带来负向影响。森林郁

闭度过高后，落后的林区道路建设及林木抚育装备为管护作业带来极大不便。针对一些风倒木，现有政策对森林采伐进行了严格的约束，导致林区中存在的部分风倒木不能被及时清理，不仅造成木材资源的浪费，还阻碍了天然林更新，也在一定程度上不利于森林火灾的防控。

第二，林区经营资金投入不足。以森林经营信息化建设为例，为建设完善森林资源"一张图""一套数"动态监测体系，推进森林资源保护发展智慧化管理水平，很多林业局上线了综合信息管理系统，如"护林通巡管护平台""森林管护指挥系统"等，依托外包公司实现护林员巡护路线、各林班基本情况、应急通信等的可管可控，也有部分系统涵盖了森林火情的勘探、火势预测、进山人员车辆预警等功能。然而，系统监控摄像等硬件设备的维修以及软件的更新升级成本较高，林业局利用一次性经费投入完成修建，但缺乏后续资金支持，没有能力维持更新，导致森林经营工具"进场容易维持难"，不仅造成系统效力下降，也导致前期的巨大投入面临搁置的风险，科技兴林效果不佳。

第三，造林计划缺乏系统规划。每年的造林计划通常由中央决定后再将任务下放至国有林区（林场），对于地方而言缺少系统、稳定、长期的经营方案，打乱了基层林场从育苗到造林的正常周期，常出现一些地区没有年度造林任务的现象，进一步加剧了国有森林的破碎化现象，对于职工而言没有造林任务就意味着失去部分收入来源，生活水平面临着下滑风险。另外，相关补助政策亦需调整，比如天保补助资金，目前的补助标准是十年为一期且期内保持不变，这一方式难以同快速变化的社会经济发展形势接轨，也同实际造林工程脱节。

第四，林区人员结构老化现象严重。在天然林经营中普遍存在着人员缺位、错位等不可持续问题。一方面，国有林区人员老化的问题较为严重，各林场的年龄都在50岁左右，而现有的人才培养与引进体系存在管理不规范、激励机制不健全等问题，导致技术人员流失严重。另一方面，国有林区缺乏高层次的专业人才，不能根据自身资源禀赋特征和市场环境变化趋势做出合理判断，而出现经营上的盲从行为。例如，在林下经济的品种选择与森林旅游项目的开发过程中，不能很好地定位目标群体、设计服务内容而导致项目效益不佳。

在推进生态文明建设、践行"双碳"目标的背景下，亟须加强国有林区森林经营。针对现存问题，需要进一步细化政策设计，优化林区的森林经营理念、保障经费投入、创新政策机制、完善人才激励机制。一是更新天然林经营理念，对天然林管护实行精细化管理。森林经营是实现森林质量提升的过程和手段。在科学评估天然林禁伐政策对国有林区森林生长和未来木材供给影响的基础上，编制森林质量精准提升经营方案，通过对森林经营规划进行模拟预测和优化管理，协调森林经营的多目标效益。在经营活动中，应结合森林结构、树种特性、森林土壤发育等多种因素进行精细化作业，遵从经营理念、尊重森林发育演替过程规律，对森林的结构、质量进行优化，并对国有林区的天然纯林进行改造，营造出多树种、多类型、多层次的混交林，从而形成良好的树种结构，丰富生物多样性，提高生态系统的稳定性。另外，还应允许一定的森林抚育活动，对于成过熟林允许适度采大留小，改善林分结构，促进林分更新，避免"一刀切"的封闭保护对森林质量提升产生负面影响。二是加大森林管护的科技投入。在科学设定森林资源管护经营指标的基础上，借助物联网、遥感、地理信息系统等科技手段建立森林经营管护的动态监测体系，对经营区域的森林资源特征（如林龄、林种结构等）进行探测。利用多平台、多时段、多源数据对森林资源时空变化进行综合判定，实现天然林经营管理的实时监督、精准管理，防止出现"一放就乱"或"一管就死"的现象。三是加大资金支持力度。一方面，森林资源体现的正外部性需要政府作为重要主体进行转移支付，因此，在财政上建议对国有林区给予政策倾斜，进一步加大中央财政对重点生态功能区的转移支付力度，提高与天然林经营有关的林道、防护、管护设施建设力度，保障生态补偿的生态效果和民生福祉。另一方面，积极探索社会资本的进入机制，尝试建立多元化的投入渠道补足资金缺口。具体而言，需要合理放活国有森林资源经营使用权，以有效的市场机制为纽带，建立国有资源有偿使用制度以及高效的市场化交易平台，为社会资金参与生态建设的投资、建设和运营提供畅通的渠道和坚实的制度保障。四是创新政策机制。从国家层面需要研究出台明确、稳定且系统的中长期造林计划，并将任务分年、分层细化以保障落地，并允许基层执行单位即国有林场根据当年实际情况在一定程度上进行灵活调整；对于天保政策、停伐补助政策等林业生态保护类政策应充分考虑到森林经营管理的特殊性和重点国有林区的重要性，稳步提高补偿标准，并由静态管理调整为动态管理，以适应林区不同发展阶段的需求。五是创新天然林经营人才引进机制。基于国有林区公开招聘和自主招聘政策，探索"高校+研究所+企业"的人才引进方案，构建产学研用联合体，加强国有林区人才引进力度，提高相关待遇支持，提升森林经营管理队伍建设水平。在管理层面，还可以整合林区内外高层次专业人才资源，共建林区森林经营管理及治理研究院，充分利用智库资源，支撑森林经营相关科学决策的制定和政策的有效落实，保障我国的森林生态安全和林业高质量发展。

四、促进林区产业转型的相关建议

林区经济活力是林区民生保障的重要基础，而企业是林区经济重要的经营主体。国有林区天然林全面禁伐后，林区企业转型发展势在必行。一是激活国有森工企业自主发展动力。重点国有林区的经济活力是民生保障的重要基础，国有森工企业作为林区经济的重要经营主体要加快企业转型，增强企业自生能力。国有森工企业是兼有企业的一般性、国有企业的特殊性和资源型企业特殊性三者的统一，其发展长期依赖于天然的森林资源以及国家政策的扶持补贴。在新时期的发展过程中，要尽快转变传统发展理念，破除原有制度依附，打破路径依赖。进一步明确国有森工企业的角色定位，落实森林保护与森林经营职责职能。在合理保护资源的基础上放活企业对森林资源的经营使用权，加强国有森林可持续经营，推动替代产业发展，激活企业造血功能，将资源优势转化为经济优势，实现生态资源价值。二是建议企业合理运用自身得天独厚的森林资源和区位优势，打造符合产业转型的特色品牌，因地制宜地发展适合本地区林业产业转型的发展路径，例如，打造特色冰雪旅游、森林康养等方面的全域旅游特色产品，增强林区转型的内生动力。三是建议企业加大人力资源投入，吸收高质量的专业技术人才，充分发挥人力资源在产业转型过程中的重要作用。通过职业技能培训，提升职工的就业能力和素质，对人才配置方面形成合理的分工布局，提升企业发展活力。四是加强金融支持力度。自天然林全面停伐政策实施以来，林业企业的主要收入来源由依靠木材生产转变成了依靠中央财政资金投入，企业运营发展资金严重不足。第一，建议设立相关专项资金和提高专项补助资金的补助标准。根据各企业的实际情况，提供专项资金用于社会职能移交过程中的改造费用、森林旅游和林下经济种植等，积极建设景区的基础设施和娱乐设施等；提高中央财政森林抚育补助费用、天保管护补助标准和造林补助标准等，促进社会职能的顺利移交和产业转型的持续稳步推进，满足林业企业正常开展各项工作的需要，提高企业的经济效益，进而改善企业职工的收入等福利水平。第二，建议为企业在社会职能移交和产业转型过程中，建立相应的贷款扶持机制。可在天保资金中设立企业发展贷款基金，为符合贷款条件的林业企业和林产加工企业提供借贷资金平台，缩小各企业现存的资金缺口，实现企业的健康发展。此外，建议林业企业和林业加工企业引入社会资本，并拓宽融资渠道，解决企业的资金困境。既可以缩小社会职能移交过程中的资金缺口，又可以为产业转型提供初始运作资本。五是结合国家对农业增收、农民致富的相关扶持政策，建议国家制定适合林业企业产业转型发展的优惠扶持政策、税费减免政策、人力资源引进政策和金融信贷政策等，对林业企业适当放宽贷款条件或延长贷款期限，提供低息贷款，支持企业的转型发展，促进林区的可持续发展，改善企业的经营效益；为重点国有林区进行自主创业的职工或进行林下经济种养殖等行业的职工提供优惠扶持政策和创业支持政策，加大对重点国有林区产业转型发展的扶持力度，鼓励职工积极创业，提高收入。

目前，国有林区产业主要向林下及林附产业转型，大力发展苗木产业、森林旅游、森林康养、森林食品、森林制药、森林碳汇、林下种养殖等产业，积极响应国家的号召，发展绿色生态产业。一方面，国有林区可以依托自然风光，合理利用开发森林资源，打造以森林旅游、冰雪旅游等为特色的绿色、生态品牌，积极发展休闲旅游业；另一方面，积极支持发展"互联网+林业"新业态，通过电子商务平台销售宣传林特产品，提高林区经济收益，改善人们的就业和收入状况。在此过程中，大多林业企业都面临着建设用地等方面的制度约束。因此，建议合理释放部分建设用地使用权，用于林区产业转型过程中的规划建设用地。建议国家林业和草原局会同相关部门有序做好历史遗留的国有林区建设用地变更的实地核查、调整确认和补充登记工作，尤其是国有林区存在的颁发林权证时建设用地已经形成且在林权证范围内、颁发林权证后取得合法用地手续的新增建设用地、颁发林权证后建设占用林地但未取得合法用地手续等情况。同时，进一步盘活闲置的贮木场和林场用地及设施，用于建设森林旅游景区游客接待大厅、停车场、餐厅等基础设施，打破绿色转型发展基本建设用地掣肘的局面，推动林区绿色产业的成功转型和持续发展，为全面建设新时代社会主义新林区探索新路径和积累新经验。

第八章

结论与展望①

第一节　结论

一、国有林区管理体制变迁的结论

（一）国有林区改革与发展意义重大

国有林区事关我国生态安全、木材安全、粮食安全和国防安全等。重点国有林区森林资源丰富、地理区位重要且特殊、林区人口较多，生态保护和民生福利保障问题突出。国有林区改革与发展对促进我国生态文明建设和林区高质量发展及林区社会稳定意义重大。丰富的森林资源使国有林区成为中国天然的生态屏障，具有重要的生态战略地位，在绿色经济中不断发挥作用。此外，国有林区通过创造就业岗位等方式，在切实减少贫困人口、增加收入等方面，具有十分突出的贡献。国有林区实现了从依靠木材生产为主向生态建设和依托林区资源综合发展的转变。当前正是发展林业的大好时机，也是进一步发挥国有林区贡献的大好时机。我们应该从战略高度认识国有林区的重要性。

（二）国有林区多功能定位日趋明显

新中国成立以来，我国国有林区的功能定位经历了从木材供给，到多功能供给，再到生态服务供给为主的变迁。新中国成立初期，国有林区是我国主要的木材生产基地，国有林区是我国主要的木材生产基地，具有发展林业的优越

---

① 本章著者：柯水发、李红勋、乔丹、夏天超、纪元。

自然条件和雄厚的森林工业基础设施。改革开放后,社会办林业的格局渐具雏形,国有林区在天然林保护计划等生态工程的推动下,开始发挥三大效益(经济效益、社会效益、生态效益)。当前重点国有林区的生态功能和社会功能不断凸显,重点国有林区的多功能定位更加明确,未来通过建立国家森林公园和自然保护区大力发展森林生物经济、林业能源、林碳汇、旅游康养、森林食品、森林生物制药等,引导产业向多元化与高附加值的方向发展,以实现国有林区转型高质量发展,进一步突出国有林区的地位以及多功能价值。

(三)国有林区管理体制历经多次变革仍待创新

在新时代发展的背景下,我国林业经济发展也进入了新时代,这就要求国有林区在传统低效的管理制度上要有创新性的变革。国有林区管理制度经历了几次变革之后仍旧存在一些尚待破解的问题和难题,国有林区传统的政企合一导致权责利不清,林区的产权主体错乱,森工集团的内部管理机构运转模式仍待优化。未来国有林区需要与时俱进,顺应新时代发展,创新和完善管理体制。今后国有林区的管理制度也要实施以生态建设为主的林业发展战略,以发挥国有林区生态功能和建设国家木材战略储备基地为导向,推动林业发展模式由木材生产为主转变为生态修复和生态建设为主、由利用森林获取经济利益为主转变为保护森林提供生态服务为主,真正使国有林区的管理制度也迈入新时代。

二、国有林区职工福利排斥及福利测度研究结论

(一)国有林区职工福利存在结构性排斥和功能性排斥

东北重点国有林区森工企业存在劳动力流失的现象,虽然森工企业通过产业结构调整、政策实施等方式提高了在岗职工平均工资,改善了林区基本养老保险和医疗保险状况,但覆盖率仍处于较低水平,与其他省区国有林区有较大差距。在国有林区经济转型的进程中,特殊的历史背景和复杂的身份构成导致国有林区职工面临着普遍的福利排斥,具体包括外在制度层面的结构性排斥和职工内在层面的功能性排斥。一方面,事业、企业编制待遇存在差异,现有的社会保障制度覆盖不全,职工缺乏合理有效的权益表达渠道,导致在福利制度

的供给层面存在排斥。另一方面，国有林区职工在知识技能、健康状况等人力资本水平上的不足，以及封闭、高度同质化的社会网络，加剧了职工发展的公平失衡。国有林区职工的福利排斥问题不仅对林区的持续稳定发展造成威胁，也对林区职工的生产生活层面造成了一定的影响。

（二）国有林区职工福利水平先下降后上升

本研究基于森的可行能力理论，从政治自由、经济条件、社会机会、透明性保证和防护性保障五个维度选取相关指标构建了具体的重点国有林区职工的福利测算体系，发现2014年至2017年间重点国有林区职工的总体福利水平呈现先下降后上升的趋势。天然林全面停伐政策实施前后，重点国有林区职工的居住条件、医疗和交通等基础公共设施以及享受政策的其他补助几乎没有什么变化，一直处于低水平状况；职工所能享受的行政服务、职业技能培训、社会保障和环境污染变化情况处于先下降后上升的趋势；人均消费支出、贷款方式、社会保险的缴纳和低保补助金额处于波动发展状况。

三、天然林停伐对职工福利的影响研究结论

基于计量实证模型研究发现，短期内天然林全面停伐政策确实会对林区职工的家庭人均收入带来负向的影响，并且对不同职业类型的职工收入带来的影响不同。停伐政策实施后，由于国家和企业采取相关措施来改善林区职工的福利水平，管理人员或干部本身素质和能力与木材采伐等工作的联系不那么紧密，受益于相关政策措施，收入水平有所提高。但与木材联系较为紧密的采伐运输工人和木材加工工人受全面停伐政策的负外部性影响，收入水平下降。

通过对调研所获数据的描述性统计分析和案例分析发现，天然林全面停伐政策对森林资源开发的整个产业链阶段的职工都带来影响，其影响主要体现在收入、就业和社会保障方面，受影响最严重的群体是采伐运输工人和木材加工工人。自2015年停伐政策实施以来，由于木材砍伐量骤减，林区的木材采运体系消解，以木材生产为主营业务收入的林业企业效益下降，加之林业企业的性质转变和缺乏政策支持，采伐运输工人原有的微观福利体系破损，收入水平直线下降，未来的就业体系不明。而由于停伐缺乏原材料的部分木材加工企业，

其失去营业性收入和缺乏政策支持,无法进行正常的生产运营,濒临破产倒闭,木材加工企业的职工福利受到威胁。政府和企业对此采取了相关的激励措施,主要从企业改革、资金支持和政策项目扶持三条主线来改善企业的经营状况和职工的收入、就业和社会保障方面的福利情况。

在案例研究的过程中发现,职工的福利与企业的发展息息相关,不同林业企业的职工福利变化存在差异,主要由以下几点原因造成:一是不同企业的历史遗留问题不同。各企业紧跟国有林区改革的步伐,持续推进政企分开的相关工作,在社会职能移交的过程中,各地政府往往只接收资产和职能,不接收人员,不同企业的社会职能移交程度存在差异,面临的移交改造费用等资金的缺口不同。二是福利改善方式存在差异。各企业在收入、就业和社会保障方面采取的福利改善方式多种多样,就经济条件维度来看,企业采取转岗分流、创业扶持、创新盈利模式、职业技能培训等不同的方式来改善职工的福利状况。不同企业根据自身的运营状况和职工的实际情况,采取不同的激励方式来改善职工的福利状况。三是产业转型过程中的资本筹措方式不同。一些企业仅仅依靠停伐补贴和专项资金来进行产业转型往往面临资金不足的情况,部分企业引入社会资本进驻,缓解资金短缺问题,为产业转型发展注入动力,搭建平台以更好地朝着产业转型目标发展。由于不同企业停伐后的经营运转状况存在差异,企业所属职工所享受的福利水平自然也就存在差异。

四、政企分开改革对重点国有林区职工福利的影响研究结论

(1)重点国有林区政企分开程度不断加深,但仍然分开不彻底且各森工集团存在差异性。截至 2020 年,四大森工集团目前平均政企分开程度为 0.84,较 2018 年的 0.59 提高了 42.37%。其中,内蒙古森工集团政企分开程度最高,吉林森工集团政企分开程度最低。这表明内蒙古森工集团在社会职能剥离中较为彻底,而吉林森工集团的社会职能剥离仍存在较多问题。此外,由前文计算结果可知,在职能机构、固定资产以及人员移交方面也存在着差异。普遍来说,职能移交占比较高,而人员移交占比最低。这表明,目前地方政府在接收社会职能时普遍存在着"只要职能不要人"的现象,机构撤销后,职能与人员并未同步移交。森工企业所认为的"人随事走,钱随人走"与地方政府不要职工的

态度形成了博弈，成为社会职能移交中最大的难点与痛点。

（2）重点国有林区在政企分开体制变革过程中存在路径依赖，导致多重依附关系逐步形成并延续至今，对职工经济福利产生一定影响。受历史因素影响，重点国有林区是单位制贯彻最为彻底的区域，制度变迁过程中的路径依赖导致国有森工企业、政府和林区职工间存在"剪不断、理还乱"的多重依附关系。国有森工企业对国家的优惠政策存在一定制度依附的同时，企业办社会下当地政府对于森工企业也有着强烈的经济依附。林区职工在经济上依附于企业而存在的同时，还对国家给予自己编制的身份认同及其附带的一系列福利存在身份依附。除对于企业发放的显性经济收入以外，职工更多关注的是国家给自己的事业编制这一隐性经济保障和福利。这种文化认知既是在"一企一城"区域内林业身份的社会认同感，也是林区职工对曾经作为林业人这一身份优越感的追求。以上种种复杂的依附关系最终使得难以彻底分开的政企关系影响到林区职工经济福利的提升和林区的可持续发展。

（3）政企分开体制变革不彻底对林区职工经济福利会产生异质性影响。本研究通过建立渐进 DID 模型，构建影响效应变量分析政企分开体制变革对林区职工经济福利的影响，实证结果表明，政企分开不彻底对于林区职工经济福利整体存在一定的边际负向作用。在进行分组回归后，我们可以发现政企分开程度对不同森工集团的职工经济福利有异质性影响。具体而言，政企分开对于内蒙古森工集团和伊春森工集团职工经济福利的变化是有正向影响的，而对于吉林森工集团和长白山森工集团的职工经济福利是有负向影响的。这表明，前两个集团政企分开较为彻底，政企分开程度越高，对其经济福利的积极作用越大。而后两个集团在社会职能移交的过程中仍然有重重困难，企业资金缺口比较大，政企分开不彻底加剧了其转型的阵痛。政企分开对基层一线职工的影响最为敏感，整体上显著高于管理人员和技术人员，对管理人员的影响最小。基层一线职工作为较为庞大的群体，林业职工的特殊性和边缘化导致其成为弱势群体，这种高弹性的脆弱性导致其对影响效应变动的高敏感性。当与地方人均经济福利进行比较时，林区职工经济福利总体处于较低水平，且政企分开不彻底会加大二者间差距。

（4）政企分开体制变革会通过企业发展、社会公共服务供给以及身份转变情况对林区职工经济福利产生一定影响。本研究首先通过建立中介效应模型，并通过 Sobel 检验和 Bootstrap 检验对影响机制进行检验，结果表明：（1）政企分开通过森工企业收入导向效应对职工经济福利产生一定影响。社会职能移交后若能为森工企业减负，激发企业生产活力，并且替代产业发展良好，就能够直接增加企业效益进而提高职工的收入。（2）政企分开通过森工企业成本分摊对职工经济福利产生一定影响。由于社会职能剥离不彻底，加之森工企业自身发展有限，因此，森工企业所需要承担的统筹外人员的支出会加重企业负担，继而又平摊到在岗职工个人经济福利上，对其家庭经济福利产生消极影响。（3）政企分开通过社会公共服务的支出传递效应对职工经济福利产生一定影响。当社会职能移交到地方政府后，一方面曾经的隐性经济福利不复存在，职工的生活成本支出传递；另一方面则是尽管有些社会职能移交到地方政府，但地方政府财力有限，公共服务提供较之前有所差距，进而导致职工家庭支出传递。这种增加生活成本支出对职工经济福利也会产生一定消极影响。最后通过 QCA 方法和案例研究方法对身份认同的影响路径进行检验分析，结果表明，由于身份连锁效应，职工身份的转变会使与其身份相关的经济福利待遇受到影响，进而影响到职工家庭的经济福利。

五、深化改革需求与产业转型研究方面的结论

（1）职工对各项改革的满意度均处于一般和较为满意，但部分职工对全面停伐后自身收入不满意。职工对薪资待遇的诉求较多，另外还有对社会保障和公共基础设施的诉求，间接表明诉求越多的变量存在着越大的改善空间。大多数职工对政企分开政策、社会职能移交以及天然林全面停伐政策等均较为了解。且在改革过程中，收入受到影响的职工人数最多，次之是社会保障。职工对各项改善情况的感知集中于基本无变化和变好较多，其中医疗条件、交通条件、社会稳定、自然环境、环境污染这几个方面得到改善的效果比较明显。因此，转变林区职工对政策改革的传统认知，提高职工对各项政策的满意程度，不仅需要持续加大政策宣传，使国有林区职工意识到改革的重要性、必要性和紧迫性，也要着重激发国有林区职工家庭生存与发展内生动力，多渠道促进职工就业增收。

（2）在政企分开这一改革过程中，整体是一个多元主体进行博弈的过程，涉及中央政府、森工企业和地方政府，各个利益主体均从自己利益最大化角度出发，组成一个最优均衡解。在假定中央政府、地方政府和森工企业三个参与主体都为有限理性条件下，对构建的演化博弈模型进行求解，根据演化策略稳定性的性质不难发现：当满足一定条件时，所构建的博弈系统收敛于 E8（1，1，1），即系统的演化稳定策略，这意味着系统理想模式为中央政府推行新制度，地方政府积极配合，森工企业接受。

这一均衡结果表明了在国有林区改革实践中，为了使各方利益达到最大化，中央政府必须做好整体规划和重点突破的工作，加强建设公平公正的利益分配机制，可以建立政企分离专项基金，让地方政府和森工企业完全分离，促进当地经济的发展，让涉及相关利益的主体，如森工企业和附属机构的职工等也能享受到福利；在完全分离后，中央政府应对地方政府对森工企业的监管行为设立一套奖惩机制，保证地方政府监管的积极性。中央政府可以建立动态的监督机制，构建相关利益主体利益动态监测体系，参照之前所获得的福利，寻找利益增加或者减少原因，不断改进思路。同时森工企业也积极配合推进这个制度，地方政府也积极配合，这时动态系统就会实现有效推行。

（3）基于历史因素与现实发展需求，我国国有林区产业转型势在必行。国有林区产业转型升级是依靠产业替代、转移或升级的途径配以组织方式与产业发展方式、行为方式的变更实现国有林区区域内外各要素重新组织配置的系统工程，具体而言，产业转型是通过转数量、质量、规模、结构、效率实现了支柱产业和主导产业的变迁或是升级，从而实现林业供给侧的改革和调整。国有林区产业转型升级的具体内容实际上是从纵向维度上实现从国有林区国有林业局下属的最小企业到森工集团再到整个国有林区的所有产业的总体转型升级，从横向维度上实现林业产业间转换、产业内升级、行业内外（林业向非林）转移的综合调整。基于"制度—政府—企业—职工"分析框架，制度障碍是形成转型困境的根本原因，地方政府、森工企业、林区职工三大行为主体面临各自转型的重重困境。为破解困境，需要中央与地方政府共同承担成本，"输血"与"造血"缺一不可。在未来国有林区产业转型过程中，替代产业的选择应立足于区域发展目标、区位条件、资源禀赋、市场发展程度、生产要素配置等相关因素，因地制宜，立足长远，尊重市场调节的地位。

六、国有林区职工福利提升及深化改革的相关建议

国有林区改革涉及林区政府、林业企业以及林区职工、林业人口等多方利益主体，为更好地保障林区森林保护与生态修复，必须妥善解决林区职工转岗就业、林业人口收入增长、社会保障等民生问题。特别是要系统构建提升林区职工福利的保障体系，即国有森林资源所有权、经营使用权、管理权、监督权、处置权、收益权"六权"分置的产权运作体系、资源有偿流转交易及利益分享体系、职工转岗或退出的利益保障体系、配套法律政策及服务体系、参与式的职工福利评测体系等。同时提出稳步提高职工工资水平及福利保障待遇、通过加强培训等措施不断提高职工就业能力、进一步加大对林区基础设施建设的重视和投入力度、进一步完善重点国有林区医疗保险和养老保险保障体系等一系列提升林区职工福利和保障林区民生的相关建议。为进一步完善国有林区深化改革和林区治理体系，以实现国有林区的高质量发展，本研究提出了一系列深化林区综合管理体制改革、促进林区社会职能剥离、加强国有林区森林经营、促进林区产业转型的一系列深化国有林区改革和完善林区治理体系的相关建议，促进重点国有林区的高质量发展。

第二节　本研究的特色与创新之处

一、主要研究特色

（1）就研究领域而言，本研究是福利经济学、区域经济学、劳动经济学、公共政策学和林业经济学的交叉研究。

（2）就学术观点特色而言，主要包括：①林区职工福利是林区民生问题的核心；②林区职工是深化林区改革的重要力量和利益攸关方；③林区职工的福利是多元的，除了显性的工资收入，隐性的发展机会和心理状态也需要加以关注；④停伐对重点国有林区职工福利的影响是多方面的，包括正面影响和负面影响、短期影响和长期影响、显性影响和隐性影响；⑤停伐及配套政策对重点

国有林区不同类别的职工影响存有差异，不同类别的职工对停伐政策的认知、响应和态度也存有差异；⑥林区职工的福利提升有利于林区深化改革和林区生态目标的实现。

（3）就研究方法特色而言，本研究采取典型人群案例研究与基于问卷样本数据的规范量化实证分析相结合，便于科学阐释停伐后配套政策对职工福利的影响机理，合理度量影响程度，体现研究的规范性、学术性、科学性和应用性。

（4）就研究内容的特色与创新而言，在停伐政策对林区职工福利影响方面，一是基于森的可行能力理论等相关理论，选取了相关的能力性指标，不再局限于功能性指标来构建福利评价体系，较为全面地衡量重点国有林区职工的福利水平；二是区分不同职业类型的职工，探究天然林全面停伐政策对其带来的不同的影响；三是从木材采运体系和加工体系两条路径构建了全面停伐政策对重点国有林区职工的具体影响机制，探究不同企业之间职工福利差异性的原因。

在国有林区政企分开改革方面，一是对路径依赖理论进行了一定拓展，提出重点国有林区森工企业、政府和职工多利益主体间的多重依附关系；二是构建了"政企分开对重点国有林区职工经济福利影响"的理论分析框架，明确提出了收入导向、成本分摊、支出传递和身份连锁四条影响路径；三是使用赫芬达尔指数法进行政企分开程度测度，并应用渐进双重差分模型进行影响效果分析。

二、研究创新之处

与以往同类研究相比，本研究内容和研究方法有了较显著的拓展和创新。主要体现在：（1）较为系统地总结了国有林区改革的发展历程和管理体制的演变历程；（2）较为系统地构建起了一套国有林区职工福利理论体系、评价体系和测度方法，基于森的可行能力理论等相关理论，选取了相关的能力性指标，不再局限于功能性指标来构建福利评价体系，较为全面地衡量重点国有林区职工的福利水平；（3）创新性地提出国有林区职工福利排斥状况、形成路径及影响，丰富和发展了福利排斥理论；（4）创新性地系统揭示重点国有林区多重依附现象及破解策略，提出重点国有林区森工企业、政府和职工多利益主体间的多重依附关系机理，丰富和发展了路径依赖理论；（5）创新性地提出了政企分开程度测度方法，参考市场分化程度和产业转移程度的测量方法，结合多重依附关系和实地调研情况，使用赫芬达尔指数法对政企分开程度进行测度；（6）创新性地构建了天然林停伐政策对国有林区职工福利的影响分析框架，从木材采运体系和加工体系两条路径构建了全面停伐政策对重点国有林区职工的具体影响机制，探究导致不同企业之间职工福利差异性的原因；（7）创新性地构建了"政企分开对重点国有林区职工经济福利影响"的理论分析框架，明确提出了收入导向、成本分摊、支出传递和身份连锁四条影响路径，系统揭示深化政企分开改革对国有林区职工福利的影响机理；（8）基于"东北国有林区民生监测"项目数据和本课题团队前往重点国有林区进行实地调研所获得的重点国有林区职工问卷调研数据，通过构建双重差分模型对天然林停伐政策和政企分开的影响效应进行了计量实证分析，并结合案例研究进行了补充验证；（9）较为系统地构建了重点国有林区治理体系和职工民生福利保障体系。

第三节 研究存在的不足和尚需深入研究的问题

一、研究存在的不足

（1）由于经费和研究时间有限，特别是受疫情防控的影响，本课题组自行组织的职工问卷调查样本和实地调研主要集中于四大森工集团，虽具有一定的代表性，但研究样本有一定的局限性。（2）改革和政策对国有林区职工福利的影响需要长期的观测和检验，受限于数据和改革时限仍不够长，特别是有些改革还在进一步推进中，虽见微知著，但其长期效应尚未完全显现出来，因此长期影响效应研究受限。

二、尚需深入研究的问题

（1）由于林区改革和职工福利体系的复杂性及研究经费、研究时间、精力有限，本研究主要聚焦于经济福利的分析，未来可以进一步针对林区职工的生态福利和社会福利变化及影响状况等开展深入研究。（2）本研究聚焦于在册在岗职工，而在重点国有林区内，仍然有许多早期离退休职工、贫困职工等，这些职工也是值得关注的重要群体之一，尤其是在消除相对贫困的新时期下，边缘群体的民生问题也是重中之重。因此在未来可以从多元视角对重点国有林区多元主体的民生问题进行深入探究。（3）发展森林碳汇经济、森林食物经济、森林生物经济、生物多样性经济成为国有林区改革和转型发展的重要趋向，因此未来可以专门针对前述国有林区绿色经济发展开展深入研究。

附录

附录一：重点国有林区改革与职工福利研究综述[①]

一、国有林区改革研究进展

国有林区改革仍是目前林业改革的重点任务，关系到国家生态安全、粮食安全、木材安全和国防安全，关系到民生问题和社会稳定，一直是国内学术界探讨的重要议题。本书首先通过中国知网查询相关学术成果，以"国有林区改革"为主题词检索，共有 537 篇期刊论文和 27 篇硕博学位论文，国有林区改革的研究主要集中于重点国有林区，研究主题主要集中在林权制度改革、森工企业、经济体制改革、管理体制改革和森林资源管理体制等，次要主题集中在林权制度改革、森工企业、林业局、林区职工、森林资源管理、商业林采伐、天然林保护工程等。政企分开是深化国有企业改革的重要内容之一，也是重点国有林区深化改革的重要举措。在国有企业深化改革的新阶段，历史遗留问题亟待解决（林毅夫，2019）。自新中国成立以来所形成的"企业办社会"在国有企业发展前 30 年是计划经济体制阶段的物质基础积累（曾宪奎，2019），但在市场经济体制下，这种社会性政策负担所引起的责任归属正是引起企业预算软约束的原因，其承担的社会责任与企业的利润也被证实存在脱钩现象（才国伟、王曦，2005）。国有森工企业作为资源型国有企业，兼有资源和企业"双重国有"的特点，国有企业庞大的旧体制负担和市场缺位限制造成了经济危困的现象（曾燕南，2019）。进而，改革进程的相对滞后导致在社会职能移交中矛盾更

---

① 本附录参著人员：乔丹、夏天超、柯水发、李红勋、袁婉潼、纪元、袁雪婷。

为突出，成为国企改革的一大难点（周叔莲、刘戒骄，2008）。自 20 世纪末，东北重点国有林区在遭遇"三危"困境之后开始有序探索政企分开改革，但成效欠佳。目前对于国有林区的研究主要集中在深化改革的背景下，重点关注国有林区产业发展和职工生活状况，进一步发现林区产业发展停滞，职工生活仍处于较低水平。

（一）关于国有企业改革的研究进展

目前关于政企关系的研究国内学者已形成系统化理论体系，具体分为政府与国有企业类型的划分与界定、政府与国有企业产权与权责的辨析、政府与国有企业的关联、政府与国有企业的历史关系变迁问题。

国有企业与政府之间的关系，实质上是市场经济体制下二者对经济或是产业的权责定位。根据政府的权力大小和管理范围，有学者把政府和企业的关系归纳为三种模式：一是以美国和英国为代表的部分西方国家由于没有国有企业，政府对企业权限最小；二是以德国和法国为代表的一些国家存在少部分国有企业，政府对于企业的管理权限较多；三是以日本和新加坡等为代表的亚洲国家，国有企业占主导地位，此时政府对于企业管控最多（成思危，1998）。而中国极具特色的国有企业主导地位，意味着中国地方政府与国有企业的关系比上述的亚洲模式更为紧密（李雪，2017）。

在国有企业与政府关系方面，早在 1980 年，蒋一苇（1980）便提出"企业本位论"，认为企业应该具备独立的权利和经济活动的权利，国家应该与作为经济组织的国有企业分离分立。而后不同学者对此也持有相似的见解，认为国有企业应该适应市场经济体制，加快其市场化改革，建立现代企业制度（周晓庄，2013）。在此基础上，也有学者进一步指出，国有企业适应市场化的关键一步就是要明确二者的权责，政府不应过多干预企业经营，针对国有资本行使管理权，对企业经营管理活动进行合理监督即可（周绍鹏，2001）。还有一部分研究者认为，国有企业的特殊产权性质决定了其与政府之间不可分割的关系。二者通过国有资产产权关系而紧密相连，导致其在政企分开中仍保有多维度的政企关系（吕立邦、黄恒学，2016；李汉林、魏钦恭，2013）。尽管国有企业作为企业需要被放权，但同时由于其"国有"的特殊性质，需要承担一定社会职责（徐湘林，2011）。

随着国有企业改革的不断推进，政企关系也将随之发生变化。从整体上来看，政府与企业之间关系的发展趋势主要包括三种，第一种是在计划经济时期形成的直接管制型模式。这种模式虽在市场经济体制建立后逐渐退出，但仍然保留到现在，历史遗留问题也因此而产生。第二种是最为常见的由政府主导，对企业进行宏观调控的模式，称为间接引导型模式。第三种是在第二种的基础上演化而来的一种新型模式。通过政府和企业的共同合作，在市场机制下对社会公共服务进行分配供给，形成稳定的三维结构，促进市场的良性发展，被称为协作互助型模式（黄旭闽，2020）。就社会职能移交情况而言，已有研究表明，油田、煤矿、钢铁等资源型企业在社会职能移交中主要存在的问题有：（1）受限于地方财力，主辅分离困难；（2）富余职工分流安置问题突出，改制阻力加大；（3）企业受资源限制影响，债务危机突出；（4）固定资产处置存在障碍，企业负担加重（薄传华，2003；孟韬、于立，2006）。具体而言，针对不同特征地区的国有企业应采取个性化移交方案（刘鹏，2014），尤其是资源型国有企业。由于煤矿企业在社会职能移交时面临巨额的改造成本，导致移交过程较其他一般国有企业更为复杂，难以彻底剥离到地方政府（李丹丹等，2015）。刘馨等（2020）学者以黑龙江农垦区为案例点对其农场社会化职能剥离进行分析，发现尽管"五分开"能够在一定程度上提高农场效率，但由于彻底剥离的困难，因此也带来了更多的隐患。在重点国有林区的社会职能移交方面，马田宇（2021）指出移交过程中的路径依赖会导致林区难以彻底政企分开，进而影响到职工福祉。

总体而言，随着国有企业改革不断推进与深化，相关研究也逐渐丰富，大体形成了完整的理论体系。有学者从宏观角度对国有企业改革进行整体分析，也有学者针对某一项具体的社会职能进行剖析。然而，既有研究多流于理论层面分析，鲜见有通过结合实际情况，或选择某一案例点对该区域的历史遗留问题进行探讨，尤其是针对遗留难题的成因、影响机制以及解决方式的分析较少。已有文献在研究方法上，单一地追求定性研究，忽视了客观的定量分析。在研究内容上，以往研究大多注重分析政府和企业各自的角色，忽视了其相互作用机制。同时，对于矛盾最为突出的企业职工失业、再就业和社会保障等问题较少关注。

（二）重点国有林区改革的研究进展

针对重点国有林区自 20 世纪 80 年代"两危"困境初现端倪以来，国内学者重点关注重点国有林区改革方面，主要包括重点国有林区产权改革和停伐政策、产业升级和经济发展、职工生计问题。《2020 年全球森林资源评估》（FAO，2020）显示，全球国有林（public ownership forest）占森林总面积73%，是全球大多数国家的主导所有制形式，在生态环境保护中有至关重要的作用。对于国有林的经营管理，大多数国家采用自上而下的垂直管理体系。但自 20 世纪八九十年代公众对于森林需求的多样化发展，国有林的主要功能逐步以木材生产为主变为以生态功能为主，各国对国有林体制进行改革，包括德国、美国和日本均进行林业管理体制改革，裁减林业职工，实行政企分开管理的模式（白秀萍等，2017）。国有林的改革任重而道远，在改革过程中必然会面对诸多不确定性和风险，要循序渐进，而非一蹴而就，采取一刀切式举措（朱震锋，2019）。森林特许权通过签订"森林特许合同"对采伐进行控制管理，是一个行之有效的经营管理方式（Gray and John，2002），但是同时也要注意完善监督机制。为加强生态环境保护，发挥森林生态效益，在对木材采伐量加以控制的同时尽最大限度维护林业利益主体的需求，美国西北林务局（US Forest Service）对原有国有林管理体制进行改革，采用自上而下的任务授权和自下而上的倡议相结合的"混合治理"制度或者是"协同治理"（collaborative management）（苏祖云，2012；Maier and Abrams，2018）。

重点国有林区森林资源管理受管理体制固化的影响，政企改革任重而道远。重点国有林区改革是为解决"资源困境"而提出的，主要是以保护森林资源，改善生态环境为目标。就改革而言，徐晋涛等（2004）学者从国有林业企业改革角度，首次基于 5 次全国森林资源清查的面板数据进行计量分析，得出受信息不对称影响，超限额采伐会影响国有林区森林资源增长的结论。关于国有林区体制改革方面国内学者早有研究，大家对其众说纷纭（李周，2008）。徐晋涛等（2006）学者指出重点国有林区尽管采用了市场化的手段对森林资源进行经营管理和抚育管护，但是林区内的社会保障仍存在一定漏洞。重点国有林区的改革需要全面分析自身发展利弊，才可实现林区的振兴。张道卫（2006）以黑龙江省国有林区为例，发现其管理体制存在政企合一、高度集权、森林资源权属不清、缺乏激励和约束等问题。因此，尽管经过多次改革，但受体制机制影响，国有林区仍未从根本上摆脱困境（温铁军等，2007），正如李周（2008）所述，国有林区改革虽未实现帕累托最优，但属于卡尔多改进，可见伊春国有林区林权改革是有效率的。在伊春国有林区林权改革中职工、林业局、国家三方的利益都是增加的，即使没有达到社会生产的均衡产量，也是属于卡尔多改进，不过并没有实现帕累托最优（付存军、耿玉德，2012）。徐晋涛和姜雪梅（2015）又运用多任务委托—代理模型对国有林区体制改革进行探讨，以企业与上级林业主管部门的契约为切入点，分析林业管理体制的主要特征和行为模式。认为现行体制安排难以实现林业企业利润最大化，强制性的采伐控制无法解决根源问题，平衡好林业主管部门与国有林业企业契约关系是发展的长足之策。曹玉昆（2000）重点关注了国有企业发展战略问题，探讨了国有林经营保护与国有森工企业的关系。李周（1999）提出实施天保工程可借鉴德国实行林务官制度，将国有林管理权与经营权分开。全面禁伐后对国有林业企业的经济影响十分严重，进而导致林区职工生活出现危困，龙江森工集团和大兴安岭林业集团在严格实施禁伐政策的同时，稳步推进体制改革，逐步推动"政企分开"，厘清森林资源管理、林区社会管理和经营管理的关系，明确政府职能和企业职能，精简森林资源管理机构（耿玉德等，2017）。黄伟（2019）对东北森林权属进行梳理，并通过建立空间计量模型对东北国有林区资源变化进行分析，发现产权变革对森林资源改善状况有重大作用，但是正如学界对产权的理论探索，国有林区政企合一的管理体系根深蒂固，加之一系列历史遗留问题，对有关经营管理的改制造成了一定困难（付存军、耿玉德，2014）。2018年黑龙江省森林工业总局改制挂牌为中国龙江森工集团有限公司，原有政企合一管理体制正式解体，但仍存在公司主体发展方向不明确、社会管理职能移交不彻底等状况，甚至管理人员结构愈加不合理（曹玉昆等，2020）。全面停伐后，重点国有林区发展更为艰难，弊端也日益暴露，对国有林区进行改革迫在眉睫，要落实林业局"政企、社企分开"，建立国有林区改革社会保障体系（朱震锋等，2015）。由于各森工集团情况各异，国有林区改革作为一项综合改革，必然会自上而下全面推行，须厘清企业、政府、社会与资源的关系，明晰边界的界定（王月华，谷振宾，2010）。

重点国有林区产业结构虽在优化升级，但受限于体制僵化难以释放活力，同时对林区民生问题也造成影响。重点国有林区林业经历了以木材生产为核心、单纯追求经济效益的传统森林工业阶段，到以可持续发展为目标，统筹兼顾生态效益、经济效益与社会效益的现代林业产业发展阶段（张朝辉、耿玉德，2015）。耿玉德和万志芳（2006）对黑龙江省国有林区林业产业结构的调整与优化进行了研究；刘璨和于法稳（2006）用 DEA 方法对不同规模的东北国有林区企业进行技术效率和规模经济的分析；温铁军等（2007）学者探讨了国有林区改革的困境和出路；佟立志（2011）对东北国有林区的改革模式所带来的经济效益、生态效益和社会效益进行评价研究；王迎（2013）对中国重点国有林区森林经营与森林资源管理体制改革进行了研究；曹玉昆等（2018）学者运用偏离—份额分析法将东北产业与全国进行对比发现，尽管第三产业在调整发展，但总体产业结构仍不尽合理；杨新华和张敏新（2014）以国有林区产业发展变迁为立足点，结合分工原理理论，通过构建融合经济学分析框架，为国有林区产业结构调整和可持续发展提供理论参考。耿玉德和张朝晖（2014）从环境优化和生态位视角切入，通过使用可视化技术，融合态势感知系统，构建林业产业生态位演化因子分析的支撑机制及林业产业生态位演化因子的态势感知可视化模型，为产业生态位"扩态增势"提供整合性的决策依据。王非等（2016）学者和张少鹏（2019）提出加快林业产业结构升级，需要扩大林业投资及效益，促进各要素协调发展。朱震锋和曹玉昆（2017）通过采用 Tapio 弹性分析法和 Kuznets 曲线模型，识别了重点国有林区经济增长与资源消耗的伪脱钩风险，并提出要以林区职工为主体，大力发展非木质经济以促进林区产业发展和经济增长。严如贺等（2018）学者采用归纳性案例研究方法，发现国有林区林下经济的产出效率低下受资源错配的影响，进而提出要进行资源整合，提高经营主体能力。

也有学者从利益主体方面进行切入，以政府、林业企业、林区职工三者为利益主体，从责任博弈角度阐述国家、林业企业和林区职工的责任履行问题，以政策制度为载体，通过构建"政府—企业—职工"责任博弈模型，提出利益分配是关键。政府要负责明晰产权、制定相关法律政策；林业企业在生态保护、企业创新、职工发展等方面负有主要责任；国有林区职工有保护森林资源，维护生态环境的义务。三方利益主体充分履行责任是实现纳什均衡的最优解，进而推动林区生态和经济共赢发展，保障国有林区改革的顺利进行（孙文琪、

2011；孙文琪、孙璐，2018）。柯水发等（2018）学者把重点国有林区作为企业，从行为经济学视角建立起"制度—政府—企业—职工"产业转型困境分析框架，指出制度障碍导致地方政府、森工企业和林区职工三大行为主体相互制约，产业升级要积极推进政企分开，灵活科学选择转型路径和接续产业，同时要明确中央政府、地方政府、企业及职工各行为主体间的职责。为解决环境恶化问题，政府采取停伐等措施保护天然林，使国有林业企业遭受了经济损失，为解决这一损失，政府在寻求体制改革，进行企业改制，同时，企业也在不断提高技术效率，但仍受到固有体制限制（Han et al.，2018）。自天然林保护工程实施以后，非林木替代产业逐步发展，已初有成效。旅游业等第三产业近年来发展势头较好。林区的产业结构呈现优化趋势，但优化速度较为缓慢，产业结构不合理的现实仍然存在（Huang，2019）。目前，重点国有林区已经在探索产业转型升级，发展特色种养殖等林下经济，开发森林旅游等第三产业（张朝辉、耿玉德，2015；柯水发等，2018b），但是国有林区的"三危问题"仍是一大困扰，政企合一体制尚未从根本上破除更是一大障碍。

重点国有林区体制改革是一条艰难且迫切的长路，各国有林区在积极探索其体制改革之路，力图突破原有体制限制，虽有成效，但面临更多的遗留问题，尤其是在全面停伐政策背景下更是困难重重。造成这一现象的根源在于原有体制僵化且难以破除。以上分析可知，对于国有林区经济、生态和社会三系统协同发展的研究，到目前为止研究较少。大多研究是站在宏观层面进行整体分析，或是针对某一特定方面进行分析，且集中在森林资源或是产业转型发展等区域发展方向较多，很少涉及国有林区的社会系统。在政企合一的体制分离过程中，政企和社企分开不彻底，导致职工就业、社会福利保障等难以接续。需要在改革背景下将多利益主体置于同一框架下，才能更好地深化国有林区改革。

二、关于国有林区职工福利的研究进展

要研究停伐政策对职工福利带来的影响，首先要明确福利的内涵。福利是一个广泛而模糊的概念，学术界对其概念没有形成一致的观点。约翰·罗尔斯（John Rawls）（1971）按福利的性质，将福利分为主观福利和客观福利，其中主观福利是对主观心理状态的满足，对个人所处状态的主观心理评价（Dienet et al.，1999），可以用个人效用来衡量；客观福利是指人们能达到和获得有价值的机能的能力，比如权利、收入、自尊等（Maasoumi，1986）。庇古（2015）将福利分为社会福利和经济福利，其中经济福利与货币密切相关；社会福利更加主观，是精神的满足和效用的体现。森在对传统福利经济学研究的基础上，将福利定义为个体已经达到的实际状态和今后可实现的能力共同表征，是功能性活动和可行能力的结合（Amartya Sen，2006）。熊忠阳（2019）则基于森的可行能力理论，认为福利是已经实现的功能和未来实现功能的能力组合。可以看出，学者对福利的认识是存在一定的共同性的，认为福利是物质与精神层面的综合，是功能性活动和可行能力的结合。

职工福利在市场体制下是有别于社会福利的，前者作为一种私人福利，而后者可以被当作一种公共物品的公共福利，是为保障社会公平而特设的福利（Titmuss，1965）。社会福利也可以被看作公共服务（杨艳东，2013），针对公共服务这一类公共物品，社会福利的本质可以看作需求保障，是供给方为保障人们福利的政策工具（刘太刚，2020）。当社会福利被制度化时，往往会作为一种共有责任由集体承担。同时，在大多数国家和地区，社会福利更多地被内化为政府的责任（Mishra，1990；Cochrane and Clarke，1993），也可以理解为"社会保障"，这意味着社会福利主要是由政府或者国家来承担的（尚晓援，2001；冀慧珍、李佳，2020）。广义上来说，社会福利是指涵盖了医疗卫生、教育和各种社会保障项目相关的各种制度安排；狭义上来说，社会福利是指主要为了帮助社会成员，尤其是社会的部分弱势群体而提供的社会服务，以期提高人们的幸福感，既可以表示一种社会福利制度，也可以代表一种集体的福利状态（尚晓援，2001）。联合国认为社会福利是以满足社会成员的生活、健康和人际关系为主要内容，改善社会成员生活状态的一种福利制度（王维国等，2018）。美国社会工作协会（1999）对社会福利的解释也偏向狭义的社会福利，认为社会福利是为改善居民的物质和精神生活而采取的各种措施。

西方国家对于职工福利的保障研究，主要就"供给侧"或是"需求侧"视角进行探讨。但实际上仍然会引发失业率提升、贫富差距加大等问题，因此要协调好政府、个人、社会和非政府组织间的关系（陈银娥，2002）。福利多元主义下的福利保障体系关键不是考察供给主体部门或是其数量，而是主体间的关系分析，重点是要考虑好供给主体之间的平衡关系。由于福利部门之间"移动的边界"非常灵活且模糊,在福利供给的过程中,要因时因地而异,要放至地区社会历史背景乃至整个生态社会系统中进行考量(马丁·鲍威尔,2011)。

从供给侧来看,需要建立多元化福利供给体系。随着国家和社会的发展,为解决福利国家财政紧缩等经济危机状况,福利多元主义于20世纪80年代被提出(Gilbert,2000)。目前中国城市地区的福利体系是一个包含多个服务提供者的综合体系,尤其是针对弱势群体的供给多元化已逐步建立,已有学者针对这些福利供给者之间的关系展开了一系列相关研究(Miao et al.,2020)。尽管如此,宋洋(2016)发现中国农村福利供给依然存在着供给主体单一、总量不足、结构失衡等问题。为解决"自上而下"的供给决策机制所存在的监督机制缺失等问题,要建立政府、市场和农村第三部门等多元主体有效协同的农村社会福利供给模式等,建议推进社会福利保障平衡供给。袁小平(2016)通过调研发现在目前农民工就业福利保障方面,政府、企业和家庭所组成的福利三角呈现出倒置与碎片化特征,需要通过建立新福利三角框架,形成协同共治的制度提供。国外学者早在研究中发现在协作治理过程中,国家与社会的不协调会导致社会福利供给的碎片化现象出现(Pierpaolo and Ivo,1990;Emerson,2011)。就职工福利保障而言,中国的福利供给体系大多是以福利三角模式进行分析。首先是国家福利,即为弱势群体提供社会保障补贴和为全社会提供的保障性福利服务;其次是社会福利,即由社会团体或个人为承担社会责任,进而向特定群体提供的经济支持等福利援助;最后是企业福利,主要是企业针对职工而提供的职业福利(张世青、王文娟,2015)。尽管职工福利作为一种私人产品,具有封闭性的特点。但在现代化企业的发展中,职工福利的供给也不是单纯的企业单个主体行为。职工福利的契约性、福利性、保障性等特征也将政府的作用纳入其中。因此可以看出,政府在社会福利供给中逐步成为一个主要的供给主体,其作用越来越突出,已经发挥着主导作用。

社会福利是保障与改善国民生活水平的重要政策制度,是职工劳动契约的重要经济福利保障之一。陈昌云、牟勇(2020)从收入、分配和生活福利维度进行经济福利的测度和分析,并选取城市失业率、城乡恩格尔系数、城乡人均住房面积等具体的指标来细化生活福利维度,进而发现生活福利对经济福利具有重要的支撑作用。

从需求侧来看,要关注边缘群体福利的差异化需求。不同年龄和不同性别对福利保障的需求有所差异，城市居民更多地关注住房福利和工作状况（方福前、吕文慧，2009）。Weathing（2000），Blau（2001），Giannikissupa（2011）关注职工福利需求状况，其福利需求主要包括基本福利保障，即医疗保险、失业保险、养老保险等满足基本生活的保障。除此之外，越来越多的职工，尤其是中高层职工更加注重发展型福利保障，即企业满足职工就业或有利于职业生涯发展的技能提升机会等的福利保障。随着社会经济的发展和转型，公众对于社会福利的需求呈现多样化和多层次态势（郑功成，2013；徐小言、左停，2016），需求也在不断增加中（赵海珠、朱俊生，2016）。但是广泛性的福利需求同有限性的供给之间的矛盾日益突出，尤其是在农村等地区（宋洋，2014）。余谦和高萍（2011）以农民为研究对象，从收入分配与公平、医疗保障、教育文化等方面选取相关指标来构建社会福利指数，测算我国农村社会福利水平。同样，城市居民也面临福利保障的供需矛盾紧张状况，张秀兰等（2010）学者对城市居民福利进行探讨，受企业改制、人口老龄化和小家庭化的多重影响，家庭福利需求压力不断增加，然而，政府功能的缺位和社区碎片化这两种负向趋势，使得家庭福利的需求与供应出现严重失衡。诺德豪斯（William Nordhaus）和托宾（James Tobin）（1972）在研究美国城镇居民福利水平时，选取了消费和闲暇来衡量福利状况；马克·弗勒贝（Marc Fleurbaey）和纪尧姆·高利尔（Guillaume Gaulier）（2009）选取了收入、寿命、闲暇和不平等四个指标来衡量城镇居民的福利水平；方福前和吕文慧（2009）将基于问卷调查获得的数据进行实证分析，发现收入、学历、住房和工作状况对我国城镇居民福利水平的影响较为显著。阿普尔顿（James J. Appleton）（2008）和阿德勒（Jonathan M. Adler）（2012）还从居住、健康、经济、劳动等方面衡量中国城市居民的福利水平，研究对福利的影响程度。以森的可行能力为理论基础，王冰、钟晓华（2014）考虑到除个人特征和成长环境对福利的影响外，还从居住状况和心理状态等维度来衡量城镇居民的福利水平，研究发现教育、收入和成长环境会显著影响城镇居民的福利水平；王祖山（2018）从经济、居住、安全、文化和发展五个维度选取了相关指标来测算城镇居民的福利水平，发现国民体质和人口预期寿命与城镇居民福利呈现正相关关系。

多数学者将农民工作为边缘职工群体进行典型性研究。梁海兵（2015）针对农民工群体，根据其在城市务工时间长短将其福利需求主要分为三个阶段，福利萌芽阶段、福利缺失阶段和福利缺口阶段。针对中国城市劳动力市场的复杂性，同时考虑到农民工群体福利需求的现实紧迫性，提出应分层次分阶段推进福利供给和以需求最旺的福利项目为突破口的两条福利供给的选择路径。李春根和孙霞（2011）对福建省258名新生代农民工进行调研，发现农民工对于社会福利保障愿望十分迫切，尤其是在基本医疗保障、养老保障等基本社会保障方面。克里斯汀·温（Christine Wen）和华莱士（Jeremy Wallace）（2019）探讨了影响中国农民工社会福利的因素。这些因素包括房屋所有权、城市社会保险（城市养老金、地方医疗保险、失业保险、工伤赔偿、生育保险、住房公积金）、家庭特征（户主年龄、家庭人数、成年人的教育程度、平均家庭收入）、就业和住房等。他们发现，为了改善中国农民工的城市社会福利，为他们提供城市社会保险和城市养老金至关重要。而退休的职工，除基本的养老保险和医疗保险外，对于养老和医疗的基础设施等也有迫切需求，还有部分农村老人对精神感受的渴求更为显著，尤其是农村随迁老人（陈友华、徐愫，2011；郑超、王新军，2020；李旻等，2020）。彭岩富（2014）针对非自愿劳动力流动人员社会福利保障供给不足、质量不高、公共资源配置不均的现实问题，提出要建立以政府主导的层级化功能供给体制，加强契约化合作机制，完善一体化服务体系建设，继而推动经济进步，社会和谐健康发展。

国有企业职工福利在社会经济转型中出现以身份为基础的连锁性多元变化。在市场化改革逐步推进的过程中，国有企业改革的变迁伴随着一系列转变，具体可以总结出以下四个方面的特点：第一，国有企业显性福利逐渐转向隐性福利；第二，国有企业福利的供给由单一性转向多元化发展；第三，国有企业福利客体的特殊性逐步转向社会普适性；第四，国有企业福利逐步转向社会公共福利。国有企业在改革前是"单位制"，是特定历史背景下的特殊产物，其所附带的福利对于国有企业职工是必不可少的一种补偿性福利。在新时期继续深化国企改革的背景下，尽管原有的传统单位制逐渐消失，但在相当长的一段时间内，单位福利仍将以其他新的、不断变异的形态出现（胡水，2015）。

福利为弥补市场资源配置不公，为公众提供市场机制以外的有形和无形的产品和服务，进而保障公众生活，实现社会稳定（Ebbinghaus et al.，2001）。政府制定社会福利政策是以公平为价值理念，以确保公民能够享受同等的与福利相关的权利和义务（Golan et al.，2001）。但与此同时，保障福利获得的社会政策的不完备或在福利制度的运行过程中利益主体的多方博弈以及职工本身的特性差异，使得福利存在着社会排斥的可能性（王梦怡、彭华民，2019）。自马歇尔的福利权理论发展以来，越来越多的学者注意到福利权也表现出不平等性（马歇尔、吉登斯，2007）。造成这种不平等性最直接的恰恰是公民的个人身份属性，而并非个体能力的差异，尽管这也会对其造成间接影响（衣华亮，2009）。所有成员并非等速且公平地获得福利权（彭华民，2006），同一群体内的公民会由于身份的缺失，而被区别对待。个体身份是获得福利的基本门槛，可以说是被其他身份群体排斥在外的入门证（Castle，2005；吴介民，2018）。

个体所享受的福利不仅以身份为基础，同时也会受到个体职业类型、收入水平、社会地位等影响（黄健荣、钟裕民，2015）。这种福利性的社会排斥是由政策主导所形成的（王梦怡，彭华民，2019）。这种隐含在身份中的福利虽是隐性的，但其也是保障社会公平，弥合分配不平等的一种方式（郭忠华，2016）。在中国的经济体制改革过程中，体制内与体制外就业为劳动者贴上不同的身份标签，反映在国有林区职工上可能表现为正式职工和非正式职工的福利差距。考虑到职工群体的实际情况，将林场职工分为管理人员、技术人员、一线工人、待岗转岗及下岗人员四种类型。在职工家庭的维度上，从职工工作类型、是否为正式职工两个指标对职工家庭进行分类，探究不同类型家庭所享受的福利差异。

在福利的测度方面，其界定以及衡量问题目前学界仍存在争议（Gasper，2010）。按照福利测度的维度，可以分为个体、社会和国家福利。少部分学者主张对个体福利和国家福利进行测度。从个体福利的角度，努斯鲍姆（Martha Nussbaum）（2003）提出基本生活、想象和思维、身体健康、社会关系、外界环境的影响等十个维度是衡量个体福利水平的重要指标；维克·库克利（Wiebke Kuklys）（2003）采用社会选择理论，通过物质福利、健康生活、住房和拥有丰富的情感支持四个指标来探究对个体福利的影响。从国家福利的角度测算福利指数最广为人知的是联合国开发计划署（1990）构建的人类发展指数（HDI），具有广泛的影响力，用来衡量各成员国的社会经济发展水平和福利状况。该指数具体由预期寿命、成人识字率和人均GDP的对数三项指标构成。大多数学者都认为福利是多元的，然而对于哪些因素应该被纳入一个有效的福利理论和测度中仍存在分歧（Diener et al.，2003）。迪纳（Diener）和塞利格曼（Seligman）

（2004）指出，目前度量福利的方法尚未形成体系，不同的研究以不同的方式评估不同的概念。部分学者使用"幸福感"和"生活满意度"等作为福利的同义词。此外，部分学者更倾向于利用单一的指标去衡量福利（通常是生活满意度）而忽视了福利的多元性，这导致了福利其他重要方面的缺失。因此，需要一种更系统的方法去衡量指标的多样性（Gasper，2010）。

（一）主观福利测度指标

福特斯（Michael W. Fordyce）（1988）通过使用 Likert 11 量表要求被试者回答他们通常感到快乐、不快乐或中立（既快乐也不快乐）的比例。索尼亚·柳博米尔斯基（Sonja Lyubomirsky）和莱柏（Heidi S. Lepper）（1999）在 Likert 7 量表的基础上，还要求受访者在福利方面与他人比较。直接询问个人的幸福感确实存在有效性，但是影响被调查者用来判断他们是否快乐的因素仍是未知的。因此，福利仍是科学研究中一种难以处理的结构，研究人员致力于将这个概念分解为更基本和可量化的部分。申（Shin）和约翰逊（Johnson）（1978）认为个人对于自身现有生活质量或状态进行主观评估后的结果即生活满意度。可以看出，这种生活满意度的判断在很大程度上或者是完全取决于个人为自己设定的标准，因此部分学者倡导使用更客观的福利测度标准。生活满意度问题已被纳入许多大规模的国际调查，但往往只使用一个问题以评估公民的福利。例如，澳大利亚家庭收入和劳动力动态调查、英国家庭连续调查、德国社会—经济连续调查等（Forgeard et al.，2011）。只通过单一问题来衡量生活满意度存在较大的误差，为了解决这一问题，国民福利核算包含了四个与生活满意度有关的问题，要求受访者对他们目前对生活的满意度进行 7 级评分或是填写带有时间维度的生活满意度量表，评估受访者过去、现在和未来的生活满意度，要求他们对 15 种状态进行评级（Pavot et al.，1998）。

将生活满意度代替福利的测度受到了一些学者的批评。首先，被试者对生活满意度的判断会受到当下情绪（Schwarz and Strack，1999）、生活背景（Schwarz and Clore，1983）以及收入等衡量个人成就的传统指标的影响（Kahneman et al.，2006）。此外，提问的顺序会对结果造成重要影响（Tourangeau et al.，1991）。帕沃特（Willam Pavot）（1998）的研究表明情绪对生活满意度的影响主要发生在单项测量上，如果是生活满意度量表（SWLS）等综合量表时则影响很小。生活满意度指标的最大问题是常常与福利划为等同，但实际上，我们更需要关注的是其背后的原因。其他研究者也提倡使用生活满意度和情感信息来评估整体的主观幸福感（Johns et al.，2007）。

（二）客观福利指标测度

很多学者希望将福利解构为一组客观指标。20 世纪 60 年代以来，出于对"唯经济增长论"的不认同，很多研究者开始探究关于价值观和目标等方面的评估。早期的传统福利经济思想认为 GDP 或者国民收入是福利水平的衡量指标。但随着社会经济的发展，人们发现单一的 GDP 或者收入指标并不能准确地衡量福利水平，一味地追求 GDP 的增长会给社会带来负面影响，导致福利水平下降（武剑、林金忠，2015），学者们开始寻找衡量经济福利的替代指标。现阶段，可持续经济福利指标（ISEW）是被人们广泛使用的指标之一（Daly and Cobb，1989），考虑了个人消费、非防护性支出、资产构成等多种因素对经济福利的影响；在 ISEW 体系下，张文彬、郭琪（2019）在对居民消费进行加权计算处理后，添加了环境成本、社会因素、家庭行为和政府行为净收益 4 种因素，构建了符合中国国情的可持续经济福利框架。为了能够对社会个体生活状况进行评价，学者大多从人们可被客观衡量的经济状况入手，对其福利进行测度（Diener et al.，2003；Gasper，2010）。除此之外，还有学者将个体的能力评估（Sen，2004）以及个体的基础需求（Rawls，1999）纳入客观福利评估的概念框架内。基于以上概念框架，研究者构建了若干客观福利评估指数和指标体系。美国总审计局（GAO，1995）提出的关键国家指标清单，由 8 个不同领域的 10 个指标组成。被评估的领域包括社区（志愿服务以及无家可归的比率）、教育（已经完成教育的成年人的百分比）、保健（预期寿命、体力活动）和社会支助（独居和贫困的老年人百分比）。联合国开发计划署（UNDP）基于能力评估框架构建人类发展指数（HDI），包括收入（按购买力调整的人均国民总收入）、教育（预期教育年限和平均受教育年限）和预期寿命 3 个指标（UNDP，2010）。UNDP 自 1990 年起基于以上进行计算，形成了一套为客观福利研究做基础的公开数据库（黄甘霖等，2016）。之后这一套计算方法和全球层面的数据，被学界和政府在不同层面上广泛应用，重点分析局部地区、全国范围乃至世界尺度的经济福利状况（Sen，2004；Lasso，2001；Bravo，2014；田辉等，2009；李晓西等，2014）。上述所指是基于已有数据进行指标合成，但该方法受限较大，一是数据的可得性，二是指标的合理性。中国学者分别在黄河流域、青海湖流域以及内蒙古锡林郭勒草原等地区，评估收入对当地居民福利的影响（杨莉等，2010；代光烁等，2014；潘影等，2012）。

一些学者提出将客观指标作为福利唯一度量标准存在一些问题（Diener et al.，2009）。第一，关于哪些指标应该被包含在福利体系中仍存在争议，目前尚不清楚现有评价体系中的指标对总福利的影响程度。第二，客观指标的衡量很大程度上建立在主观的价值判断上，这在一定程度上损害了结果的客观性（Gasper，2010）。第三，客观测量的准确性需要被考虑。一个经常被用来支持客观的福利衡量标准的论点是，它们可以被清晰地观察和经验性地验证（Diener et al.，2009）。但实际上，经常引用的客观数据可能并不总是准确的。此外，客观指标的具体含义可能因文化而异（Smith et al.，2001），而这种差异限制了跨地区的比较。例如，在一个国家，十年的教育可能与另一个国家的十年教育不相同或相当。同时，特定指标上的类似评分可能代表着不同的福利水平，包括赋权的主体以及具体的权重考量等均尚未解决（Scott et al.，2009）。例如，一个地区强大的武装力量既可能反映出高犯罪率，也可能反映出良好的治安环境这两种截然相反的情况。同时，即使是与单一体系下的整体指数相类似，也可能存在着很大的福利差距。例如，当一些国家在寿命、教育和收入方面没有很大差异时，人类发展指数相对集中，但它们在其他重要指标上可能有很大差异。

三、重点国有林区改革对职工福利的影响研究进展

（一）对林区职工客观经济福利的影响研究

1. 对林区职工就业的影响

目前国内学者聚焦于重点国有林区改革对林区职工的生活生计问题，首先是林区职工就业问题。在第一期天然林保护工程实施期间，由于处于国有企业改革初期，被迫赶上"下岗潮"，形成了大量的下岗职工和富余职工（李培林、张翼，2003），产生危及林区乃至整个东北地区的民生问题。在政府重点关注民生就业问题后，目前重点国有林区采取"人员只出不进"的措施，以保障就业。

然而事实上，国有林区就业形势仍然十分严峻。一方面林区的就业观念尚未从根本上发生改变，职工就业技能单一导致就业形式也较为单一；另一方面国有林区资源减少，接续产业发展不足，再加上国有林区职工平均受教育程度低，造成职业化程度低，形成了高失业群体，就业率不断下降，同时存在大量处于隐性失业状态的职工（张永利等，2005；刘丽红、曹玉昆，2010；王利等，2014；王慧，2015；吴国春等，2009）。王慧（2015）以重点国有林区所在3省为样本，随机抽样共追踪了1454名林区职工，通过建立计量模型对国有林区改革对其就业影响进行实证分析，得出改革会通过对员工的分流安置对就业格局进行调整，并通过市场化在某种程度上提高了就业率的结论。林红和付启明（2021）使用2014—2016年林区追踪数据对林区劳动力和就业情况进行分析，得出目前重点国有林区就业机制不完善、培训服务机制不健全等问题，导致存在就业形式单一、剩余劳动力就业成本高等困难。曹娟娟等（2022）学者运用微观经济学供需理论，研究得出森工集团内部、职工家庭存在隐性失业。有学者采用模糊评价法测算林区家庭福利水平后，并采用分位数回归模型结果表明林区劳动力就业类型对其家庭不同福利水平具有异质性影响（朱洪革等，2020），因此要关注低收入人群，创造更多就业岗位和增收机会（朱洪革等，2019b）。黄妍妍等（2022）学者通过对东北国有林区富余职工来源、现状以及存在问题的研究，提出增加就业机会应当加快国有林区产业转型、增强富余职工再就业能力建设、完善就业平台服务机制、加大扶持力度确保政策落实的建议。

2. 对林区职工收入水平的影响

收入水平是职工经济福利的重要衡量标准之一。大部分学者的研究表明在各种改革中或随着时间的推移职工总经济福利有所提升，但整体仍处于较低水平。具体来说，玮丽斯（2019）发现接近60%的林区职工对当前的收入不满意。近年来职工家庭人均收入水平显著提高（王慧，2015），人均非林业收入、人均非国有部门收入占家庭人均收入的比重上升，但工资性收入是主要收入来源（张坤等，2014），东北国有林区职工收入结构相对单一，林区职工经济基础薄弱，绝大部分职工既无固定资产也没有银行存款（韩雪、耿玉德，2014）。王玉芳等（2017）学者以职工收入和收入差距作为指标进行核算，定量分析国有林区职工贫困和脆弱性问题，结果表明国有林区贫困问题突出，职工群体脆弱性较高。朱洪革等（2019c）学者以 2001—2016 年重点国有林区职工为样本，通过分位数回归模型分析重点国有林区改革对于职工工资性收入存在复杂的异质性影响。同时，利用重点国有林区 1144 个样本职工家庭调查数据分析，建立 OLS 和 PSM 回归模型，结果表明在改革过程中，对于职工的森林抚育补贴由于政策覆盖面小，并没有在根本上提高职工家庭的经济收入（朱洪革等，2018）。秦利和张铭轩（2021）以伊春林区作为样本区域，对林区改革进行模糊综合评价，结果表明尽管生态效益评价良好，但经济效益评价一般。认为当地的收入水平仍有待提高，林区民生问题亟待解决。朱洪革等（2019a）学者使用双重差分模型（DID）对国有林区家庭全面停伐前后收入进行对比，证实了全面停伐政策对居民家庭收入存在消极影响。

3. 对林区职工社会保障的影响

社会保障是职工长期经济福利的重要来源之一。由于部分富余职工在分流后，其社会保障没有能够得到根本性解决，出现基本生活困难的问题。历史沿革下来的政企合一的管理体制，导致森工企业竞争能力逐渐衰退，林区职工长期依赖于森工企业，致使其能力弱化（韩雪、耿玉德，2014），因此，更要加强对基层林区职工的关注。尽管中央财政通过天保工程对林区内林业职工进行了安置和补贴，但林区仍然存在一线职工就业困难、收入水平较低、保障制度不健全等社会问题。因此要更进一步加大对林区民生的关注，提高林区职工工资、完善社会保障制度等以维护林区稳定发展（刘萍等，2011）。为弥补禁伐政策对国有林区职工带来的直接和间接的生计和福利影响，工人家庭建立合同管理责任制（Contract Management Responsibility System，CMRS），以为参与家庭提供替代的生计机会。根据 CMRS 相关规定，职工将获得某些森林保护任务的合同。与此同时，作为回报，这些家庭被授予在规定森林区域内种植非木质林产品的专有权，这些非木质林产品是禁伐时期提供替代生计的重要方式，为解决和改善职工家庭生活的重要渠道（Liu and Xu，2019）。尽管林区内职工家庭之间的内部福利差距缩小，中低福利水平的职工家庭增多，高福利水平的职工家庭减少（孙思博钰等，2019），但目前重点国有林区存在保险缺口、职工社会福利保障制度不健全等诸多问题，导致林区内部福利排斥状况的存在（袁婉潼等，2021）。

二、对林区职工主观满意度的影响研究

为研究重点国有林区改革对林区职工自身感受的影响，多数学者以身体状况、附近医疗状况、家庭总支出、住房满意度、物价水平满意度、行政服务满意度、社会保障满意度、收入满意度和双重就业满意度对国有林区职工的福利进行衡量并加以分析（徐玮、包庆丰，2017）。由于主观层面的模糊性较强，因此不同学者测算出的福利水平有一定差异。邹玉友（2019）通过对重点国有林区职工主观福祉进行探讨，对其生活满意度进行分析，发现尽管其平均水平大致高于一般水平，但与城镇居民和农民的主观生活满意度相比，仍然处于较低水平，且差距明显（邹玉友，2019）。就其具体表现及原因而言，部分学者的研究认为重点国有林区职工对林业补贴政策实施满意度不高（田国双等，2018），职工对收入和社保的满意度不高（张坤等，2014），且全面停伐政策显著降低了国有林区居民的生活满意度（胡琴心等，2018）。于婕媛和万志芳（2018）以大兴安岭林区为样本区域，通过构建包含 7 个维度的国有林区职工就业满意度评分表，得出林区职工就业满意度为 3.62，总体上福利水平良好。

三、影响林区职工福利的因素研究

有关学者利用层次分析法（AHP）、有序 Probit 或 Logistic 模型、模糊评价法等对影响国有林区职工福利的主要因素进行了分析。从功能来看，休闲娱乐、社会资本、家庭经济情况、社会保障和居住条件是影响林区职工家庭福利的重要指标（常丽博等，2015），其中经济状况、居住条件的边际改善对职工家庭总福利的提升影响最大（孙思博钰等，2019）。其中，家庭总支出、物价水平、社会保障、双重就业与收入满意度是提升国有林区职工主观福祉的核心要素（邹玉友等，2020；蒋云亮、耿玉德，2021）。在生活满意度方面，住房面积对职工家庭的生活满意度有正向影响。除生产性债务外，家庭债务显著地降低了国有林区居民的生活满意度。其中，个人购买固定资产主要是房产或车产而产生的债务问题对于林区职工生活满意度的影响较小，而由于教育或者看病就医而产生的债务对其生活满意度影响较大。这是由于前者属于改善生活而承担的费用，而后者是属于生活的基础开支费用，是无法避免的。此外，年龄、健康状况和

文化程度都对国有林区居民的生活满意度有显著的影响（胡琴心等，2019）。在家庭特征变量中，影响职工生活满意度的主要因素是职工家庭户均年收入；在劳动条件变量中，影响职工生活满意度的主要因素是林场组织培训情况；在认知程度变量中，影响职工生活满意度的主要因素是林场与职工的关系以及职工压力（蒋莉莉、陈文汇，2014）。

国有林区职工对于政策的认知度、认可度及满意度直接影响到国有林区改革的实施效果（赵雅茹、李萱汶，2019）。田国双等（2017）学者以黑龙江国有林区为样本点，利用微观数据对国有林区改革补贴进行了分析和效果评价，林业补贴可以促进地区就业，同时对职工家庭收入有异质性影响。为分析林区职工对政府补贴的满意度，有学者基于黑龙江林区职工问卷调查数据，通过建立多元有序的 logit 模型进行实证分析。结果表明，林区职工整体对补贴满意度不高，其满意度受多种因素影响，主要有个体特征、家庭特征、补贴政策及组织结构影响（田国双等，2018）。就政策激励而言，赵雅茹和李萱汶（2019）针对黑龙江国有林区调研发现，职工年龄、健康状况、工资性收入水平和政策公示对造林及森林抚育参与度有主要影响，政策了解度对职工参与造林及森林抚育没有影响。无论是政策支持还是技术培训，都对国有林区职工有异质性影响。赵文铖等（2019）学者通过调研分析发现，森林抚育补贴政策对不同国有林区职工家庭收入有不同作用，对高收入职工家庭显著性明显要高于低收入职工家庭，尽管后者是政策目标受益群体。张少鹏和朱洪革（2019）采用分位数回归的分析方法，得出职工收入的提高以工资性收入为主，同时森林抚育补贴政策对职工家庭收入流动性会有一定影响。

根据林场职工的现状与探究的影响因素，不同学者提出了相应的政策建议。温铁军等（2007）学者认为改善职工生存状况的措施需要从产权入手，加快引入市场机制，以搞活森林资源市场。通过建立并完善投融资机制，实现多种所有制经济发展，保护弱势群体利益。此外，还有学者从政府供给入手，认为应提高中央财政转移支付的比例，加大农林补贴，对制度进行创新，发展林下经济，提高公益林补偿标准，加强职业技术培训，提高职工家庭收入水平（王慧，2015；田国双等，2018；于婕媛、万志芳，2018）；出台职工再就业优惠政策，加强职业技术培训，促进职工转岗就业（朱洪革等，2017；邹玉友等，2019；张少鹏、朱洪革，2019）；落实好工程安置政策，改进居住环境的配套设施；扩大低保、基本养老保险政策，完善社会保障制度（邹玉友等，2019；孙思博钰等，2019）；改善国有林区基础医疗条件，健全基层医疗卫生服务体系等（邹玉友等，2019；曹玉昆等，2009；常丽博等，2015）。以期提升职工家庭福利水平，缩小职工家庭福利差距，进而促进森林资源经济转型。在森工企业的层面，应构建利益表达机制，保障职工的权益；职工自身也应转变自己的观念，提升自身素质和能力（韩雪、耿玉德，2014）。在全面停伐时期，要从多方面有针对性地提升林区职工福利。首先要做到保障林区职工的保险问题，尤其是针对职工老龄化问题，要切实落实其养老保险的缴纳情况；其次针对转岗职工，要积极提供职业培训，增强其工作适应能力；最后除保障林区职工基本工资外，更应发展森林其他经营产业，包括林下经济等林业第三产业，鼓励家庭式林场经营，以不断提高职工家庭经营性收入（孙思博钰等，2019）。

综合已有研究发现，目前针对国有林区改革对于职工福利的影响主要从就业、收入、社会保障和主观满意度等方面进行研究，为本研究奠定了一定的基础。但同时，仍有一些有待改进的地方。一方面大多数研究针对国有林区改革下的全面停伐政策进行分析，关注政企分开这一体制改革的较少。另一方面，已有研究大多忽视了改革背景下职工的福利依赖问题，以及不同特征的职工家庭可能存在的福利排斥或福利悬崖问题。福利依赖意味着收入与利益依赖的发展有关，政策对受助者的影响有时间效应和心理效应，这些减少了其独立于社会利益的机会（Contini and Negri，2007）。由于长期的福利政策制度可能会对受助者的偏好和行为产生负面影响，年轻人或是具有劳动能力者也会有福利依赖效应（Bergmark and Bäckman，2004），这种心理效应是会对个体实际经济收入产生消极作用的（Brännström and Stenberg，2007）。传统体制下，国有企业职工的生老病死由单位全权负责，形成对国家的完全依赖（刘平等，2008），改革开放后经济的转型致使国有企业职工从对国家的福利依赖转向对单位和企业的依赖（常成，2017），东北重点国有林受计划经济体制的历史遗留问题影响，林区职工长期全方位依附于森工企业，除基本就业外，也包括养老等福利保障问题，加之森工企业体制改革落后和生计来源单一化，导致职工对森工企业产生根深蒂固的福利依赖（韩雪、耿玉德，2015）。因此，重点要从路径依赖视角关注政企分开体制变革对职工经济福利的影响。

四、相关理论基础概述

（一）制度变迁理论

制度变迁是指对整体结构中的规则进行一定边际改变（林毅夫，2000），有学者以速度作为区分，将其分为激进式制度变迁和渐进式制度变迁（盛洪，2002）。激进式制度变迁是以目的为导向性，通过快速的方式，使新制度在高效率下一步到位，在最短的时间内完成新制度替代旧制度的变迁过程，但有可能会引起社会的动荡；渐进式制度变迁顾名思义是以一种渐进的方式，变迁速度较激进式制度变迁更为缓慢，通过平稳推动制度改变，逐渐完成制度的变迁过程。整个过程虽然用时较长，但是由于采取了温和的变迁方式，所以并不会引起社会的动荡（詹姆斯·马霍尼等，2017）。从需求供给角度来看，制度变迁也可以被分成两类，一类是诱致性制度变迁，另一类则是强制性制度变迁（丰雷等，2013）。诱致性制度变迁是由于原有制度无法满足现有的状态，主要是人们的生活、经济的发展以及社会的进步等，而必须采取新的制度来代替原有落后的制度，以提高制度效率。一般这种变迁是由基层自主发起的，是自下而上的一种变迁，通常是渐进性的；而强制性制度变迁，是自上而下的，由国家或者政府通过法律或者政策对全社会进行规制，要求其进行制度的更替，通常是激进式的（Lin，1989；樊纲，1993）。从变迁的变化大小来看，制度变迁划分为移植式制度变迁和创设式制度变迁（张壮、赵红艳，2021）。移植式制度变迁的目标制度基本上是根据他方已经创设和运作并具有一定效率的制度。换言之，移植式制度变迁其实是一种合法的"搭便车"行为（曹元坤，1997）。创设式制度变迁的目标制度基本上是依赖自我设计和自我建构的制度。这种性质的制度安排或制度结构基本上没有先例，所以，制度变迁论证分析在很大程度上是依据理论的预期分析，而没有他方的制度实际绩效可供参考（曹元坤，1997）。依据变迁的规模差异，制度变迁划分为整体制度变迁和局部制度变迁（张壮、赵红艳，2021）。整体制度变迁就是特定社会范围内各种制度相互配合、协调一致的变迁，强调不同制度之间的关联和影响；局部制度变迁包括单项制度变迁。

制度变迁受到内部和外部因素的共同影响。一般来说，制度内部因素是引起该制度发生变迁的根本原因。由于在制度内部利益主体间出现了不平衡，因此需要通过制度变迁来达到协调的状态。而外部条件的变化一般只有通过对内部因素的影响才能加速或减缓制度变迁的过程。外部因素指与该制度无关的其他因素的变化，主要是客观的外界变量，包括经济发展、社会变动、政治变化等方面的因素。这些变化都会对制度造成或多或少的影响，长期积累下来，便会推动该项制度的变迁（卢现祥等，2007）。外部的环境、政府政策引导和内部的物质生产或生产力发展也是制度变迁的诱导因素（李谷成等，2014；程军国等，2020）。

我国国有林区制度的变迁主要围绕优化国有林区的内部治理结构和外部治理环境来进行渐进式变迁，呈现出对国有林区的认识逐渐升级、改革逐渐深化、治理更加科学化的逻辑特征（张壮、赵红艳，2021）。渐进式改革具有试验性和累积性。试验性使改革主体渐渐认识到改革方向，为改革提供适应的过程。此外，渐进式改革为增长提供了不断的动力，是比较长期的积累，在达到稳态之前，人均收入已经提高到了比较高的水平，这比较适用于国有林区目前比较困难、人均收入水平低、改革承受能力差的状况（姜宏伟，2006）。

（二）现代企业制度理论

企业制度有广义和狭义之分，狭义的企业制度指企业内部的组织形式和规章制度（吴敬琏，1993；刘松柏，2002），而广义上的企业制度指为规范企业生产经营，而对管理者、劳动者、所有者等进行制度化管理与约束的行为规章。除了狭义上对内的组织制度外，还包含产权制度，以及对外与政府的关系、与社会的关系等更为复杂的制度。现代企业制度从广义上来说主要是指现代企业组建、运营、管理一系列行为和关系的制度体系。是以产权清晰、权责明确、政企分开、管理科学为条件的新型企业制度。

国有企业的建立具备有效解决重大特殊社会经济问题和发挥应对紧迫危机的独特功能，自从明确社会主义市场经济改革的方向，并决定以建立现代企业制度作为国有企业改革的方向以来，国有企业开始全面改革。具体而言，第一，对大中型企业和一般小型企业要分开管理，做到抓大放小，抓好前者，搞活后者；第二，对企业内部管理体制进行改革，推动其建成权责分明、管理科学的现代化企业；第三，加快推动政企分开，理顺产权关系，妥善安置富余人员

（魏国飞，2010；金碚，2010）。中共十四届三中全会明确改革发展主体任务是
顺利完成国有企业改革发展重点任务的关键，充分发挥国有企业改革发展主体
作用，赋予企业更充分的自主改革发展权。实现政企分开是现代企业制度的内
在要求，也符合市场经济运行的一般规律（江剑平等，2020）。国有企业现在所
背负的社会行政职能应隶属于政府或其他事业机构，然而历史遗留问题的存在，
导致国有企业仍然要承担社会职能的责任，包括物业、教育、医疗、市政环卫
等社会职能。

如何处理好国有企业的发展与保障民生的关系是改革的核心。国有企业改
革发展的最终目的并不是推动国有企业不断发展，而是为了更好增进民生福祉，
让全民共享其改革发展成果（江剑平等，2020）。在国有企业改革的过程中，国
有企业职工与企业的关系会发生一些变化，国企内部工人与企业关系的变迁衍
生一些问题，如职工权益受到损失、对企业认同感降低等，这些都是国有企业
在改革中不可避免要面对的难题与挑战。现代企业制度理论为国有森工企业的
改革发展提供了坚实的理论基础和正确的发展方向，进一步明确政府和企业权
责边界，保障林区职工福利，维护林区发展和稳定。

（三）政企分开理论

政府和企业二者的关系是社会管理者和社会主体之间的关系（徐黎，
2013），政企分开的严格含义应是国家所有者职能与社会经济管理职能分离（银
温泉，1998），通过对政企关系的调适，使其最终发展到适应市场化发展，权责
分明、高效运作的理性状态（刘宇，2019）。

国有森工企业作为资源型国有企业，兼有资源和企业"双重国有"的特点，
国有企业庞大的旧体制负担和市场缺位限制造成经济危困的现象（曾燕南，
2019）。受到地理位置和历史背景的影响，一方面，森工企业集森林资源占有、
使用、收益、处置四权于一身，既是管资源的政府，又是用资源的企业；另一
方面，政事企合一，国有林区逐步形成了企业办社会的格局。森林资源过度开
发，基础设施欠账很多，民生问题比较突出，严重制约了森工企业生态安全保
障能力。

2015 年中共中央、国务院印发的《国有林区改革指导意见》中明确提出要
推动政企分开，做好各项社会职能移交。将除企业与生产经营相关的经济职能

以外所承担的额外政治职能与社会职能剥离到地方政府。具体包括公检法、"三供一业"、市政环卫、教育医疗、离退休人员管理等一系列社会职能。政企分开政策出台的主要目的是重新对政府行为和市场作用进行定位，充分发挥二者各自比较优势（刘清泉等，2019），强化林区政府的社会管理和公共服务职能，使森林资源管护和监管体系更加完善；将林区经济社会的发展融入地方，使林区人员的生产生活条件得到明显改善，职工基本生活得到有效保障。

（四）路径依赖理论

路径依赖（Path dependence）这一概念起初源于生物学，在经济学领域最早被保罗·戴维（Paul A. David）在 1975 年著的《技术选择、创新和经济增长》一书中引入技术演进的路径依赖中，而后保罗·戴维（1985）又与 Arthur（1989）将该思想系统化，从动态视角探讨了经济学范畴内"路径依赖理论"的概念和机理，强调报酬递增作用与效率机制。诺斯（1994）强调，"路径依赖性是分析理解长期经济变迁的关键"，人类社会中的技术演进或制度变迁均类似于物理学中的惯性，即一旦进入某一路径就可能对这种路径产生依赖（牛余庆、牛家驹，2017）。一个复杂的制度变迁过程要求我们需要将其放在历史背景下进行分析，从社会根源对其改革目标、内容和路径进行探索。而路径依赖是一个随机动态过程（Bebchuk and Margolis，1990），任何制度变迁都具有路径依赖的性质。路径依赖通过历史因素对组织路径的绝对影响进行描述（Mahoney，2000），以探讨组织过去与组织未来的联结问题。制度变迁的过程受到经济、政治以及社会文化等多方影响，其路径依赖较技术变迁更为复杂。路径依赖所黏滞的特定行为惯例、制度框架、认知结构与社会联系使其难以向其他潜在路径或最优路径演化，路径依赖效用取决于持续锁定的正反馈或负反馈机制。诺斯（1994）认为，制度变迁存在着自我增强或正反馈机制，它一旦走上某条路径，其原有方向就会在后期发展中不断得到强化，从而形成制度变迁的轨迹依赖。外生冲击的缺位将使路径依赖持续锁定，包括正向路径依赖与负向路径依赖。重点国有林区内"单位制"的形成与消解归根到底是一种制度变迁，是一个社会中供需力量相互影响所产生的内在性过程。"人们过去做出的选择决定他们现在的选择"，沿着既定的路线，制度变迁可能进入良性循环的轨道，但也可能顺着错误的路径走下去，甚至被锁定在某种无效率的状态中，一旦进入锁定状态，想要走出这种境地就非常困难（顾水水，2012）。所以，依赖正确的路径，国有企业的改革会呈现高效率的趋势发展，从而进入相互发展、互相促进的良性循环，不断优化；而依赖了错误的路径，有可能就要陷入低效、无效甚至是负效率的状态而停滞不前，从而进入短暂的锁定模式无法自拔（郝环一，2017）。

国有林区改革的过程既是一种渐进式的，也是一种强制性的制度变迁。渐进式的制度变迁由于维持了原有组织资源和法律体系的连续性，从而基本保持了制度创新中制度安排的相对稳定和有效衔接，避免了社会结构的断层和社会秩序的混乱（牛余庆、牛家驹，2017）。但也受到了计划经济残存的惯性影响，国有林区延续过去的传统体制，不断自我发展、自我强化，最终形成了政企合一的全能治理模式，已经严重束缚了国有林区的生机与活力。传统单位制虽然退出历史舞台，但一些学者指出一些占有自然资源和政策资源优势的大型国有企业，正在形成"新单位制格局"（刘平等，2008）。重点国有林区初始制度状态即为政企合一，且延续至今，历时已久。在路径依赖的过程中，会在林区形成一种"锁定"的状态，更多的是一种低效率的，甚至是无效率的变迁（吴敬琏，1993），这会造成国有林区政府、社会、市场三方严重失衡。政企分开的过程，是森工企业由服务管理主导型走向利润导向型的一个变迁路径，也是林区职工与国有森工企业之间的关系从传统被动行政式依附向契约型关系转变，形成个人对国有森工企业的"利益依赖"，企业代替国家与个体成为新的利益共同体。

（五）可行能力理论

诺贝尔经济学奖获得者森在对传统福利思想的批判与反思基础上提出了可行能力理论，主要是指实现各种可能的功能性活动组合的实质自由，包含了功能性活动与可行能力两个核心内容来实现对福利的评价。功能性活动是指一个人认为值得去做或达到的多种多样的事情或状态（Amartya Sen，2002），它是个人现状的真实反映，决定了人们的生活水平，例如，健康、居住条件、教育、闲暇时间等方面。可行能力则是功能的派生概念，是一个人有可能实现的各种可能的功能性活动组合，反映了一个人获得福利的真正机会和选择的自由程度（Amartya Sen，2002），例如，政府社会保障、医疗卫生、教育投入等方面。森还认为个人异质性（年龄、健康状况、性别等）、环境多样性和社会因素（社会风气等）的不同也会导致不同群体和个人的福利水平存在差异。森并没有提供完整的可行能力清单，而是提供了政治自由、经济条件、社会机会、透明性保证和防护性保障五个维度的福利规范分析范式（Amartya Sen，2002），实现对福利的评价体系。

很多学者基于可行能力理论来测算研究社会福利水平。大多以农村和城镇居民为研究对象，探究他们的社会福利水平。以农民为研究对象，大多数学者运用模糊评价法，来探究土地流转前后（高进云等，2007；贺丹等，2012）、土地征收前后（高进云、乔荣峰，2016）、农户土地承包经营权置换成城镇社会保障前后（徐烽烽等，2010）、保障房建设完成后（李梦玄、周义，2012）、是否处于化工园区（葛继红等，2017）、农村宅基地退出前后（李欢、张安录，2019）对农民福利水平变化的影响。以城镇居民为研究对象，王冰、钟晓华（2014）测算了我国城镇居民的多维福利状态，发现教育、收入和成长环境对城镇居民的福利水平有显著影响；贾晶（2015）运用熵值法从功能和能力两个维度测算城镇居民居住福利水平，发现城镇居民能力空间上的居住福利发展不足，有待提高；邹玉友等（2020）学者以可行能力理论为框架，探究天然林全面停伐政策对国有林区职工主观福利的影响因素，提出要重视林区职工的防护性保障水平，提升林区的幸福指数。由此可见，可行能力理论已经被诸多学者广泛拓展与应用，立足于其模糊性，该理论也不断进行多元发展，为社会福利的研究提供了理论支撑。

（六）激励理论

在激励理论的发展过程中，行为派激励理论、认知派激励理论及综合型激励理论是当前发展比较成熟的激励理论。华生（John B. Waston）于20世纪20年代创立了行为派激励理论，认为人的动机来自需要，人们的行为目标是由需要来确定的（保罗·萨缪尔森、威廉·诺德豪斯，2013），并且激励者的任务就是选择适当的激励手段，去诱发人的行为，以引起被激励者相应的反应标准和定型的活动（约翰·布鲁贝克，2001）。后来，斯金纳（Burrhus F. Skinner）作为新行为主义者的代表人物之一，在原行为派激励理论的基础上，提出了操作性条件反射理论，该理论认为刺激变量和中间变量都是激励人的主要手段，其中，中间变量主要是指人的主观因素（北京市经委劳动工资处，1985）。认知派激励理论认为激励的目的是达到设立的目标，通过将消极行为转化为积极行为的行为转变方式实现组织更高的效益。亚当斯（John S. Adams）的公平理论、麦克利兰的成就激励理论等认知派激励理论一致认为外部环境刺激和内部思想认识相互作用才产生了人的行为（Pavid C. McClell）（1985）。综合派激励理论是上述两种理论的融合与发展，认为激励不仅要满足人的外在需求，也需要满足人的内在需要。为了达到激励的目标，物质激励与精神激励需要有机结合。心理学家勒温（Kurt Lewin）（1936）是综合型激励理论的代表，其提出的场动力理论认为内部系统需要的强度与外部引线的相互关系决定了人的行为方向，外界环境的刺激只是一个导火索，内部的驱动力是人的需要，内在的需求对人的行为影响程度更大，但二者依旧共同决定人的行为发展。

天然林全面停伐政策实施后，短时间内给企业和职工造成极大的损失，企业主营业务收入下降，发展受阻，下游木材加工企业无法获得原材料，无法进行正常生产经营活动，失去收入来源。为了促进林区企业的发展和职工福利改善，政府和企业采取相关措施以期将停伐政策带来的负外部效应转为正外部效应。在天然林全面停伐政策这一外部环境的刺激作用下，激励理论对重点国有林区企业和职工的发展具有重要的意义。政府在政策的制定过程中，有计划地对企业和职工进行有效的刺激、引导和鼓励，运用适当的刺激手段，推动企业更加积极地进行产业转型，寻找新的发展路径。同时，为了更好地调动和激发林区转岗或下岗职工的工作积极性，企业也应充分考虑职工物质与精神的双重需要，采取合理措施保障职工权益。不仅职工自身应努力提高能力和素质，政府和企业也应搭建平台为职工发挥其才能创造发展空间，也可以通过相关的职业技能培训等措施，让职工了解所在岗位的具体要求和目标等，以促进职工更好地适应该岗位，改善生活困境，提高职工福利。

五、小结

综合前人研究，已有学者在重点国有林区改革方面，包括其管理体制、产业发展与职工福利等方面开展了相应研究，为本研究奠定了基础，并提供了思路。但深入研究国有林区职工福利，以及针对停伐政策和政企分开对职工福利影响的研究仍较为鲜见。

（1）民生问题是社会一直重点关注的问题。现有文献研究天然林全面停伐政策对职工家庭生计、收入、就业和居民满意度等民生问题的影响具有一定意义，为政府和企业提供一定的政策建议与指导方向，但是较为笼统，大多以政策为背景进行研究，缺乏具体的路径和作用机制。并且天然林全面停伐政策对不同职工的收入、社会保障等方面的影响存在差异化。因此，本研究将重点国有林区职工类型进行区分，探究天然林全面停伐政策对干部或管理人员、采伐运输工人和木材加工工人带来的影响状况的差别，具体分析停伐政策对不同职工群体带来的影响，系统全面地探究天然林全面停伐政策对东北国有林区职工的影响机制。

（2）国内外学者对福利的研究范围比较广泛，很多学者基于森的可行能力理论探究家庭、居民的福利水平，但是指标的选取更多采用了功能性指标，缺乏医疗卫生、社会保障、技能培训机会等能力性指标。并且国内学者基于森的可行能力关于福利测度的研究对象主要集中于农民，缺乏对职工这一群体的福利研究。因此，本研究将基于森的可行能力理论，综合功能和能力两方面来具体分析职工的福利变化及发展水平。

（3）大多数文献从不同的维度选取不同的指标进行福利测度，并且指标的选取日趋系统、全面、细致，对本研究具有重要的参考和借鉴意义。本文应根据福利的内涵，参照功能和能力标准，划分物质和精神层面的福利评价指标，构建系统的福利评价体系，为提高东北国有林区职工福利的政策制定提供理论依据。

（4）总体上对国家、企业、地方政府和职工多利益主体间深层次相互逻辑的分析鲜见，其中触及深层的依附关系仍没有破除。在国有企业改革深化阶段，要彻底解决历史遗留下"企业办社会"这一计划经济体制下的特定产物，势必要从各利益主体间关系出发，破解其中多重依附关系。

（5）在国有企业改革方面，针对东北国有森工企业这一重要且特殊的资源型国有企业的研究有一定缺失，因此本研究从历史背景下，对国有森工企业如何在典型单位制的长期影响下，进一步深化改革，打破既定瓶颈进行探讨，以期为相关资源型国有企业发展提供重要参考。

（6）既有研究缺乏对政企分开程度测度的实证分析。目前尽管对于政企分开与社会职能移交已有学者进行了研究分析，但仍存在不足。一方面是多数学者对政企分开的研究主要采用定性分析或阐明改革方向等进行评价，缺乏对其进行程度测度的定量分析；另一方面，尚未有学者对其进行程度测度后再进行计量模型建立。重点国有林区的复杂性，致使其改革也具有特殊性和复杂性，各林区和各森工企业都是普遍性与特殊性的统一，改革类型繁多，程度各异。因此，应对其改革程度加以区分后进行实证分析研究。

（7）已有文献关于政企分开对于职工经济福利的研究较为鲜见。重点国有林区作为特定时期的特殊产物，兼具国有企业、林业企业的双重属性。此外，各林区内、各森工集团、各森工企业虽有普遍性，但都有其特殊性。国有林区改革涉及面非常广，涵盖了林区的生态、经济以及社会系统。林区职工作为国有林区改革的经历者和参与者，其福利水平在这种复杂改革的影响下，会受到政策的多种机制的影响。

前人在林区职工福利研究方面已有部分成果，为本研究奠定了一些基础。但基于林区职工福利视角来研究国有林区深化改革的研究成果还较为鲜见，且林区福利的评价体系研究还缺少系统性和针对性，计量方法运用方面也缺少多期数据测度福利的变化，控制变量选取以及模型检验方面也存在欠缺等，等。因此，本研究的开展极为必要且重要。

附录二：重点国有林区深化改革与职工福利调查问卷[①]

省（自治区、直辖市）：_____市（地区）：_____县（区）：_____

受访者姓名：_____

受访者电话号码：_____

调查员姓名：_____

调查员手机号码：_____

调查日期：_____

[①] 本问卷设计人员：乔丹、袁婉潼、柯水发、夏天超、纪元。

一、基本信息

1. 性别	2. 年龄	3. 民族	4. 文化程度	5. 累积从事林业工作时间（年）	6. 家庭从事林业工作人数	7. 家庭子女数	8. 家庭子女最高学历	9. 您的健康状况	10. 您的家中是否有人有过重大疾病（住院天数超过五天）	11. 您的家中曾有过重大疾病的人数
A. 男 B. 女			编码1				编码2	A. 很好 B. 较好 C. 一般 D. 较差 E. 很差	A. 是 B. 否	

编码1/编码2：A. 小学及以下；B. 初中；C. 高中/中专/技校/职高；D. 大专；E. 大学本科及以上

二、职工职业类型和岗位变化情况

1. 您当前职业类型是什么？ A. 干部或管理人员　B. 工程师、医生、会计、教师等专业技术人员　C. 林业局管护或抚育工人　D. 木材加工厂或木下产品加工厂工人　E. 采伐运输工人　F. 其他（请注明）	
2. 您是如何进入林业系统工作的？ A. 外地应聘　B. 本地应聘	
3. 您是否与具有所在岗位相关专业技术资格证？ A. 是　B. 否　C 所在岗位不需要资格证	
4. 认为自己的能力有没有在该岗位上得到充分发挥？ A. 完全发挥　B. 未能完全发挥　C. 半数发挥　D. 完全没能发挥　E. 不清楚	
5. 您是否明确自己的工作职责和义务？ A. 是　B. 否	
6. 您是否能够胜任目前的岗位需求？ A. 是　B. 否	

7. 若不能胜任目前岗位，您是否能够申请调动？

A. 是　B. 否

---

8. 若能申请调动，您是否愿意调整到适合岗位？

A. 是　B. 否

---

9. 从业以来，您的岗位是否有变动？

A. 是　B. 否

---

10. 若您的岗位有变动，变动前您的职业是什么？

A. 林业局管护或抚育工人　B. 木材加工厂或林下产品加工厂工人

　C. 采伐运输工人　D. 其他（请注明）

---

11. 若您的岗位有变动，您是通过什么形式来到目前岗位上的？（若岗位未发生变动，无须填写此题）

A. 转岗到任　B. 待岗到任　C. 下岗到任　D. 安置到任

---

12. 若您的岗位有变动，您会如何应对转岗或者下岗？

A. 观望　B. 听从分配　C. 创业

---

13. 转岗之后，您是否适应新的岗位需求？（若未经历转岗，无须填写此题）

A. 是　B. 否

14. 您认为转岗和分流机制是否合理？ A. 合理　B. 不合理	
15. 若您现在处于待业中，您预计一个月内是否能找到工作？ A. 是　B. 否	
16. 如有工作机会，您是否能在两周内开始工作？ A. 是　B. 否	
17. 您对目前的薪资待遇是否满意？ A. 是　B. 否	
18. 您认为当前从事林业行业与之前比认同感如何？ A. 降低　B. 无变化　C. 提高	
19. 您认为林区产业转型是否影响了自身的就业？ A. 是　B. 否	

三、职工年可支配收入情况（单位：元）

年可支配收入项目	2014 年	2019 年

1. 个人收入总额		
（1）工资性收入		
（2）其他收入		
2. 家庭工资性收入总计		
（1）来自林业局（林场）工资收入		
（2）其他企事业单位工资收入		
（3）造林补贴收入		
（4）森林抚育补贴收入		
（5）森林管护收入		

3. 家庭经营收入总计		
（1）农业生产收入		
（2）林下收入		
（3）个体工商业收入		
4. 转移性收入总计		
（1）离退休金		
（2）农业补贴（包括粮补）		
（3）林下经营补贴		
（4）低保金、五保户或特困户补助、工伤抚恤金、救济金或赈灾款等		

（5）务工寄回收入		
（6）民间救助金额		
5. 财产性收入总计		
（1）房屋出售/出租		
（2）交通工具出售/出租		
（3）设备出售/出租		
（4）土地出租		
6. 天然林全面停伐政策实施前后（2010 年至 2019 年），您的收入总体发生了怎样的变化？ A. 一直上升　B. 先上升后下降　C. 基本无变化　D. 先下降后上升　E. 一直下降		

四、职工家庭年支出情况（单位：元）

1. 食品支出	
2. 衣着支出	
3. 教育支出	
4. 日用品支出	
5. 居住支出（房租、水电费、取暖费、燃气费和物业费）	
6. 交通费	
7. 通信费	
8. 文娱支出（报刊、图书、旅游、电视费）	
9. 设备和服务支出（购汽车、家具、家用电器及其耐用消费品、其他交通工具及维修费）	

10. 医疗保健支出（医疗、保健及健身、美容）	
11. 转移性支出（赡养费、资助亲朋、礼金）	
12. 生产经营支出（种子、肥料、农药、雇工、租用蓄力或机械等）	
13. 家庭其他支出	

五、社会保障情况

1. 您是否参加了养老保险？ A. 是　B. 否	
2. 若您参加了养老保险，您的养老保险由谁缴纳？（若未参加养老保险，无须填写此题） A. 单位　B. 自己　C. 单位和自己按比例缴纳	
3. 您是否参加了医疗保险？ A. 是　B. 否	
4. 若您参加了医疗保险，您的医疗保险由谁缴纳？（若未参加医疗保险，无须填写此题） A. 单位　B. 自己　C. 单位和自己按比例缴纳	

5. 您是否享受政府低保？ A. 是　B. 否	
6. 若您享受政府低保，低保补贴金额是多少？（若未享受政府低保，无须填写此题）	
7. 您是否享受政府其他（救济金、抚恤金）补助？ A. 是　B. 否	
8. 若您享受政府其他（救济金、抚恤金）补助，其他补助金额是多少？（若未享受政府其他补助，无须填写此题）	
9. 您的家庭是否属于低保家庭？ A. 是　B. 否	
10. 若是低保家庭，政府对您的家庭低保补贴金额是多少？（若不是低保家庭，无须填写此题）	
11. 您家是否享受政府其他（救济金、抚恤金）补助？ A. 是　B. 否	

12. 若您家享受政府其他（救济金、抚恤金）补助，其他补助金额是多少？（若家庭未享受政府其他补助，无须填写此题）	
13. 您所在单位是否缴纳失业保险？ A. 是　B. 否	
14. 您所在单位是否缴纳工伤保险？ A. 是　B. 否	
15. 您是否经历过医疗保险断保的情况？ A. 是　B. 否	
16. 若您经历过医疗保险断保的情况，是在哪一年发生断保的？（并注明原因）	
17. 若您是否经历过养老保险断保的情况？ A. 是　B. 否	
18. 若您经历过养老保险断保的情况，是在哪一年发生断保的？（并注明原因）	
19. 您能否承受现任职业的劳动强度？ A. 是　B. 否	

20. 您每天的工作时间总计多长时间？（单位：小时）	
21. 您对当前工作的适应度如何？ A. 非常不适应　B. 较不适应　C. 一般　D. 较适应 E. 非常适应	
22. 您当前的住房住址？ A. 山上林场　B. 山下局址　C. 其他地方（请注明）	
23. 您当前住房的房屋性质？ A. 公房（单位分的）　B. 私房（自建或购买）　C. 公房转私房　D. 公共租赁房　E. 其他借（租）房　F. 其他住房（请注明）	
24. 您当前对林区生活的幸福感如何？ A. 非常不幸福　B. 较不幸福　C. 一般　D. 较幸福 E. 非常幸福	
25. 您认为林区的公共基础设施哪些方面还需要改善和提高？ A. 交通　B. 供水、供电、供暖设备　C. 文化教育 D. 卫生事业　E. 其他方面（请注明）	

六、职工对政企分开体制和社会职能移交的认知情况

1. 您对目前林区内的管理体制满意吗？ A. 非常不满意　B. 不满意　C. 一般　D. 满意　E. 非常满意	
（1）如不满意，具体是哪方面？ A. 职能发挥　B. 就业岗位　C. 劳资关系　D. 其他方面（请注明）	
2. 您是否支持推进政企分开体制？ A. 是　B. 否	
3. 您认为政企分开对个人发展有何影响？ A. 极大阻碍　B. 略微阻碍　C. 没太大影响　D. 略微促进　E. 极大促进	
4. 您认为政企分开对企业发展有何影响？ A. 极大阻碍　B. 略微阻碍　C. 没太大影响　D. 略微促进　E. 极大促进	
5. 您认为政企分开对林区社会发展有何影响？ A. 极大阻碍　B. 略微阻碍　C. 没太大影响　D. 略微促进　E. 极大促进	

6. 政企分开逐步落实后，您主要受到了哪些方面的影响？（可多选） A. 收入　B. 就业　C. 消费　D. 社会保障　E. 公共基础设施　F. 其他方面（请注明）	
7. 政企分开逐步推行后，您主要有哪些方面的诉求？（可多选） A. 薪酬待遇　B. 身份确定　C. 社会保障　D. 创业帮扶 E. 公共基础设施　F. 其他方面（请注明）	
8. 政企分开后，您的经济收入有哪些变化呢？ A. 严重下降　B. 轻微下降　C. 没太大影响　D. 略微提高　E. 极大提高	
9. 您对目前"三供一业"移交情况满意吗？ A. 非常不满意　B. 不满意　C. 一般　D. 满意　E. 非常满意	
10. 您对目前医院职能移交情况满意吗？ A. 非常不满意　B. 不满意　C. 一般　D. 满意　E. 非常满意	
11. 您对目前市政社区职能移交情况满意吗？ A. 非常不满意　B. 不满意　C. 一般　D. 满意　E. 非常满意	

12. 您对目前消防职能移交情况满意吗？ A. 非常不满意　B. 不满意　C. 一般　D. 满意　E. 非常满意	

七、职工对天然林全面停伐政策和产业转型的认知情况

1. 您是否听说过天然林全面停伐政策？ A. 是　B. 否	
2. 您是否了解天然林全面停伐政策？ A. 非常不了解　B. 较不了解　C. 一般了解　D. 较了解 E. 非常了解	
3. 您是否支持天然林全面停伐政策？ A. 是　B. 否	
4. 您认为天然林全面停伐政策对林业产业短期发展有何影响？ A. 极大阻碍　B. 略微阻碍　C. 没太大影响　D. 略微促进　E. 极大促进	
5. 您认为天然林全面停伐政策对林业产业长期发展有何影响？ A. 极大阻碍　B. 略微阻碍　C. 没太大影响　D. 略微促进　E. 极大促进	

6. 天然林全面停伐政策实施后，您主要受到了哪些方面的影响？（可多选） A. 收入　B. 就业　C. 消费　D. 社会保障　E. 公共基础设施　F. 其他方面（请注明）	
7. 天然林全面停伐政策实施后，您主要有哪些方面的诉求？（可多选） A. 薪酬待遇　B. 实物或资金补偿　C. 社会保障　D. 创业帮扶　E. 公共基础设施　F. 其他方面（请注明）	
8. 天然林全面停伐政策实施后，你认为在岗位变化的过程中是否得到了公平公正的待遇？ A. 是　B. 否	
9. 若您认为在岗位变化的过程中遭遇了不公平不公正的待遇，主要体现在哪些方面？（未遭遇不公平不公正待遇，无须填写此题） A. 薪酬待遇　B. 实物或资金补偿　C. 社会保障　D. 公共基础设施　E. 其他方面（请注明）	
10. 您认为国有林区现有产业结构需要转型升级吗？ A. 需要　B. 不需要	

11. 您觉得林业产业转型的效果体现在哪些方面？（可多选） A. 森林资源变化　B. 职工收入变化　C. 林区整体建设 D. 林区未来发展方面　E. 其他方面（请注明）	
12. 您认为如何提高国有林区产业转型的效率？（可多选） A. 明确权责利，按照权责利大小设定考核方式　B. 引入市场化的奖惩机制　C. 采用企业化的绩效考核方法 D. 事业单位的岗位考核制　E. 其他（请注明）	
13. 您认为现有已转型的产业是否有发展前景？ A. 是　B. 否	

八、天然林全面停伐政策对职工的影响情况

1. 天然林全面停伐政策实施后，若您经历过下岗、待岗或转岗，您所在原工作单位采取了什么措施来保障您的就业权益？（可多选）（若无下岗、待岗或转岗经历，无须填写此题） A. 资金补贴　B. 项目支持　C. 政策扶持　D. 其他（请注明）　E. 无措施	

2. 天然林全面停伐政策实施后，若您经历过转岗，您新就业的工作单位采取了什么措施来保障您的就业权益？（可多选）（若无转岗经历，无须填写此题） A. 资金补贴 B. 项目支持 C. 政策扶持 D. 其他（请注明） E. 无措施	
3. 若您经历过下岗、待岗或转岗后，政府采取了什么措施来保障您的就业权益？（单选或多选）（若无下岗、待岗或转岗经历，无须填写此题） A. 资金补贴 B. 项目支持 C. 政策扶持 D. 其他（请注明） E. 无措施	
4. 天然林全面停伐政策实施后，您是否参加了职业技能培训？ A. 是 B. 否	
5. 职业技术培训的组织者是谁？（可多选）（若未参加职业技能培训，无须填写此题） A. 林业局 B. 县政府 C. 合作社或协会 D. 招工企业 E. 一般培训机构 F. 其他（请注明）	
6. 您感觉自停伐（2015 年）以来您家的收入发生了怎样的变化？ A. 变差很多 B. 变差较多 C. 基本无变化 D. 变好较多 E. 变好很多	

7. 您感觉自停伐（2015 年）以来您家人的就业发生了怎样的变化？ A. 变差很多　B. 变差较多　C. 基本无变化　D. 变好较多　E. 变好很多	
8. 您感觉自停伐（2015 年）以来您家的社会保障情况发生了怎样的变化？ A. 变差很多　B. 变差较多　C. 基本无变化　D. 变好较多　E. 变好很多	
9. 您感觉自停伐（2015 年）以来您家的居住条件情况发生了怎样的变化？ A. 变差很多　B. 变差较多　C. 基本无变化　D. 变好较多　E. 变好很多	
10. 若您家的居住条件发生了变化，主要体现在哪些方面？（可多选）（若居住条件未发生变化，无须填写此题） A. 居住条件　B. 住址变化　C. 燃料设备　D. 供电取暖设备　E. 其他方面（请注明）	
11. 您感觉自停伐（2015 年）以来当地的中小学教育情况发生了怎样的变化？ A. 变差很多　B. 变差较多　C. 基本无变化　D. 变好较多　E. 变好很多	

12. 您感觉自停伐（2015年）以来当地的医疗条件发生了怎样的变化？ A. 变差很多 B. 变差较多 C. 基本无变化 D. 变好较多 E. 变好很多	
13. 您感觉自停伐（2015年）以来当地的交通条件发生了怎样的变化？ A. 变差很多 B. 变差较多 C. 基本无变化 D. 变好较多 E. 变好很多	
14. 您感觉自停伐（2015年）以来当地的社会稳定状况发生了怎样的变化？ A. 变差很多 B. 变差较多 C. 基本无变化 D. 变好较多 E. 变好很多	
15. 您感觉自停伐（2015年）以来当地的自然环境状况发生了怎样的变化？ A. 变差很多 B. 变差较多 C. 基本无变化 D. 变好较多 E. 变好很多	
16. 您感觉自停伐（2015年）以来当地的环境污染状况发生了怎样的变化？ A. 污染更严重 B. 污染较严重 C. 基本无变化 D. 改善较多 E. 改善很多	

17. 天然林全面停伐政策实施后，您对您的收入满意度？ A. 非常不满意　B. 不满意　C. 一般　D. 满意　E. 非常满意	
18. 天然林全面停伐政策实施后，您对您的就业状态满意度？ A. 非常不满意　B. 不满意　C. 一般　D. 满意　E. 非常满意	
19. 天然林全面停伐政策实施后，您对所参加的职业技术培训满意度？（若未参加职业技术培训，无须填写此题） A. 非常不满意　B. 不满意　C. 一般　D. 满意　E. 非常满意	
20. 天然林全面停伐政策实施后，您对您的社会保障状况满意度？ A. 非常不满意　B. 不满意　C. 一般　D. 满意　E. 非常满意	
21. 天然林全面停伐政策实施后，您对当地的基础公共设施条件满意度？ A. 非常不满意　B. 不满意　C. 一般　D. 满意　E. 非常满意	

九、您认为天然林全面停伐政策对职工福利产生了怎样的影响？对于提高林区的职工福利，您有何诉求和建议？

_____

_____

_____

十、您认为目前社会职能移交后对您产生了怎样的影响？对于林区的管理体制改革，您有什么看法和建议？

_____

_____

_____

附录三：重点国有林区改革大事记（1949—2023 年）[①]

●1949 年

1949 年，东北行政委员会公布《东北解放区森林保护暂行条例》《东北解放区森林管理暂行条例》《东北国有林暂行伐木条例》。

●1953 年

1953 年 12 月 22 日至 1954 年 1 月 14 日，林业部在北京召开全国林业工作会议，提出：（一）对国有林逐步实行合理经营管理，即经过调查设计和通盘规划，作出长期的、科学的、合理的经营管理方案，按方案进行经营；（二）在林业工作中，促进群众的互助合作；（三）划分农村经济区，明确山区生产方针，把领导林业生产作为当地党政的任务。

●1954 年

7 月 12 日，林业部决定：大区森林工业机构撤销后，在东北成立吉林、哈尔滨、伊春 3 个森林工业管理局，在西南成立川康森林工业管理局，其余按原省森林工业局不动。

●1955 年

3 月 24 日至 4 月 24 日，林业部召开国有林区森林工业局长会议，进一步明

① 资料来源：1949—2018 年林业大事记；2019—2022 年林草新闻；各大森工集团网站；国家林业和草原局官网。本附录由柯水发、袁雪婷和乔丹根据前述资料整理。

确森林工业部门的基本任务：既要保证供应发展国民经济建设所需的木材，又要为森林更新、森林扩大再生产创造良好条件。

●1956 年

10 月 15 日至 11 月 1 日，林业部在北京召开第七次全国林业会议，决定：认真贯彻政策，保持群众对林业生产的积极性；做好国营造林工作；在国有林区贯彻主伐规程和进行抚育更新；搞好山区生产规划和绿化规划；整顿机构，训练干部；改善职工生活福利。

●1957 年

9 月 5 日至 12 日，林业部、森林工业部在北京联合召开国有林区林业厅长和森林工业局长座谈会。会议研究了林业和森林工业体制问题，并以两部党组名义向中央提出了《关于我国林业与森林工业体制的意见》。

●1961 年

12 月 18 日，财政部、林业部发出联合通知，在东北、内蒙古国有林区的森林工业企业建立"育林基金"和"更新改造资金"，从每立方米原木成本中取10 元作为育林基金，供更新、造林、育林之用；另提取 5 元作为更新改造资金，用于伐区延伸、转移的线路和相应的工程设施等。

●1963 年

11 月 5 日，林业部发出《关于扩大营林村试点的通知》以下简称《通知》。《通知》说：自 1961 年刘少奇同志视察东北、内蒙古林区工作，提出建立营林村以来，试办营林村的工作取得了初步效果。为了进一步积累经验，要求各林业局在今冬明春试建 1~2 个营林村。营林村是全民所有制的经济组织，按人民公社办法经营管理，作为国有林区营林的基层事业单位。

●1965 年

7 月 15 日，林业部作出《关于在国有林区建立营林村的决定》，发布《关于国有林区建立营林村若干问题的暂行规定》和《关于营林村建村经费开支标准的具体规定》。

●1980 年

12 月 1 日，林业部、公安部、司法部和最高人民检察院联合发出《关于在重点林区建立和健全林业公安、检察、法院机构的通知》，要求在全国重点国有林区的国营林业局、木材水运局建立林业公安局、林区检察院和森林法院（后改为林业法院）。

●1981 年

11 月 26 日，林业部、财政部联合发出通知，规定从 1982 年 1 月 1 日起，国有林区和集体林区育林基金和更改资金的提取标准，在现行提取标准的基础上每立方米原木增加 5 元。

●1985 年

9 月 20 日，国有林区企业管理座谈会在西安举行。这次座谈会着重研究了如何加强国有林区企业经营管理，眼睛向内，挖掘内部潜力，增强企业活力的问题。

●1987 年

10 月 11 日至 13 日，林业部在京召开黑龙江、吉林、内蒙古三省区森工企业承包经营责任制座谈会。会议就黑龙江省森工总局、吉林省林业厅、内蒙古大兴安岭林管局、大兴安岭林业公司实行投入产出承包经营责任制问题进行了讨论并提出了投入产出承包经营责任制初步方案要点。

●1989 年

5 月 5 日至 9 日，林业部在京召开东北、内蒙古重点森工企业负责人会议，决定向黑龙江省森工总局、吉林省林业厅、内蒙古大兴安岭林业管理局和大兴安岭林业公司派驻厅级森林资源监督员和处级监督员。

7月17日，国务院批复同意林业部核发黑龙江省森工总局、大兴安岭林业公司、吉林省林业厅、内蒙古大兴安岭林业管理局四个单位所属各国营林业局的林权证。

12月5日，林业部下发《东北、内蒙古国有林区森工企业试行采伐限额计划管理的决定》，明确指出，实行采伐限额计划管理是林业计划管理和整个林业管理的一项重大改革，势在必行。

● 1990 年

7月23日，全国人大常委会财经委组织三个工作组赴黑龙江、吉林、大兴安岭国有林区视察，了解国有林区森林资源危机、企业经济危困的情况。

8月4日，国务院办公厅以国办通〔1990〕32号文发出通知，对林业部、国家物价局6月26日《关于在东北、内蒙古国有林区建立林价制度的报告》作了批复："国务院原则同意你们关于建立林价制度的基本思路和分步实施的设想。实施林价制度的具体意见，请会同有关部门认真研究落实。"

10月10日至13日，林业部在长春市召开东北、内蒙古国有林区森工企业深化改革、强化管理工作座谈会。会议讨论研究了森工企业深化改革、强化管理、治危兴林的措施，并明确提出了1991年的工作要点和"八五"期间的主要奋斗目标。

10月29日，国家物价局、林业部发出《关于提高东北、内蒙古国有林区统配木材价格及加强对非统配木材价格管理的通知》，决定从10月10日起，适当提高东北、内蒙古国有林区统配木材价格，同时建立林价制度。这次提价的木材，包括统配木材、锯材、胶合板等。其中，统配木材出厂价格平均提高幅度为48%，锯材价格平均提高幅度27.6%，胶合板出厂价格平均提高幅度为53%。

● 1991 年

1月1日，经国务院批准，东北、内蒙古国有林区的带岭、苇河、穆棱、翠峦、双鸭山、大石头、三岔子、呼中、阿里河9个林业局开始试行林价制度。

1月17日，国务院下发《关于研究解决森工企业困难问题的会议纪要》，决定在增加投入、调整经济政策、减免税收、理顺管理体制等方面对国有林区森工企业实行重大扶持政策。

2月4日，国家税务局以国税发〔1991〕02号文发出《国家税务局关于东北、内蒙古林区原木减税问题的通知》，决定自1991年1月1日起至1995年12月31日止，对东北、内蒙古国有林区森工企业生产的原木暂按5%的税率征收产品税。

12月14日，国务院正式批准在东北、内蒙古国有林区组建4个企业集团。

●1993年

2月22日，林业部印发《关于在东北、内蒙古国有林区森工企业全面推行林木生产商品化改革的意见》。这项改革的主要内容是：全面推行林价制度，改革营林资金管理体制。

●1994年

4月15日，时任中共中央政治局常委、国务院副总理朱镕基视察黑龙江森工总局，研究解决国有森工企业面临的实际困难，并就林业和森工问题作了重要指示。

6月14日至21日，时任中共中央政治局常委、国务院副总理朱镕基到吉林、辽宁省视察，帮助国有森工企业解决实际困难，并就林业和森工问题作了重要指示。

●1996年

6月30日至7月5日，时任中共中央政治局常委、国务院总理李鹏在黑龙江省考察工作时，检查了林业工作，并对国有林区的发展作出了重要指示。

9月13日，林业部发出《关于国有林场深化改革加快发展若干问题的决定》，对国有林场实行分类经营、调整组织结构、转换经营机制、合理利用资源、优化产业结构等工作提出具体要求。

●1997年

12月7日至9日，全国国有林场分类经营改革现场会在山东省泰安市召开。

会议总结了近年来各地实行国有林场分类经营改革的经验，推广了山东省通过政府行为，对国有林场实行分类经营、分级管理的科学运营机制的经验，并对今后一个时期国有林场分类经营工作的基本思路、工作目标和任务进行了研究部署。

●1998 年

1 月 4 日至 6 日，全国林业计划会议在京召开。会议总结了 1997 年的工作经验，部署了 1998 年的工作，并对启动长江、黄河流域生态环境重点治理项目和国有林区天然林资源保护工程进行了重点研究。

5 月 5 日，时任国务院副总理温家宝批示："黑龙江省政府和国家林业局要立即采取措施，坚决制止毁林开荒，抢救和保护森林，调查处理情况望告。"国家林业局接到朱镕基总理和温家宝副总理的批示后，再次向国有林区发出严禁毁林开荒的紧急电报，并派出调查组赴黑龙江省进行专题调查。

8 月 27 日至 28 日，国有林区天然林资源保护工程实施工作座谈会在京召开。会议总结了前一阶段天然林资源保护工程实施工作的情况，并对下一步工作做了部署。

●2000 年

12 月 1 日，国家林业局、国家计委、财政部、劳动和社会保障部印发《长江上游、黄河上中游地区天然林资源保护工程实施方案》和《东北、内蒙古等重点国有林区天然林资源保护工程实施方案》。

●2001 年

1 月 1 日，国家林业局在东北、内蒙古重点国有林区正式启用统一印制的"重点国有林区林木采伐许可证"。

7 月 19 日至 20 日，国家林业局、全国总工会和黑龙江省政府在黑龙江省清河林业局联合召开重点国有林区森林资源管护承包责任制座谈会。会议总结交流了国有清河林业局、方正林业局实行森林资源管护承包责任制的经验，对在重点国有林区全面推行森林资源管护承包责任制、保障天然林保护工程顺利实施工工作进行了部署。

8月28日，中央机构编制委员会办公室批复国家林业局成立"全国木材行业管理办公室"，负责指导全国木材行业和国务院确定的重点国有林区的管理工作。

12月14日，财政部、国家税务总局印发《关于对采伐国有林区原木的企业减免农业特产税问题的通知》，明确对采伐国有林区原木的企业，生产环节与收购环节减按10%的税率合并计算征收农业特产税；对东北、内蒙古国有林区原木的企业暂减按5%的税率征收农业特产税；对小径材免征农业特产税。对生产销售薪材、次加工材发生亏损的，报经省、自治区农业税征收机关批准后，可免征农业特产税。

●2002 年

4月19日，国家林业局决定在国有林场和林木种苗工作总站加挂"国家林业局森林公园管理办公室"牌子，加强森林公园和森林旅游行业管理工作。

5月12日，国家林业局决定由国有林场和林木种苗工作总站代行林木种苗行政执法工作。

●2003 年

4月30日，经国务院批准，国家林业局会同财政部、中国人民银行联合印发《关于做好天然林资源保护工程区森工企业金融机构债务处理工作有关问题的通知》。

●2004 年

5月21日，国家林业局召开东北、内蒙古重点国有林区森林资源管理体制改革试点工作会议。决定选择6个森工企业局开展森林资源管理体制试点，组建国有林管理机构，实现国有森林管理权与经营权彻底分开。这标志着东北、内蒙古重点国有林区森林资源管理体制改革试点工作正式启动。

7月27日至29日，国家林业局党组扩大会议暨中央林业决定贯彻落实情况大型调研活动总结电视电话会议在京召开。时任国家林业局党组书记、局长周生贤作题为《全面贯彻落实以生态建设为主的林业发展战略，把我国林业推向持续快速协调健康发展的新阶段》的重要讲话。

●2005 年

6月27日，中国银行业监督委员会、国家林业局联合印发《关于下达天然林保护工程区森工企业金融机构债务免除名单及免除额（第一批）的通知》（银监发〔2005〕39号）。

●2006 年

1月4日，国务院召开第119次常务会议，决定在伊春开展国有林区林权制度改革试点工作。

4月18至25日，时任国家林业局局长贾治邦在东北、内蒙古国有林区考察，并提出要建设生态良好、产业发达、职工富裕的新林区。

5月19日，国家林业局、财政部联合下发《关于做好天然林保护工程区森工企业职工"四险"补助和混岗职工安置等工作的通知》（林计发〔2006〕92号）。

7月26日，中国银监会和国家林业局联合下发《关于下达天然林保护工程区森工企业金融机构债务免除额（第二批）等有关问题的通知》（银监发〔2006〕57号），免除森工企业金融机构债务8.24亿元。

●2007 年

8月17日至18日，由国家林业局、黑龙江省政府、中共中央党校、中国人民大学共同举办的伊春国有林区林权制度改革试点研讨会在黑龙江省伊春市召开，研讨会主题为"深化伊春国有林权制度改革，促进社会主义新林区建设"。

●2008 年

5月6日，人力资源和社会保障部印发《关于批准国家林业局防治荒漠化管理中心、国有林场和林木种苗工作总站、林业工作站管理总站、西北华北东北防护林建设局参照公务员法管理的函》，至此，我局参照公务员法管理的单位已达到 21 个，编制总数为 555 名。

9 月 22 日至 23 日，全国国有林场森林经营研讨会在山东省淄博市举行。

●2009 年

9 月 12 日，国家林业局在吉林森工集团公司松江河林业局召开重点国有林区棚户区改造工作会议。时任国家林业局副局长祝列克出席会议并讲话，指出我国将在未来 4 年内完成 55.5 万户国有林区棚户区改造任务。

●2011 年

7 月 18 日，经中央机构编制委员会办公室批复，同意在国家林业局国有林场和林木种苗工作总站加挂"国家林业局森林公园保护与发展中心"牌子，其管理实行"一套人马、两块牌子"。

●2012 年

7 月 24 日，国家林业局出台《国有林场森林经营方案编制和实施工作的指导意见》（林场发〔2012〕184 号）。

10 月 15 日，中央财政新增安排国有林场改革试点补助资金 12 亿元，用于浙江、安徽、江西、山东、湖南和甘肃等 6 个试点省份解决国有林场职工社会保险和分离办社会职能等问题。

10 月 29 日，国家林业局印发《关于加强国有林场森林资源管理保障国有林场改革顺利进行的意见》（林场发〔2012〕264 号）。

12 月 21 日，国家林业局在长春市举办东北、内蒙古重点国有林区森工企业局长森林资源管理培训班。

●2013 年

7 月 29 日至 30 日，我国国有林场举办的首届国家级职业技能竞赛——首届国有林场职业技能竞赛在河北省塞罕坝机械林场总场举行。

8 月 5 日，经国务院同意，国家发展和改革委员会、国家林业局正式批复河北、浙江、安徽、江西、山东、湖南、甘肃 7 个省的国有林场改革试点方案，我国国有林场改革试点正式启动。

●2014 年

3 月 31 日，国家林业局、财政部在北京召开全面停止黑龙江重点国有林区天然林商业性采伐试点启动会。国家林业局局长赵树丛要求，积极探索停伐后林区治理新机制、落实好中央的决策部署。4 月 1 日起，我国在黑龙江重点国有林区 50 个林业局正式启动全面停止商业性采伐试点。中央财政从今年起到 2020 年，每年对龙江森工、大兴安岭林业集团公司增加安排天保工程财政资金 23.5 亿元。

10 月 16 日至 17 日，国家林业局和全国总工会在重庆联合召开全国国有林场帮扶工作经验交流会。

11 月 4 日，国家林业局发布 2014 年第 15 号公告，公布已取消的"建设工程征占用林地预审"和"重点国有林区森林采伐限额审核"两项行政审批项目。同时，废止作为"建设工程征占用林地预审"项目设立依据的文件（《建设项目占用征用林地预审办法》（林资发〔2008〕247 号）。

12 月 18 日，国家林业局印发《关于做好东北内蒙古重点国有林区 2015 年度森林采伐管理工作的通知》（林资发〔2014〕176 号）。

●2015 年

2 月 3 日至 6 日，时任国务院副总理汪洋在内蒙古考察国有林区改革工作时强调，要加快完善国有林区森林资源保护机制和监管体制，因地制宜推进森工企业改制和改革，多措并举促进职工就业增收，推动林区森林资源持续增长、生态产品生产能力持续增强、绿色富民产业持续发展。

2 月 28 日，中共中央、国务院印发《国有林场改革方案》和《国有林区改革指导意见》（中发〔2015〕6 号）。

3 月 17 日，国务院在北京召开全国国有林场和国有林区改革工作电视电话会议。时任国务院副总理、全国绿化委员会主任汪洋出席会议并作重要讲话，安排部署全国国有林场、林区改革及 2015 年国土绿化工作。

3 月 30 日，国家林业局和财政部联合召开电视电话会议，全面部署停止重点国有林区天然林商业性采伐工作。

5月15日，全国国有林场改革推进会在北京召开。副局长张建龙要求抓紧编制省级实施方案，尽快启动改革。

6月9日，国家林业局、人力资源和社会保障部联合印发《国有林场岗位设置管理指导意见》，对国有林场岗位类别设置、岗位等级设置、专业技术岗位名称及岗位等级作出了明确规定。

7月20日，国有林区改革推进会在黑龙江省哈尔滨市举行。时任国家林业局局长张建龙强调，准确把握中央6号文件精神，全面加快推进国有林区改革。

● **2016 年**

1月26日，习近平总书记主持召开中央财经领导小组第十二次会议，研究供给侧结构性改革方案、长江经济带发展规划、森林生态安全工作，李克强、刘云山、张高丽出席。会上，国家林业局党组书记、局长张建龙汇报森林生态安全工作。习近平强调，森林关系国家生态安全。要着力推进国土绿化，坚持全民义务植树活动，加强重点林业工程建设，实施新一轮退耕还林。要着力提高森林质量，坚持保护优先、自然修复为主，坚持数量和质量并重、质量优先，坚持封山育林、人工造林并举。要完善天然林保护制度，宜封则封、宜造则造，宜林则林、宜灌则灌、宜草则草，实施森林质量精准提升工程。要着力开展森林城市建设，搞好城市内绿化，使城市适宜绿化的地方都绿起来。搞好城市周边绿化，充分利用不适宜耕作的土地开展绿化造林；搞好城市群绿化，扩大城市之间的生态空间。要着力建设国家公园，保护自然生态系统的原真性和完整性，给子孙后代留下一些自然遗产。要整合设立国家公园，更好保护珍稀濒危动物。要研究制定国土空间开发保护的总体性法律，更有针对性地制定或修订有关法律法规。

7月15日至17日，时任国家林业局局长张建龙在黑龙江伊春市调研国有林区改革发展情况。张建龙强调，要始终牢记习近平总书记5月23日视察伊春时的重要讲话精神，加快推进国有林区转型发展绿色发展。调研前，张建龙与黑龙江省委书记王宪魁、省长陆昊等就国有林区改革及转型发展情况交换意见。

9月23日，国家林业局与吉林省人民政府在吉林省长春市签署《推进国有林管理现代化局省共建示范项目战略合作协议》。时任国家林业局局长张建龙和吉林省人民政府省长蒋超良代表双方签字。

9 月 24 日，2016 中国森林旅游节暨长白山国际生态论坛在吉林省长白山隆重开幕，主题为"绿水青山就是金山银山，冰天雪地也是金山银山"。

● **2017 年**

1 月 4 日至 5 日，2017 年全国林业厅局长会议在福建省三明市召开。时任国家林业局党组书记、局长张建龙作题为《把握新形势抓住新机遇推动林业现代化建设上新水平》的讲话。福建省三明市、河北省张家口市、江苏省扬州市、浙江省湖州市、内蒙古森工集团、辽宁省桓仁县、贵州省荔波县、甘肃省民勤县作典型发言。

2 月 20 日，内蒙古大兴安岭重点国有林管理局在内蒙古自治区呼伦贝尔市牙克石挂牌成立，这是中国第一个挂牌成立的重点国有林管理机构，标志着国有林区改革迈出了关键一步。

3 月 16 日，国家林业局、黑龙江省人民政府、国家开发银行在北京签署合作协议，共同推进黑龙江国家储备林建设等林业重点领域发展，建设东北生态安全屏障和国家木材战略储备基地。

3 月 20 日，国家林业局东北森林防火协调中心更名为"国家林业局北方森林防火协调中心"，负责指导、协调北方省份森林防火工作，并成立北方森林航空消防训练基地。

6 月 5 日，国家林业局发布《三北防护林退化林分修复技术规程》，新规程自 2017 年 9 月 1 日实施。

7 月 7 日，时任国家林业局局长张建龙在北京会见黑龙江省委书记张庆伟、省长陆昊，双方就加快推进国有林区改革等问题交换意见。

8 月 19 日，东北虎豹国家公园国有自然资源资产管理局、东北虎豹国家公园管理局成立座谈会在长春市召开。这标志着中国第一个由中央直接管理的国家自然资源资产和国家公园管理机构正式建立。

11 月 13 日，国家林业局公布第一批国家森林步道名单，分别是秦岭、太行山、大兴安岭、罗霄山、武夷山 5 条国家森林步道。国家森林步道是指穿越生态系统完整性、原真性较好的自然区域，串联一系列重要的自然和文化点，为人们提供丰富的自然体验机会，并由国家相关部门负责管理的步行廊道系统。

同日，国家林业局废止《关于颁布〈林业部关于加强森林资源管理若干问题的规定〉的通知》（林资字〔1988〕297号）等25个规范性文件。2013年以来，国家林业局累计宣布失效或废止的规范性文件110余个，现行有效的规范性文件有203个。

12月11日，全国国有林场和国有林区改革推进会在北京召开。时任中共中央政治局常委、国务院副总理汪洋出席会议并讲话。汪洋强调，要认真学习贯彻党的十九大精神，以习近平新时代中国特色社会主义思想为指导，落实新发展理念，增强"四个意识"，按照党中央确定的改革方案，强化落实责任，确保如期完成各项改革任务，为推动绿色发展、建设生态文明提供有力的制度保障。要勇于打好改革的攻坚战，加快推进国有林区林场政事企分开，完善森林资源监管体制，转变林区林场发展方式，全面加强森林保护，改善林区林场基本民生。

●2018年

7月27日，国家林业和草原局印发《关于从严控制矿产资源开发等项目使用东北、内蒙古重点国有林区林地的通知》。

●2019年

3月29日，为研究解决改革进程中存在的问题，部署下一阶段改革工作，深入推进改革任务落实，国有林场和国有林区改革工作小组会议在北京召开。会议由国家发展改革委连维良副主任主持，国家林草局李树铭副局长出席会议并讲话。国家发展改革委、国家林草局、中央编办、民政部、财政部等14个改革工作小组成员单位，共计30余名同志参加会议。

4月19日，国务院印发《改革国有资本授权经营体制方案》（国发〔2019〕9号文）。

4月11日，龙江森工集团召开的工作会议总结了2018年的重点工作。2018年，黑龙江省森工总局结束了70年的历史，龙江森工集团正式挂牌成立，成为龙江森工发展历程中具有标志性的重大历史性转折。

● **2020 年**

2020 年，国企改革三年行动实施方案启动，国企混改、重组整合、国资监管体制改革等方面都进入快速推进、实质进展的新阶段。

1 月 14 日，黑龙江省林草改革向纵深推进 424 处国有林场改革全面完成。2019 年，全省林草机构改革、集体林权改革稳步向纵深推进，原重点国有林区 89 项森林资源行政权力全部取消，全省 424 处国有林场改革全面完成，全省集体林确权面积达 1771.6 万亩，占集体林地总面积的 91%；核发权属凭证总计 47.8 万本，总面积 1671.6 万亩，占集体林确权面积的 95%，占集体林地总面积的 85%。2019 年全省林业总产值预计实现 1950 亿元，增长幅度与全省 GDP 增幅基本保持平衡。

3 月 20 日，国家林业和草原局、人力资源和社会保障部关于印发《国有林场职工绩效考核办法》的通知。

6 月 30 日，中央全面深化改革委员会第十四次会议审议通过了《国企改革三年行动方案（2020—2022 年）》。

8 月 7 日，吉林省召开了现代国有林场试点实施方案编制培训会议。为进一步深化国有林场改革，深入探索新管理体制机制下国有林场保护发展模式，充分释放国有林场改革发展活力，吉林省于 2020 年启动创建现代国有林场试点工作，力争用 5 年时间创建 16 个集"绿色、文化、智慧、科技"为一体的现代林场。现已完成《吉林省创建现代国有林场试点方案》编制，6 月 23 日与试点市县人民政府签订了共建现代国有林场框架协议。

12 月 10 日，中国林场协会会长姚昌恬发布"巩固好改革成果实行高质量发展——对国有林场后改革时期发展的思考"。

12 月 13 日，大兴安岭林业集团公司林场（管护区）工作座谈会在十八站林业局召开。会上，听取十八站林业局、韩家园林业局 19 个管护区书记、主任结合工作实际，围绕在当前各项工作中存在的问题、下一步工作思路以及对林业集团公司和林业局发展建议。

●**2021 年**

1 月 11 日，国家林业和草原局、国家档案局关于印发《国有林场档案管理办法》的通知。

2 月 26 日，国资委和财政部联合印发《国有企业公司章程制定管理办法》，是对未来国企改革发展起到关键作用的重要政策之一。

4 月 14 日，内蒙古森工集团完成林业碳汇首宗挂牌成交签售仪式。

5 月，中共中央办公厅印发了《关于中央企业在完善公司治理中加强党的领导的意见》，对于推进中国特色现代企业制度建设、中央企业坚持和加强党的全面领导等具有重要意义。

5 月 12 日，大兴安岭林业集团公司召开全面从严治党工作会议。

7 月 5 日至 9 日，国家林草局内蒙古专员办组成调研督导组，对内蒙古大兴安岭重点国有林区自然保护地建设管理情况进行了专题调研督导。

7 月 8 日至 10 日，国家林业和草原局资源司组织开展国有林区人工林抚育经营调研。国家林业和草原局驻黑龙江省森林资源监督专员办事处、黑龙江省林业和草原局、龙江森工集团、伊春森工集团、伊春市林业和草原局相关负责人员组成调研组赴黑龙江省牡丹江、伊春等地区开展调研。

8 月 23 日至 9 月 29 日，各检查组深入内蒙古大兴安岭重点国有林区认真开展森林督查工作，严格按照《内蒙古专员办 2021 年度森林督查实施方案》及操作细则要求，通过核对档案、现地查验等方法对影像变化图斑进行全面核查；对发现破坏森林资源问题即时督查督办；对森工集团自查结果进行现地复核；对上一年度查处整改情况开展"回头看"；对各类森林案件移交情况进行了解和档案查阅。

9 月，国务院国资委正式印发《中央企业董事会工作规则（试行）》（以下简称《董事会工作规则》），对中央企业董事会建设提出了新要求和新规定，要求打造"升级版"董事会。

9 月 26 日，国家林业和草原局大兴安岭林业集团公司与浙江省义乌市签订林业发展战略合作协议。

10 月 15 日，《中国绿色时报》发布，日前，龙江森工集团所属黑龙江森工碳资产投资开发有限公司与光大银行黑龙江分行签约碳中和项目。黑龙江省首个商业碳中和项目进入实施阶段。

10月21日，《中国绿色时报》发布，龙江森林工业集团有限公司近日出台林长制实施方案，将保护修复林业生态、提升森林质量作为重点，建立森工企业林长制。

11月22日，国家林业和草原局发布，"关于加大国有林场林地保护力度的建议"复文（2021年第2621号）、"关于将加快国有林场基础设施建设现代化、智能化列入'十四五'投资计划的建议"复文（2021年第2642号）、"关于加快出台《国有林场条例》加强国有林场资源保护的建议"复文（2021年第2735号）、"关于进一步深化国有林场改革推动绿色发展全面落实'两山论'的建议"复文（2021年第2736号）、"关于加快国有林场林下经济高质量发展的建议"复文（2021年第2738号）、"关于进一步加强重要林区防火通道建设的建议"复文（2021年第9079号）、"支持国有林区发展林下经济苗木产业的建议"复文（2021年第9779号）。

12月2日，《中国绿色时报》发文，《内蒙古森工集团"十四五"科学实施森林经营》。文中提及《内蒙古森工集团关于推进林区绿色高质量发展的意见》发布，明确"十四五"时期绿色高质量发展主要任务，科学实施森林经营成为重点。到2025年年末，集团将完成后备资源培育175万亩，完成森林抚育提质2750万亩；在重要生态区位节点建设管护站房250座，建立省级林木种质资源保存库4处，建成重点林木良种基地8处。

12月6日，大兴安岭林业集团公司"绿水青山就是金山银山，冰天雪地也是金山银山"论坛启幕。

●2022年

2022年是国企改革三年行动的收官之年。随着三年行动主体任务基本完成，国资央企各方面改革正在不断取得新的成效。三年行动系统性重构了国企的制度体系和市场体系，提高了国企的活力和效率，提升了国有资本的整体运行质量。

1月5日，《中国绿色时报》发布，大兴安岭林业集团公司近日发布"十四五"发展规划，到 2025 年，东北森林重点工程深入推进，大兴安岭国家公园建设有序推动，森林覆盖率达到 86.24%，森林蓄积量达到 6.22 亿立方米，湿地保护率达到 55%，森林火灾受害率控制在 1‰以下，林业有害生物成灾率控制在 2.6‰以下。

1 月 10 日，国家林业和草原局发布关于印发《"十四五"大小兴安岭林区生态保护与经济转型行动方案》的通知。

3 月初，为切实推动中央企业科技创新和社会责任工作，经中央编委批准，国务院国资委成立科技创新局、社会责任局。

3 月 1 日，《中国绿色时报》发布，日前，黑龙江省首例森林碳汇在伊春市签约。伊春森工集团公司与中国移动通信集团黑龙江有限公司、伊春鹿鸣矿业公司签订森林碳汇交易协议，交易金额为 500 万元。

3 月 9 日，大兴安岭林业集团公司举办 2022 年第一期"两山"论坛，围绕企业经营流程化管理进行发言交流并进行会议总结。

3 月 22 日，国家林草局资源司驻黑龙江、内蒙古、长春、大兴安岭专员办负责森林督查工作同志参加视频会议，就重点国有林区森林督查工作进行交流。会上，参会人员对历年来重点国有林区森林督查取得的成效及有关问题进行了总结梳理，同时，针对今年重点国有林区森林督查的工作方案、技术方案及矢量化数据上报等内容进行了深入交流，并提出有关意见建议。下一步，黑龙江专员办将和其他参会各办一起按照会议要求，做好重点国有林区森林督查有关工作，进一步提升森林督查质量，有效加强森林资源监督管理。

4 月 10 日，伊春森工集团党委会（扩大）会议通过集团公司 2022 年全面推进林场振兴工作要点。会议提出，健全林场经营体系，打牢振兴发展根基，牢固树立经营林场的理念，积极探索"一场两制"，因地制宜发展森林康养、特色种养等新兴业态，努力把资源优势转化为发展优势，以产业振兴带动"五大振兴"。加强党对林场振兴的全面领导，各级党组织要坚定扛起政治责任，带领广大干部职工团结奋斗、扎实工作，激发广大林区干部职工群众参与林场振兴的积极性、主动性、创造性，共同建设美好家园，奋力开创林场振兴工作新局面。

4 月 15 日，陕西省深化国有林场改革发展试点工作视频会在西安召开。

5 月 9 日，内蒙古森工集团将分区域实施生态保护和恢复综合治理项目。

6 月 16 日，伊春森工集团与东北林业大学深化战略合作。

6月21日，伊春森工集团与中国电信黑龙江分公司进行交流座谈，围绕利用现代通信技术、深化林业数字化转型、构建网络数智运营体系、提高产品和服务质量等内容，达成战略合作意向。

中国电信黑龙江分公司将依托中国电信的全程全网，为伊春森工集团提供多种类综合信息服务，量身定制防火、防汛和应急等方面服务，全方位提供技术保障和通信服务。伊春森工集团将深化研发设计，拓宽合作领域，加快发展数字经济，助推数智化转型升级。

8月底，国资委印发《中央企业合规管理办法》，推动中央企业加强合规管理，切实防控风险，有力保障深化改革与高质量发展。

9月16日，国家林草局资源司会同林场种苗司就推进国有林区林场森林经营试点工作进行座谈交流。

10月9日，国家林业和草原局资源司与国有林监测中心开展座谈交流，共促重点国有林区森林资源保护管理高质量发展。

● 2023 年

3月至4月，为进一步深化重点国有林区改革，掌握改革验收后各森工（林业）集团森林资源保护发展和森工企业运行现状，由国家林草局资源司牵头，规财司、人事司等单位组成专题调研组开展了构建新时代重点国有林区改革管理新模式专题调研。

3月18日至25日，国家林草局驻内蒙古专员办主要领导带领督导工作组，赴内蒙古重点国有林区开展督导工作。

3月15日，全国森林可持续经营试点工作启动。依据《全国森林可持续经营试点实施方案（2023—2025年）》，计划用3年时间在全国开展试点，引领各地提高森林质量、调整林分结构、创新管理机制，建设一批示范模式林，形成一批可复制、可推广的典型经验和机制措施。

7月12日，由中国林业经济学会国有林区创新发展专业委员会和大兴安岭林业集团主办、国家林草局科技司协办的国有林区森林可持续经营发展战略研讨会在大兴安岭林业集团公司塔河林业局以视频会议形式召开。

4月10日至5月9日，规划院派出工作组开展2022年重点国有林区森林可持续经营和森林抚育监测评估工作，完成了 6 大森工集团下属 9 个林业企业（含 6 个森林可经营试点单位）的现地监测评估。

9 月 6 日，习近平总书记来到大兴安岭地区漠河市，考察漠河林场自然林区，察看自然林生长态势和林下作物展示，听取当地深化森林资源资产管理改革、推进生态产业化和产业生态化以及加强森林防火灭火情况介绍。

9 月 7 日下午，习近平主持召开新时代推动东北全面振兴座谈会并强调，要牢牢把握东北的重要使命，奋力谱写东北全面振兴新篇章。

习近平强调，要以科技创新推动产业创新，加快构建具有东北特色优势的现代化产业体系。推动东北全面振兴，根基在实体经济，关键在科技创新，方向是产业升级。

习近平强调，加强生态资源保护利用，依托东北的生态环境和生物资源优势，发展现代生物、大数据等新兴特色产业，发展冰雪经济和海洋经济。继续深化国有企业改革，实施国有企业振兴专项行动，提高国有企业核心竞争力，推动国有资本向重要行业和关键领域集中，强化战略支撑作用。

参考文献

一、中文文献

（一）著作

[1] 安尼尔斯基.幸福经济学：创造真实财富 [M].林琼，等译.北京：社会科学文献出版社，2010.

[2] 鲍威尔.理解福利混合经济 [M].钟晓慧，译.北京：北京大学出版社，2011.

[3] 北京市经委劳动工资处.工资改革与结构工制 [M].北京：中国社会科学出版社，1985.

[4] 庇古.福利经济学 [M].金镝，译.北京：华夏出版社，1920.

[5] 布鲁贝克.高等教育哲学 [M].王承绪，郑继伟，张维平，等译.杭州：浙江教育出版，2001.

[6] 曹玉昆.国有林经营保护与国有森工企业改革发展 [M].北京：中国林业出版社，2000.

[7] 陈明星.粮食主产区利益补偿机制研究 [M].北京：社会科学文献出版社，2015.

[8] 陈强.高级计量经济学及 Stata 应用 [M].北京：高等教育出版社，2014.

[9] 成思危.政府如何管理企业 [M].北京：民主与建设出版社，1998.

[10] 德怀尔.理解社会公民身份：政策与实践的主题和视角 [M].蒋晓

阳，译．北京：北京大学出版社，2011.

[11] 郭忠华．公民身份的核心问题 [M]．北京：中央编译出版社，2016.

[12] 国家林业局．中国林业统计年鉴 [M]．北京：中国林业出版社，2001—2018.

[13] 国家林业局．中国林业五十年（1949—1999）[M]．北京：中国林业出版社，1999.

[14] 国家统计局．中国统计年鉴 [M]．北京：中国统计出版社，2001—2018.

[15] 华尔德．共产党社会的新传统主义：中国工业中的工作环境和权力结构 [M]．龚小夏，译．香港：牛津大学出版社，1996.

[16] 景天魁．福利社会学 [M]．北京．北京师范大学出版社，2010.

[17] 道格拉斯·诺斯．经济史中的结构与变迁 [M]．厉以平，译．上海：上海三联书店，1994.

[18] 科斯，阿尔钦，诺斯．财产权利与制度变迁：产权学派与新制度学派译文集 [M]．上海：上海人民出版社，2000.

[19] 克拉克．高等教育系统：学术组织的跨国研究 [M]．王承绪，徐辉，殷企平，等译．杭州：杭州大学出版社，1994.

[20] 库利．人类本性与社会秩序 [M]．包凡一，王源，译．北京：华夏出版社，1989.

[21] 李炳炎．利益分享经济学 [M]．太原：山西经济出版社，2009.

[22] 林毅夫，蔡昉，李周．充分信息与国有企业改革 [M]．上海：上海人民出版社，2014.

[23] 林毅夫．再论制度、技术与中国农业发展 [M]．北京：北京大学出版社，2000.

[24] 卢现祥，朱巧玲．新制度经济学 [M]．北京：北京大学出版社，2007.

[25] 马歇尔，吉登斯．公民身份与社会阶级 [M]．郭忠华，刘训练，译．南京：江苏人民出版社，2007.

[26] 青木昌彦．比较制度分析 [M]．周黎安，译．上海：上海远东出版社，2001

[27] 萨缪尔森，诺德豪斯．经济学 [M].萧琛，译，北京：商务印书馆，2013.

[28] 森．伦理学与经济学 [M].王宇，王文玉，译．北京：商务印书馆，2003.

[29] 森．以自由看待发展 [M].任赜，于真，译．北京：中国人民大学出版社，2002.

[30] 孙月平，刘俊，谭军．应用福利经济学 [M].北京：经济管理出版，2004.

[31] 唐忠，柯水发，田晓晖，等．停伐背景下国有林区产业转型研究 [M].北京：中国林业出版社，2019.

[32] 王薇薇．中国粮食流通市场主体利益协调研究 [M].北京：中国社会科学出版社，2015.

[33] 王兆君．国有森林资源资产运营研究 [M].北京：中国林业出版社，2003.

[34] 吴敬琏．大中型企业改革：建立现代企业制度 [M].天津：天津人民出版社，1993.

[35] 谢识予．经济博弈论 [M].上海：复旦大学出版社，2002.

[36] 徐湘林，佟德志，严洁．转型期的政治建设与政府治理 [M].北京：社会科学文献出版社，2011.

[37] 袁小平．福利三角视角下农民工的就业促进政策研究 [M].北京：中国社会科学出版社，2016.

[38] 翟中齐．中国林业地理概论 [M]，北京：中国林业出版社，2003.

[39] 植草益．微观规制经济学 [M].北京：中国发展出版社，1992.

[40] 中国可持续发展林业战略研究项目组．中国可持续发展林业战略研究总论．[M].北京：中国林业出版社，2002.

[41] 周晓庄．中国地方性国有控股企业的定位与运营研究 [M].北京：人民出版社，2013.

[42] 周训芳．物权法与森林法知识读本 [M].北京：中国林业出版社，2007.

（二）期刊

[1] 白静，李艳. 实践中的"扬弃"式演进：政府规制理论评述 [J]. 中共郑州市委党校学报，2013（4）.

[2] 白描，吴国宝. 农民主观福祉现状及其影响因素分析：基于 5 省 10 县农户调查资料 [1]. 中国农村观察，2017（1）.

[3] 白描. 微观视角下的农民福祉现状分析：基于主客观福祉的研究 [J]. 农业经济问题，2015，36（12）.

[4] 白秀萍，余涛，颜国强. 国外森林权属制度改革现状与路径 [J]. 世界林业研究，2017，30（2）.

[5] 边燕杰，丘海雄. 企业的社会资本及其功效 [J]. 中国社会科学，2000（2）.

[6] 边志新. 国有林业资源型城市经济转型的对策：以伊春为例 [J]. 学术交流，2007（3）.

[7] 薄传华. 关于油田与地方关系的问题及对策分析 [J]. 中国工业经济，2003（7）.

[8] 才国伟，王曦. 产权安排、社会负担、技术进步与内生国有经济比率 [J]. 统计研究，2005（9）.

[9] 蔡昉. 破解农村剩余劳动力之谜 [J]. 中国人口科学，2007（2）.

[10] 曹娟娟，王玉芳，陈浩. 我国重点国有林区隐性失业成因与影响分析 [J]. 世界林业研究，2022，35（5）.

[11] 曹娟娟，王玉芳，陈浩. 重点国有林区森工集团转型能力评价与差异性分析 [J]. 农林经济管理学报，2020，19（1）.

[12] 曹玉昆，国洪飞. 基于职工家庭视角的国有林区社会福利卡尔多—希克斯改进研究 [J]. 林业经济，2009（2）.

[13] 曹玉昆，黄显乔，朱震锋. 基于偏离—份额法的国有林区产业结构分析 [J]. 林业经济问题，2018，38（2）.

[14] 曹玉昆，李名扬，李大祥，等. 黑龙江国有林区改革及其对天保工程的影响研究 [J]. 林业经济问题，2020，40（3）.

[15] 曹玉昆，王非，朱震锋. 黑龙江国有林区经济转型之路 [J]. 奋斗，

2016（12）.

[16] 曹玉昆，张瑾瑾，刘向越．黑龙江国有林区林下经济产业支撑地位研究 [J]．林业经济，2016，38（4）.

[17] 陈昌云，牟勇．安徽省经济福利水平测度及动态演变分析 [J]．安徽理工大学学报（社会科学版），2020，22（1）.

[18] 陈翠芳，刘武．集体建设用地使用权流转研究：一个博弈模型的构建 [J]．国土资源科技管理，2007（1）.

[19] 陈冬华，范从来，沈永建，等．职工激励、工资刚性与企业绩效：基于国有非上市公司的经验证据 [J]．经济研究，2010，45（7）.

[20] 陈飞，翟伟娟．农户行为视角下农地流转诱因及其福利效应研究 [J]．经济研究，2015，250（10）.

[21] 陈丽荣，曹玉昆，朱震锋，等．碳交易市场林业碳汇供给博弈分析 [J]．林业经济问题，2015，35（3）.

[22] 陈秋萍，陈金龙．基于福利经济学的员工心理福利诉求研究 [J]．华侨大学学报（哲学社会科学版），2015（4）.

[23] 陈岩，臧春林，黄清．天保工程区社会保障模式探析 [J]．林业经济，2007（3）.

[24] 陈银娥．浅析西方国家福利经济制度的改革 [J]．华中师范大学学报（人文社会科学版），2002（2）.

[25] 陈友华，徐愫．中国老年人口的健康状况、福利需求与前景 [J]．人口学刊，2011（2）.

[26] 陈志鸿，李扬．中国分区域城镇居民福利水平测度 [J]．财经研究，2018，44（10）.

[27] 程诚，边燕杰．社会资本与不平等的再生产：以农民工与城市职工的收入差距为例 [J]．社会，2014，34（4）.

[28] 程军国，秦涛，奇正勋．中国家庭农场形成机理研究：基于新制度经济学的视角 [J]．世界农业，2020（9）.

[29] 迟景明，任祺．基于赫芬达尔-赫希曼指数的我国高校创新要素集聚度研究 [J]．大连理工大学学报（社会科学版），2016，37（4）.

[30] 褚义景，梁非坤．国有企业经营过程中的利益相关者博弈分析 [J].

财会通讯，2010 (35).

[31] 崔丽娜. 林业经济发展中的生态补偿问题研究：基于博弈论视角 [J]. 洛阳理工学院学报（社会科学版），2010，25 (5).

[32] 崔勋，张义明，瞿皎姣. 劳动关系氛围和员工工作满意度：组织承诺的调节作用 [J]. 南开管理评论，2012，15 (2).

[33] 代光烁，娜日苏，董孝斌，等. 内蒙古草原人类福祉与生态系统服务及其动态变化：以锡林郭勒草原为例 [J]. 生态学报，2014，34 (9).

[34] 戴芳，冯晓明，宋雪霏. 森林生态产品供给的博弈分析 [J]. 世界林业研究，2013，26 (4).

[35] 党凤兰，柯水发. 我国森工集团存在的问题及对策探讨 [J]. 北京林业大学学报（社会科学版），2002 (1).

[36] 邓大松，张怡. 社会保障高质量发展：理论内涵、评价指标、困境分析与路径选择 [J]. 华中科技大学学报（社会科学版），2020，34 (4).

[37] 董筱丹，温铁军. 致贫的制度经济学研究：制度成本与制度收益的不对称性分析 [J]. 经济理论与经济管理，2011 (1).

[38] 董智勇. 纵观世界林业问题试论我国林业对策 [J]. 世界林业研究，1988 (1).

[39] 杜海燕. 福利回归本质，为员工满意出发 [J]. 人力资源，2019 (5).

[40] 杜娟，谢芳婷，刘小进，等. 不同群体林农对生态公益林补偿政策的满意度研究：基于江西省南方集体林区的实证分析 [J]. 林业经济，2019，41 (9).

[41] 杜运周，贾良定. 组态视角与定性比较分析（QCA）：管理学研究的一条新道路 [J]. 管理世界，2017 (6).

[42] 樊纲. 两种改革成本与两种改革方式 [J]. 经济研究，1993 (1).

[43] 方福前，吕文慧. 中国城镇居民福利水平影响因素分析：基于阿马蒂亚·森的能力方法和结构方程模型 [J]. 管理世界，2009 (4).

[44] 丰雷，蒋妍，叶剑平. 诱致性制度变迁还是强制性制度变迁？——中国农村土地调整的制度演进及地区差异研究 [J]. 经济研究，2013，48 (6).

[45] 付存军，耿玉德. 国有林区的困境与改革路径：基于中国龙江森工集团的现状 [J]. 林业经济，2014，36 (5).

[46] 付存军，耿玉德．伊春国有林权改革效率分析：基于成本与收益理论 [J]．林业经济，2012（12）.

[47] 付立群．进化博弈论：经济学方法论的一次革命 [J]．武警工程学院学报，2004（4）.

[48] 付莲莲，邓群钊．农户参与新农村社区公共品供给的博弈分析 [J]．生态经济，2015，31（7）.

[49] 付文琦，张歆，裴俊瑞，等．林区职工门诊卫生服务需求及利用状况研究 [J]．哈尔滨医科大学学报，2009，43（2）.

[50] 甘犁，赵乃宝，孙永智．收入不平等、流动性约束与中国家庭储蓄率 [J]．经济研究，2018，53（12）.

[51] 高进云，乔荣锋，张安录．农地城市流转前后农户福利变化的模糊评价：基于森的可行能力理论 [J]．管理世界，2007（6）.

[52] 高进云，乔荣锋．土地征收前后农民福利变化测度与可行能力培养：基于天津市 4 区调查数据的实证研究 [J]．中国人口·资源与环境，2016，26（S2）.

[53] 高敏，梁泽．东北、内蒙古国有林区公共事业发展满意度的调查研究 [J]．安徽农业科学，2015，43（18）.

[54] 郜亮亮，黄季焜，冀县卿．村级流转管制对农地流转的影响及其变迁 [J]．中国农村经济，2014（12）.

[55] 葛继红，杨森，徐慧君．化工园区对周边农民福利影响的模糊评价：基于森的可行能力和多维福利测度模型 [J]．江苏农业科学，2017，45（10）.

[56] 耿国彪．扎实推进国有林业改革　实现保生态保民生目标：访国家林业局局长赵树丛 [J]．绿色中国，2015（8）.

[57] 耿玉德，万志芳，李微，等．国有林区改革进展与政策研究：以龙江森工集团和大兴安岭林业集团为例 [J]．林业经济，2017；39（2）.

[58] 耿玉德，万志芳．黑龙江省国有林区林业产业结构调整与优化研究 [J]．林业科学，2006（6）.

[59] 耿玉德，张朝辉．东北国有林区林业产业生态位演化因子提取与识别研究：基于态势感知可视化模型 [J]．软科学，2014，28（5）.

[60] 耿玉德，张朝辉．国有林区林业产业演化中生态位构建机制研究

[J].林业经济问题,2012,32(3).

[61] 顾婷婷,严伟.基于福利经济学视角的乡村休闲旅游综合体的开发模式研究 [J].生态经济,2014,30(4).

[62] 常丽博,马广波,全胜男.国有林区林场撤并前后职工家庭的福利变化研究 [J].中国林业经济,2015(1).

[63] 郭丽玲,欧阳勋志,郭孝玉,等.基于林农视角的赣江源公益林生态补偿满意度评价研究 [J].中国人口·资源与环境,2015,25(S2).

[64] 郭荣星,李实,邢攸强.中国国有企业改制与职工收入分配:光正公司和创大公司的案例研究 [J].管理世界,2003(4).

[65] 郭延军.权力流散与利益分享:湄公河水电开发新趋势与中国的应对 [J].世界经济与政治,2014(10).

[66] 郭月梅,方敏,张文涛.户籍身份、社会流动性与再分配偏好:基于 CGSS-2015 的实证研究 [J].武汉大学学报(哲学社会科学版),2020,73(1).

[67] 国家林业局森林资源管理司国有林区管理体制改革培训考察团,苏祖云.美国国有林管理体制对我国国有林区改革的启示 [J].林业资源管理,2012(3).

[68] 韩慧霞.国有企业职工福利制度设计探讨 [J].经贸实践,2017(15).

[69] 韩雪,耿玉德.关于东北国有林区森林资源经营主体构建的探讨 [J].林业经济,2015,37(2).

[70] 韩雪,耿玉德.全面禁伐后东北国有林区职工收入增长问题研究 [J].学术交流,2014(11).

[71] 韩竺君,刘凤平.全面停伐后黑龙江省国有林区不同类型家庭收入结构的变动 [J].中国林业经济,2016(2).

[72] 何英,张小全.天保工程中社会保障现状、问题及对策 [J].林业科学,2005(4).

[73] 贺丹,陈银蓉.水库安置区居民土地流转前后福利变化模糊评价 [J].中国人口·资源与环境,2012,22(11).

[74] 胡琴心,任月,朱洪革.全面停伐政策降低国有林区居民的生活满意度了吗?——基于多元有序 Logit 模型回归 [J].林业经济,2018,40(5).

[75] 胡琴心,朱洪革.全面"停伐"后国有林区居民主观福祉影响因素分

析 [J]. 林业经济问题, 2019, 39 (3).

　　[76] 胡清华, 伍国勇, 宋珂, 等. 农村土地征收对被征地农户福利的影响评价：基于阿马蒂亚·森的可行能力理论 [J]. 经济地理, 2019, 39 (12).

　　[77] 胡小丽. 国企职工社会保险福利现状及其解决措施探讨 [J]. 企业改革与管理, 2019 (9).

　　[78] 黄甘霖, 姜亚琼, 刘志锋, 等. 人类福祉研究进展：基于可持续科学视角 [J]. 生态学报, 2016, 36 (23).

　　[79] 黄健荣, 钟裕民. 公共政策排斥论：政策认知的新探索 [J]. 江苏行政学院学报, 2015 (4).

　　[80] 黄蕾, 江黎, 彭培好. 土地整理农户福利测度：基于森的可行能力福利理论 [J]. 社会科学家, 2016 (2).

　　[81] 黄少安, 陈言, 李睿. 福利刚性、公共支出结构与福利陷阱 [J]. 中国社会科学, 2018 (1).

　　[82] 黄妍妍, 曹佳玮, 林红. 增加东北国有林区富余职工就业机会研究 [J]. 中国林业经济, 2022 (5).

　　[83] 冀慧珍, 李佳. 社会福利理论中政府责任演变研究 [J]. 经济研究导刊, 2020 (6).

　　[84] 贾大明. 关于农垦职工收入增长缓慢问题的研究与思考 [J]. 农业经济问题, 2001 (12).

　　[85] 贾晶. 城镇居住福利测度研究：基于可行能力理论视角 [J]. 中国房地产, 2015 (27).

　　[86] 江剑平, 何召鹏, 刘长庚. 论习近平国有企业改革发展思想的内在逻辑 [J]. 经济学家, 2020 (6).

　　[87] 江一帆. 浅谈加强基层法律援助体系建设 [J]. 法制博览, 2017 (2).

　　[88] 姜雪梅, 徐晋涛. 东北内蒙古重点国有林区职工收入变化分析 [J]. 林业经济, 2011 (1).

　　[89] 蒋吉德. 制度视野下职工集体福利支出助力脱贫研究 [J]. 理论观察, 2018 (11).

　　[90] 蒋莉莉, 陈文汇. 基于有序 Probit 模型的国有林场职工生活满意度影

响因素研究：以江西省为例 [J]. 林业经济问题，2014，34 (2).

[91] 蒋一苇. 企业本位论 [J]. 中国社会科学，1980 (1).

[92] 蒋云亮，耿玉德. Logistic 模型下民生满意度评价及其影响因素：基于东北三省和内蒙古自治区国有林区的调研数据 [J]. 社会科学家，2021 (8).

[93] 揭爱花. 单位：一种特殊的社会生活空间 [J]. 浙江大学学报（人文社会科学版），2000 (5).

[94] 金碚. 论国有企业改革再定位 [J]. 中国工业经济，2010 (4).

[95] 康雄华，王世新，刘武. 集体建设用地使用权流转的博弈行为分析 [J]. 国土资源科技管理，2006 (5).

[96] 柯水发，李红勋. 集体林地使用权流转的利益相关者博弈分析 [J]. 绿色科技，2011 (6).

[97] 柯水发，王宝锦，朱烈夫，等. 我国国有林区产业转型困境解析与路径选择 [J]. 世界林业研究，2018a，31 (5).

[98] 柯水发，朱烈夫，袁航，等. "两山"理论的经济学阐释及政策启示：以全面停止天然林商业性采伐为例 [J]. 中国农村经济，2018 (12).

[99] 柯水发. 构建新型国有林区治理体系 [J]. 中国社会科学报，2021-3-17 (3).

[100] 柯水发. 基于进化博弈理论视角的农户群体退耕行为分析 [J]. 林业经济，2007 (2).

[101] 赖婉英. 诺思制度变迁理论述评 [J]. 经济研究导刊，2011 (34).

[102] 雷加富. 关于深化重点国有林区改革的几点思考 [J]. 北京林业大学学报. 2006 (5).

[103] 黎蔺娴，边恕. 经济增长、收入分配与贫困：包容性增长的识别与分解 [J]. 经济研究，2021，56 (2).

[104] 李春根，孙霞. 新生代农民工社会保障供求探析及协调解决：基于福州市 258 名新生代农民工的调查 [J]. 社会工作（学术版），2011 (9).

[105] 李丹丹，王珏，罗标，等. 资源枯竭型矿区"三供一业"剥离融资研究 [J]. 科技与企业，2015 (15).

[106] 李尔彬，孙延华，曹玉昆. 论黑龙江省国有森工林区贫困成因与脱贫对策 [J]. 林业经济问题，2016，36 (1).

[107] 李谷成，范丽霞，冯中朝．资本积累、制度变迁与农业增长：对 1978—2011 年中国农业增长与资本存量的实证估计 [J]．管理世界，2014 (5)．

[108] 李汉林，渠敬东．制度规范行为：关于单位的研究与思考 [J]．社会学研究，2002 (5)．

[109] 李汉林，魏钦恭．嵌入过程中的主体与结构：对政企关系变迁的社会分析 [J]．社会科学管理与评论，2013 (4)．

[110] 李虹，李顺龙．停伐后林业企业转型发展的路径及模式研究：以湾沟林业局为例 [J]．中国林业经济，2016 (2)．

[111] 李欢，张安录．农村宅基地退出前后农户福利测度及其动态变化：以浙江省德清县 201 户农户为例 [J]．农业技术经济，2019 (7)．

[112] 李洁，陈钦，王团真，等．林农森林生态效益补偿政策满意度的影响因素分析：基于福建省六县市的林农调研数据 [J]．云南农业大学学报（社会科学），2016，10 (5)．

[113] 李京华，包庆丰．内蒙古大兴安岭国有林区调研报告 [J]．内蒙古农业大学学报（社会科学版），2015，17 (5)．

[114] 李晶．国有林权制度改革的主体冲突及其化解 [J]．改革，2010 (4)．

[115] 李静，李崎．黑龙江省国有林区社会保障问题分析及发展对策 [J]．林业经济，2017，39 (9)．

[116] 李梦玄，周义．保障房建设的社会福利效应测度和实证研究 [J]．中南财经政法大学学报，2012 (5)．

[117] 李旻，迟美灵，谭晓婷．农村随迁老人福利的测度及差异分析 [J]．农业技术经济，2020 (7)．

[118] 李培林，张翼．走出生活逆境的阴影：失业下岗职工再就业中的"人力资本失灵"研究 [J]．中国社会科学，2003 (5)．

[119] 李铁英，白冰．黑龙江省大兴安岭国有林区全面停伐背景下的困境与发展路径 [J]．林业资源管理，2017 (3)．

[120] 李晓西，刘一萌，宋涛．人类绿色发展指数的测算 [J]．中国社会科学，2014 (6)．

[121] 李亚成，赵敏娟．我国农地产权制度变迁中农户与村组织的博弈研

究 [J]. 安徽农业科学, 2008, 36 (25).

[122] 李雨停, 张友祥. 东北地区国有林业资源枯竭型城市发展问题及转型思路研究 [J]. 东北师大学报 (哲学社会科学版), 2014 (3).

[123] 李玉成, 刘芳, 信小娟. 大兴安岭全面停伐后产业结构调整方向研究 [J]. 林业科技情报, 2014, 46 (3).

[124] 李志刚. 关于国有林业改革的几点分析: 对国有林区实施天然林保护工程的建议 [J]. 花卉, 2017 (4).

[125] 李周. 如何看待业内人士对林权改革的不同声音 [J]. 中国林业产业, 2008 (5).

[126] 粟挺, 孙秀玲, 冯开文. 基于可行能力理论的我国粮食安全保障制度设计: 劳动力转移、要素替代逻辑与可行能力提升 [J]. 经济问题, 2020 (9).

[127] 梁海兵. 福利缺失视角下农民工城市就业生命历程分析 [J]. 农业经济问题, 2015, 36 (11).

[128] 梁海兵. 竞争或互助: 社会资本对外地和本地农民工就业影响的差异识别 [J]. 农业技术经济, 2017 (7).

[129] 林红, 付启明, 翟绪军. 基于林区居民生活满意度的天保工程二期政策效果评估 [J]. 林业经济问题, 2020, 40 (6).

[130] 林红, 付启明. 东北国有林区剩余劳动力转移就业的障碍与突破 [J]. 林业经济问题, 2021, 41 (6).

[131] 林黎. 我国生态产品供给主体的博弈研究: 基于多中心治理结构 [J]. 生态经济, 2016, 32 (7).

[132] 林毅夫, 李志赟. 政策性负担、道德风险与预算软约束 [J]. 经济研究, 2004 (2).

[133] 林毅夫. 新结构经济学视角下的国有企业改革 [J]. 社会科学战线, 2019, (1).

[134] 刘璨, 梁丹, 吕金芝, 等. 林业重点工程对农民收入影响的测度与分析 [J]. 林业经济, 2006 (10).

[135] 刘璨, 于法稳. 东北国有林区企业效率测算与分析: DEA 方法 [J]. 产业经济评论, 2006, 5 (1).

［136］刘德权，汤银玲．国有林区就业影响因素分析：以黑龙江省为例［J］.哈尔滨商业大学学报（社会科学版），2013（5）.

［137］刘丽红，曹玉昆．我国国有林区就业问题新探［J］.学术交流，2010（8）.

［138］刘琳，刘美爽，徐永飞，等．我国重点国有林区林地面积变化及趋势分析：基于黑龙江森工林区的实证研究［J］.林业科学，2015，51（8）.

［139］刘敏，姚顺波．生态公益型国有林场事业化改革效果的经济分析：基于陕西省汉中市国有林区职工工资危困视角［J］.林业经济问题，2012，32（1）.

［140］刘鹏．央企的地方社区物业管理困局：甘肃中牧山丹马场社区物业管理脱困探讨［J］.郑州铁路职业技术学院学报，2014，26（4）.

［141］刘平，王汉生，张笑会．变动的单位制与体制内的分化：以限制介入性大型国有企业为例［J］.社会学研究，2008（3）.

［142］刘萍，冼静贤．对天然林保护工程中林业职工安置问题的思考［J］.林业资源管理，2011（6）.

［143］刘强，李晓．基于福利经济学的生态农业发展困境分析［J］.江苏农业科学，2014，42（11）.

［144］刘瑞明，毛宇，亢延锟．制度松绑、市场活力激发与旅游经济发展：来自中国文化体制改革的证据［J］.经济研究，2020，55（1）.

［145］刘松柏．对建立"现代企业制度"的再思考［J］.管理世界，2002（2）.

［146］刘太刚．福利的本质与公共福利的多元循义供给：兼论需求溢出理论的福利观及永续福利国家［J］.江苏行政学院学报，2020（2）.

［147］刘拓，陈阳，毛飞．关于东北、内蒙古重点国有林区林业产业转型发展的调研报告［J］.林业经济，2016，38（12）.

［148］刘向越，曹玉昆，朱震锋．停伐背景下黑龙江森工林区多种经营产业发展策略研究［J］.林业经济，2017，39（12）.

［149］刘馨，曾祥亮，代琳，等．关于黑龙江垦区国有农场办社会机构社会化用工情况的调研报告［J］.农场经济管理，2020（4）.

［150］刘于鹤．关于我国东北内蒙古重点国有林区改革与发展若干问题的

思考 [J]. 林业资源管理, 2016 (2).

[151] 刘元春. 东北老工业基地"人力资本失灵"现象探源 [J]. 吉林化工学院学报, 2007, 24 (6).

[152] 刘志强. 谁得到了满意的工作回报: 工作回报满意度影响因素的实证研究 [J]. 山西财经大学学报, 2014, 36 (4).

[153] 卢圣华, 汪晖. 政企网络关系、企业资源获取与经济效率: 来自本地晋升官员离任的经验证据 [J]. 经济管理, 2020, 42 (10).

[154] 鲁桐. 竞争中立: 政策应用及启示 [J]. 国际经济评论, 2019, (5).

[155] 吕立邦, 黄恒学. 国有企业改革中的政企关系问题探析 [J]. 社科纵横, 2016, 31 (10).

[156] 吕庆春, 李军良. 单位体制阻隔背景下福利的社会排斥 [J]. 社会科学辑刊, 2012 (3).

[157] 罗金, 张广胜. 林权制度改革后林农林业生产决策分析: 基于进化博弈理论视角 [J]. 林业经济问题, 2011, 31 (1).

[158] 马广奇, 张林云. 行为经济学的理论贡献及其应用 [J]. 经济论坛, 2009 (10).

[159] 马天乐, 刘璨. 中国林业发展各阶段的实证分析 [J]. 林业经济, 1991 (5).

[160] 马贤磊, 孙晓中. 不同经济发展水平下农民集中居住后的福利变化研究: 基于江苏省高淳县和盱眙县的比较分析 [J]. 南京农业大学学报 (社会科学版), 2012, 12 (2).

[161] 毛辉, 綦崇林. 国有林区森林资源管理体制改革的思考 [J]. 吉林林业科技, 2014, 43 (2).

[162] 孟荣芳. "碎片化": 社会基本养老保障制度发展中的迷思 [J]. 社会科学研究, 2014 (5).

[163] 孟韬, 于立. 资源型国有企业的改制重组: 来自东北三省的调研 [J]. 社会科学战线, 2006 (5).

[164] 孟颖颖. 新生代农民工城市融合障碍构成原因探析: 基于社会排斥理论的视阈 [J]. 西北人口, 2011, 32 (3).

[165] 牛毓山. 国有林区失业原因研究: 以伊春林区为例 [J]. 学术交流,

2008 (3).

[166] 潘影，甄霖，杨莉，等．宁夏固原市生态保育对农民福祉的影响初探 [J]．干旱区研究，2012，29 (3).

[167] 庞春雨，陈丹阳．国有林区改革视角下林业职工社区评价体系研究 [J]．林业经济，2019，41 (5).

[168] 庞庆华，沈一．有限理性下腐败问题的三方演化博弈分析 [J]．统计与决策，2018，34 (14).

[169] 庞晓峰．内蒙古大兴安岭重点国有林区建立国家公园体制的思考 [J]．内蒙古林业调查设计，2019，42 (6).

[170] 彭华民．福利三角：一个社会政策分析的范式 [J]．社会学研究，2006 (4).

[171] 彭瑛，张白平，赵士钊，等．安顺市农业结构调整与休闲农业旅游发展思路 [J]．贵州农业科学，2010，38 (12).

[172] 亓越，马宁，陈建成．国有林场森林资源有偿使用机制研究 [J]．林业经济，2018，40 (2).

[173] 齐文德，王立才．国有林区社会保障问题研究 [J]．绿色财会，2006 (12).

[174] 綦好东，郭骏超，朱炜．国有企业混合所有制改革：动力、阻力与实现路径 [J]．管理世界，2017 (10).

[175] 乔刚．我国森林资源利益公平分享法律机制研究 [J]．安徽农业科学，2009，37 (4).

[176] 乔玥，陈文汇，曾巧．国有林场改革成效评价：职工获得感的统计分析 [J]．林业经济问题，2019，39 (1).

[177] 秦利，张铭轩．天保工程二期政策实施绩效实证分析 [J]．林业经济问题，2021，41 (5).

[178] 秦全胜，李智勇．林业产业技术创新战略联盟博弈分析 [J]．林业经济，2013，37 (12).

[179] 渠敬东，周飞舟，应星．从总体支配到技术治理：基于中国30年改革经验的社会学分析 [J]．中国社会科学，2009 (6).

[180] 尚晓援．"社会福利"与"社会保障"再认识 [J]．中国社会科学，

2001（3）.

［181］沈茂成．创新国有林区林场经营管理体制：国有林区林场场外合作发展林业实践．［J］林业经济，2016，38（7）.

［182］沈月琴，刘俊昌，李兰英，等．天然林保护地区森林资源保护与社会经济协调发展的机制研究［J］.浙江林学院学报，2006（2）.

［183］盛洪．关于中国市场化改革的过渡过程的研究［J］.经济研究，1996（1）.

［184］盛洪．制度经济学在中国的兴起［J］.管理世界，2002（6）.

［185］石峰，于英，向燕．深化国有林区改革的战略思考［J］.北京林业大学学报（社会科学版），2009，8（4）.

［186］石山．促进林地流转制度改革实现林业经营方式突破［J］.林业经济，2002（6）.

［187］时勘，卢嘉．管理心理学的现状与发展趋势［J］.应用心理学，2001（2）.

［188］时晓虹，耿刚德，李怀．"路径依赖"理论新解［J］.经济学家，2014（6）.

［189］宋文军．停伐对大兴安岭林区发展的影响效应分析［J］.吉林农业，2015（9）.

［190］宋洋．多元治理下的农民社会福利需求表达机制研究［J］.领导科学，2016（14）.

［191］宋洋．农村社会福利的多元主体协同供给研究［J］.中国特色社会主义研究，2014（2）.

［192］苏冬蔚，连莉莉．绿色信贷是否影响重污染企业的投融资行为？［J］.金融研究，2018（12）.

［193］孙丹，韩松，江丽．非正式制度的层次和作用：基于农地制度变迁的动态演化博弈模型［J］.北京理工大学学报（社会科学版），2021，23（2）.

［194］孙海兵．农地城市流转的博弈分析［J］.农村经济，2006（3）.

［195］孙思博钰，班德军．龙江森工集团改革前后职工家庭福利的变化：基于Sen的"可行能力"视角［J］.经贸实践，2018（6）.

［196］孙思博钰，朱洪革，张滨．国有林区森林资源经济转型职工家庭福

利研究 [J]．林业经济问题，2019，39（2）．

[197] 孙文凯，王格非．流动人口社会身份认同、过度劳动与城乡差异 [J]．经济学动态，2020（9）．

[198] 孙文琪，孙璐．新发展理念视角下国有林权改革利益主体责任博弈研究 [J]．生态经济，2018，34（6）．

[199] 孙相君．国有林区改革推进林区生态保护和绿色发展 [J]．学术论坛，2021（3）．

[200] 田国双，邹玉友，刘畅．国有林区职工对林业补贴政策实施满意度及其影响因素实证分析 [J]．干旱区资源与环境，2018，32（4）．

[201] 田国双，邹玉友，任月，等．林业补贴政策实施结构特征与微观效果评价：基于黑龙江省的跟踪调查 [J]．资源开发与市场，2017，33（9）．

[202] 田辉，朱必祥，孙剑平．人类可持续发展指数模型构建的原则与方法 [J]．学习与探索，2009（2）．

[203] 田喜军．东北国有林区政企分开的改革探索 [J]．中国林业．2009（8）．

[204] 田毅鹏．"典型单位制"对东北老工业基地社区发展的制约 [J]．吉林大学社会科学学报，2004（4）．

[205] 佟立志，万志芳．吉林森工集团林业局的生产效率研究：基于 DEA 和 Malmquist 指数分析法 [J]．中国林业经济，2011（3）．

[206] 佟岩，贾李盼．环境规制下地方政府与企业博弈行为分析 [J]．低碳经济，2016（6）．

[207] 汪海粟，汪锋．国有企业改制中职工身份置换模式的再认识 [J]．中国工业经济，2005（6）．

[208] 王冰，钟晓华．城镇居民多维福利的追踪测度：基于可行能力理论的视角 [J]．城市问题，2014（5）．

[209] 王非，朱震锋，曹玉昆．基于结构转换视角的中国重点国有林区经济转型发展路径分析 [J]．世界林业研究，2016，29（2）．

[210] 王刚，陈建成．东北、内蒙古重点国有林区劳动力转移途径分析 [J]．林业经济问题，2009，29（2）．

[211] 王慧，张海鹏，徐晋涛．重点国有林区改革对林区就业的影响分析

[J]. 林业科学, 2016, 52 (4).

[212] 王慧, 张海鹏, 徐晋涛. 重点国有林区改革对职工家庭收入的影响 [J]. 浙江农林大学学报, 2016, 33 (4).

[213] 王娟. 浅谈我国林地使用权的流转 [J]. 法制与社会, 2008 (16).

[214] 王珺. 政企关系演变的实证逻辑: 中国政企分开的三阶段假说 [J]. 经济研究, 1999 (11).

[215] 王磊. 福利需求与满足: 一个文献综述 [J]. 生产力研究, 2012 (10).

[216] 王力, 高继宏, 汪海霞. 影响兵团团场职工生产性收入增长因素的实证分析 [J]. 农业经济问题, 2008 (2).

[217] 王利, 张升, 张启昌, 等. 吉林省国有林区森林抚育补贴试点调查分析: 基于4个林业局101户林业家庭调查 [J]. 北京林业大学学报 (社会科学版), 2014, 13 (1).

[218] 王琳, 魏淑艳. 我国行政管理体制改革中的 "路径依赖" 及其破解: 强制性制度变迁的视角 [J]. 广西社会科学, 2016 (7).

[219] 王美力, 陈文汇, 刘亚男. 河北省国有林场职工状况调查分析 [J]. 安徽农业科学, 2013, 41 (13).

[220] 王梦怡, 彭华民. 地域与户籍身份: 城市困境儿童的福利排斥 [J]. 河海大学学报 (哲学社会科学版), 2019, 21 (4).

[221] 王敏, 李三秀. 黑龙江企业职工基本养老保险基金 "穿底" 的成因及对策 [J]. 财政科学, 2019 (6).

[222] 王润杭. 企业与政府之间绿色创新行为的博弈论分析 [J]. 决策与信息, 2013 (11).

[223] 王诗婷. 居民收入的影响因素研究: 基于 2015 年 CGSS 调查数据的分析 [J]. 新经济, 2020 (7).

[224] 王顺彦, 陈建成. 林业生态工程投融资主体的博弈行为分析 [J]. 经济研究参考, 2008 (34).

[225] 王思斌. 改革中弱势群体的政策支持 [J]. 北京大学学报 (哲学社会科学版), 2003 (6).

[226] 王维国, 李秀军, 李宏. 我国社会福利总体水平测度与评价研究

[J]. 财经问题研究，2018（9）.

　　[227] 王溪，张壮. "竞争中立" 视角下深化新一轮国有林区改革 [J]. 经济研究导刊，2020（14）.

　　[228] 王向南. 国有林区就业与社会保障制度重构：基于吉林省的实证分析 [J]. 财经理论与实践，2017，38（5）.

　　[229] 王毅昌，蒋敏元. 东北、内蒙古重点国有林区管理体制改革探求 [J]. 林业科学，2005（5）.

　　[230] 王玉川，田刚. 建立东北内蒙古国有林区林业产业集群的设想与对策 [J]. 中国林业经济，2006（6）.

　　[231] 王玉芳，郭娟，周妹，等. 林下经济发展促进了林区经济转型吗?：以黑龙江省国有林区为例 [J]. 林业经济问题，2017，37（3）.

　　[232] 王玉芳，蒋敏元. 国有林区经济生态社会协同发展研究综述 [J]. 中国林业企业，2005（6）.

　　[233] 王玉芳，李朝霞. 黑龙江省国有林区职工家庭贫困脆弱性的影响因素分析 [J]. 林业经济问题，2014，34（1）.

　　[234] 王玉芳，徐永乐，周妹，等. 转型期东北国有林区职工家庭脆弱性分析 [J]. 林业经济问题，2017，37（4）.

　　[235] 王玉芳，徐永乐，周妹. 转型期中国东北国有林区职工家庭脆弱性的理论探讨 [J]. 世界林业研究，2017，30（4）.

　　[236] 王玉芳. 现代林业发展阶段的初步划分 [J]. 安徽农业科学，2008（30）.

　　[237] 王月华，谷振宾. 当前国有林区改革模式对比与评价 [J]. 林业经济，2010（12）.

　　[238] 王跃生. 不同改革方式下的改革成本与收益的再讨论 [J]. 经济研究，1997（3）.

　　[239] 王兆君，谷振春，张占珍. 黑龙江森工林区社会医疗保险问题实证分析 [J]. 林业经济，2009（12）.

　　[240] 王震. 新冠肺炎疫情冲击下的就业保护与社会保障 [J]. 经济纵横，2020（3）.

　　[241] 王祖山. 城镇居民福利的测度、健康关联及改进路径 [J]. 湖南师

范大学社会科学学报，2018，47（2）.

[242] 温铁军，王平，陈学群. 国有林区改革的困境和出路 [J]. 林业经济，2007（9）.

[243] 温忠麟，侯杰泰，张雷. 调节效应与中介效应的比较和应用 [J]. 心理学报，2005（2）.

[244] 温忠麟，叶宝娟. 中介效应分析：方法和模型发展 [J]. 心理科学进展，2014，22（5）.

[245] 温忠麟. 张雷，侯杰泰，等. 中介效应检验程序及其应用 [J]. 心理学报，2004（5）.

[246] 文长春. 基于能力平等的分配正义观：阿马蒂亚·森的正义观 [J]. 学术交流，2010（6）.

[247] 邬建国，郭晓川，杨稢，等. 什么是可持续性科学？[J]. 应用生态学报，2014，25（1）.

[248] 吴国春，刘丽红，宋爱红. 职工个性特征与就业率、失业率及木材产量关系实证分析：以黑龙江省国有林区为例 [J]. 林业经济，2009（10）.

[249] 吴介民，廖美. 全球化生产下民工公民身份差序体制：比较中国沿海三个区域 [J]. 中国乡村研究，2018（1）.

[250] 吴介民. 永远的异乡客？——公民身份差序与农民工 [J]. 中国社会工作，2012（3）.

[251] 吴清军. 市场转型时期国企工人的群体认同与阶级意识 [J]. 社会学研究，2008（6）.

[252] 吴晓蓉，田晓苗. 后扶贫时代我国农村教育反贫困的价值理性回归：基于可行能力理论视角 [J]. 国家教育行政学院学报，2020（6）.

[253] 武剑，林金忠. 经济增长的福利转化效应：中国与世界比较 [J]. 数量经济技术经济研究，2015，32（8）.

[254] 夏小林. 政企关系：有分有合——从国际视角评切割政企关系的"改革"陷阱 [J]. 管理学刊，2015，28（3）.

[255] 肖玲，刘俊昌，王立群. 林业发展阶段研究概述 [J]. 北京林业大学学报（社会科学版），2002（4）.

[256] 谢西庆，王晓晖. 国有企业和民营企业员工工作满意度影响因素的

比较分析 [J]. 学术研究, 2012 (10).

[257] 邢玉升, 陈东旭. 基于演化博弈的生态林业补偿机制研究 [J]. 哈尔滨商业大学学报 (社会科学版), 2018 (5).

[258] 徐彬. 中国经济转型成本分摊的合理性探讨 [J]. 改革, 2003 (6).

[259] 徐烽烽, 李放, 唐焱. 苏南农户土地承包经营权置换城镇社会保障前后福利变化的模糊评价: 基于森的可行能力视角 [J]. 中国农村经济, 2010 (8).

[260] 徐晋涛, 姜雪梅, 季永杰. 重点国有林区改革与发展趋势的实证分析 [J]. 林业经济, 2006 (1).

[261] 徐晋涛, 姜雪梅. 中国国有森林资源变化的理论分析 [J]. 林业经济评论, 2015, 6 (1).

[262] 徐晋涛, 陶然, 危结根. 信息不对称、分成契约与超限额采伐: 中国国有森林资源变化的理论分析和实证考察 [J]. 经济研究, 2004 (3).

[263] 徐晋涛. 我国集体林区林权制度改革模式和绩效分析. [J] 林业经济, 2008 (9).

[264] 徐玮, 包庆丰. 国有林区职工家庭参与林下经济产业发展的意愿及其影响因素研究 [J]. 干旱区资源与环境, 2017, 31 (7).

[265] 徐文茹, 贺红士, 罗旭, 等. 停止商业性采伐对大兴安岭森林结构与地上生物量的影响 [J]. 生态学报, 2018, 38 (4).

[266] 徐小言, 左停. 健康风险与福利需求的多元化: 以 S 省 H 村为例 [J]. 东岳论丛, 2016, 37 (8).

[267] 徐秀英. 集体林地使用权市场制度的建立与完善 [J]. 资源开发与市场, 2004 (1).

[268] 许崴. 试论福利经济学的发展轨迹与演变 [J]. 国际经贸探索, 2009, 25 (12).

[269] 严如贺, 柯水发, 朱烈夫. 资源错配视角下林下经济的产出效率分析: 基于国有林区森林猪养殖的案例比较 [J]. 林业经济问题, 2018, 38 (1).

[270] 杨帆, 章晓懿. 可行能力方法视阈下的精准扶贫: 国际实践及对本土政策的启示 [J]. 上海交通大学学报 (哲学社会科学版), 2016, 24 (6).

[271] 杨金龙, 王桂玲. "农转非" 之后的身份认同分化及其逻辑 [J].

吉林大学社会科学学报, 2020, 60 (5).

[272] 杨娟, Sylvie Démurger, 李实. 中国城镇不同所有制企业职工收入差距的变化趋势 [J]. 经济学 (季刊), 2012, 11 (1).

[273] 杨莉, 甄霖, 李芬, 等. 黄土高原生态系统服务变化对人类福祉的影响初探 [J]. 资源科学, 2010, 32 (5).

[274] 杨林年, 相培应, 杨梅霞. 国有林区经济转型发展新路探讨 [J]. 中国林业经济, 2019 (5).

[275] 杨瑞龙. 国有企业改革逻辑与实践的演变及反思 [J]. 中国人民大学学报, 2018, 32 (5).

[276] 杨瑞龙. 国有企业股份制改造的理论思考 [J]. 经济研究, 1995 (2).

[277] 杨新华, 张敏新. 国有林区经济发展问题的研究现状及展望 [J]. 生态经济, 2014, 30 (3).

[278] 杨艳东. 中国劳动者的福利差距与社会保障制度的公平性: 基于就业所有制性质的视角 [J]. 学术界, 2013 (3).

[279] 姚进忠. 福利研究新视角: 可行能力的理论起点、内涵与演进 [J]. 国外社会科学, 2018 (2).

[280] 叶静怡, 王琼. 进城务工人员福利水平的一个评价: 基于 Sen 的可行能力理论 [J]. 经济学 (季刊), 2014, 13 (4).

[281] 叶元煦, 王海. 关于国有林区产业转型障碍研究 [J]. 数量经济技术经济研究, 2001 (7).

[282] 衣华亮. 教育公平实现中弱势群体利益补偿机制的政策分析 [J]. 阅江学刊, 2009, 1 (3).

[283] 易要兵, 洪名勇. 林业制度变迁的博弈分析 [J]. 边疆经济与文化, 2006 (12).

[284] 银温泉. 政企分开的可行性研究 [J]. 经济研究, 1998 (2).

[285] 尹晓宇, 周妹, 王冬雪, 等. 东北、内蒙古重点国有林区林下经济发展现状、趋势及政策建议 [J]. 经济师, 2013 (10).

[286] 于长辉, 姜宏伟. 关于完善黑龙江省森工管理体制问题的探讨 [J]. 林业经济, 2006 (1).

[287] 于婕媛，万志芳．大兴安岭重点国有林区林业职工就业满意度评价分析 [J]．林业经济，2018，40（5）．

[288] 余谦，高萍．中国农村社会福利指数的构造及实测分析 [J]．中国农村经济，2011（7）．

[289] 袁少青，沈庆宇，田健，等．黑龙江森工林区全面停止天然林商业性采伐试点调研报告 [J]．林业经济，2015，37（2）．

[290] 袁婉潼，柯水发，乔丹，等．国有林区职工福利排斥路径及影响分析 [J]．林业经济问题，2021，41（4）．

[291] 曾宪奎．竞争中性、生产效率提升与国有企业改革 [J]．理论学刊，2019（4）．

[292] 曾宪奎．新中国成立以来我国国有企业的发展历程与经验 [J]．经济纵横，2019（08）．

[293] 曾燕南．习近平东北老工业基地振兴与国企改革思想研究 [J]．上海经济研究，2019（12）．

[294] 詹姆斯·马霍尼，凯瑟林·西伦，郭为桂，等．渐进式制度变迁理论 [J]．国外理论动态，2017（2）．

[295] 张朝辉，耿玉德．基于路径演化理论的国有林区林业产业发展研究 [J]．林业经济问题，2015，35（2）．

[296] 张道卫．对东北国有林区森林资源产权及其改革的调查与思考（续）[J]．林业经济，2006（5）．

[297] 张道卫．对东北国有林区森林资源产权及其改革的调查与思考 [J]．林业经济，2006（1）．

[298] 张芳，张思敏．国有林区经济转型发展新路探讨 [J]．学术交流，2016（9）．

[299] 张广胜，陈技伟，江金启，等．可行能力与农民工的福利状况评价 [J]．华南农业大学学报（社会科学版），2016，15（4）．

[300] 张桂蓉．解读失地农民社会保障的困境：从一个社会排斥的视角 [J]．宁夏社会科学，2008（6）．

[301] 张海鹏．重点国有林区职工家庭收入差距及其变化实证分析 [J]．林业经济，2013（6）．

［302］张洪瑞，刘欣.我国国有林区林业生态产品供给博弈分析［J］.世界林业研究，2021，34（3）.

［303］张坤，郭月亮，许凯，等.吉林省国有森工企业职工家庭生计调查［J］.林业经济，2014，36（2）.

［304］张蕾，戴广翠，陈学群.伊春林权制度改革试点百户职工调查实证分析［J］.林业经济，2007（9）.

［305］张少鹏，腾格尔，朱洪革.林业产业结构升级对国有林区改革绩效的影响［J］.林业经济问题，2019，39（3）.

［306］张少鹏，朱洪革.职业技术培训对林区职工收入影响的实证分析：基于重点国有林区1001个样本职工的调查［J］.林业经济，2019，41（5）.

［307］张世青，王文娟.国企隐性福利的社会探源及其治理［J］.社会工作，2015（1）.

［308］张维迎.从现代企业理论看国有企业改革［J］.改革，1995（1）.

［309］张文彬，郭琪.中国可持续经济福利水平测度及区域差异分析［J］.管理学刊，2019，32（3）.

［310］张五常.社会福利主义中看不中用［J］.经营管理者，2008（1）.

［311］张晓梅，肖思瑶，李成程，等.员工工作满意度形成路径实证研究：以黑龙江省森工总局为例［J］.林业经济问题，2016，36（2）.

［312］张秀兰，方黎明，王文君.城市家庭福利需求压力和社区福利供给体系建设［J］.江苏社会科学，2010（2）.

［313］张旭峰，孟贵，吴水荣，等.1949年以来中国林业管理体系变迁及国际比较［J］.林草政策研究，2021，1（1）.

［314］张旭锐，高建中.农户新一轮退耕还林的福利效应研究：基于陕南退耕还林区的实证分析［J］.干旱区资源与环境，2021，35（2）.

［315］张英，陈绍志，赵荣.国有林场改革效果评价：基于职工状况的统计分析［J］.林业经济，2015，37（11）.

［316］张颖，吴桐.绿色信贷对上市公司信贷融资成本的影响：基于双重差分模型的估计［J］.金融与经济，2018（12）.

［317］张永利，张晓静，李伟.关于黑龙江吉林两省国有林区就业问题的调查报告［J］.绿色中国，2005（12）.

[318] 张宇崴. 东北国有林区的劳动力就业分析 [J]. 商业经济, 2014 (11).

[319] 张志达, 满益群, 刘永红. 国有林区政企合一改革及相关政策问题：关于大兴安岭和伊春的调研报告 [J]. 林业经济, 2008 (1).

[320] 张壮, 赵红艳. 中国国有林区管理体制的重构：基于黑龙江省伊春国有林区的个案研究 [J]. 行政管理改革, 2019 (9).

[321] 张壮, 赵红艳. 中国国有林区治理体制变迁的路径依赖与革新研究 [J]. 林业经济, 2018, 40 (8).

[322] 赵海珠, 朱俊生. 福利竞赛的形成机制：需求、供给与政策决策程序 [J]. 经济与管理研究, 2016, 37 (2).

[323] 赵佳丽. 收入、健康与主观幸福感 [J]. 经济问题, 2017 (11).

[324] 赵敏, 赵国浩. 环境规制、地方政府与资源型企业绿色责任行为：基于福柯权力思想和政企互动视角的博弈分析 [J]. 统计学报, 2021, 2 (4).

[325] 赵明鑫, 万志芳, 郭娟. 天然林全面停伐政策对黑龙江省木材加工企业的影响分析 [J]. 林业经济, 2017, 39 (2).

[326] 赵荣, 李秋娟, 陈绍志, 等. 天然林全面停伐对长白山森工集团发展的影响及问题研究 [J]. 林业经济, 2019, 41 (5).

[327] 赵文铖, 张晓蕾, 宋志杰, 等. 森林抚育补贴政策对国有林区职工家庭收入流动性的影响 [J]. 林业经济问题, 2019, 39 (3).

[328] 赵雅茹, 李萱汶. 林业补贴政策的认知、参与及影响因素：基于黑龙江省国有林区职工家庭样本的实证研究 [J]. 林业科技, 2019, 44 (2).

[329] 赵贞, 李华晶, 陈睿绮. 基于 QCA 方法的生态伦理与创业意图关系研究 [J]. 生态经济, 2021, 37 (10).

[330] 郑超, 王新军. "新农保" 政策对老年人扶贫绩效的影响研究 [J]. 财经研究, 2020, 46 (3).

[331] 郑功成. 中国社会福利的现状与发展取向 [J]. 中国人民大学学报, 2013, 27 (2).

[332] 中华全国总工会劳动关系研究中心一线职工收入课题组, 王利中, 康桂珍, 等. 当前企业一线职工工资收入调查 [J]. 经济学动态, 2013 (5).

[333] 钟甫宁, 程桂军. 企业产权与职工收入差距研究：苏南乡镇企业改

制对劳动力市场的影响 [J]. 农业技术经济, 2007 (1).

[334] 钟裕民, 陈侨予. 身份主导型政策负排斥: 演变轨迹与形成机理: 以当代中国为视角 [J]. 探索, 2015 (5).

[335] 仲维维, 张滨, 张洪瑞. 国有林区林业经济转型博弈分析: 基于大小兴安岭生态功能区建设 [J]. 林业经济, 2017, 39 (12).

[336] 周海川. 国有森林资源资产有偿使用制度探悉 [J]. 林业经济问题, 2017, 37 (1).

[337] 周黎安, 陈烨. 中国农村税费改革的政策效果: 基于双重差分模型的估计 [J]. 经济研究, 2005 (8).

[338] 周绍朋. 论新阶段的国有企业改革与发展 [J]. 中国工业经济, 2001 (5).

[339] 周生贤. 加快东北林业发展 深化国有林区改革 促进东北老工业基地振兴和社会全面进步 [J]. 林业经济, 2013, 2 (12)

[340] 周生贤. 全面建设小康社会与中国林业跨越式发展 [J]. 求是, 2003 (12).

[341] 周叔莲, 刘戒骄. 尚未完成的国有企业改革 [J]. 理论前沿, 2008 (18).

[342] 周心田. 内蒙古重点林区天然林停伐政策对森工企业及当地经济的影响调查 [J]. 北方金融, 2015 (7).

[343] 周业安. 行为经济学是对西方主流经济学的革命吗 [J]. 中国人民大学学报, 2004 (2).

[344] 朱洪革, 胡士磊. 全面"停伐"政策对重点国有林区职工家庭生计类型分化的影响研究 [J]. 林业经济, 2016, 38 (4).

[345] 朱洪革, 柴乐, 胡士磊. 全面"停伐"背景下重点国有林区职工家庭生计研究: 基于生计资本对生计策略的影响视角 [J]. 林业经济, 2017, 39 (5).

[346] 朱洪革, 付玉竹, 张少鹏. 重点国有林区劳动力就业及其家庭福利效应研究 [J]. 农林经济管理学报, 2020, 19 (2).

[347] 朱洪革, 胡士磊. 重点国有林区职工家庭职业分化及其影响因素 [J]. 林业经济问题, 2017, 37 (1).

[348] 朱洪革，井月．重点国有林区贫困：测度、特征及影响因素 [J]．中国农村经济，2013 (1)．

[349] 朱洪革，马田宇，孟辰雨，等．重点国有林区社会职能移交对职工主观福祉的影响 [J]．林业经济问题，2021，41 (3)．

[350] 朱洪革，任月，赵宗胤，等．森林抚育补贴政策的收入效应分析：基于东北、内蒙古职工家庭的调查 [J]．林业经济，2018，40 (5)．

[351] 朱洪革，宋志杰，张晓蕾．重点国有林区改革进程对职工工资性收入影响研究 [J]．林业经济问题，2019，39 (3)．

[352] 朱洪革，张少鹏，胡琴心．全面停伐政策对国有林区居民家庭收入的影响 [J]．林业经济问题，2019，39 (5)．

[353] 朱洪革，张少鹏，任月．职工身份性质对国有林区改革满意度异质性影响分析 [J]．林业经济问题，2019，39 (1)．

[354] 朱震锋，曹玉昆，陈丽荣．全面停伐背景下重点国有林区改革及发展路径分析：以绥阳林业局为例 [J]．林业经济，2015，37 (6)．

[355] 朱震锋，曹玉昆，王非，等．基于偏离—份额法的伊春国有林区产业结构分析 [J]．农林经济管理学报，2015，14 (4)．

[356] 朱震锋，曹玉昆，王雪东，等．SSP 范式下黑龙江省森工林区全面停伐试点政策的影响分析 [J]．林业经济问题，2014，34 (5)．

[357] 朱震锋，曹玉昆．国有林区经济增长与资源消耗的伪脱钩风险识别及破解思路 [J]．林业科学，2017 (4)．

[358] 朱震锋，曹玉昆．森林资源型经济转型中的社会福利损失：特征、内容及出路 [J]．世界林业研究，2017，30 (2)．

[359] 朱震锋，曹玉昆．中国国有林业改革进程中的林区社会福利变迁 [J]．世界林业研究，2016，29 (5)．

[360] 邹一南，崔俊富．城市福利水平结构性差异的测度及其对人口迁移的影响 [J]．统计与决策，2020，36 (1)．

[361] 邹玉友，李金秋，田国双．基于可行能力理论的国有林区主观福祉影响因素实证分析：全面停止天然林商业性采伐的视角 [J]．林业科学，2020，56 (10)．

[362] 邹玉友，齐英南，朱洪革，等．全面停伐背景下国有林区职工主观

福祉及其影响因素分析 [J]. 资源科学, 2019, 41 (4).

（三）报纸

[1] 刘慧兰, 黄俊毅. 国有林业改革如何扎实推进 [N]. 经济日报, 2015-03-18 (4).

[2] 徐晋涛. 东北林区自然条件接近北欧, 能源潜力较大 [N]. 新京报, 2021-03-12.

[3] 赵红艳, 张壮. 实现我国国有林区绿色化转型发展的逆袭路径 [N]. 中国经济时报, 2019-08-27.

（四）其他

[1] 常成. 国有企业职工福利转型研究：基于公平与效率关系理论 [D]. 长春：吉林大学, 2017.

[2] 郭乙言. 中美国有林管理体制比较研究 [D]. 北京：北京林业大学, 2012.

[3] 国洪飞. 国有林区天然林保护工程实施效果和后续政策研究 [D]. 哈尔滨：东北林业大学, 2011.

[4] 贺景平. 国有林区森林资源监督体系研究 [D]. 哈尔滨：东北林业大学, 2007.

[5] 胡士磊. 重点国有林区职工家庭双重分化及其微观影响因素研究 [D]. 哈尔滨：东北林业大学, 2016.

[6] 胡水. 单位福利的转型与变异：以东北老工业基地 H 场为例 [D]. 长春：吉林大学, 2015.

[7] 黄晟婕. 伊春国有林区林权制度改革中政府的作用与行为规范研究 [D]. 哈尔滨：东北林业大学, 2011.

[8] 黄旭闽. 江西邮政"三供一业"社会化改革的应用研究 [D]. 南昌：江西财经大学, 2020.

[9] 江玲玲. 我国机关事业单位养老保险制度改革中的制约因素分析：基于诺斯制度变迁理论视角 [D]. 南昌：江西农业大学, 2019.

[10] 康利. 伊春林区转岗职工职业适应能力研究 [D]. 哈尔滨：东北农业

大学，2018.

[11] 李臣. 黑龙江省国有林区林业产业转型研究 [D]. 哈尔滨：东北林业大学，2016.

[12] 李蕊. 大兴安岭国有林区管理体制改革研究 [D]. 哈尔滨：黑龙江大学，2018.

[13] 李湘玲. 大小兴安岭国有林区管理体制改革模式研究 [D]. 北京：北京林业大学，2013.

[14] 李雪. 国企改革进程中政企关系研究 [D]. 天津：天津大学，2016.

[15] 刘燕萍. 我国天保工程国有林区转型发展研究 [D]. 北京：北京林业大学，2016.

[16] 刘宇. 政企关系视域下我国铁路行业治理结构研究 [D]. 济南：山东大学，2019.

[17] 马田宇. 重点国有林区社会职能移交对职工主观福祉影响的研究 [D]. 哈尔滨：东北林业大学，2021.

[18] 马文学. 伊春国有林区生态保护与经济转型问题研究 [D]. 哈尔滨：东北林业大学，2012.

[19] 彭岩富. 我国人口流动及公共服务提供机制研究 [D]. 北京：财政部财政科学研究所，2014.

[20] 孙文琪. 国有林区林权改革利益主体博弈分析 [D]. 哈尔滨：东北林业大学，2011.

[21] 汤剑波. 重建经济学的伦理之维：论阿马蒂亚·森的经济伦理思想 [D]. 上海：复旦大学，2004.

[22] 田泽. 伊春国有林区森工企业多元化经营战略调整研究 [D]. 哈尔滨：东北林业大学，2013.

[23] 佟立志. 东北国有林区改革模式的评价研究 [D]，哈尔滨：东北林业大学，2011.

[24] 王非. 黑龙江国有林区经济转型模式研究 [D]. 哈尔滨：东北林业大学，2016.

[25] 王花. 黑龙江省国有森林资源配置的影响因素和效率研究 [D]. 哈尔滨：东北林业大学，2014.

［26］王慧．东北国有林区改革对职工经济福利变化的影响研究［D］．北京：北京林业大学，2015.

［27］王迎．我国重点国有林区森林经营与森林资源管理体制改革研究［D］．北京：北京林业大学，2013.

［28］王玉芳．国有林区经济生态社会系统协同发展机理研究［D］．哈尔滨：东北林业大学，2006.

［29］王志伟．东北国有林区经济转型问题研究［D］．哈尔滨：东北林业大学，2011.

［30］王自力．新时期国有林场改革与可持续发展研究［D］．北京：北京林业大学，2008.

［31］玮丽斯．国有林区改革背景下转岗职工家庭生计问题研究［D］．呼和浩特：内蒙古农业大学，2019.

［32］魏国飞．黑龙江省国有森工企业内部政企分开问题研究［D］．哈尔滨：东北林业大学，2010.

［33］吴培．绿色金融政策对绿色企业投资行为的影响研究［D］．重庆：重庆工商大学，2020.

［34］郜婷婷．东北国有林区制度创新中的政府行为悖论研究［D］．哈尔滨：东北林业大学，2008.

［35］邢红．中国国有林区管理制度研究［D］．北京：北京林业大学，2006.

［36］熊忠阳．三峡工程移民福利的测度与影响机制研究［D］．武汉：武汉大学，2019.

［37］杨长峰．东北国有林区林产工业产业重构研究［D］．哈尔滨：东北林业大学，2007.

［38］杨红强．中国木材资源安全问题研究［D］．南京：南京林业大学，2011.

［39］张晓陶．林业资源型城市产业转型研究：以伊春市为例［D］．西安：西安理工大学，2010.

［40］张壮．中国国有林区治理体制变迁的路径依赖研究［D］．长春：吉林大学，2018

[41] 赵鲁燕. NMG 森工集团转型的经济平衡与"盈利"模式研究 [D].
北京：北京林业大学，2016.

[42] 郑宇. 近代东北森林资源产业化研究（1878—1931）[D]. 长春：吉
林大学，2017.

[43] 朱震锋. 全面停伐后黑龙江国有林区改革的创新机制研究 [D]. 哈尔
滨：东北林业大学，2019.

[44] 崔海兴，孔祥智，温铁军. 低碳经济背景下国有林区改革的对策
[C] //中国林业经济学会技术经济专业委员会. 低碳经济时代的林业技术与管
理创新，2010.

[45] 季利民. 林地流转问题的研究与探讨 [C] //第二届浙江中西部科技
论坛组委会. 第二届浙江中西部科技论坛论文集：第一卷. 北京：中国林业出
版社，2005.

[46] 罗攀柱，李际平，陈元红. 集体林区林地使用权流转模式、动机与路
径选择研究：基于 H 省 L 县的实证 [C] //第二届中国林业学术大会组委会.
第二届中国林业学术大会：SI 集体林权制度改革与科技支撑论文集. 北京：中
国林业出版社，2009.

[47] 徐晋涛，姜雪梅. 东北重点国有林区改革与发展趋势和政策建议
[R] //贾治邦. 2009 中国林业产业重大问题调查研究报告. 北京：中国林业出
版社，2010.

[48] 2020 年中国国土绿化状况公报 [EB/OL]. 国家林业和草原局政府网，
2021-03-11.

[49] "好空气"能卖钱 国有林区探索绿色经济新路径 [EB/OL]. 央广网，
2018-02-05.

[50] 顾仲阳. 解读国有林区改革：为什么要改革，改什么，怎么改 [EB/
OL]. 中国园林网，2015-03-20.

[51] 李克强对全国剥离国有企业办社会职能和解决历史遗留问题工作电视
电话会议作出重要批示 [EB/OL]. 中国政府网，2021-04-02.

[52] 李志宏. 推进林区改革转型势在必行 [EB/OL]. 新华网，2019-
01-07.

[53] 汪洋. 明确战略定位创新体制机制 推动国有林区生态保护民生改善

［EB/OL］. 中国政府网，2015-02-06.

　　［54］重点国有林区改革任务全部完成［EB/OL］. 国家林业和草原局网站，2020-11-29.

　　［55］沈洋. 习近平总书记考察黑龙江：林区转型发展，让保护生态和保障民生相辅相成［EB/OL］. 中国日报网，2016-05-24.

　　［56］真抓实干推进新时代东北振兴［EB/OL］. 新华网，2018-09-29.

二、英文文献

（一）著作

　　［1］AMARTYA S. Equality of What? Tanner Lectures Human Values［M］. Cambridge：Cambridge University Press，1980.

　　［2］BLUNDELL RW，PRESTON I，WALKER I. The Measurement of Household Welfare［M］. Cambridge：Cambridge University Press，1994.

　　［3］BRUS W，LASKI K. From Marx to Market：Socialism in Search of Economic System［M］. London：Clarendon Press，1991.

　　［4］COCHRANE A D，CLARKE J H. Comparing Welfare States：Britain in International Context［M］. London：Sage，1993.

　　［5］DALY H E，COBB J B. For the Common Good：Redirecting the Economy Toward Community，the Environment，and A Sustainable Future［M］. Boston：Beacon Press，1989.

　　［6］EBBINGGHAUS B，MANOW P. Comparing Welfare Capitalism：Social Policy and Political Economy Europe，Japan and the USA［M］. London and New York：Routledge，2001.

　　［7］FAO. Global Forest Resources Assessment 2020［M］. Rome：FAO，2020.

　　［8］GILBERT N. Welfare Puralism and Social Policy.［M］//MIDGLEY J Q，TRACY MB，LIVERMORE M M. Hardbook of Social Policy. Thousand Oaks，CA：Sage Publications，1999.

　　［9］GRAY J A. Forest Concession Policies and Revenue Systems：Country Experience and Policy Changes for Sustainable Tropical Forestry ［M］. Washington D. C. World Bank Technical Paper, 2002.

［10］ KING B, WHETTEN D, FELIN T. Studying Differences Between Organizations: Comparative Approaches to Organizational Research ［M］. Greenwich: JAI Press, 2009.

［11］ MIDGLEY J. Social Development: The Developmental Perspective in Social Welfare ［M］. London: Sage, 1995.

［12］ MISHRA R. The Welfare State in Capitalist Society: Policies of Retrenchment and Maintenance in Europe, North America and Australia New York ［M］. London: Harvester Wheatsheaf, 1990.

［13］ MORATTI M, NATALI L. Measuring Household Welfare: Short Versus Long Consumption Modules ［M］. New York: UNICEF, 2012.

［14］ NASW. Encyclopaedia of Social Work ［M］. 19th ed. Washington D. C.: NASW Press. 1999.

［15］ NORDHAUS W D. Tobin J. Economic Research: Retrospect and Prospect: ［M］. New York: National Bureau of Economic Research, 1972.

［16］ PIERPAOLO, DONATI, IVO COLOZZI. Institutional Reorganization and New Shifts in the Welfare Mix in Italy During the 1980s ［M］. Boulder: Westview Press, 1990.

［17］ PIERSON J H. Tackling Social Exclusion ［M］. New York: Rutledge, 1999-2001.

［18］ QIZIBASH M. Vagueness and the Measurement of Poverty ［M］. The Economics Research Centre, 2000.

［19］ RAWLS J. A Theory of Justice ［M］. Cambridge: Harvard University Press, 1971.

［20］ RAWLS J. Justice as Fairness: A Restatement ［M］. Cambridge: Belknap Press. 2001.

［21］ RIHOUX B, RAGIN C C. Configurational Comparative Methods: Qualitative Comparative Analysis (QCA) and Related Techniques ［M］. London: Sage Publications, 2009.

［22］ SCHWARZ N, STRACK F. Reports of Subjective Well-Being: Judgmental Processes and their Methodological Implications ［M］//KAHNEMAN D, DIENER E, SCHWARZ N. Well-Being: The Foundations of Hedonic Psychology. New York: Russell Sage Foundation, 1999.

［23］ SEN A K On Economic Inequality ［M］. Oxford: Oxford University Press, 1997.

［24］ SINGH I, SQUIRE L, STRAUSS J. Agricultural Household Models: Extensions, Applications, and Policy ［M］. Washington D C: The World Bank, 1986.

［25］ TITMUSS R M. The Philosophy of Welfare: Selected Writings of Richard M. Titmuss ［M］. London: Allen&Unwin. 1987.

［26］ UNDP. The Real Wealth of Nations: Pathways to Human Development ［M］. New York: UNDP, 2010.

［27］ United States General Accounting Ofice. Welfare Programs: Opportunities to Consolidate and Increase Program Efficiencies ［M］. Washington D C: U. S. General Accounting Office, 1995.

［28］ VISCUSI W K, HARRINGTON J E, SAPPINGTON DEM. et al. Economics of Regulation and Antitrust ［M］. Cambridge: MIT Press, 1996.

［29］ VAN P, BERNARD M S. Individual Welfare Functions and Consumer Behavior ［M］. Amsterdam: North-Holland, 1968.

［30］ WEBER M. Methodology of Social Science ［M］. New York: Routledge, 1968.

［31］ WEISS D J, DAWIS R V, ENGLAND G W, et al. Manual for the Minnesota Satisfaction Questionnaire ［M］. Minneapolis: University of Minnesota, Industrial Relations Center, 1967.

（二）期刊

［1］ AIKEN L S, WEST S G. Multiple Regression: Testing and Interpreting Interactions ［J］. Evaluation Practice, 1991, 14 （2）.

［2］ ALEMI F, ROOIER C, DRAKE C. Cruising and On-Street Parking Pricing: A Difference-in-Difference Analysis of Measured Parking Search Time and Distance in

San Francisco [J]. Transportation Research Part A Policy and Practice, 2018, 111.

[3] AMARTYA S, MARTYA S. What Do We Want from a Theory of Justice? [J]. The Journal of Philosophy, 2006, 103 (5).

[4] Antecedents and Consequences of Basic Versus Career Enrichment Benefit Satisfaction [J]. Journal of Organizational Behavior, 2001, 22 (6).

[5] APPLETON S, SONGG L. Life Satisfaction in Urban China: Components and Determinants [J]. World Development, 2008, 36 (11).

[6] APPS P F, REES R. Labour Supply, Household Production and Intra-Family Welfare Distribution [J]. Journal of Public Economics. 1996, 60 (2).

[7] BARW R M, DAVID A K. The Moderator - Mediator Variable Distinction in Social psychological Research: Conceptual, Strategic, and Statistical Considerations [J]. Journal of Personality and Social Psychology , 1986, 51 (6).

[8] BEKAROGLU C. Market Power and the Adjusted Concentration Index [J]. Management and Political Sciences Review, 2019, 1 (2).

[9] BENNETT A, ELMAN C. Qualitative Research: Recent Developments in Case Study Methods [J]. Annual Review of Political Science, 2006, 9 (1).

[10] BERGMARK A, BäCKMAN O. Stuck with Welfare? Long - term Social Assistance Recipiency in Sweden [J]. European Sociological Review, 2004, 20 (5).

[11] BRAVO G. The Human Sustainable Development Index: New Calculations and a First Critical Analysis [J]. Ecological Indicators, 2014, 37.

[12] BREZINA I, PEKáR J, CCKOVAá Z, et al. Herfindahl-Hirschman Index Level of Concentration Values Modification and Analysis of their Change [J]. Central European Journal of Operations Research, 2014, 24 (1).

[13] Brännström L, STENBERG S. Does Social Assistance Recipiency Influence Unemployment? ——Macro-Level Findings from Sweden in a Period of Turbulence [J]. Acta Sociological, 2007, 50 (4).

[14] Bøhren Ø, CHRISTOPHERSEN S, LERFALDE S. The Effect of Shareholder Turnout on Voting Rights and Separation [J]. Social Science Electronic Publishing, 2020, 3 (22).

［15］ CAI X Q, LU Y, WU M Q, et al. Does Environmental Regulation Drive a-way Inbound Foreign Direct Investment? Evidence from a Quasi-Natural Experiment in China ［J］. Journal of Development Economics, 2016, 123 (1).

［16］ CASTLES S. Nation and Empire: Hierarchies of Citizenship in the New Global Order ［J］. International Politics, 2005, 42 (2).

［17］ CHEN Y Y, ZHOU L A. The Long-Term Health and Economic Conse-quences of the 1959-1961 Famine in China ［J］. Journal of Health Economics, 2007.

［18］ CHETTY R, LOONEY A, KROFT K. Salience and Taxation: Theory And Evidence ［J］. American Economic Review, 2009, 99 (4).

［19］ CHIKOTO G, LING Q, NEELY D G. The Adoption and Use of the Hir-schman – Herfindahl Index in Nonprofit Research: Does Revenue Diversification Measurement Matter? ［J］. International Journal of Voluntary and Nonprofit Organiza-tions, 2016, 27 (3).

［20］ QIAO D, YUAN W T, KE S F. China's Natural Forest Protection Pro-gram: Evolution, Impact and Challenges ［J］. International Forestry Review, 2021, 23 (3).

［21］ CONTINI D, NEGRI N. Would Declining Exit Rates from Welfare Provide Evidence of Welfare Dependence in Homogeneous Environments? ［J］. European Socio-logical Review, 2007, 23 (1).

［22］ CUMMINS R A. Personal Income and Subjective Well-Being: A review ［J］. Journal of Happiness Studies, 2000, 1 (2).

［23］ DIENER E, SELTGMAN M E P. Beyond Money: Toward an Economy of Well-Being ［J］. Psychological Science in the Public Interest, 2004, 5 (1).

［24］ DIENER E, SUH E M, LUCAS R E, et al. Subjective Well-Being: Three Decades of Progress. ［J］. Psychological Bulletin, 1999, 125 (2).

［25］ DIENER E. Subjective Well-Being ［J］. The Science of Well-Being, 2009, 37.

［26］ DIENER, E., SCOLLON, C., LUCAS, R., The Evolving Concept of Subjective Well-Being: The Multifaceted Nature of Happiness ［J］. Advances in Cell Aging and Gerontology, 2003, 39.

[27] DIPRETE T A, MCMANUS P A. Family Change, Employment Transitions, and the Welfare State: Household Income Dynamics in the United States and Germany [J]. American Sociological Review, 2000, 65 (3).

[28] EASTERLIN R A. Does Economic Growth Improve the Human lot? Some Empirical Evidence [J]. Nations and Households in Economic Growth, 1974 (1).

[29] EMERSON K, NABATCHI T, BALOGH S. An Integrative Framework for Collaborative Governance [J]. Journal of Public Administration Research and Theory, 2012, 22 (1).

[30] EPSTEIN G S, WARD M E. Perceived Income, Promotion and Incentive Effects [J]. International Journal of Manpower. 2006, (2).

[31] FISS P C. Building Better Causal Theories: A fuzzy Set Approach to Typologies in Organization Research [J]. Academy of Management Journal, 2011, 54 (2).

[32] FLEURBAEY M, GAULIER G. International Comparisons of Living Standards by Equivalent Incomes [J]. The Scandinavian Journal of Economics, 2009, 111 (3).

[33] FORDYCE M W. A Review of Research on the Happiness Measures: A sixty Second Index of Happiness and Mental Health [J]. Social Indicators Research, 1988, 20.

[34] FORGEARD M J C, ERANDA J, KERN M L, et al. Doing the Right Thing: Measuring Well – Being for Public Policy [J]. International Journal of Well-being, 2011, 1 (1).

[35] GASPER D. Understanding the Diversity of Conceptions of Well−Being and Quality of Life [J]. The Journal of Socio – Economics, 2010, 39 (3).

[36] GIANNIKIS S K, MIHAIL D M. Flexible Work Arrangements in Greece: A study of Employee Perceptions [J]. The International Journal of Human Resource Management, 2011, 22 (2).

[37] GOLDBERG P K, PAVCNIK N. Distributional Effects of Globalization in Developing Countries [J]. Journal of Economic Literature, 2007, 45 (1).

[38] GOTTSCHALK P, MOFFITT R. The Rising Instability of U. S. Earnings

[J]. Journal of Economic Perspectives, 2009, 23 (4).

[39] GU E X. Dismantling the Chinese Mini-Welfare State? Marketization and the Politics of Institutional Transformation, 1979 – 1999 [J]. Communist and Post-Communist Studies, 2001, 34 (1).

[40] HUANG W. Forest Condition Change, Tenure Reform, and Government-Funded eco-Environmental Programs in Northeast China [J]. Forest Policy and Economics, 2019 (98).

[41] JOHNS H, ORMEROD P. Happiness, Economics And Public Policy [J]. Institute of Economic Affairs, Research Monograph, 2007.

[42] JOVES C I, KLENO W P. Beyond GDP? Welfare Across Countries and Time [J]. The American Economic Review, 2016, 106 (9).

[43] KAHNEMAN D, KRUEGER A B. Developments in the Measurement of Subjective Well-Being [J]. The Journal of Economic Perspectives, 2006 (20).

[44] KAPTEYN A, WANSBEEKT. The Individual Welfare Function: A Review [J]. Journal of Economic Psychology, 1985, 6 (4).

[45] KES F, QIAO D, YUAN W T, et al. Broadening the Scope of Forest Transition Inquiry: What does China's experience suggest? [J] Forest Policy and Economics, 2020 (118).

[46] KINICKI A J, MCKEE - RYAN F M, SCHRIESHEIM C A, et al. Assessing the Construct Validity of the Job Descriptive Index: A review and Meta-Analysis [J]. Journal of Applied Psychology , 2002, 87 (1).

[47] LADERCHI C R. Poverty and its many Dimensions: The Role of Income as an Indicator [J]. Oxford Development Studies, 1997, 25 (3).

[48] LASSO DE LA, VEGA M C, URRUTIA A M. Urrutia. HDPI: A Framework for Pollution-Sensitive Human Development Indicators [J]. Environment Development and Sustainability, 2001, 3 (3).

[49] LEE C J, CHOU W, CHIEN TW, et al. Using the Separation Index for Identifying the Dominant Role in an Organization: A Case of Publications in Organizational Innovation [J]. International Journal of Organizational Innovation, 2020, 12 (4).

[50] LIN J. An Economic Theory of Institutional Change: Induced and Imposed Change [J]. Cato Journal, 1989, 9 (1).

[51] LIU S L, XU J T. Livelihood Mushroomed: Examining Household Level Impacts of Non-Timber Forest Products (NTFPs) Under New Management Regime in China's State Forests [J]. Forest Policy and Economics, 2019 (98).

[52] LYUBOMIRSKY S, LEPPER H S. A Measure of Subjective Happiness: Preliminary Reliability and Construct Validation [J]. Social Indicators Research, 1999, 46 (2).

[53] MAASOUMI E. The Measurement and Decomposition of Multi-Dimensional Inequality [J]. Econometrica, 1986, 54 (4).

[54] MACKINNON D P, FAIRCHILD A J. Current Directions in Mediation Analysis [J]. Current Directions in Psychological Science, 2009, 18 (1).

[55] MAIER C, ABRAMS J B. Navigating Social Forestry-A Street-Level Perspective on National Forest Management in the US Pacific Northwest [J]. Land Use Policy, 2018 (70).

[56] MIAO Y, CAI Y Q, TO S M. The Evolution and involution of Service Provision: Interactional Understanding of the Welfare of Urban Youth with Disabilities in China [J]. Children and Youth Services Review, 2020 (109).

[57] MICHALOS A. Various Meanings of "Theory" [J]. American Political Science Review, 1958, 52 (4).

[58] MIDGLEY J, TANG K. Introduction: Social Policy, Economic Growth and Developmental Welfare [J]. International Journal of Social Welfare, 2001, 10 (4).

[59] MPHONEY J. Path Dependence in Historical Sociology [J]. Theory and Society, 2000, 29 (4).

[60] NICITA A. The Price Effect of Tariff Liberalization: Measuring the Impact on Household Welfare [J]. Journal of Development Economics, 2009, 89 (1).

[61] NOEL W, ALICE M. Human Rights and Ethical Reasoning: Capabilities, Convention and Spheres of Publication [J]. Sociology, 2012, 46 (5).

[62] NUSSBAUM M. Capabilities as Fundamental Entitlements: Sen and Social Justice [J]. Feminist Economics, 2003, 9 (2-3).

［63］OWEN P D, PYAN M, WEATHERSTON C R. Measuring Competitive Balance in Professional Team Sports Using the Herfindahl-Hirschman Index ［J］. Review of Industrial Organization, 2007, 31 （4）.

［64］PAIGE F A. Forest landscapes as Social-Ecological Systems and Implications for Management ［J］. Landscape and Urban Planning, 2018 （177）.

［65］PAVOT W, DIENER E, SUH E. The Temporal Satisfaction with Life Scale ［J］. Journal of Personality Assessment, 1998, 70 （2）.

［66］PREACHER K J, HAYES A F. SPSS and SAS Procedures for Estimating Indirect Effects in Simple Mediation Models ［J］. Behavior Research Methods, Instruments & Computers, 2004, 36 （4）.

［67］RHOADES S A. The Herfindahl-Hirschman Index ［J］. Federal Reserve Bulletin, 1993, 79 （3）.

［68］ROBEYNS I. Sen's Capability Approach and Gender Inequality: Selecting Relevant Capabilities ［J］. Feminist Economics, 2003, 9 （2-3）.

［69］ROBINSON R B, PEARCE J A. The Structure of Generic Strategies and their Impact on Business - Unit Performance ［J］. Academy of Management Proceedings, 1985.

［70］SCHWARZ N, CLORE G. Mood, Misattribution, and Judgments of Well-Being: Informative and Directive Functions of Affective States ［J］. Journal of Personality and Social Psychology, 1983 （45）.

［71］SCOTT EM, ANDREA M, NOLAN J L F. Conceptual and Methodological Issues Related to Welfare Assessment: A Framework for Measurement ［J］. Acta Agriculturae Scandinavica, Section A-Animal Science ［J］. 2001, 51 （30）.

［72］SEN A K. Elements of a Theory of Human Rights ［J］. Philosophy and Public Affairs, 2004 （32）.

［73］SHEN YC, CHEN PS, WANG CH. A Study of Enterprise Resource Planning （ERP） System Performance Measurement Using the Quantitative Balanced Scorecard Approach ［J］. Computers in Industry, 2016 （75）.

［74］SHIN D C, JOHNSON D M. Avowed Happiness as an Overall Assessment of the Quality of life ［J］. Social Indicators Research, 1978, 5 （1）.

［75］SHIN J D, HAJC. Economic Reform After the Financial Crisis: a Critical Assessment of Institutional Transition and Transition Costs in South Korea ［J］. Review of International Political Economy, 2005, 12 (3).

［76］SMITH R M. Welfare of the Individual and the Group: Malthus and Externalities ［J］. Proceedings of the American Philosophical Society, 2001, 145 (4).

［77］TOURANGEAU R, KENNETH A R, NORMAN B. Measuring Happiness in Surveys: A test of the Subtraction Hypothesis ［J］. Public Opinion Quarterly, 1991, 55 (2).

［78］VAN P, BERNARD M S, VAN K, et al. The Individual Welfare Function of Income: a Lognormal Distribution Function ［J］. European Economic Review , 1978 (11): 395−402.

［79］WEATHING B T, TETRICK L E. Compensation Or Right: An Analysis Of Employee "Fringe" Benefit Perception ［J］. Employee Responsibilities and Rights Journal, 2000, 12 (3).

［80］WEN C, WALLACE J L. Toward Human−Centered Urbanization? Housing Ownership and Access to Social Insurance Among Migrant Households in China ［J］. Sustainability, 2019, 11 (13).

［81］WU J G. Landscape Sustainability Science, Ecosystem Services and Human Well−Being in Changing Landscapes ［J］. Landscape Ecology, 2013, 28 (6).

［82］XUE H, FREY G E, GEND Y D, et al. Reform and Efficiency of State−Owned Forest Enterprises in Northeast China as "social firms" ［J］. Journal of Forest Economics, 2018 (32).

（三）其他

［1］GOLAN A, PERLOFF J M, WU X M. Welfare Effects of Minimum Wage and Other Government Policies ［C］. UC Berkeley: Institute for Research on Labor and Employment, 2001.

［2］DEN HERTOG J A. Review of Economic Theories of Regulation ［R］. Netherlands: Koopmans Research Institute, 2010.